Böhlau

Roland Girtler

„*Herrschaften wünschen zahlen*"

Die bunte Welt der Kellnerinnen und Kellner

Böhlau Verlag Wien · Köln · Weimar

Bibliografische Information Der Deutschen Bibliothek:
Die Deutsche Bibliothek verzeichnet diese Publikation in der Deutschen
Nationalbibliografie; detaillierte bibliografische Daten sind im Internet über
http://dnb.ddb.de abrufbar.

Coverabbildung: © Roland Girtler
ISBN 978-3-205-77764-9

© 2008 by Böhlau Verlag Ges.m.b.H. und Co.KG, Wien · Köln · Weimar
http://www.boehlau.at
http://www.boehlau.de

Druck: freiburger graphische betriebe, 79108 Freiburg

Dieses Buch widme ich
meinen Enkelinnen und Enkeln Sigrid, Victoria, Caroline, Freya,
Laurin, Alwin, Emilia und Wendelin,
sowie ihrer Großmutter Birgitt,
der wir alle viel verdanken

Inhalt

Die bunte Welt der Kellnerinnen und Kellner
Einleitung und Dank

Die Welt der Kellnerinnen und Kellner interessiert mich schon lange. Mit diesen Damen und Herren ist eine alte stolze Geschichte verbunden. Darauf deutet hin, dass das Wort Kellner sich aus dem Lateinischen ableitet. Im Wort Kellner steckt das lateinische Wort „cellenarius" bzw. „cellarius", das soviel heißt wie „Vorsteher der cella", das ist die Vorratskammer. Der Vorsteher einer solchen Vorratskammer war eine wichtige und angesehene Person, mit der man sich gut stellen musste. Im Althochdeutschen entwickelte sich aus dem „cellenarius" das Wort „kelnari" und im Mittelhochdeutschen das Wort „kelnare", das soviel heißt wie „Kellermeister" oder eben „Kellner".

Mit dem Beruf des Kellners – ich werde aus Gründen der Einfachheit lediglich den geschlechtsneutralen Ausdruck Kellner verwenden – verbinden mich einige Erinnerungen an meine Studentenzeit. Damals verdiente ich mir mein Geld unter anderem als Ausführer von Bier für eine bekannte österreichische Bierbrauerei und als Kellner in einem kleinen Restaurant, das man im Wienerischen als Beisl bezeichnete. Als Bierausführer – damals hatte ich noch schwere Holzfässer vom Wagen in das Gasthaus zu rollen – kam ich mit Wirtsleuten, Kellnern und Gästen im Gebiet um die Alte Donau in Wien in Kontakt. Besonders angetan hatten es mir die damaligen Kellner in den Sechzigerjahren. Sie hatten einen guten Witz und wussten mit ihren Gästen herzlich umzugehen. Meine Tätigkeit als Kellner in dem Beisl in der Lerchenfelderstraße im 8. Wiener Gemeindebezirk währte allerdings nicht lange. Der Wirt dieses Lokals war kein freundlicher Herr, er ärgerte sich aus irgendwelchen Gründen ständig über mich. Er war ein kleinlicher Herr, der, wenn er mit mir schimpfte, stets ein langes Messer schliff. Nach ein paar Tagen meines Kellnerdaseins, über das ich noch erzählen werde, kam es zu einem Streit zwischen dem Wirt und mir. Dies führte zu meiner sofortigen Kündigung. Seit dieser Zeit habe ich höchste Sympathien für Kellner jeder Art, sowohl für jene in kleinen Lokalen als auch für die sehr noblen in prächtigen Kaffeehäusern.

Eine besondere Beziehung habe ich seit einiger Zeit zu den Herren Kellner vom Café Landtmann in Wien, vor allem zu den Herren Engelbert, Erich, Lajos, Michael, Boris, Friedrich, Sten, Elmar, Nino, Franz, Thomas, Dragan, Gottfried, Erwin, Rudi, Daniel, Endre, Gerli, Philipp, Aykut und anderen. In diesem Zusammenhang möchte ich auch der liebenswürdigen Frau Pamela Kurz, der Assistentin der Geschäftsleitung des Cafe Landtmann, für ihre Freundlichkeiten meinen Gästen und mir gegenüber danken.

In liebenswürdiger Weise kommen sie meinen Wünschen entgegen, bringen mir guten Tee, auch ermöglichen sie mir einen Platz an einem der Tische beim Fenster, damit ich in Ruhe meine Besprechungen mit Studenten und anderen Damen und Herren durchführen kann. Auch kleinere Seminare mit meinen Studentinnen und Studenten halte ich bisweilen im „Landtmann" ab. Auch traf ich mich in diesem ehrwürdigen Kaffeehaus mit höchst illustren Leuten, wie mit Botschaftern und Literaten, aber ebenso mit dem „König der Wiener Unterwelt" Herrn Richard Steiner, der drei Mal in einer von mir geleiteten Lehrveranstaltung an der Wiener Universität zum Thema „Randkulturen" aus seinen Erfahrungen höchst Spannendes für Studentinnen und Studenten vortrug.

Aber es sind nicht nur die Herren dieses schönen Wiener Kaffeehauses, die mich zu dieser Studie animiert und mir dabei geholfen haben, es waren auch andere Damen und Herren beteiligt. So erfuhr ich einiges von Frau Mitzi, einer früheren Kellnerin in der Schank zu Kremsmünster, die es heute nicht mehr gibt. Ich sprach für diese Studie auch mit einem Kellner, der in einem Schihotel tätig war, einer

Kellnerin in einem Dorfkaffeehaus und vielen anderen. Auch auf einer Radtour durch Süddeutschland machte ich schöne Beobachtungen über das Leben von Kellnern. Ihnen allen sei hier vorerst gedankt.

Zu großem Dank bin ich meinen Studentinnen und Studenten Frau Michaela Frank, Frau Katharina Hörtnagl, Frau Joanna Mokrycka und Herrn Michael Jost verpflichtet, sie haben für mich ihre Beobachtungen, die sie als Kellnerinnen und Kellner gemacht haben, aufgezeichnet. Ebenso danke ich dem liebenswürdigen Herrn Dr. Gerhard Tötschinger, der mir wichtige Informationen zur alten Kellnersprache gegeben hat. Dank gebührt auch der Wirtstochter Frau Lydia Kolarik vom „Schweizerhaus", in dessen Gastgarten ich schöne Stunde verbracht habe. Frau Kolarik verschaffte mir schließlich einen für mich wertvollen Kontakt mit dem großartigen Kellner Herrn Gerhard. Ebenso danke ich meinem Freund Dr. Richard Voh, dem Schwiegervater meines Sohnes (wir haben gemeinsame Enkelkinder), der mir über Kellner und Kellnerinnen im Salzkammergut berichtet hat. Aber auch bedankt sei Frau Patricia Geyer, die mir einige Berichte über das Leben von Kellnern geliefert hat. In Dankbarkeit möchte ich hier auch meinen alten Freund Edi Höbaus, einen braven Biobauern bei Linz, erwähnen. Durch ihn lernte ich interessante Kellner kennen.

Aber besonders danke ich meiner gütigen Frau Birgitt. Sie stand mir bei dieser Arbeit und auch bei der Abfassung des Manuskripts stets mit Geduld und Rat zur Seite. Sie hatte größtes Verständnis dafür, dass ich mich aus Gründen der Forschung oft stundenlang in Gast- und Kaffeehäusern aufhielt.

Vorgehensweise (auch Methode genannt)

Bei meiner Forschung über Kellnerinnen und Kellner bediene ich mich der klassischen Form der „teilnehmenden Beobachtungen", das heißt ich besuchte Gasthäuser und Kaffeehäuser und beobachtete dort das Leben der Menschen. Dabei entstanden einigermaßen genaue Beobachtungs-protokolle; sie liegen dieser Studie zugrunde. Dazu kommen lange freie Gespräche mit Kellnerinnen und Kellnern. Diese Gespräche sind nicht strukturiert im Sinne eines Fragebogens, sondern freie Dispute, bei denen auch ich von mir erzähle. Ich meine, dass die üblichen Befragun-gen, bei denen jeweils einer fragt und der andere antwortet, wenig erfolg-reich sind. Ich halte mich da an Rousseau, der in seinen „Bekenntnissen" schreibt: „Sobald man einen Menschen ausfragt, beginnt er schon auf seiner Hut zu sein, und wenn er gar glaubt, man wolle ihn zum Schwat-zen bringen, ohne wirklich Teilnahme für ihn zu empfinden, so lügt er oder schweigt oder verdoppelt seine Vorsicht und will lieber für einen Dummkopf gelten, als zum Narren fremder Neugierde werden. *Jedenfalls gibt es keinen schlechteren Weg, in den Herzen anderer zu lesen, als den Ver-such, das seine dabei verschlossen zu halten.*"

In diesem Sinne verstehe auch ich meine Methode, also meine Vor-gehensweise beim Forschen. Übrigens steckt im Wort Methode das Wort „odos", der Weg. Die Methode ist also der Weg, der mich zu den Ergebnissen, die ich benötige, führt. Dazu gehören für mich freie Gespräche, die ich mit dem griechischen Wort als „ero-epische" (von eromai – fragen und epein – erzählen) bezeichne. Diese Gespräche führte ich vor allem in Gasthäusern, beim Heurigen und in Kaffeehäu-sern, aber auch an anderen Stätten. Auch der Fußmarsch gehörte, wie ich noch zeigen werde, zur Methode (siehe mein Buch „Methoden der Feldforschung", UTB-Böhlau).

Gespräche und Wanderungen

Es war nicht immer leicht, zu spannenden Gesprächen mit Kellnerin-nen und Kellnern zu gelangen. Im Folgenden werde ich ausführen, wie ich Kontakte aufgenommen habe und wie die Gesprächssituationen aussahen.

Ein freundlicher Herr, der mir viel über sein Leben als Kellner – er war auch auf See – erzählt hat und dem ich dafür sehr dankbar bin, ist Herr Engelbert Auer vom Café Landtmann. Wir trafen uns zu unserem Gespräch – nicht im „Landtmann", sondern im Gasthaus Spatzennest bei der Ulrichskirche im 7. Wiener Gemeindebezirk. Wir setzten uns gemütlich an einen Tisch im Gastzimmer. Der Wirt, Herr Klaus, der mir auch einiges über seine Kellnerlaufbahn erzählt hat, war uns beiden gegenüber von besonderer Liebenswürdigkeit. Ich lud Herrn Engelbert zu einem Essen und einigen Gläsern Wein ein (er zieht den Wein dem Bier vor). Ich erklärte ihm, während ich ihm zutrank, es wäre eine Ehre für mich, dass er hier erschienen ist. Unser Gespräch nahm ich auf Kassette auf. Wir verbrachten einen schönen Abend, der für uns beide eine Bereicherung war. Ein weiteres Gespräch führte ich mit ihm einige Monate später bei dem in Wien-Ottakring gelegenen wunderbaren Heurigen von Frau Elisabeth Huber, die nach Aussage von Herrn Engelbert schöner ist als die gleichnamige Kaiserin. Es war ein sehr kalter Wintertag; dennoch war ich mit dem Fahrrad erschienen. Bereits vor dem Heurigenlokal traf ich ihn. Wir begrüßten einander freundlich und betraten gemeinsam das gastliche Haus. Die Wirtin grüßte uns mit Ehrerbietung. Mich kannte sie von früher und war daher besonders erfreut, mich zu sehen. Sie meinte, es wäre an der Zeit, dass ich einmal „vorbeischaue". Ich war geehrt. Wir setzten uns und bestellten guten Wein. Ich ließ Engelbert die Abschrift des vorigen Gesprächs lesen. Er hatte noch etwas zu ergänzen, war aber zufrieden mit dem, was ich festgehalten habe. Wir tranken uns mit jungem roten Wein zu. Ich dankte Engelbert sehr für seine Erzählungen, die diesem Buch förderlich waren.

Ein schönes Gespräch führte ich mit einem der Kellner des berühmten „Schweizerhauses" im Wiener Prater, und zwar mit Herrn

Gerhard. Bekannt gemacht hat mich mit ihm die Wirtstochter Frau Lydia Kolarik vom „Schweizerhaus". Dafür sei ihr sehr gedankt: Ich treffe mich mit ihr und Herrn Gerhard im Café Landtmann. Auch die Tochter von Frau Lydia, eine Studentin der Publizistik, ist anwesend. In einer Loge im hinteren Teil des Kaffeehauses nehmen wir Platz. Ich sage meinen Begleitern, sie seien meine Gäste, sie sollen sich etwas auf meine Kosten bestellen. Ich erzähle, dass ich gerade eine Studie über Kellner durchführe. Mich interessiere dieses Thema sehr, nicht nur weil ich selbst für ein paar Tage Kellner war und gerne im „Schweizerhaus" ein Bier trinke. Eine ganze Kultur ist mit Biertrinken und den Kellnern verbunden. Ich erzähle auch über meine Forschungen bei Pfarrersköchinnen, Wilderern und anderen Leuten. Auch gehe ich darauf ein, dass sich in den vergangenen Jahrzehnten ein großer Wandel vollzogen habe: In den Fünfzigerjahren waren Kellner und Kellnerinnen vor allem am Land noch angelernte Kräfte, die keine langen Schulungen benötigten. Herr Gerhard ist angetan davon, dass ich über Wildschützen geschrieben habe, er kenne die Geschichte von Pius Walder, der in Kalkstein von Jägern erschossen wurde und dort am Friedhof begraben liegt. Er lächelt ob der Verwegenheit der Bauernburschen im Gebirge. Schließlich erzählt er spannend über sein Leben als Kellner. Die Tochter Lydias ist an dem Gespräch mit Herrn Gerhard interessiert, merke ich, offensichtlich will sie sehen, wie ich bei meinen Erkundungen vorgehe. Hoffentlich gefällt ihr, wie ich mit Herrn Gerhard rede, jedenfalls das Bier schmeckt ihm, das Herr Michael ihm bringt.

Auch in der Café-Konditorei Kemetmüller in Spital am Pyhrn führe ich Gespräche. Ich spreche mit Frau Renate Spannring, die mit ihrem Mann einen Bauernhof bewirtschaftet: Wir sitzen gemütlich beim „Kemetmüller", trinken Tee und essen jeder eine Topfengolatsche. Renate freut sich, mir aus ihrem Leben erzählen zu können. Sie ist extra wegen dieses Gespräches von Oberweng in das Tal gekommen. Dafür bin ich ihr sehr dankbar.

Auch mit Frau Astrid, einer Kellnerin im Café Kemetmüller, sprach ich hier, und zwar über die Typen von Gästen, mit denen sie zu tun hat. Dafür sei auch ihr gedankt.

Zu einem Gespräch mit einer früheren Kellnerin fahre ich an einem kalten Wintertag mit dem Zug nach Rohr: Dort erwartet mich Herr Dr. Elmar Oberegger, ein bekannter Eisenbahnhistoriker. Er hat seinen Rucksack um. Ob seines festen und aufrechten Wuchses und seiner dunklen Kleidung spreche ich ihn mit „Wojwode" an. Wir wollen nach Adlwang zur Frau Mitzi, sie ist heute Pfarrersköchin in Adlwang – ich habe sie in meinem Buch über Pfarrersköchinnen erwähnt. Vorher war sie auch Kellnerin in der Schank des Stiftes Kremsmünster, in dem ich dereinst die Schulbank gedrückt habe. Es ist kalt, der Schnee ist hart. Wir marschieren durch das prachtvolle romantische Tempetal, entlang eines kleinen Bacherls. Wir kommen bei einem Bauern vorbei und stehen vor dem berühmten Gasthaus „Baum mitten in der Welt". Rufe nun Frau Mitzi an und erwähne, dass wir doch nicht schon um 13 Uhr dort sein können, wie wir angekündigt haben, ich habe mich in der Zeit verschätzt, um 15 Uhr werden wir aber sicher im Pfarrhof erscheinen. Wir wandern durch Pfarrkirchen und über Mühlgrub auf der Straße nach Adlwang. Es ist ca. 15 Uhr, als wir an der Türe zum Pfarrhof läuten. Frau Mitzi macht uns lächelnd auf. Sie bittet uns in das neben der Küche gelegene Wohnzimmer, das wir schon kennen. Es wird uns Tee und ein Apfelstrudel serviert.

Frau Mitzi freut sich über unseren Besuch. Ihre Geschichte als Pfarrersköchin habe ich festgehalten. Das Buch hat ihr gefallen. Nun geht es mir um ihr Leben als Kellnerin in der alten Schank im Stift des Klosters Kremsmünster. Es war eine gemütliche Schank, die ich noch kannte. Die neue im äußeren Stiftshof gibt es erst seit den Siebzigerjahren. Sie hat nicht die alte Gemütlichkeit, sie erinnert eher an ein Bahnhofsrestaurant. Wir machen es uns nun gemütlich im Zimmer bei der Küche. Bei Tee und Apfelstrudel unterhalten wir uns über das

Leben der Frau Mitzi in der alten Stiftsschank. Darüber wird später zu
berichten sein.

Nach dem Gespräch mit Frau Mitzi wandern Elmar und ich im
Dunkeln nach Kremsmünster. Im Bahnhofsrestaurant „König" kehren
wir ein. Es ist ein gepflegtes Gasthaus mit einem guten Kellner. Es ist
bestens besucht. Ich übernachte hier, denn der Zug nach Spital am
Pyhrn, mit dem ich vorerst fahren wollte, ist schon abgefahren. Ich
verabschiede mich von Elmar, der von seiner Gemahlin, der Baronin,
abgeholt wird. Ich schlafe gut. Beim guten Frühstück komme ich mit
der Wirtin ins Gespräch. Sie setzt sich zu mir. Wir reden über Kellner
und Wirte. Ich erfahre einiges, das für meine Studie wichtig ist. Ich bin
also auch der Wirtin des Gasthauses König in Kremsmünster dankbar
für Ihre Freundlichkeit.

Ein spannendes Gespräch führte ich auch im Café Landtmann mit
Herrn Kadi. Er stammt aus Tunesien und hat selbst ein Gasthaus geführt, ehe er Kellner wurde. Nun arbeitet er im Restaurant Cobenzl
bei Olaf Auer. Sein voller Name ist Ben Rasched ab del Kadar. Man
nennt ihn Kadi. Er meint, diesen Namen vergessen die Leute nicht,
denn Kadi ist der Richter. Er war schon fünfmal verheiratet, er versteht
sich aber gut mit allen seinen Frauen. Als Gastwirt kam er in Kontakt
mit dem Ganoven Pepi Taschner, über den ich ein ganzes Buch geschrieben habe. Er hat sich gut mit ihm verstanden. Auch Kadi sei
gedankt. Im Café Landtmann traf ich auch Herrn Daniel, einen früheren Tiroler Kellner. Den Kontakt zu ihm verdanke ich einem meiner
Studenten, Florian heißt er. Er hat von meiner Studie gehört. Beiden
sei hier gedankt.

Ebenso saß ich im Café Landtmann mit Herrn Franzl Reich aus
Wolkersdorf: Er ist Wirt des Bahnhofsgasthofes in Wolkersdorf und
Bruder von Luise Schöner, der Freundin meiner gütigen Frau Gemahlin. Von Luise erhielt ich seine Telefonnummer. Er ist ein lieber Herr,
der mir aus seinem Leben als Wirt und Kellner Spannendes zu erzäh-

len hatte; aber auch über seinen Vater, der unter anderem Barmann des englischen Kriminalschriftstellers Edgar Wallace gewesen ist, erzählte er einiges.

Ein wichtiger Gesprächspartner für mich war auch Herr Meho Crnkic, den ich in Spital am Pyhrn kennengelernt habe. Er kontaktierte mich wegen eines Volksgruppentreffens, das er mit einem finanzkräftigen Herrn aus Holland in Spital am Pyhrn veranstalten wollte. Ich bat ihn, er solle mir einiges aus seinem Leben als Kellner und Wirt erzählen. Der Mann interessierte mich, schließlich stammt er aus Bosnien und hatte dort eine hoch qualifizierte Fremdenverkehrsschule absolviert. Wir trafen uns an einem Vormittag im Jänner zu einem Gespräch im Kaffeehaus Kemetmüller in Spital am Pyhrn. Bei Tee und Topfengolatschen erzählte mir Meho Aufregendes. Auch darüber wird zu berichten sein. Ich danke ihm für seine Geduld.

Ein schönes Gespräch führte ich mit dem Heurigenwirt Martin Kierlinger, dem ich mich freundschaftlich verbunden fühle. An einem kleinen Tisch in der gemütlichen Wirtsstube in Wien-Nußdorf erzählte er mir wichtige Dinge über die alten Kellner und ihre Sprache. Während unseres Gespräches kümmerten sich Martins Frau und sein Sohn um die Gäste. Einige von ihnen fragten uns allerdings, als sie uns sitzen und disputieren sahen, was wir da treiben würden. Ich danke Martin für seine Auskünfte, die diesem Buch förderlich waren, sehr.

Ich hatte aber auch Ärger mit einem Kellner, der zunächst freudig erklärt hatte, er würde mir einiges aus seinem Leben erzählen. Ich wartete auf ihn allerdings vergeblich im Café Landtmann, wohin ich ihn zu einem Gespräch gebeten hatte. Als ich ihn ein paar Tage später wieder an seiner Arbeitsstätte traf und ihn fragte, warum er nicht gekommen sei, hatte er eine fadenscheinige Ausrede parat. Er versprach nun erneut, sich zu einem Gespräch im Kaffeehaus einzufinden. Wiederum ließ er mich im Stich. Offensichtlich hatte seine Biografie ein paar dunkle Punkte, über die er doch nichts erzählen wollte.

Um über das Handeln von Kellnerinnen und Kellnern gegenüber ihren Gästen und untereinander etwas zu erfahren, suchte ich außerdem einige Gasthäuser und Cafés auf. Ich schrieb über meine Beobachtungen Protokolle, die diesem Buch zugrunde liegen.

So suchte ich unter anderem regelmäßig das sogenannte Oktogon im Wienerwald in der Nähe des Cobenzls auf. Die Kellnerinnen und Kellner dieses Lokals begegneten mir stets freundlich. Herrn Gerhard Heilingbrunner, dem eigentlichen Chef dieses Lokals, gefiel offensichtlich, dass ich regelmäßig mit dem Fahrrad beim Oktogon auftauche. Außerdem hatte er gelesen, was ich über Bauern geschrieben habe. Daher meinte er eines Tages, als ich wieder mit dem Fahrrad erschienen war, ich würde auf Lebenszeit jeweils ein Seidl Bier oder einen heißen Tee im Oktogon gratis erhalten. Ich ergänzte, ich würde so ein Privileg nur annehmen, wenn ich mit dem Fahrrad oder zu Fuß hierherkäme. Mich erfreut diese freundliche Zuwendung. Dafür danke ich Herrn Heilingbrunner und seinen Mitarbeitern.

Mit dem Fahrrad war ich im August 2007 im Salzkammergut, in Süddeutschland und Tirol unterwegs. Zuerst radelte ich nach Steinbach am Attersee, wo ich über Vermittlung meines Freundes Reinhold Knoll auf Einladung des dortigen Heimatvereins einen Vortrag zu halten hatte. Zunächst setzte ich mich alleine in den Gastgarten des Gasthauses Föttinger. Dabei machte ich einige Beobachtungen. Ich, der ich in der Raddress angekommen war, merkte, dass der Kellner mich eher herablassend behandelte.

Am nächsten Tag, nach meinem Vortrag, radle ich in Begleitung von Freund Knoll entlang des Attersees nach Steinbach. Dort lerne ich Herrn Wolfgang Purkhart, einen Ingenieur und Radmechaniker, vor seiner gepflegten Werkstätte kennen: Er schaut meine Speichen an und meint, ich würde bessere Speichen brauchen, diese könne ein Kollege von ihm, er wohnt nicht weit von Braunau, mir sofort ersetzen. Wir machen uns ein Treffen dort aus. Ich bin knapp vor Herrn Pukhart, der mit dem Auto gekommen war, bei dem freundlichen Spezialisten für Radspeichen. Nach der Reparatur des Radls fahren wir nach Uttendorf. Im Braugasthaus der Familie Vitzthum werde ich freundlichst empfangen. Ich nehme Platz an einem Tisch unter den Arkaden. Fünf große Tische gibt es hier. Die Gäste sitzen – es ist Abend – bei Bier und Wein und unterhalten sich. Der Wirt begrüßt alle höflich. Einige Herren am Nebentisch erkennen mich und sprechen mich an. Ich gehe nun schlafen. Am nächsten Morgen setze ich mich zum Frühstück in die Arkaden des Braugasthofes. Ich tratsche mit der Kellnerin. Der Herr Wirt zeigt mir die Brauerei, er ist stolz auf sie, denn sie gehört ihm und der Familie, noch nicht einem Konzern wie die meisten österreichischen Brauereien. Er und sein Bruder, der mitarbeitet, sind Brauingenieure. Der Bruder bringt mir ein Glas mit gelbem Getränk, es ist eine Art Vorläufer des Bieres, es ist angeblich gesund. Ich erlebe eine angenehme Gastfreundschaft und freundliche Kellner.

Ich radle weiter nach Nürnberg, von dort nach München und zum Bodensee. Weiter lenke ich mein Fahrrad nach St. Gallen in der Schweiz, nach Vorarlberg, nach Tirol und nach Südbayern. In den Gasthäusern, in denen ich abstieg, erzähle ich den Kellnerinnen und Kellnern von meiner Studie. Manche zeigen sich interessiert. Ich erlebe Situationen, die ich protokolliere und in diesem Buch wiedergebe.

Wahre Meister sind die Kellner im Salzkammergut, denn sie sind es, die den Gästen auf deren Wunsch alles das bringen, was „Keller und Küche" zu bieten haben. Im Folgenden will ich unter anderem zeigen, wie Kellner ihre Gäste psychologisch beraten und unterhalten, aber auch wie sie mit üblen Gästen, zu denen die sogenannten Grabscher gehören, umzugehen wissen. Kellner können aber auch Verbündete der Wirte und Wirtinnen sein, wie eben der Herr Kellner im „Weißen Rössl". Der Film „Im Weißen Rössl" mit Peter Alexander und Gunther Philipp beginnt übrigens damit, dass die Angestellten des Hotels „Weißes Rössl" das Hotel für die zu erwartenden Fremden aus anderen

Ländern Europas sauber machen. Dabei bringt der Kellnerlehrling, der Pikkolo, eine Tafel am Hotel an, auf der zu lesen ist: „Hier war der Kaiser zu Gast. Hier ist der Gast König!"

Und der Herr Leopold, der Oberkellner im „Weißen Rössl", singt: „Tritt ein und vergiss deine Sorgen!"

Typen von Kellnern

(Ich werde in meinen folgenden Ausführungen vor allem aus Gründen der Einfachheit die geschlechtsneutrale Bezeichnung „Kellner" verwenden – mit Kellner sind also grundsätzlich auch Kellnerinnen gemeint. Das seit einigen Jahren verwendete große I, um beide Geschlechter zu benennen, wie z.B. StudentInnen oder eben KellnerInnen, stört den Lesefluss und verwirrt mitunter).

Kellner haben oft spannende Biografien, wie ich bei meinen Gesprächen erfahren konnte. Typisch für ihre Karrieren ist, dass ein frühes Interesse am Kellnerberuf, die Herkunft aus einer Gasthausfamilie, die Freude im Umgang mit Menschen oder die Lust zum Abenteuer am Beginn der Laufbahn als Kellner stehen.

Der Beruf des Kellners hat auch mit Abenteuer zu tun. In gewisser Weise sind auch jene Kellner Abenteurer, die „auf Saison" gehen, die also während einiger Monate im Jahr in einem Fremdenverkehrsort als Kellner ihr Geld verdienen.

Allgemeine Gedanken zu einer Typologie der Kellner

Bei meinen Forschungen erlebte ich einige Typen von Kellnerinnen und Kellnern. Eine klare Typologie dieser Leute ist wohl nicht möglich, aber dennoch möchte ich versuchen, eine zu erstellen.

Über eine Typologie der Kellner sprach ich mit Herrn Daniel aus Innsbruck, er ist ein gebildeter Herr, der eine Liebe zu seinem Beruf als Kellner entwickelt hat. Seine Gedanken zu Typen von Kellnern, wie sie seiner Erfahrung entsprechen, sind lebendig und anschaulich: „Es gibt den Kellner, der hinter seiner Arbeit steht. Er ist schon länger dabei. Es gibt die klassischen alten Kellner und Kellnerinnen, die seit

25 Jahren im Kaffeehaus und in kleinen Beisln sind. Sie haben einen
guten Schmäh, können aber auch sehr bissig sein, vor allem die Kellnerinnen. Sie können Gschichteln erzählen. Diese Leute sind laufende
Bücher. Die haben so viel gesehen in ihrem Leben. Dann gibt es den
Kellner, der seine Arbeit tut, weil er sie tun muss. Dem ist die Arbeit
mehr oder weniger wurscht. Der braucht sein Geld. Für viele ist das
schnelle Geld in der Tasche der Grund, um Kellner zu werden. In
Innsbruck, einer Studentenstadt, gibt es viele Lokale. Hier sind sehr
viele Studenten als Kellner und Kellnerinnen angestellt, vor allem in
den einfachen Bars. Sie verdienen nicht schlecht. Es gibt viele, die sich
bemühen und sogar hängen bleiben. Ich kenne einige Studenten, die
sind nun in der Gastronomie. Einer unserer Stargastronomen in Innsbruck hat als Student angefangen; es ist Walter L. Er ist heute Professor
an der Technischen Universität; er hat einige Betonpatente und sein
Sohn hat mittlerweile vier Lokale. Er hat BWL fertig studiert. Neben-
her hat er ein eigenes Lokal aufgesperrt. Dieses gibt es seit 13 Jahren, es
ist ein Szenelokal für Studenten. Ich kenne einige Studenten, die ein
Studium abgebrochen haben – ein guter Freund von mir ist ein bekannter Barkeeper, er hat noch nicht fertig studiert, er wird auch sicher
nicht mehr fertig studieren. Der Barkeeper muss noch mehr Schmäh
haben als der Kellner. Er kann auch etwas ruppiger sein, er kann mit
den Leuten anders umgehen."

Diese Überlegungen stelle ich meinen weiteren Betrachtungen voran, schließlich deuten sie wesentliche Themen an, die charakteristisch
für das Leben als Kellner sind.

Zunächst sprach ich über dieses Thema mit Herrn Klaus, dem Chef
des „Spatzennestes" im 7. Wiener Gemeindebezirk. Auf meine Frage,
welche Typen von Kellnern er kenne, da er doch schon einige Berufs-
erfahrung habe, schilderte er: „Ich habe das Lokal jetzt schon sechs
Jahre. Ich habe 30 Leute kommen und gehen sehen als Kellner und
Kellnerin, als Koch und Köchin. Wir sind zu dritt im Service, also in

der Bedienung der Gäste: die Sandra, der Pauli und ich. Die Sandra macht während des Sommers, im Juli und August, nur zwei oder drei Tage in der Woche, je nachdem, was anfällt. Ich rufe sie an, wenn ich sie brauche, oder wir machen einen Dienstplan. Ich rede mich mit ihr zusammen. Sie ist nur ‚geringfügig' gemeldet, also nicht voll angestellt. Nebenbei macht sie noch andere Sachen."

Ich werfe ein, dass es nicht immer leicht ist, Kellnerinnen und Kellner zu finden, mit denen man sich gut versteht. Darauf lacht Herr Klaus und sagt: „Es ist tatsächlich eine Kunst, sich mit den Angestellten zu verstehen, es funktioniert ohnehin nicht immer. Man nimmt ja oft seine privaten Probleme mit in die Firma. Man hat den Wurm schon von Anfang an in sich, da kann der Arbeitskollege nichts dafür. Man eckt mit ihm an. Das ist einfach so. Es ist schwierig, immer freundlich zu allen zu sein."

Wichtig ist es wohl, Kellner einzustellen, von denen man erwarten kann, dass man sich mit ihnen einigermaßen versteht. Herr Klaus meint daher: „Man muss bei den Kellnern, die sich vorstellen, die passenden suchen. Wenn man schnell einen Kellner sucht, so kann man Probleme haben. Kommt nun einer und sagt, er hat dort und dort gearbeitet, so ist das zu wenig. Man muss zunächst einmal abstoppen, also herausfinden, wie ist der überhaupt. Man muss schauen: Ist der vom Äußeren gepflegt oder ist er abgesandelt (heruntergekommen, Anm.) oder schaut er aus wie ein Alkoholiker. Oft sieht man so etwas nicht. Ich habe schon alles gehabt. Ich habe einen Kokainsüchtigen gehabt, einen Alkoholiker und so weiter. Manchmal kommt man auf so etwas erst später drauf."

Ich frage Klaus, ob der Kellner, den er einstellt, eine gute Ausbildung mitbringen muss. Herr Klaus bezieht sich auf den „klassischen" Kellner, den ich im Kapitel über „Karrieren" darzustellen versucht habe. Ihm kommt es nicht darauf an, dass der Kellner eine gute Ausbildung in einer Schule erhalten hat, sondern ihm ist einzig und allein

wichtig, dass der Kellner sein Metier beherrscht. Herr Klaus antwortet
daher:

„Wichtig ist, dass der Kellner zumindest angelernt ist, er vielleicht
schon zehn Jahre dabei ist. Wie die Sandra, unser Mädel hier, die hat
auch das Gastgewerbe nicht gelernt, sie kann es aber ganz gut, weil
sie es schon viele Jahre macht. Man muss ein Grundwissen haben.
Es kommt darauf an, was man aus seinem Leben machen will. Wenn
jemand tüchtig und brav ist, wird er aufgenommen, da gibt es kein
Problem. Ich habe hier gehabt den Christoph. Er hat eine Zeit lang
mit dem Bernhard zusammengearbeitet. Ein Goscherter mit stehender
Frisur, ein Blonder. Der war auf Kokain und Alkohol aus. Das wusste
ich aber nicht. Als ich ihn aufgenommen habe, habe ich meine Zwil-
linge bekommen. Meine Frau war mit den Zwillingen überfordert. Ich
musste deshalb viel daheim sein. Ich habe daher die Oberhand hier
im ‚Spatzennest‘ dem Bernhard übergeben. Wie sich der Stress mit
den Kindern gelegt hat und ich wieder mehr Zeit für die Firma hatte,
haben Gäste mich gefragt: Was ist denn der blonde Kellner für ein
Typ? Was hat denn der? Ich habe nicht gewusst, was sie meinen. Mir
gegenüber ist er immer freundlich gewesen. Ich habe nichts Schlechtes gehört vom Bernhard, dem anderen Kellner, und der Köchin über
ihn. Irgendwie haben sie alle zusammengehalten. Sie haben nichts
Schlechtes über ihn kommen lassen. Sie haben geschaut, dass er sich
bessert. Aber sie haben nicht viel Erfolg gehabt. Einmal, als ich mit
ihm zusammen gearbeitet habe, da war er auf irgendetwas drauf, auf
Kokain oder so etwas. Von einer Sekunde zur anderen hat er nicht
mehr gewusst, wo er ist. Er ist hier gestanden in der Kuchl und die
Köchin ruft: Das Essen muss hinaus. Er ist herumgetaumelt. Ich habe
ihn darauf kündigen müssen." Der echte Wirt achtet also darauf, dass
der Kellner, gleichgültig ob er eine schulische Kellnerausbildung hinter sich hat oder bloß „angelernt" ist, sein Handwerk versteht und die
Gäste mit ihm zufrieden sind. Für Herrn Klaus gibt es demnach nur

diese beiden Typen von Kellnern, nämlich jenen Kellner, der zu diesem Beruf befähigt ist und jenen, der es nicht ist. Demnach kommt es dem klassischen Wirt nicht auf irgendeine schulische Ausbildung an, sondern auf den Einsatz des Kellners und seine Freude am Erlernen jener Dinge, die für den Beruf als Kellner wichtig sind, wie die Kunst des Servierens und die Freude am Kassieren.

1. Klassische Kellner

Unter dem klassischen Kellner und der klassischen Kellnerin verstehe ich jene Experten im Gastgewerbe, die grundsätzliche keine gastgewerbliche Ausbildung, wie zum Beispiel eine entsprechende Berufsschule, hinter sich haben, die jedoch ihren Gästen auf elegante und höfliche Weise zu begegnen wissen. Das in Schulen erworbene Wissen kann hilfreich sein, ist jedoch, wie manche Damen und Herren im Gastgewerbe meinen, nicht unbedingt erforderlich, um als Kellner Ansehen zu erwerben. Eine frühere Wirtin, die zunächst Kellnerin gewesen ist, meinte daher zu mir: „Ich würde in keine Berufsschule mehr gehen, das war verlorene Zeit für mich. Man muss diese Arbeit gerne tun und man muss die Gabe haben, mit Leuten zu reden. Das kann man ohnehin nicht lernen." Gewisse Techniken, die für den Beruf des Kellners notwendig sind, die lassen sich auch selbständig erlernen. So erzählte mir ein Kellner, er ist heute um die fünfzig, er habe sich die Kunst des Servierens selbst beigebracht. So habe er in seiner freien Zeit mit einem Tablett, auf dem schwere Steine lagen, am Ufer des Altausseesees gelernt, ein Tablett elegant zu tragen. Auch er hat keine Berufsschule besucht, erreichte es aber, mit Gefühl, Witz und Können seine Gäste zu erfreuen.

Ein solcher Kellner genießt, wenn er mit viel Gefühl auf ihre Wünsche einzugehen weiß, das Ansehen der Gäste. Die früheren Kellnerinnen und Kellner, vor allem am Land, gehören hierher. Sie waren Teil der alten Kultur der Mägde und Knechte, die ihr weites Wissen nicht durch Schule, sondern durch eifrige Arbeit und im Kontakt mit ihren Arbeitskameraden erworben haben.

Diese klassischen oder angelernten Kellner gibt es auch heute noch. Sie haben allerdings nur dann eine Chance in ihrem Beruf, wenn sie bereit sind, sich Wissen anzueignen, sich einzusetzen und ein Gefühl für den Gast mitzubringen. Unter ihnen gibt es wahre „Naturtalente".

Zu den klassischen Kellnern gehören nicht nur jene, die aushilfsweise als Kellner arbeiten, sondern auch solche, die nach Erfahrungen in anderen Berufen beschließen, Kellner zu werden. Ein solcher klassischer Kellner ist Herr Gerhard vom „Schweizerhaus", auf dessen Karriere ich hier eingehen will. Aber auch die freundliche Barbara vom „Schwarzen Rössl" in Windischgarsten gehört hierher.

Der klassische Kellner hat Freude an seinem Beruf und an den Menschen, mit denen er zu hat. Für eine gute Karriere als Kellner ist es also nicht maßgeblich, eine entsprechende Fachschule absolviert zu haben. Ich lernte Kellner kennen, die ausgezeichnete Vertreter ihres Berufes sind, die jedoch keine spezielle Schule besucht haben. Schließlich bietet sich die Arbeit als Kellner für jene an, die ohne eine Vorbildung zu haben, eine Anstellung suchen. Zu diesen gehörten in früheren Zeiten die klassischen Kellnerinnen in den Dorfwirtshäusern. Historisch sind wohl die ungelernten oder „angelernten" Kellner die früheren. Ich will daher zunächst auf diese eingehen.

Frau Mitzi von der Stiftsschank in Kremsmünster

Frau Mitzi, die heute Pfarrersköchin in Adlwang ist, lud mich, wie eingangs erwähnt, zu sich nach Adlwang auf den Pfarrhof ein. Sie kredenzte mir und meinem Begleiter Dr. Elmar Oberegger eine gute Jause, während der sie mir aus ihrem Leben erzählte.

Frau Mitzi wurde im Jahre 1959, sie war damals um die 30 Jahre alt, in der Stiftsschank des Klosters Kremsmünster als Kellnerin von den damaligen Pächtern, der freundlichen und sehr gebildeten Familie Türk, eingestellt. Die alte Stiftsschank, die ich als Schüler des Klostergymnasiums zu Kremsmünster bisweilen besucht habe, lag romantisch

am Rande des Wassergrabens gleich neben der Küche des Konviktes.
Der Eingang befand sich im Winkel zwischen der alten Studenten-
kapelle und einem Teil des Konviktstraktes, in dem wir als Zöglinge
untergebracht waren. Diese Stiftsschank mit ihren gediegenen alten
Tischen und Sesseln und ihrer direkt am Wassergraben gelegenen Veranda, in der die Patres des Stiftes und die Gäste gerne saßen, gibt
es heute nicht mehr. In der Stiftsschank kehrten die Eltern gerne ein,
wenn sie ihre hoffnungsvollen Söhne besuchten. Hier gab es gutes Essen, Kracherln, Stiftswein und Bier. In den beiden letzten Klassen war
es uns als Gymnasiasten gestattet, zweimal in der Woche, und zwar
am Donnerstag und am Samstag, für jeweils eine Stunde die Schank
zu besuchen und dort Bier zu trinken. Wir kamen uns als Herren vor,
die bald das Gymnasium als Maturanten verlassen werden und führten
uns auch entsprechend auf. Wir sangen Lieder und tranken Bier, oft
mehr als wir vertragen konnten. Wir freuten uns auf diese Stunden
in der Schank, sie waren für uns eine willkommene Abwechslung im
strengen Leben des Klosters. Zur Schank gehörte auch die Kellnerin,
die für ihre Studenten fast mütterliche Gefühle hegte. Sie war eine
perfekte Kellnerin mit Witz, Verstand und Klugheit. Sie benötigte
keine komplizierte Ausbildung in einer entsprechenden Fachschule.
Die Kellnerin gehörte zur Schank. Leider schloss man in den Siebzi-
gejahren die alte Schank und ersetzte sie durch eine viel größere Gaststätte im äußeren Stiftshof, durch den früher, als dem Kloster noch
ein großer Bauernhof angeschlossen war, die Kühe getrieben wurden.
Diese Gaststätte im Stiftshof besitzt wohl wegen ihrer rustikalen Ge-
räumigkeit gewisse Vorteile. Sie hat jedoch nicht jenen Charme, den
die alte Schank hatte. Zu dieser alten Schank gehörte ab 1959 als Kellnerin Frau Mitzi. Als die alte Schank 1968 gesperrt wurde, wurde sie
Filialleiterin eines Lebensmittelgeschäftes in Neuhofen an der Krems,
daran anschließend von 1973 bis 1977 arbeitete sie in der Schutzengelapotheke in Linz. Ab 1977 war sie Pfarrersköchin in Adlwang. Sie, die

heute an die 75 Jahre alt ist, wuchs vor dem Krieg und während des
Krieges in Armut auf. Bei ihrer Mutter lernte sie kochen, etwas, das
ihr später im Gastgewerbe sehr half. Bei Tee und Kuchen im Pfarrhof zu Adlwang erzählt sie: „Ich bin 1960 in die Schank gekommen.
Vorher war ich in Linz in der Schutzengelapotheke. Mit 14 Jahren,
es war noch in der Nazi-Zeit, kam ich zu einem Bäcker, es war das
Pflichtjahr. Dort war ich ein Jahr. Von dem bin ich weg, als die Ami
gekommen sind. Ich bin heim. Über den Bäcker kann ich mich nicht
beklagen. Wir haben ordentlich arbeiten müssen. Das war nicht so wie
heute. Um Viertel über fünf haben wir jeden Tag angefangen mit der
Arbeit. Dann war ich vier Jahre auf Wunsch meiner Mutter bei den
Kreuzschwestern in Kremsmünster im Vinzenzheim, das gibt es heute
nicht mehr, als Küchengehilfin. Die Mutter hat gesagt, da muss ich
etwas lernen." Auf meine Frage, ob sie eine Berufsschule besucht habe,
antwortete sie: „Ich war in keiner Berufsschule. Wir Kinder haben zu
Hause schon viel arbeiten müssen. Wir haben gelernt zu arbeiten. Wir
hatten ein Häusl gehabt mit einer Sau und einer Geiß, wie es eben
früher war. Wenn sieben Kinder da sind, muss jedes anpacken. Wir
sind mit der Geißmilch groß geworden, weil eine Kuhmilch hätten die
Eltern sich nicht leisten können. Daheim haben wir immer arbeiten
müssen. Wenn die anderen baden gegangen sind, haben wir Holz ab-
schneiden müssen oder Beeren brocken, damit wir etwas zu essen hatten. Die Mutter hat uns als Proviant ein Stückl Brot gegeben und einen
Apfel. Und dann hat sie gesagt: So, jetzt habt's ihr jeder eine Pitschen
(Kanne) und geht's in Kremsmünster zum Schacherteich, Schwarzbeer
(Heidelbeer) brocken. Wenn die Pitschen voll sind, kommts heim. Das
war so. Beim Heimgehen haben wir die Schwarzbeeren verkauft, damit die Mutter wieder ein Brot kaufen konnte. Der Vater war Maurer
und hat bei den Bauern um die Kost gearbeitet, das war so vor dem
Krieg. Das war nicht so einfach. Die Eltern haben nie gestritten, aber
es ist halt immer wegen des Geldes zum Grein geworden." Das Wort

Grein, das Frau Mitzi hier erwähnt, ist ein interessantes Wort, es findet sich bereits im Mittelhochdeutschen, es leitet sich von greinen ab, was soviel wie weinen heißt. In der Bezeichnung Gründonnerstag ist es übrigens enthalten. Sie erzählt weiter: „Es ist zum Grein (zum Weinen) geworden, wenn der Vater kein Geld gehabt hat, zum Brot kaufen. Vier Jahre war ich also in Kremsmünster bei den Kreuzschwestern als Küchengehilfin. Da habe ich nur 30 Schilling im Monat verdient. Meine Schwestern waren schon in Wels. Jede hat schon über 400 verdient. Ich habe nicht viel verdient. Bis 1949 war ich in Kremsmünster. Dann war ich zehn Jahre beim Minichmaier, einer Fleischhauerei in Wels als Köchin. Kochen konnte ich von daheim. Ich habe schon als Kind gekocht, ich habe das bei der Mutter gelernt. Hausmannskost. Wir waren ja nicht dumm, nur konnten wir nicht in Schulen gehen, weil wir kein Geld gehabt haben. Wir haben uns alles abgeschaut. Ich brauche nicht in zehn Schulen gehen, ich kann auch so etwas. Ich bin dabei gesessen, wie die Mutter Erdäpfelteig gemacht hat, wie sie Knödeln gemacht hat. Das habe ich alles alleine gemacht. Mit zehn, elf Jahren. Oder Erdäpfelnudeln, Zwetschkenknödel und solche Speisen konnte ich. Das habe ich alles gemacht, wenn die Mutter nicht daheim war. Ich habe sie damit überrascht. Wir haben alleweil gearbeitet. Sie war die beste Mutter, die es gibt auf der Welt. Wenn man von daheim etwas mitbekommt, ist man auch daran interessiert. Wenn du von daheim nichts mitbekommst und nichts tun darfst, kannst du ja nichts lernen. Heute kann kaum eine Frau mehr gut kochen." Ich füge ein, dass es heute eigene Hotelfachschulen gibt, in denen die Leute Kochen und Servieren lernen. Frau Mitzi antwortet stolz: „Mit denen nehme ich es zehnmal auf. Das kann ich auch, was die dort können."

1958 kommt Frau Mitzi nach Gosau in ein Hotel als Kellnerin im hintersten Oberösterreich und von dort in die Schank im Stift Kremsmünster: „Ich wäre nie in ein gewöhnliches Wirtshaus oder so ein Beisl gegangen, das hätte ich nie getan. Die Schank war ein vornehmes Lokal. Vorher war ich in einem Hotel in Gosau. Ich wäre von Gosau mein Leben nicht mehr weggegangen, weil ich dort sofort daheim war. Das ist eine Traumgegend. Ich bin dort vergöttert worden. 1959 im August ist meine Nichte auf die Welt gekommen. Sie ist heute Fachärztin in St. Valentin. Ich war die Taufpatin. Die Mutter hat mir geschrieben, dass die Christl ein Butzerl bekommt. Ich bin Godin, also Taufpatin, geworden. Dann habe ich es nicht mehr ausgehalten in Gosau, weil es so weit weg ist von meiner Heimat Kematen. Damals war es noch eine Tagesreise von Gosau nach Kematen. Im Jahr habe ich höchstens zweimal heimfahren können, nicht öfter."

Die Arbeit in der Schank von 1960 bis 1968 hat Mitzi Freude gemacht, sie kam mit Studenten zusammen, die lustig feierten.

Über den ersten Pächter der modernen Stiftsschank im äußeren Stiftshof, die nichts mehr mit der alten zu tun hat, weiß sie noch zu ergänzen: „Der Pächter hat kein Glück gehabt. Er hat geglaubt, in Kremsmünster hat er eine Goldgrube. Es heißt, er ist davongerannt, weil er kein Geld mehr hatte. So etwas Ähnliches habe ich gehört. Er hat in Pettenbach eine Pizzeria gehabt, dort ist er auch abgehaut." Zur heutigen Schank meint Frau Mizzi noch: „Diese neue Schank ist mir zu groß, sie ist wie ein Reitstall. Die alte Schank war gemütlicher."

In der Stiftsschank, wie ich sie als Schüler des Stiftsgymnasiums erlebt habe, verkehrten auch die Eltern der Schüler. Und die Schüler freuten sich, von den Eltern zu einem guten Essen eingeladen zu werden. Frau Mitzi weiß noch mehr über die Gäste der alten Stiftsschank zu berichten: „Diese alte Schank gibt es nicht mehr. Die Familie Türk hat es verstanden, eine noble Gaststätte im Kloster zu führen. Es hat sich bei uns kein Gesindel wohlgefühlt. Es war einfach ein Niveau da. Es war damals um 1960 die schönste Zeit für mich. Es hat noch wenige Autos gegeben. Die Studenteneltern sind mit dem Zug gekommen. Sie sind über Nacht in Kremsmünster geblieben. Da war der Hofrat Plank, der Dr. Danner von Salzburg, der Landesrat Wildfellner.

Ich kann mich erinnern an den Sohn vom Bundeskanzler Klaus. Der hat auch geglaubt, weil er der Klaus-Bub ist, dass er nichts zu lernen braucht. Den haben sie bei der Matura durchsausen lassen, dass es eine Freude war. Der Bundeskanzler Klaus, der Vater, war oft bei uns. Den Patres war es egal, ob ein Schüler der Sohn eines Primars war oder eines Arbeiters. In Kremsmünster waren sie da sehr korrekt. Wenn der Sohn eines Reichen etwas angestellt hat, ist er genauso gestraft worden wie jeder andere. Ein interessanter Pater war damals oft bei uns; es war dies der Pater Petrus Mayerhofer, er war ein wunderbarer Maler. Der hat immer zu mir gesagt, wenn ich gemeint habe, ich bin ja nicht so gescheit wie er: ‚Du bist genauso gescheit wie ich. Das, was du kannst, das kann ich nicht. Und was ich kann, das brauchst du nicht können.‘ Das war der Petrus, der war ein gescheiter Kopf. Der war ein Künstler, er war aber etwas ein Narr. Mit ihm habe ich bis zu seinem Tod Kontakt gehabt. Dieser Pater Petrus hat während der Nazi-Zeit die Gobelins der Kirche gerettet. Die Nazis wollten die Gobelins verpacken und nach Wien schicken. Die Franzosen als Kriegsgefangene haben sie daher verpackt, aber sie sind nicht weggekommen, sondern vergraben worden.

Der Mayerhofer war damals eine Berühmtheit. Er war einer der Ersten, der von den Klosterbrüdern bekannt geworden ist. Mit den Patres, die in die Schank gekommen sind, habe ich mich gut vertragen. Der Pater Rupert ist nie leer gekommen, wenn er gekommen ist, hat er in seinen Hosensack gegriffen und mir eine Tafel Schweizer Schokolade gebracht. Er hat mir immer etwas mitgebracht. Der Rupert war ein liebenswerter Mensch. Den hat man mögen müssen. Ein geschätzter Mann war auch der P. Rudolf. Auch an die Studenten erinnere ich mich gerne. Mein Gott, waren das liebe Buben! Jeden Donnerstag und Samstag von vier bis sechs Uhr hatten die Studenten der 7. und 8. Klasse Schankstunde. Der Herr Türk, der Wirt, hat mir geholfen, dass die Buben geschwind bedient werden. Wenn Gäste da waren, die

Studenten gerne singen gehört haben, dann habe ich zu ihnen gesagt: ,Heute singt ihr etwas, da kriegt ihr etwas.' Da habe ich oft soviel Geld für ihr Bier zusammen gebracht, dass sie zwei Schankstunden nichts zahlen mussten. Es hat oft Reiche gegeben, die etwas für die Buben übrig gehabt haben. Das waren schöne Zeiten mit den Studenten in der Schank. Ich wäre beleidigt gewesen, wenn die Maturanten nicht das Valet – die Abschiedsveranstaltung von der Schule – bei uns gehalten hätten, heute gibt es das ja nicht mehr."

Frau Maria erinnert sich an eine Zeit, als sie als Kellnerin der Kremsmünsterer Stiftsschank die jungen Studenten bedient hat. Es war eine schöne Zeit, die sie als klassische Kellnerin erlebt hat. Sie hatte aber auch mit sehr prominenten Menschen zu tun. Wie sie sich ihnen gegenüber verhalten hat, werde ich in dem entsprechenden Kapitel zeigen.

Herr Gerhard vom „Schweizerhaus" im Wiener Prater

Wie ich schon erzählt habe, hatte ich die Ehre, mit Herrn Gerhard vom „Schweizerhaus" im Wiener Prater zu sprechen. Den Kontakt zu ihm ermöglichte mir die liebenswürdige Frau Lydia Kolarik, die Tochter des legendären Karl Kolarik, der das „Schweizerhaus", ein herrliches Gartenrestaurant, zu einem Wahrzeichen des Praters gemacht hat.

Herr Gerhard zeigte sich zunächst überrascht, dass ich ein Buch über Kellner schreibe. 33 Jahre ist er schon im „Schweizerhaus" als Kellner, er ist heute um die 50. Auch er hat den Kellnerberuf nicht als Lehrling oder durch den Besuch einer gastgewerblichen Schule erlernt, sondern er ist in diesen Beruf hineingewachsen. Mit viel Gespür hat er gelernt, mit Gästen umzugehen. Er genießt höchsten Respekt bei den Gästen des „Schweizerhauses". Er erzählt: „Ich bin in einem Wirtshaus aufgewachsen. Die Eltern haben ein Wirtshaus in Stanz im Mürztal in der Steiermark besessen. Ich selbst bin eigentlich von meiner Ausbildung her Gas- und Wasserinstallateur. Das habe ich zwangsläufig gelernt. Zu diesem Beruf als Installateur bin ich über das Fußballspiel gekommen. Ein Installateur war der Sponsor von unserem Fußballverein in Stanz. Viele, die Fußball gespielt haben, haben auch bei ihm gearbeitet. So bin auch ich Installateur geworden."

Aber schließlich findet er doch seinen Weg als Kellner, ein Weg, der ihm in seinem Elternhaus vielleicht schon vorgegeben ist: „Durch das Bundesheer bin ich nach Wien gekommen, und zwar in die Karlskaserne in Kagran. Wie es so ist, habe ich eine Freundin kennengelernt. Da bin ich in Wien geblieben. Wegen der Freundin. Nun habe ich einen Job gesucht. Da ich mich mit dem Gastgewerbe auskannte, bin ich in das ‚Schweizerhaus' gegangen. Ich kannte es schon von meiner Zeit beim Bundesheer, damals habe ich es ein paar Mal mit Kollegen aufgesucht." Frau Lydia erinnert sich: „Es war 1975, als er sich vorgestellt hat. Wir haben ihn gerne eingestellt. In all den Jahren, in denen er bei uns ist, hat er uns nicht enttäuscht." Auf meine Frage, ob er eine Lehre habe, antwortete Herr Gerhard: „So etwas wie eine Lehre oder eine Berufsschule habe ich nicht, ich bin ja in einem Wirtshaus aufgewachsen. Im Kontakt zu den Leuten lernt man, worauf es ankommt. Ein Gesellenzeugnis habe ich schon, aber nicht als Kellner. Ich bin gelernter Gas-Wasser-Heizungs-Installateur. Dafür besteht vier Jahre Lehrzeit. Ich habe sogar eine Schweißerprüfung." Herr Gerhard wird zu einem prächtigen Kellner, er ist beliebt bei den Gästen und auch bei den Wirtsleuten. Frau Lydia ist angetan von seinem Umgang mit Gästen. Sie meint noch, dass er zwar das Fach Kellner nicht wie andere durch eine Lehre oder den Besuch einer Gastgewerbefachschule gelernt habe, dass er aber dennoch ein glänzender Kellner sei. Zum Thema „Fremdsprachen" meint Herr Gerhard noch: „Englisch sollte man können. Englisch habe ich in der Hauptschule gelernt. Es kommen schon Ausländer zu uns, aber um mit denen auszukommen, braucht man Englisch nicht unbedingt. Ab und zu braucht man es vielleicht doch."

Herr Gerhard gehört zur Kultur des „Schweizerhauses" mit seinen ungefähr 65 Kellnern und seinem charakteristischen Reviersystem, das sich nach den Wiener Gemeindebezirken ausrichtet – darüber schreibe ich in einem eigenen Kapitel. Als Kellner ist Herr Gerhard sein eigener Unternehmer, der bei der Schank mittels Bon das Bier kauft und für dieses bei den Gästen auf eigene Rechnung kassiert. Herr Gerhard erwähnt dazu: „Ich bin für das Revier Franz-Josefs-Bahnhof zuständig. Das ist ein Gebiet für die Altgedienten, denn es ist gleich in der Nähe der Bierschank. Da braucht man nur ein paar Schritte gehen. Da ist es nicht notwendig, das schwere Tablett mit den Bieren weit durch den Gastgarten zu tragen. Ich bin jetzt Einzelkellner, ich bringe Speisen und Getränke und kassiere. Das ist eine selbstständige Arbeit. Die Kellner sind an ihren Plätzen selbstständig. Sie sind am Umsatz beteiligt. Sie haben auch ihre Stammgäste."

Jedenfalls ist Herr Gerhard ein Kellner von der besten Art, er hat in der Praxis gelernt, mit Menschen umzugehen. Darüber wird noch an anderen Stellen dieses Buches zu erzählen sein.

Franzl Reich – Kellner und Wirt von Wolkersdorf

In der Kultur des Wirtshauses ist auch Franzl Reich aufgewachsen. Sein Großvater war bereits Wirt in Wolkersdorf beim Bahnhof. Franzls Vater hat das Gasthaus übernommen, er war ein nobler Herr, über den ich an anderer Stelle noch einiges zu schreiben habe, so auch darüber, dass er Barmann bei dem berühmten englischen Kriminalschriftsteller Edgar Wallace war. Franzl Reich hätte nach dem Willen seines Vaters weder Wirt noch Kellner oder Koch werden sollen, er ist es aber dann doch geworden. Er erzählt: „Wie ich 1955 in die Schule musste,

hat mein Vater die Anstellung im Hotel Europa in Wien gefunden,
wo der Großvater schon gearbeitet hat. Er hat dort das Kaffeehaus im
Hotel geführt. Um das Wirtshaus in Wolkersdorf hat sich inzwischen
meine Großmutter mit meiner Mutter gekümmert. Meine Mutter ist
die Tochter eines Schmieds aus Wultendorf bei der Ruine Staaz. Von
1956 bis 1966 hatten wir unser Gasthaus verpachtet. Ich wollte Kellner
oder Koch werden. Mein Vater hat gesagt, nur nicht ins Gastgewerbe,
das ist ein Wahnsinn, bei diesem Beruf hängt man stundenlang dran,
mindestens 16 Stunden am Tag und es schaut nichts raus. Daher habe
ich Kaufmann gelernt, und zwar beim Meinl am Kärntnerring. Mein
Vater hat damals mit Asthma zu tun gehabt. Der Arzt hat ihm gesagt,
er soll einen anderen Beruf ergreifen, das mit dem Hotel ist nichts für
ihn, dort war eine Air Condition, die hat ihm nicht gut getan. Daher
haben wir 1966 das Gasthaus wieder übernommen. Hier in Wolkersdorf im Wirtshaus ist doch eine bessere Luft. Ich ging dann vom Meinl
nach meiner Lehre weg, die Berufsschule habe ich abgeschlossen. Ich
bin also ein gelernter Kaufmann. Nun, wie mein Vater das Wirtshaus
wieder übernommen hat, habe ich, um den Vater zu unterstützen, daheim Koch und Kellner gelernt. Die Berufsschule als Kaufmann wurde
mir angerechnet. Ich habe mit meiner Mutter gekocht und gleichzeitig
war ich Kellner, ich musste ja beides lernen. Vier Jahre habe ich nun
daheim als Kellner und Koch gearbeitet, dann bekam ich mit Nach-
sicht die Gastgewerbekonzession. Schule habe ich keine gemacht als
Koch und Kellner. Heute macht man eine Lehre, Koch und Kellner ist
eine vierjährige Lehre. Mir hat man das nachgesehen, ich musste aber
nachweisen, dass ich zu Hause als Koch und Kellner arbeite. Seit 1966
bin ich im Gastgewerbe tätig. Der Vater hat das Gasthaus geführt bis
er 1977 in Pension gegangen ist. Wir haben das Geschäft wieder sehr
gut in Schwung gebracht zu dieser Zeit. Damals gab es noch keine
Nouvelle Cuisine. Wir hatten gute Hausmannskost, das war ein gutes
Geschäft. Im Sommer haben wir einen herrlichen Kastaniengarten,

die Kastanienbäume sind über hundert Jahre alt. Wenn ich in Pension gehe in drei Jahren, wird keine meiner Töchter das Gasthaus übernehmen. Die älteste ist Tierärztin, die hat voriges Jahr das Doktorat gemacht. Die Zweite ist Ergotherapeutin. Die dritte Tochter hat die Tourismusschule gemacht, aber die hat kein Interesse am Gasthaus, denn die Arbeit ist hart. Arbeiten im Gasthaus heißt, dass man 80 Stunden in der Woche auf den Füßen ist. Lehrlinge fand ich immer, es gab immer genug Anmeldungen. Sie kommen aber alle aus dem nördlichen Niederösterreich, wo es mehr Bauernfamilien gibt, wo die Kinder auch wissen, was arbeiten heißt. …Ich habe immer zwei Lehrlinge gehabt. Alle vier Jahre zwei Lehrlinge. Die sind alle gut weitergekommen. Der eine ist in Mistelbach im Altenheim, der andere ist in der Küche im Spital. Einer ist in der Berufsschule in Laa, als Leiter der Küche. Sie haben eigentlich alle gute Jobs gefunden – als Köche. Ich habe jetzt zwei Mädchen als Lehrlinge. Eine ist nur Köchin, sie ist bei meiner Frau in der Küche, die andere ist Kellnerin.

Ich bin das ‚Mädchen für alles'. In der Früh richte ich das Fleisch her, die Schnitzel und alles, was wir zum Braten brauchen. Zu Mittag versuche ich, dies zu verkaufen. Ich kaufe mir das Wild beim Forstamt bei einem Jäger, das richte ich mir selbst her. Meine liebe Frau, sie kommt ja aus Kanada, hat bei meiner Mutter kochen gelernt. Es macht ihr Spaß, sonst täte sie keine 16 Stunden in der Küche stehen. Einen Koch könnte ich mir nicht leisten. Vierzig Jahre bin ich nun selbständig." Als ich ihn unterbreche und meine, dass es seit 1977 nur dreißig Jahre wären, erwidert er lachend: „Da schlägt bei mir der Kellner durch – man rechnet lieber mehr als zu wenig." Er fügt hinzu, ich solle dies lieber nicht schreiben, sonst würden die werten Leser meinen, alle Kellner wären so.

Ich halte es dennoch fest mit dem Hinweis, dass Kellner und Wirte grundsätzlich ehrliche Leute sind.

Jedenfalls ist Franzl Reich ein gutes Beispiel dafür, dass sich der Be-

ruf des Kellners, der sich bei ihm mit dem des Wirtes und dem des
Kochs verbindet, sehr wohl im Kontakt mit den Gästen und dem
Wirtspersonal, dessen Erfahrungen wichtig sind, entwickelt.

Barbara, die Kellnerin vom „Schwarzen Rössl" in Windischgarsten

Eine klassische Kellnerin ist eine nette Dame, die im Gasthof „Schwarzes Rössl" in Windischgarsten tätig ist. Ihr Name ist Barbara. Der Wirt
des Lokals, Herr Willi Kerbl, ist voll des Lobes über sie. Ihr Großvater,
den ich noch gekannt habe, war Autobusunternehmer in Spital am
Pyhrn. Er war ein fleißiger Herr. Seine Enkelin ist ebenso fleißig. Willi
Kerbl erzählt über sie: „Sie war knapp 20 Jahre in der Bürobranche
tätig. Das dürfte ihr zu langweilig gewesen sein. Sie hat nun geglaubt,
Kellnerin werden zu müssen. Sie ist zu mir mit dem Wunsch gekommen, bei mir als Kellnerin zu arbeiten. Na gut, habe ich gesagt, aber
zuerst wirst du eingeschult, wie du dich bewegen sollst. Sie ist also angelernt, sie hat keine Berufsschule. Sie hat sich wirklich durchgebissen.
Sie ist jetzt 20 Jahre in der Branche, sie wollte das. Sie kann mit Leuten
gut umgehen. Das macht süchtig. Es gibt viele Kellner, die können
nicht aussteigen. Es ist ja interessant, mit Leuten Kontakt zu haben.
Man ist stets auf dem letzten Stand, man erfährt viele Sachen."

Das Leben als Kellnerin und Kellner kann höchst spannend sein.
Barbara ist fasziniert von ihrem Beruf. Man merkt es ihr an, wenn sie
uns Speisen und Bier bringt, dass sie Freude an ihrem Beruf hat. Mit
freundlichem Lächeln fragt sie, ob es geschmeckt hat, und mit eleganter Bewegung trägt sie die Teller aus dem Gastraum.

Wirt Willi betont noch, dass Barbara als klassische Kellnerin bereit
war, von ihm zu lernen, wie auch andere Mädchen, die er angestellt
hat: „In der Berufsschule lernt man dies alles auch. Ich mache es an-

ders. Ich zeige es den Mädchen und lasse sie trainieren. Aber richtig lernen tun sie es, wenn ein richtiger Druck besteht, wenn das Haus voll ist. Da drücke ich ihnen einfach die Teller in die Hand und sage: ‚Geh, das kann ein jeder!' Da muss sie die drei oder vier Teller tragen, da kann sie es. Trainieren kann man viel. Und wenn es schön voll ist und sie aufpassen muss, dass nichts daneben rinnt, dann kann sie es. Jeder kann es, wenn er muss."

Frau Barbara hat im Kontakt mit den Gästen ihren Beruf als Kellnerin erlernt und nicht in einer Berufsschule. Ich bezeichne sie daher als eine klassische Kellnerin, die im Sinne der Gäste zu lernen bereit ist, und die darauf achtet, was ihr der Wirt erzählt.

Herr Kadi und seine noblen Gäste

Auch ein klassischer Kellner ist Herr Kadi vom Restaurant auf dem Cobenzl bei Wien. Ich habe ihn dort vor einiger Zeit als liebenswürdigen Kellner kennengelernt. Er stammt aus Tunesien und wurde nach einer Karriere als Wirt Kellner. Als Wirt hat er viel erlebt, er lernte Gäste verschiedenster Art kennen, unter ihnen war auch Pepi Taschner, ein früherer Wiener Ganove, über den ich ein ganzes Buch geschrieben habe. Papi Taschner kommt aus der Welt des verbotenen Glücksspiels, er war ein interessanter Herr, der leider vor einigen Jahren bei einem Unfall ums Leben gekommen ist. Auf ihn und Kadi werde ich in einem späteren Kapitel noch einmal eingehen. Pepi Taschner wurde zu Kadis Stammgast. Kadi ist ein vornehmer Herr, er erzählt: „Seit 1971 bin ich in Österreich. Da war ich ungefähr 18 Jahre alt. Deutsch habe ich in Tunesien ein bisserl gelernt. Durch eine Bekannte, eine Freundin, bin ich nach Wien gekommen. Sie habe ich in Tunesien kennengelernt. Mir ist es in Tunesien nicht schlecht gegangen. Meine Familie war reich. Früher war es streng in Tunesien. Im Alter von 17

Jahren musste ich um acht Uhr zu Hause sein. Die Väter waren streng.
Die Jugend versucht daher wegzulaufen. Nachher habe ich ein bisserl
bereut, dass ich nicht zu Hause geblieben bin, denn es ist mir nicht
schlecht gegangen. Tunesien ist ein schönes Land. Bald, nachdem ich
nach Wien gekommen bin, habe ich geheiratet. Ich habe einen Sohn,
er ist heute 34 Jahre alt. Er ist kaufmännischer Angestellter. Seine Mutter war dies auch. Ich war viermal verheiratet, aber trotzdem habe ich
mit meinen Frauen keine Probleme. Heute habe ich noch eine gute
Beziehung zu ihnen. Jetzt bin ich zum fünften Mal verheiratet. Mit der
jetzigen Frau habe ich zwei Töchter, die eine ist ein Jahr alt und die andere drei Jahre alt. Insgesamt habe ich drei Kinder. Meine Frauen kennen sich gegenseitig alle. Ich habe zu meinen Frauen bis heute einen
guten Kontakt, auch zu Schwagern und Schwiegermüttern. Ich habe
Wirtschaft in Tunesien studiert, aber nicht fertig gemacht. Ich wollte
von zu Hause einfach weg, da kann ich machen, was ich will. Zuerst
habe ich jede Arbeit angenommen. Ich habe dann in Wien ein Lokal
aufgemacht, eine amerikanische Bar mit lauter Musik. Diese war vorher ein Blumengeschäft, das ich zu einem Lokal umgebaut habe. Eine
Nachbarin war damit nicht einverstanden, sie war dagegen. Es hat ihr
nicht gepasst. Sie hat mir viele Schwierigkeiten gemacht, bis es durch
das Magistrat zugesperrt wurde. Ab circa 1980 bis 1986 habe ich es geführt. Diese Frau hat mich finanziell fertig gemacht. Ich habe sehr gute
Gäste gehabt. Sie haben sich wohlgefühlt bei mir. Sogar Vernissagen
habe ich für junge Leute durchgeführt. Einmal im Monat war bei mir
Livemusik."

Kadi dürfte ein guter Wirt gewesen sein, er hat gelernt, gut mit seinen Gästen umzugehen. Dieses Wissen nützt ihm jetzt als Kellner. Kadi
erzählt weiter, wie er sein Lokal gestaltet hat und welchen Respekt er
genossen hat: „Ein Bekannter hat mir zum Beispiel Kontakte zu Firmen wie zur Ottakringer Brauerei hergestellt. Er hat mir angeboten zu
helfen, wenn ich etwas brauche. Bei der Eröffnung sind Kollegen von

mir gekommen und haben mir beim Servieren geholfen. Ich habe auch gute Beziehungen zur Polizei gehabt. Ich habe mir gedacht, ich mache in jedem Bezirk dasselbe Lokal auf mit demselben Namen. Mein Lokal hat ‚Skubito' geheißen. Ich war bekannt in Wien. Das habe ich gemerkt, als mich jemand, er war ein bisserl ein Ganove, mit seinem Motorrad in den Prater mitgenommen hat. Wir sind dann dort bei einem Würstelstand gestanden. Es waren auch Freunde von ihm dort. Auf einmal höre ich, wie einer fragt: ‚Wo gehen wir jetzt noch hin?' Darauf antwortet ein anderer zu meiner Überraschung: ‚Gehen wir zum Kadi!' Also zu mir. Die Leute haben das Lokal nicht unter ‚Skubito' gekannt, sondern unter meinem Namen Kadi. Darauf sagt der, mit dem ich hierher gekommen war: ‚Kennst du diese Leute?' Sage ich: ‚Ich kenne sie nicht.' Das hat ihm gefallen. Wir sind dann zurück zum ‚Skubito', zu meinem Lokal, gefahren. Hier sind die, die ich beim Würstelstand gesehen habe, wirklich gesessen. Sie haben mich auch von anderen Lokalen angerufen, z.B. vom Chattanooga und haben mich gefragt: ‚Kadi, hast du noch offen?' Ich habe gesagt: ‚Ich habe noch offen.' ‚Wir kommen noch', haben die gesagt. Ab ein Uhr in der Früh war kein Platz mehr frei bei mir. Jedes Alter hat sich bei mir getroffen. Es waren auch Künstler bei mir, die haben ihre Bilder bei mir aufgehängt. Man wollte die Sendung ‚Okay' direkt von mir übertragen, sie haben zwei Wochen geprobt. Am Samstag war die Übertragung und am Donnerstag am Abend kommt jemand vom Magistrat zu mir und sagt, ich muss zusperren. Sage ich: ‚Was soll das?' Sagt er: ‚Sie müssen zusperren, sonst wird plombiert.' Ich habe darüber gelacht. Ich kannte damals den Bezirksvorsteher des 4. Bezirkes, der hatte gemeint, er ist stolz auf dieses Lokal. Aber er konnte nichts dagegen machen. Ich bin auch zu anderen Leuten gegangen. Mein Fall war schwer. Ich dachte, ich kann in einer Woche wieder aufmachen. Alles wegen der Nachbarin. Ich hatte einen Freund, der arbeitete beim Bundespräsidenten Kirchschläger, als Chef der Sicherheit. Dem habe ich es gesagt. Sage

ich zu ihm: ‚Ich habe Schwierigkeiten, mein Akt ist verschwunden.'
‚Das machen wir', meinte er. Wir schreiben einen Brief. Er hat ihn dem
Präsidenten gegeben. Am nächsten Tag hatte ich einen Brief vom Herrn
Kirchschläger. Er hat mich zum Wirtschaftsminister Steger geschickt.
Ich habe seinen Sekretär Fischer getroffen, dem habe ich meine Papiere
gegeben. Das machen wir schon. Ich habe auf die Antwort gewartet,
drei Monate, fünf Monate. Dauernd habe ich angerufen. Die Sache ist
kompliziert, hat es geheißen. Wir müssen zum Volksanwalt. Mit dem
Brief vom Steger bin ich zum Volksanwalt gegangen. Dort habe ich
mit dem Portier nett geplaudert, ich habe ihm die Briefe gezeigt. Er
hat gesagt: super. Ich bin hinein zum Volksanwalt. Dort habe ich einen
Termin in drei Monaten bekommen. ‚Bist du deppert', hat der Portier
gesagt, ‚du hast den Brief vom Präsidenten und vom Minister, du bekommst einen anderen Termin.' Der Volksanwalt hat gesagt: ‚Die Sache ist kompliziert, es dauert mindestens sieben Monate.' Habe ich gesagt: ‚Das Lokal habe ich schon so lange zu, das kostet mich viel Geld.'
Er soll mir wenigstens einen Namen sagen, an wen ich mich wenden
soll. Ich habe dann wieder meinen Freund beim Präsidenten angerufen.
Ich brauche wieder einen Brief vom Präsidenten. Passt schon! Ich bin
zu meinem Rechtsanwalt und dann zu ihm. Am nächsten Tag hatte
ich wieder einen Brief vom Präsidenten. Er hat mich geschickt zum
Dr. Seidl, er war vom Konsumentenschutz. Mit meinem ganzen Akt
komme ich zu ihm ins Rathaus. ‚Nehmen Sie Platz', hat der gesagt. Er
fragte: ‚Wann sperren Sie auf?' ‚Ich könnte heute aufsperren.' ‚Dann gehen Sie und sperren auf.' Nachher bin ich draufgekommen, die Dame,
die das alles blockiert hat, war die Tochter eines berühmten Politikers,
sie war die Freundin von meiner Nachbarin. Ich habe nun wieder aufgesperrt, für ein Jahr. Das Geschäft ist gut gegangen, aber ich habe viele
Stammgäste verloren gehabt." Ich frage Kadi noch nach einer Speziali-
tät für seine Gäste und danach, wie es weiter gegangen ist, nachdem
er sein Lokal sperren musste. Kadi antwortet: „Zum Essen habe ich

eine Kleinigkeit gehabt und zwar ein sehr großes Brot mit Aufstrich. Es hat ‚Skubito-Brot' geheißen, fast wie eine Pizza. Sogar die Zeitung hat es gebracht. Dieses Brot haben die Gäste gerne gehabt. Leider musste ich sperren, das hat mir sehr leidgetan, auch wegen meiner Stammgäste. Ein Freund hat mir dann geholfen. Ich habe nur österreichische Freunde gehabt. Dieser Freund, er war mein Stammgast, hatte mehrere Lokale in Wien. Im Prater hatte er eine große Pizzeria. Nach zwei Jahren Pause habe ich im 7. Bezirk, am Spittelberg, ein Lokal aufgemacht, das ‚Prima Vera'. Der Name stammt von mir. Auch Studenten waren hier. Wir haben sogar einen Film in dem Lokal gedreht. In der Nähe habe ich auch noch eines aufgemacht, das ‚Skarabäus'. Das war dauernd voll, die Leute haben sich wohlgefühlt, es hat sich aber nicht rentiert. Ich habe Tag und Nacht gearbeitet, hatte aber Pech. Noch ein Lokal hatte ich im 3. Bezirk, eine Cocktailbar mit dem Namen ‚Sahara'. Auch damit habe ich Pech gehabt." Schließlich fügt er hinzu: „Dann bin ich Kellner geworden. Zuerst war ich in einem mexikanischen Lokal Kellner. Ich wollte in dem Metier bleiben. Gelernt habe ich Kellner nie, ich bin angelernt. Ich habe sogar Lehrlinge ausgebildet. Als Kellner kenne ich mich aus."

Herr Kadi ist heute Kellner am Cobenzl im Wienerwald. Ich komme mit dem Fahrrad regelmäßig auch zu ihm. Höflich werde ich von ihm begrüßt, ebenso auch von den anderen Kellnern. Auf einige seiner Gedanken zu seinem Beruf als „klassischer Kellner", der ohne entsprechende schulische Bildung in den Beruf des Kellners hineinwächst, werde ich später noch hinweisen.

Etela – die Kellnerin am Großglockner

Klassische Kellner und Kellnerinnen findet man in jeder Höhenlage, auch über dreitausend Meter Seehöhe in einer viel besuchten großen

Bergsteigerhütte. In einer solchen arbeitete in den Jahren nach 2000 einige Saisonen lang Frau Etela. Diese liebenswürdige und heitere Dame lernte ich im Oktogon „Am Himmel", wohin ich mit meinem Fahrrad gelangt war, kennen. Seit einigen Monaten arbeitet sie hier als Kellnerin. Mit ihrer Fröhlichkeit erfreut sie ihre Gäste. Frau Etela stammt aus der Slowakei, sie ist nach Österreich gekommen, um Deutsch zu lernen. Sie hat in Österreich viel erlebt, erzählt sie. Mehr zufällig sei sie zu ihrem jetzigen Beruf als Kellnerin gekommen, gelernt habe sie ihn nicht. Durch Zusehen habe sie gelernt, worauf es beim Beruf der Kellnerin ankommt. Sie meint sogar, es wäre eine Dummheit, vier Jahre lang in einer Schule den Kellnerberuf zu erlernen. Dies wäre nicht notwendig. Sie hat eine liebenswürdige Art, mit Gästen umzugehen. Diese zeichnet eine gute Kellnerin aus.

Von der Slowakei aus wurde sie in einem Hotel im Kärntner Mölltal als Betreuerin von Kindern eingestellt. Allmählich erlernte sie die deutsche Sprache. Nach den Kindern waren es die Pferde, die sie zu betreuen hatte. Sie suchte schließlich nach einer neuen Arbeit. So kam sie auf die Idee, ein Angebot als Kellnerin auf der Oberwalderhütte, die über 3.000 Meter im Gebiet des Großglockners liegt, anzunehmen. Die Arbeit in der Hütte war hart, es war eine Saisonarbeit, die sich auf vier Monate im Winter und fünf Monate im Sommer verteilte. Auf dieser Berghütte kam sie in engen Kontakt mit Bergsteigern. Besonders angetan hatten es ihr die Bergführer, die meist nicht unter ihren Gästen saßen, sondern in der Küche, wo sie sich von den ihnen Anvertrauten etwas erholten konnten. Gerne scherzten sie mit dem Personal der Hütte. Circa 17 Kellner und Kellnerinnen gab es in dieser vielleicht größten Alpenvereinshütte Österreichs. Die Bergführer nahmen Etela auf die Berge mit. So stand sie unter anderem auch auf dem Großglockner. Zwischen den Saisonen besuchte sie ihre Verwandten in der Slowakei.

Allmählich sehnte sie sich nach einem anderen Posten, denn die

Sicht aus der Hütte war immer die gleiche. Sie suchte die Abwechslung und wurde wieder Betreuerin für Pferde in ihrem früheren Hotel im Mölltal. Im Hotel wurde sie, als ein Oberkellner ausfiel, als Oberkellnerin eingesetzt. Der Unterschied zu ihrem Leben auf der Hütte war ein großer. „Die Gäste in der Hütte und die im Hotel sind andere", meint sie. Auf der Hütte sind alle Gäste gleich, man spricht sich mit Du an. Im Hotel ist eine vornehme Distanz wichtig. Das Benehmen des Kellners ist auf der Hütte und im Hotel daher ein anderes.

Die Arbeit war aber überall gleich. An manchen Tagen arbeitete sie bis zu elf Stunden. Während der Zeit im Hotel hatte sie jeweils einen Tag in der Woche frei, an dem sie nichts tat und einfach das Nichtstun genoss. Auf der Bergsteigerhütte waren es drei Tage, an denen sie alle zwei Wochen frei hatte. An diesen Tagen fuhr sie nach Lienz, um sich am Leben der kleinen Stadt zu erfreuen.

Eine besondere Liebe entwickelte sie schließlich zu Wien, wo sie sich gerne aufhielt. Durch Zufall erfuhr sie von einer freien Stelle als Kellnerin in Wien. So kam sie in das Oktogon „Am Himmel", wo sie meinen Freunden und mir in überaus liebenswürdiger Weise den Tee und das Bier serviert.

Frau Etela weiß gut mit Menschen umzugehen. Sie ist eine ideale klassische Kellnerin, die, ohne eine entsprechende Ausbildung zu haben, weiß, wie man mit Gästen umgeht und ihnen in charmanter Weise die Speisen und Getränke vorsetzt.

Erwähnenswert ist, dass die Dame aus der Slowakei kommt, ähnlich wie viele andere Damen und Herren, die aus dem Osten Europas kommen und in Fremdenverkehrsorten Arbeiten im Gastgewerbe finden. Frau Etela meint dazu, dass es der Verdienst ist, der lockt.

Edith Walder aus Sillian in Osttirol

Bei meinen Radtouren nach Ost- und Südtirol erlebe ich oft die
Freude, in der schönen Pension der Familie Edith und Hermann
Walder in Sillian an der italienischen Grenze zu nächtigen. Hermann
Walder ist der Bruder des 1982 von Jägern hinterrücks erschossenen
Pius Walder. Die Brüder haben beim Begräbnis in Kalkstein Rache
geschworen. Der Jäger, der auf Pius losfeuerte, wurde kaum bestraft.
Dies lässt die Familie Walder nicht zur Ruhe kommen. Als sich im
Vorjahr, 2007, der Todestag von Pius zum 25. Mal jährte, wurde ich
von Hermann Walder gebeten, eine Erinnerungsrede am Grab von
Pius zu halten. Ich kam dieser mich ehrenden Bitte gerne nach. Im
„Wildererkochbuch" (Böhlau-Verlag), das ich gemeinsam mit Frau Eva
Bodingbauer herausgebracht habe, ist ein Menü dem getöteten Wild-
schützen Pius Walder gewidmet. Dieses Pius-Walder-Menü weiß Frau
Edith Walder bestens zuzubereiten und elegant zu servieren. Edith hat
Erfahrungen im Gastgewerbe, das merken ihre Gäste. Sie erzählt mir,
dass sie, bevor sie an der Rezeption eines Hotels arbeitete, als Kellnerin
in einem Gasthaus in Sillian tätig gewesen sei. Sie ist eine klassische
Kellnerin, denn sie hat eine Handelsschule und einen einmonatigen
Servierkurs absolviert, jedoch keine Kellnerlehre. Aus den Gesprächen
mit ihr entnehme ich, dass sie eine tüchtige Kellnerin gewesen sein
muss, der man gerne Trinkgeld gab. Sie meint, dass das Trinkgeld mehr
ausgemacht habe als das Gehalt. Da sie als Kellnerin auch Kassiererin
war, wirkte sich ihre freundliche Art im Trinkgeld aus. Die Gäste sahen
in ihr, wie sie lächelnd festhält, eine „nette und umgängliche Person",
die sich jedoch hütete, alkoholische Getränke wirklich mitzutrinken,
wenn man sie zu solchen einlud. Als Kellnerin kaufte sie jeweils vom
Wirt die Getränke, so auch kistenweise Bier, die sie den Gästen verkaufte. Bei dieser Art der Abrechnung gab es keine Probleme. Bei den
Speisen allerdings erfolgte die Abrechnung mittels Bons. Die Arbeits-

zeit war hart. Jeden Tag ab zehn Uhr am Vormittag bis Mitternacht, bis zur Sperrstunde, hatte sie zu arbeiten. Einen Tag in der Woche, es war der Ruhetag des Gasthauses, hatte sie frei. Vom Frühjahr bis in den Herbst hinein war sie als Kellnerin für die Gäste tätig. Im Herbst hatte sie jedoch genug davon, sie wechselte ins Hotelgewerbe. Sie hatte in ihrer Zeit als Kellnerin jedoch mit dem Trinkgeld so gut verdient, dass sie sich im Herbst ein neues schönes Auto leisten konnte. Darauf ist Edith stolz.

Hermann Walder, ihr Mann, meint, Edith sei eine ehrliche und freundliche Kellnerin gewesen. Sie war von einer echten Freundlichkeit, keiner gekünstelten. Das hätte den Gästen gefallen. Eine solche Kellnerin würde man heute, so meint Hermann, kaum mehr finden. Ich kann es mir vorstellen.

Irfan – ehemals Lehrer im tiefsten Anatolien

Ein Kellner mit guter Ausbildung – allerdings nicht als Kellner, sondern als Lehrer – ist Herr Irfan, ein Kellner im Restaurant Cobenzl. Ihn kenne ich von meinen Radtouren auf den Kahlenberg und den Cobenzl. Herr Irfan stammt aus der Türkei, er ist ein Herr von ausgesuchter Höflichkeit. Ein Freund von mir, der ihn auch kennt, meinte, so wie Herrn Irfan würde er sich den türkischen Kammerdiener des englischen Botschafters in Ankara während des vergangenen Krieges vorstellen, der den Deutschen wichtige Informationen über die Engländer geliefert hat. Im Film „Der Fall Cicero" wurde dieser interessante Herr durch James Mason dargestellt. Er war, folgt man dem Film, ein Herr mit gutem Auftreten und prächtigem Aussehen, ähnlich wie Herr Irfan. Herr Irfan, der ein schönes Deutsch spricht, erzählt mir sein außergewöhnliches Leben, durch das er zum Kellner wurde. Sein Vater war Offizier beim Heer in Anatolien. Irfan machte Matura und besuchte eine Hochschule für Lehrer. Als junger Lehrer wurde er in ein kleines Dorf mit ein paar Häusern in das tiefste Anatolien, wie er meint, versetzt. Ohne jede Erfahrung hatte er in einer einklassigen Volksschule 45 Kinder zwischen sieben und elf Jahren aus der Umgebung zu unterrichten. Es waren vor allem die Kinder kurdischer Bauern, denen er Lesen und Schreiben beibringen sollte. Im gemeinsamen Klassenzimmer saßen die Kinder der einen Klasse vor dem Lehrer, die Kinder der anderen Klassen rechts und links von ihm. Es war eine nervenaufreibende Arbeit, die ihm zu schaffen machte. Nach einem halben Jahr war es ihm zu viel und er hängte den Beruf an den Nagel.

Darauf fuhr er einmal auf Urlaub ans Meer. In einem Hotel suchte er um Arbeit an. Man fragte ihn, ob er schon Kellner war. Er bejahte, obwohl es nicht stimmte.

In einem Schnellkurs lernte er zu servieren, den Tisch zu decken, den Tee dem Gast richtig zu präsentieren und Ähnliches. Fünf Jahre blieb er in dem Hotel, auch in der Rezeption und in der Bar wurde er eingesetzt. Er war eine Art „Mitläufer", wie er meint, der als solcher von anderen die Dinge lernt, die man als Kellner beherrschen muss. Bei der Rezeption war er für die Englisch Sprechenden zuständig. Er sollte schließlich der Spezialist für die Deutschen werden. Daher schickte man ihn nach Wien, wo er einen Deutschkurs besuchen musste. Bei diesem habe er viel gelernt. Dieser Deutschkurs in Wien wäre super gewesen. Er lernt den Wirt eines Stadtheurigen in Hollabrunn kennen. Ihm macht die Arbeit in der Gastronomie Freude, daher kauft er ein Lokal und wird selbständig. Allerdings hat er in dem Lokal Schwierigkeiten mit den Gästen, er wird in Raufereien verwickelt – offensichtlich lässt er sich leicht provozieren. Jedenfalls, die Einnahmen sinken und es kommt zum Konkurs. Nun wird er Kellner am Cobenzl bei dem freundlichen Wirt Olaf Auer. Hier gefällt es ihm. Er wohnt mit Frau und Tochter aber weiter in Hollabrunn. Er pendelt täglich. Er liebt seine Tochter.

Mit seinen Gästen versteht sich Herr Irfan gut. Seine Aufgabe als Kellner sieht er darin, so mit den Gästen umzugehen, dass sich diese geschmeichelt fühlen. Beeinflusst hat ihn dabei sein früherer Chef. Herr Irfan entschuldigt sich für das, was er nun sagen wird, und fährt zum Thema „Trinkgeld" fort: „Mein früherer Chef trichterte mir ein: Ein Gast ist wie ein männlicher Schwanz, je mehr man ihn streichelt, desto größer wird er und umso mehr Trinkgeld gibt er, wenn er spritzt."

Derartige Sprüche, die zu der Welt der Kellner passen, dringen für gewöhnlich nicht nach außen. Irfan ist ein guter Menschenkenner. Ein jüngerer Herr um die 40 sitzt, während ich mit Herrn Irfan spreche, mit einer jungen feschen Dame an einem der Tische in unserer Nähe. Sie spricht gutes Deutsch, dürfte aber Tschechin sein. Ich frage Irfan, wie er die beiden einschätzt. Den Herrn bezeichnet er als „einen mittelmäßigen Typ" und sie als Tschechin, die „froh ist, dass sie von jedem eingeladen wird." Auch Zuhälter würden ab und zu mit Damen hier im Café Cobenzl auftauchen. Irfan meint, er würde diese sofort erkennen. Zu ihnen sei er besonders freundlich, denn beim Trinkgeld seien sie großzügig. Zu Trinkgeld komme man, wenn man besonders freundlich ist und sich um das Wohl des Gastes bemüht. Eine ältere Dame mache er regelmäßig darauf aufmerksam, dass vor der Tür eine Stufe ist, über die man fallen kann. Als er ihr das zum zweiten Mal sagte, habe er gleich zwei Euro Trinkgeld erhalten.

Herr Irfan als intellektueller Kellner mit guter Ausbildung zum Lehrer weiß, wie mit Gästen umzugehen ist. Sein höfliches Benehmen erfreut. Er ist der typische klassische Kellner, der seinen Beruf nicht direkt schulisch erlernt hat, sondern der sich ein Gefühl für seine Gäste und den Umgang mit ihnen erarbeitet hat.

2. Kellner mit Ausbildung

Im Gegensatz zu den „angelernten" Kellnern, die keine spezielle Ausbildung haben, die also das Kellnerhandwerk während des Arbeitens erlernt haben, haben die Kellner mit Ausbildung, also die „gelernten" Kellner, eine Lehre und Berufsschule hinter sich oder sie besuchten eine spezielle Fachschule, wie eine hochgradige Hotelfachschule.

Auf Kellner dieser Art werde ich nun näher eingehen. Sicherlich haben sie einiges gemein mit den „klassischen Kellnern", zumindest was den Witz und den Umgang mit den Gästen anbelangt.

Insofern gehören auch die gut ausgebildeten Herren Koberl Regner und Engelbert Auer, die ich im nächsten Kapitel als Beispiele für Kellner mit Abenteuerlust darstellen werde, zu den klassischen Kellnern. Als Lehrlinge haben die beiden gelernt, wie man Gäste bedient, wie man Speisen höchst wirkungsvoll serviert, Getränke auf Tabletts balanciert und Ähnliches. In der modernen Lehrlingsausbildung wird auf derartige Künste großen Wert gelegt. Daher werden regelmäßig Wettkämpfe von den diversen Innungen und Kammern veranstaltet, bei denen jene Lehrlinge prämiert werden, die am besten zu zeigen vermögen, wie diverse Gerichte, Desserts und anderes vollendet aufgetischt werden. Kellner dieser Art stehen in der direkten Nachfolge jenes Personals, das in den Häusern der alten Hocharistokratie erlernt hat, mit teuren Speisen und noblen Gästen umzugehen. Diese feine Tradition wird heute in vornehmen Gaststätten des Bürgertums weitergeführt.

Zu diesen so ausgebildeten Kellnern gehören aber auch Kellner, die ich in anderen Kapiteln vorstelle, wie in dem über „Kellner der besonderen Art" und „Kellner als Abenteurer".

Herr Klaus vom „Spatzennest" – der Kellner als Freund des Wirtes, der selbst zum Wirt wird

Herr Klaus Frieben ist Wirt des im 7. Wiener Gemeindebezirk gegenüber der Ulrichskirche gelegenen Gasthauses, das den schönen Namen „Spatzennest" trägt. Er gehörte zu klassischen Kellnern, die mit Witz, Charme und Können ihre Gäste erfreuen. Als Wirt führt er diese noble Tradition weiter.

Das „Spatzennest" liegt, wenn man von der Burgasse kommt, malerisch an der rechten Seite des Ulrichsplatzes. Gerne besuche ich dieses freundliche Lokal. Ich kannte die Wirte, die vor Herrn Klaus hier regiert haben. Der Erste war Karl Hradetzky, an den ich mich mit viel Sympathie erinnere. Er erzählte mir, dass er während des Zweiten Weltkrieges beim Militär Funker war. Und als solcher arbeitete er beim Soldatensender Belgrad, dem dortigen Sender für die Deutsche Wehrmacht.

Zu seinen Aufgaben gehörte es, Schallplatten für die Wehrmachtssoldaten zu spielen. Unter den Platten, die der Sender vom Wiener Rundfunk erhalten hatte, war das damals noch unbekannte Lied „Lily Marleen" gesungen von Lale Andersen. Herr Karl Hradetzky war es, wie er mir erzählte, der die „Lily Marleen" immer wieder aufgelegt hat. Dadurch sei dieses Lied bekannt geworden. Die Soldaten an allen Fronten waren begeistert. Schließlich wurde die Platte jeden Abend zum Sendeschluss kurz vor 22 Uhr gespielt. An diese Geschichte erinnere ich mich, als ich mit Herrn Klaus spreche. Für ihn ist diese Geschichte neu.

Leider ist Herr Hradetzky schon verstorben. Seine liebenswürdige Frau Gemahlin, die den Namen Zita trägt, wusste die Knoblauchsuppe wunderbar zu kochen. Karl und Zita hießen also die beiden. Sie trugen dieselben Vornamen wie das letzte österreichische Kaiserpaar. Ob sie darauf stolz waren, weiß ich nicht. Jedenfalls verbanden mich und meine Frau mit den beiden Leuten vom „Spatzennest" freundschaftliche Beziehungen. Als Karl Hradetzky starb, wurde Herr Josef Rieder sein Nachfolger. Auch bei ihm kehrte ich gerne mit Freunden ein. Leider starb Herr Rieder in noch jungen Jahren an einer heimtückischen Krankheit. Die Trauer um ihn war groß. Das Gasthaus übernahm nun Herr Klaus, der bereits bei Herrn Rieder als Kellner eingestellt war. Auch zu Herrn Klaus habe ich freundschaftliche Kontakte. Zumindest an den Sonntagen am Vormittag suche ich ihn mit frommen Leuten auf, um einen Tee zu trinken.

Auch Herrn Klaus bitte ich, mir aus seinem Leben als Kellner zu erzählen. An einem Sonntag Vormittag tut er dies, wie ich im Eingangskapitel bereits erwähnt habe.

Herr Klaus erzählt zunächst über seine Herkunft und seine Ausbildung: „Ich bin geboren am 27. März 1974 in Tulln. Nach der Volksschule besuchte ich die Hauptschule in derselben Stadt. Daran schloss sich das Polytechnikum.

Während diesem gab es eine Schnupperwoche. Ich nützte diese, um in einem Gasthaus, das war der ‚Rote Wolf' in Tulln, in der Küche zu schnuppern. Ich hatte zunächst die feste Absicht, Koch und Kellner, also beides, zu werden. Mein Vater, er arbeitete damals in der Tullner Zuckerfabrik, wollte zwar, dass ich in seine Firma eintrete, aber ich habe dennoch in die Küche hineingeschnuppert. Nach dieser Schnupperwoche habe ich mir gesagt, die Arbeit als Koch tue ich mir nicht an. In der Küche war mir zu viel Stress. Mir hat der Kontakt zu Menschen, den man als Kellner hat, gefehlt. Ich rede gerne mit Menschen und führe mit ihnen Schmäh. Ich tausche mich gerne mit ihnen aus. Nach dem Polytechnikum-Jahr habe ich mich in allen Hotels Wiens beworben. Im ‚Intercontinental' hat man mich genommen. Ich habe mir gedacht, es ist gut, in einem Hotel anzufangen, in dem man als Lehrling viel lernt und in dem man mehrere Abteilungen durchmacht. Ich hatte den Vorteil, dass im ‚Intercontinental' mein Cousin bereits angestellt war. Mein Vater hat nämlich gesagt: Wenn du schon in dieser Sparte arbeiten willst, dann ist es gescheit, wenn du in einen Betrieb gehst, in dem du jemanden kennst, der dir helfen kann. Ich habe daher im ‚Intercontinental' angefangen und habe auch dort die Lehre fertig gemacht."

Über seine Zeit im Hotel, in der er tatsächlich viel lernte, weiß Klaus spannend zu berichten: „Während meiner drei Jahre im Intercontinental bin ich ein Mal in der Woche, das war bei mir der Montag, in die Berufsschule gegangen. Alle halben Jahre habe ich dort die Abteilung gewechselt. Begonnen habe ich als Page, also als Lohndiener. Ich musste mich um die Ankünfte, also um die eintreffenden Gäste, kümmern, ich habe die Koffer geschnappt und bin mit den Gästen auf das Zimmer gegangen. Dann wechselte ich zum Zimmerservice und schließlich zum Frühstückservice. Bei diesem war es meine Aufgabe, die Vorbereitungen für das Frühstück zu treffen. Es gab ein großes Büffet, dieses musste ich mit Müsli bestücken, mit Milch und Kaffee. Wenn die Gäste dann kamen, hatte ich sie zu bedienen."

Auch über die Kleidung, die er bei seiner Arbeit zu tragen hatte, erzählt Herr Klaus: „Wir hatten schicke Anzüge, mit Sakko, Hemd und Krawatte, an. Wir waren als Lehrlinge genauso angezogen wie die Ausgelernten. Nur ist bei uns am Namensschild neben dem Namen noch Trainee für Lehrling gestanden. Also zum Beispiel: ‚Herr Klaus, Trainee'. Beim Oberkellner war neben dem Namen ‚Mâitre' oder ‚Commis de …' zu lesen gewesen, und zwar auf Französisch."

Als ich ihn nach seinen Sprachen frage, meint Herr Klaus: „In der Berufsschule hatten wir neben Englisch auch eine Einführung in Französisch gehabt. Die Fachausdrücke in der Gastronomie sind französisch, diese haben wir gelernt. Viel mehr kann ich nicht."

Herr Klaus erinnert sich gerne an das „Zimmerservice" und an die noblen Gäste, die er dabei zu bedienen hatte: „Auch im Zimmerservice habe ich gearbeitet, da durfte ich die Leute auf dem Zimmer bedienen. Unter anderem Thomas Gottschalk und die Schauspielerin Maria Schell mit ihrer Mutter."

Die Arbeitszeit stellte einige Anforderungen an Herrn Klaus: „Ich habe also alle Abteilungen des Hotels kennengelernt. Ich habe immer meine Arbeit gemacht. Ich bin aus Niederösterreich, also von Tulln, bin ich mit dem ersten Zug, er ist zehn Minuten nach vier Uhr in der Früh nach Wien abgefahren. In der Station Heiligenstadt setzte ich mich in die erste U-Bahn. Um ungefähr halb sechs stieg ich in der Station Stadtpark beim Hotel Intercontinental aus. Die Anreise war also sehr lang. Aber dennoch war ich immer einer der Ersten vor Dienstantritt dort. Im Hotel trank ich Kaffee und rauchte eine Zigarette. So habe ich mich mental auf den Dienst eingestellt. Um sechs Uhr habe ich den Dienst begonnen und der ist gegangen bis halb drei Uhr am Nachmittag. Es hat aber auch einen Spätdienst gegeben, der hat zu Mittag angefangen. Nach dem Vormittagsdienst bin ich um halb drei Uhr am Nachmittag mit den anderen Lehrlingen in die Personalkantine des Hotels gegangen. Dort haben wir uns zusammengesetzt und uns erzählt, was alles schief gegangen ist und welchen Wickel (Ärger, Anm.) wir mit den Oberkellnern hatten. Auch besprachen wir das, was uns geärgert und uns nicht gepasst hat. Das war so eine kleine Personalbesprechung. Eine Stunde später, es war schon halb vier, ist man aus der Kantine hinaus in die Garderobe. Dort habe ich mich umgezogen und bin dann mit dem Zug nach Haus."

Ärger hatte Herr Klaus auch mit leitenden Angestellten des Hotels: „Wie in jedem anderen Großbetrieb gab es auch bei uns immer wieder einen Führungswechsel. Einmal war das Hotel im Besitz der Japaner, dann wieder gehörte es Amerikanern und auch Deutschen. Auch die Direktoren wechselten.

Ich habe immer meine Arbeit gemacht und zwar sehr gewissenhaft. Als kleiner Lehrling hat man es nicht leicht. Der eine Direktor sagt,

du sollst es so machen. Und der andere sagt, du sollst es wieder anders
machen. Und der Dritte sagt wieder etwas anderes. Ich habe versucht,
diese drei zufrieden zu stellen, ich habe meinen Weg gesucht, das war
aber anscheinend der falsche. Ich war zuständig beim Zimmerservice
für die VIP-Geschenke. Es gab Gäste, die für die Hotelgruppe wichtig
waren. Diese haben, bevor sie angekommen sind, irgendwelche Geschenke auf das Zimmer bekommen. Dafür war ich zuständig. Diese
Geschenke haben im Zimmer genau so stehen müssen, wie die eine
Direktorin es sich vorgestellt hat. Also: Die Flasche Sekt hat so stehen müssen, die Blumen so und die Bonbonniere so. Und wehe, diese
Sachen sind anders gestanden, dann hat es einen Bahö (Ärger, Anm.)
gegeben. Jedenfalls hat es eine Direktorin auf mich abgesehen gehabt,
die hat einen Pick (Zorn, Anm.) auf mich gehabt. Es ging dann soweit, dass der Oberkellner, der von mir überzeugt war, weil ich immer
pünktlich und nie im Krankenstand war, zu einem der obersten Direktoren gegangen ist. Ich bin zu diesem hinaufgerufen worden in die Di-
rektion. Die haben gesagt: ‚Wenn Sie sich nicht unterordnen können,
dann müssen Sie damit rechnen, dass Sie in das Personalbüro gerufen
werden und dass Sie vor der Kündigung stehen.‘ Ich habe mir gedacht:
Das kann es echt nicht sein. Ich arbeite da brav und bin pünktlich,
obwohl ich aus Niederösterreich jeden Tag hereinfahre. Ich sah keine
Schuld bei mir. Dann kam der Einberufungsbefehl vom Bundesheer
nach Langenlebarn, das ist ohnehin gleich bei Tulln, meinem Heimatort. Während des Bundesheeres habe ich meine Arbeit im Intercontinental gekündigt, obwohl ich hätte wiederkommen können. Ich wollte
es mir nicht mehr antun, dass ich so behandelt werde.

Während meiner Militärzeit war ich in der Offiziersmesse Kellner.
Dort hatte ich eine Woche Dienst, eine Woche frei. Das war recht nett.
Die Offiziere waren freundlich, sie haben aber auch viel getrunken.
Ein bisserl mehr Geld hatten wir als Kellner gegenüber den anderen,
weil wir von den Offizieren auch Trinkgeld bekamen. Die Bundesheer-

zeit habe ich heruntergebogen. Wie ich sie hinter mir hatte, überlegte
ich, ob ich wieder in Wien arbeiten wollte. Ich hatte genug von dieser
Pendlerei zwischen Tulln und Wien, daher bewarb ich mich nun, während ich noch beim Bundesheer war, in Tulln bei einem Kaffeehaus.
Außerdem meine ich, dass es nicht gut ist, wenn man dorthin wieder zurückkehrt, wo man gelernt hat. Weil man immer der Lehrbub
bleibt."

Herr Klaus dürfte viel im Hotel und schließlich auch beim Bundesheer gelernt haben. Jedenfalls erwarb er sich eine gewisse Selbstsicher-
heit. Er wird Kellner in einem ländlichen Kaffeehaus. Wegen seiner
Ausbildung in einem noblen Hotel dürfte der Oberkellner dieses Lokals auf ihn neidisch gewesen sein. Er hatte einen „Pick auf mich", wie
Herr Klaus meint. Dieser Ausdruck „auf jemandem einen Pick haben",
ist schwer zu erklären, er bedeutet soviel wie: jemanden ärgern oder
jemandem Schwierigkeiten machen wollen, der einem nicht genehm
ist. Herr Klaus erzählt weiter: „Ich hatte in der Zeitung gelesen, dass in
Tulln ein neues Lokal aufgemacht hat, ein Kaffeerestaurant mit einer
neuen Idee, sie wollten ein bisserl auf Karibisch machen, mit Cocktails. 1989 ist das gewesen. Ich habe mich als ausgelernter Kellner also
dort beworben und wurde eingestellt. Nach der Lehre war dies mein
erster Job. Die Lehrabschlussprüfung hatte ich vor dem Bundesheer
gemacht. Es hat mir in dem Kaffeehaus ganz gut gefallen. Aber es hat
einen kleinen Kollegen gegeben, der war in Tulln überall schon bekannt, er hat schon in anderen Lokalen gearbeitet. Dies war der Herr
Hans, er war ein typischer Landkellner, er war der Oberkellner in diesem Kaffeehaus. Der Hans hat von Anfang an ein bisserl einen Pick (!)
auf mich gehabt. Er hat gesehen, dass ich eine Ausbildung in einem
Fünfsternehotel habe. Darauf dürfte er neidig gewesen sein, wahrscheinlich sah er in mir eine Konkurrenz – obwohl ich keine Allüren
gehabt und auch nicht angegeben habe. Drei Monate habe ich dort
gearbeitet. Vom November bis zum Februar. Es ist der Faschingsdiens-

tag gekommen. Der ist am Land mit einem Umzug verbunden. Die Besitzer des Lokals haben gesagt: ‚Am Faschingsdienstag bleibt das Lokal geschlossen, ansonsten können wir es renovieren lassen, weil genug Besoffene herumlaufen.' Wir vom Personal haben uns gedacht, wir gehen am Montag auf das Gschnas. Wir haben uns Karten gekauft. Der kleine Geschäftsführer Hans meinte aber nun entgegen dem Willen des Chefs: ‚Wir sperren auf, denn es geht um den Umsatz.' Ich habe zu ihm gesagt: ‚Das kannst du doch nicht machen, wir wollen am Montag doch zum Gschnas gehen.' Wir haben die Karten zurückgegeben. Ich habe ihn halt geschimpft. Ich habe sogar zu ihm gesagt, er sei ein Arschloch, er kann uns so etwas nicht antun, denn es war geplant, dass das Lokal an diesem Tag geschlossen hat. Ich habe ihm alles gesagt, was ich mir gedacht habe. Er ist zum Chef gegangen und hat gesagt, dass ich mich nicht unterordnen kann. Darauf bekam ich die Kündigung. Der Chef hat gesagt: ‚Wenn du mit ihm nicht zurechtkommst oder er mit dir nicht, dann gibt es eine Kündigungsfrist von 14 Tagen, die brauchst du aber nicht einhalten. Du kannst daheim bleiben, ich zahle dir das Ganze. Ich möchte nur eine Ruhe haben', hat der Chef gesagt. Ich habe gesagt: ‚Na gut, ich bleibe daheim.' Ich habe ohnehin mit dem abgeschlossen gehabt. Ich war damals 19 Jahre alt. Für mich war das die erste Kündigung. Ich wollte am liebsten weinen. Ich habe an mir selbst gezweifelt, weil ich mich angeblich nicht unterordnen kann." Ich unterbreche Herrn Klaus und werfe ein, dass diese Kündigung eigentlich sein Glück gewesen sei, denn sonst wäre er wahrscheinlich heute nicht Wirt. Herr Klaus antwortet: „Wenn ich zurückdenke, war es tatsächlich ein Glück. Am selben Tag, an dem ich gekündigt worden bin, habe ich mir gedacht: So, jetzt saufe ich mich an. Jetzt gehe ich zu einer Freundin, die in einer Videothek gearbeitet hat. Das war so ein Treffpunkt. Ich bin also zu ihr gegangen und habe ein paar Flaschen Sekt mitgenommen und sage zu ihr: ‚Hörst, ich bin heute das erste Mal in meinem Leben gekündigt worden, jetzt

muss ich mich betrinken.' Auf einmal kommt mein Vater herein in
das Geschäft. Er hat gewusst, dass ich öfter hier bin. Er hat zu mir gesagt: ‚Hier hast du eine Telefonnummer, sie ist vom ‚Spatzennest' in
Wien.' Hier arbeitete bereits der Helmut, ein angeheirateter Cousin
von mir. Von ihm hatte mein Vater die Telefonnummer. Mein Vater
ist in die Videothek gekommen, ohne dass er gewusst hat, dass ich in
diesem Landkaffeehaus gekündigt worden bin. Mein Vater ist super,
ich lasse nichts über ihn kommen. Er wollte nie, dass ich draußen am
Land bleibe. Er hat immer gesagt: ‚Hörst Klaus! Geh in die Stadt, dort
machst du schon irgendwie deine Karriere, aber hier in Tulln sind
lauter Landeier, da kommst du zu nichts.' So war seine Einstellung.
Der Vater hat mir also die Telefonnummer vom Rieder, dem Chef des
‚Spatzennests' gegeben."

Spannend und heiter ist, was Herr Klaus über das Vorstellungsgespräch mit Herrn Rieder zu berichten weiß: „Ich habe den Herrn Rieder also angerufen und habe mit ihm ein Vorstellungsgespräch ausgemacht. Er hat gesagt: ‚Kommen Sie um neun Uhr in der Früh vorbei.'
Ich war aber schon früher dort, ich wollte mir das ‚Spatzennest' einmal
von außen und auch von innen ansehen. Um diese Zeit war noch kein
Betrieb. Ich bin dann hinein, es war nur die Putzfrau im Lokal, eine
Farbige. Dann kommt der Chef, der Kurt Rieder, mir entgegen. Ich
habe mich vorgestellt: ‚Ich bin hier wegen des Vorstellungsgesprächs.'
Er ist der Wirt, sagt er. Wir haben uns in das Stüberl gesetzt. Ich habe
ihm nun etwas aus meinem Leben erzählt. Er hat mir gesagt, wie viele
Stunden zu arbeiten sind, welche Gäste er hat, wie die Bezahlung
ist. Ich habe mir dann eine Zigarette angeraucht. Das war mir aber
dann sehr peinlich. Der Herr Rieder ist kurz weg gegangen, um irgendwelche Unterlagen zu holen. Mir ist inzwischen die Zigarette aus
der Hand gefallen, so unglücklich, dass sie in das Tischtuch ein Loch
gebrannt hat. Und so etwas passiert mir beim Vorstellungsgespräch.
Ich habe gleich den Zuckerstreuer genommen und ihn drauf gestellt,

damit der Wirt das Loch nicht sieht. Aber irgendwie war gleich eine
Sympathie zwischen uns beiden da. Ich habe zu ihm noch gesagt: ‚Ich
möchte gerne noch etwas Urlaub machen, bevor ich mich von einer
Arbeit in die andere stürze. Ein bisserl brauche ich noch Zeit für mich.
Also in 14 Tagen kann ich dann anfangen. Nach den 14 Tagen habe
ich an einem Sonntag angefangen als Kellner im ‚Spatzennest‘. Zuerst
habe ich mir gedacht: Für was braucht man hier einen dritten Kellner,
das kann doch nicht wahr sein! Der Helmut war schon da und die
Petra, die große Blonde mit den Brillen. Ich fragte mich, ist da so viel
zu tun hier? Im Ernstfall mache ich das in dem kleinen ‚Spatzennest‘
alleine. Also am Sonntag war ich hier, wir waren also zu dritt im Service. Ich dachte, da kann doch keiner etwas verdienen. Doch dauernd
hat das Telefon geläutet. Die wollten diesen Tisch, die anderen wieder
diesen. Die Mayers wollen den 10er Tisch. Die Bauers wollen den 5er
Tisch. Jeder Name hat seine Tischnummer. Wir hatten also en masse
Reservierungen. Beim Mittagsgeschäft habe ich dann also gewusst, warum hier drei Kellner arbeiten.“

Die Arbeit als Kellner im „Spatzennest“ erweist sich für Herrn Klaus
als nicht einfach. Das tägliche Einerlei wird ihm zu viel und er geht
„auf Saison“ – darüber werde ich an anderer Stelle erzählen.

Als Herr Klaus aus Tirol von der Saisonarbeit, die ihm hart zusetzte,
zurückkehrt, ist er froh, wieder im „Spatzennest“ als Kellner eingestellt
zu werden: „Ich habe den Rieder dann angerufen und gefragt: ‚Wie
schaut es aus. Ich möchte nach der Saison in Tirol im April zurückkommen?‘ Er hat gesagt, das wäre kein Problem. In dieser Zeit war der
Helmut alleine da und hat sich das ganze Geld, Prozente und Trinkgeld, alleine unter den Nagel gerissen, es war ja kein anderer im Service. Die Chefin hat hier und da ausgeholfen, die hat aber nichts genommen. Nun habe ich mit dem Helmut telefoniert und ihm gesagt:
‚Ich habe jetzt vor, wieder in das ‚Spatzennest‘ zu kommen.‘ Der wollte
mir es aber ausreden und hat gesagt: ‚Bist du wahnsinnig, die Hack’n,

also die Arbeit, im Gasthaus geht immer mehr bergab. Was tust du da?'
Er wollte einfach nicht, dass ich wieder zurückkomme. Die Prozent-
aufteilung wäre dann etwas anders gewesen. Ich bin aber doch zurückgekommen. Und dann hat es mit seinem Nervenleiden angefangen. Er
hat gesagt, er packt das alles nicht mit seinem Nervenleiden, er muss
in den Krankenstand gehen, sich untersuchen lassen. Er hat dann aufgehört als Kellner."

Herr Klaus ist nun als Kellner auf sich alleine gestellt. Er bewältigt
diese Situation großartig: „Auf einmal bin ich alleine da gestanden. Komplett alleine. Ich musste jetzt alleine das Service im ‚Spatzennest' machen.
Damals war noch ein Schankgehilfe da, der Christoph. Mit dem habe
ich mich auch gut verstanden. Zwei Monate habe ich mit ihm den Service gemacht. Das ist super gerannt, für mich war es ein Spaziergang
– im Vergleich zur Arbeit in der Saison. Dann hat der Rieder gesagt: ‚So
geht es nicht mehr weiter. Wenn einer von euch krank wird, dann haut es
nicht hin. Suchen wir uns einen Kellner.' Das hat er mir überlassen. Ich
habe gesagt: ‚Ich weiß jemanden aus Niederösterreich, der heißt Bernhard. Er ist ein guter Kellner.' Den haben wir dann eingestellt."

Herr Klaus wird schließlich nach dem Tod von Herrn Rieder Wirt
des „Spatzennestes". Seine Karriere bewegte sich vom Lehrling in
einem Nobelhotel, über einen Kellner in einem Landcafé bis hin zum
Kellner und zum Wirt in dem kleinen Gasthaus am Ulrichsplatz im 7.
Wiener Gemeindebezirk.

Herr Michael, der Kellner vom Café Landtmann

Ein freundlicher und sympathischer Kellner ist Herr Michael Schneider vom Café Landtmann. Er ist ein guter Kellner mit edlen Zügen,
der auch seinen Witz hat. Als ich ihn frage, warum er Kellner geworden ist, entgegnet er: „Eine gute Frage. Ich habe mir diese noch nie

gestellt. Zuerst habe ich die Fachschule gemacht, dann war ich im Hilton. Ich hätte eigentlich dort die Buchhaltung führen sollen. Da der alte Buchhalter noch nicht in Pension gewesen ist, hat man mir dort gesagt, ich soll inzwischen im Restaurant helfen. Dort habe ich gesehen, was ich im Restaurant verdiene und was ich oben im Stock in der Buchhaltung verdient hätte. Damals war ich 18 Jahre alt und habe mir gesagt, ich gehe nicht mehr dort hinauf in die Buchhaltung, ich bleibe im Restaurant lieber Kellner, da gefällt es mir besser. Im Hilton war ich siebeneinhalb Jahre und zwar im Luxusrestaurant Prinz Eugen. Vom Hilton bin ich dann ins ‚Landtmann‘. Sechs Jahre war ich hier Kellner, dann wechselte ich ins Café Mozart. Schließlich wurde mir das Angebot gemacht, Manager und Geschäftsführer im Café Vienna zu werden. Ich muss da jemandem sympathisch gewesen sein. Die Arbeit als Manager ist beinhart, bis sechzehn Stunden am Tag habe ich gearbeitet. Mir machte dies überhaupt keine Freude. Ich wollte wieder Kellner werden. Ich liebe den Beruf des Kellners. Reumütig habe ich mich beim Café Landtmann aufgrund einer Annonce in der Zeitung beworben. Ich habe Herrn Bernd Querfeld, dem Juniorchef des ‚Landtmann‘, gesagt, dass ich nur mehr Kellner sein will. Ich eigne mich eher zum Kellner als zum Geschäftsführer.

Als Kellner arbeite ich hier acht Stunden, wenn ich heimkomme, denke ich nicht mehr an die Arbeit. Aber als Geschäftsführer denkt man dauernd an die Arbeit. Vor allem gefällt mir der Kontakt zu den Gästen im Kaffeehaus. Außerdem habe ich als Kellner zwei Tage frei in der Woche. Die Arbeit hier im ‚Landtmann‘ ist angenehm, denn die Arbeit ist nicht geteilt, zum Beispiel am Vormittag drei und am Nachmittag fünf Stunden, sondern sie ist in einem acht Stunden.“

Ich frage ihn weiter nach der Typologie von Gästen, wie er sie sieht. Er antwortet: „Der eine Typ ist so wie Sie, mit dem redet man. Der andere will nicht angeredet werden, der will seine Ruhe. Das sind im Wesentlichen die zwei Typen, mit denen man zu tun hat. Wenn man so ungefähr dreißig Jahre lang Kellner ist, kennt man sich mit den Gästen aus. Heute ist die Zeit schnelllebiger geworden, das sieht man an den Gästen, früher sind sie stundenlang gesessen. Heute fehlt die Zeit dazu."

Herr Michael erzählt von den Touristen, die in das Café Landtmann kommen. Besonders scheinen es ihm die Studentinnen und die Studenten, die in meiner Begleitung in das Café Landtmann kommen, angetan zu haben. Sie würden ihm gefallen, schließlich müsse man sie respektieren, denn bald werden sie, wenn sie Akademiker geworden sind, vielleicht hier würdige Gäste werden.

Herrn Michael ist höflich und hat einen guten Witz, er weiß in Würde seinen Smoking zu tragen. Er freut sich, wenn der Gast ihn auch achtet. Mir ist vor einiger Zeit ein kleiner Fehler passiert, auf den Herr Michael entsprechend reagiert hat. Ich rief im Café Landtmann an und bat, für mich einen Tisch zu reservieren. Herr Michael war am Telefon, ich hatte aber seinen Namen, mit dem er sich gemeldet hatte, nicht verstanden. Herr Michael, den ich gut kenne, tat nun so, als ob er mich nicht kenne. Ich nannte noch einmal höflich meinen Namen, doch die Reaktion des Herrn Michael war dieselbe. Verzweifelt verlangte ich nach Herrn Engelbert. Die Stimme meinte, dieser wäre heute nicht im Kaffeehaus. Ich wollte nun mit Herrn Boris sprechen, aber auch dieser habe heute seinen freien Tag, wurde mir geantwortet. Nun nannte ich Herrn Sten, in der Hoffnung, dieser wäre wenigstens hier. Doch wieder erhielt ich die Antwort, auch Herr Sten wäre der Arbeit ferngeblieben. Ich gab es auf, bei diesem abweisenden Kellner einen Tisch für mich reservieren zu lassen. Als ich kurze Zeit später im „Landtmann" auftauchte, kam Herr Michael mir entgegen und erklärte lächelnd, er sei am Telefon gewesen, doch er sei gekränkt, da ich nach einigen Kellnern gefragt habe, aber nicht nach ihm. Ich würde ihn also nicht sehr schätzen, deutete er mir an. Mir war die Sache gar nicht angenehm. Ich beteuerte nun, dass er mir sehr sympathisch sei, ich aber aus irgendeinem Grund seinen Namen nicht genannt habe. Ich war nun für die nächste Zeit ein willkommener Gegenstand des wohlwollenden Scherzes von Herrn Michael. Nach einigen Wochen meinte er schließlich, langsam erhole er sich von dem Schock, den ich ihm zugefügt hätte, weil ich seinen Namen verdrängt habe.

Herr Michael tat diese Äußerungen mit einem Lächeln auf den Lippen. Er erfreute sich an meinen Versicherungen, wie wichtig er doch für mich wäre und welch einmaliger Kellner er sei, der in seinem schwarzen Smoking einem englischen Lord gleiche. Michael gefiel offensichtlich diese Situation. Ihm gefällt das Café Landtmann und seine Gäste, mit denen er sich mitunter zu scherzen erlaubt. Frau Querfeld, die Chefin des Kaffeehauses, achte er sehr, sie sei kompetent und wisse, ebenso wie ihr Sohn Bernd, das Kaffeehaus mit guter Hand zu führen. Dafür sei er dankbar.

Herr Stefan vom Café Sacher

Ein nobler und überaus freundlicher Kellner ist Herr Stefan vom Café Sacher, sein Familienname ist Tanyi. Mit ihm spreche ich über die Besonderheiten dieses berühmten Kaffeehauses, das sehr wohl wie ein Restaurant auch entsprechende Speisen anzubieten hat. Herr Stefan meint, es wäre das besondere Niveau dieses Hauses und die gute Qualität seiner Erzeugnisse, dessen Prunkstück die Sachertorte ist, die die Besucher anzieht. Herr Stefan, er stammt aus Budapest, hat in Ungarn eine Hotelfachschule besucht. Nach seiner Flucht aus Ungarn im Jahre 1981 nach Wien – er kam mit 21 Jahren hierher – arbeitete er als Kellner nacheinander in einigen noblen Kaffeehäusern, bevor er im Café Sacher als Kellner aufgenommen wurde.

In der Hierarchie der Kellner ist er als jüngst dazugekommener Kollege noch eher unten angesiedelt. Doch an manchen Tagen darf er in die Rolle des Oberkellners schlüpfen.

Er ist zufrieden mit seiner Arbeit, denn als Kellner im „Sacher" genießt er schließlich einiges Ansehen. Politiker und allerhand berühmte Leute waren im „Sacher", sogar die englische Königin soll hier gewesen sein, ebenso wie der Schah von Persien.

Gäste sind überwiegend Touristen. „Die Deutsch sprechenden Besucher sind in der Minderzahl", glaubt Herr Stefan. Die englische Sprache beherrscht offensichtlich das Leben im Café. Die Gäste werden bei ihrem Eintritt mit einem freundlichen Gruß empfangen. Japaner, die eine besondere Vorliebe für das „Sacher" zu haben scheinen, werden, wie andere fremde Touristen auch, auf Englisch höflich begrüßt.

Die Kellner im „Sacher" beherrschen die englische Sprache, dennoch kann es Probleme mit der Verständigung geben. Im Sacher-Kochbuch findet sich dazu eine nette Anekdote:

Vor vielen Jahren war einmal Walt Disney im „Sacher". Der damalige Oberkellner Robert Palfrader versuchte diesem berühmten Amerikaner klar zu machen, dass er eine Rehpastete hier speisen könne. Er erklärte die Rehpastete so: „It's a pie of venison." Er wusste aber nicht, dass im Amerikanischen das Wort „venison" nicht gebräuchlich ist. Disney fragte nun: „You mean a deer (Hirsch, Anm.)?" Der Oberkellner antwortete, da ihm nichts Passendes einfiel: „It's a pie of Bambi." Dies verstand Disney und bestellte etwas anderes. Offensichtlich wollte er kein Bambi essen, schließlich hatte er einen Zeichentrickfilm über das liebe Reh Bambi herausgebracht.

Das Benehmen der Gäste hier ist freundlich. Würde sich jedoch einer nicht den guten Sitten dieses Hauses entsprechend benehmen, so toleriert man dies bei kleinen Verfehlungen, bei größeren wird der Betreffende durch einen Kellner darauf aufmerksam gemacht.

Grundsätzlich ist die Beziehung zu den Gästen durch noble Distanz bestimmt. Man ist jedoch bereit, dem Gast zur Seite zu stehen, wenn es Probleme gibt. Dies entnehme ich einer netten Geschichte aus dem Sacher-Kochbuch. In dieser heißt es, dass auch Ölscheichs seit vielen Jahren hierher kämen, von denen die meisten das islamische Alkoholverbot sehr ernst nehmen. Es soll jedoch Ausnahmen geben. Manche entdeckten in Wien eine ähnliche Liebe zum Rebensaft wie Osmin in Mozarts Oper „Entführung aus dem Serail". Einer dieser dem Wein zugetanen Ölscheichs habe die Kellner des „Sacher" gebeten – dies war zu Beginn der Siebzigerjahre des vorigen Jahrhunderts –, die Etiketten von den Weinflaschen zu entfernen und durch „Obi"-Apfelsaft-Etiketten zu ersetzen. Ein Kellner fragte schließlich, ob dies überhaupt notwendig sei, denn man könne den Wein auch in einer neutralen Karaffe kredenzen. Der Scheich soll jedoch auf dem Etiketten-Schwindel beharrt und gesagt haben: „Wenn Allah mich dereinst am Eingang zum Paradies fragen wird, warum ich trotz Verbot des Propheten Alkohol getrunken habe, so kann ich ihm antworten: ‚O Herr, ich kann nichts dafür, denn ich bin von einem Kellner im ‚Sacher' betrogen worden.'"

Solch engere Kontakte zu Gästen sind eher selten, denn persönliche Gespräche –wie in anderen Kaffeehäusern – sind kaum möglich, eben weil es vor allem Touristen sind, die hierher auf eine Kaffee und eine Torte kommen und schnell wieder weiter wollen.

Stammgäste sind daher auch in der Minderzahl. Aber es gibt sie. Wichtig ist für den Kellner ein gewisses Maß an vornehmer Seriosität, die den Gästen auch zu gefallen scheint.

Herr Stefan hält noch fest, dass das Café Sacher bestens geführt ist. Die Ideen von Frau Gürtler wirken sich auf das Leben im Café Sacher sehr wohltuend aus. Herr Stefan schwärmt geradezu von Frau Gürtler. Sie ist eine wunderbare Dame, meint er.

Bei Familie Wagner in Bayreuth

Bei meinen Wanderungen besuche ich bisweilen Gerti und Hans Neu-
bauer, die als brave Bauersleute einen schönen Hof in der Au bei Spital
am Pyhrn gemeinsam mit ihrem Sohn Christoph bewirtschaften. Der
Hausname des Hofes ist Eibl in der Au. Die Bäuerin Gerti, sie ist etwas über 60, ist eine liebenswürdige Dame, sie hat gelernt, mit noblen
Gästen umzugehen. Kennengelernt habe ich Gerti als Kellnerin im
Gasthof Gössweiner bei der Tankstelle in Spital am Pyhrn. Interessant
ist ihre Geschichte vor ihrer Zeit in diesem Gasthaus.

Gerti stammt aus der Steiermark. Sie besuchte bis zu ihrem 18.
Lebensjahr eine Hauswirtschaftsschule in Graz. Eine ihrer Lehrerin-
nen, die sehr an Musik interessiert war und ihre Schülerinnen für die
klassische Musik begeistern konnte, unterhielt einen freundschaftlichen Kontakt zu Wieland Wagner in Bayreuth. Nach Abschluss der
Schule wurde Gerti von dieser Lehrerin gefragt, ob sie bei Wieland
und Gertrud Wagner in Bayreuth als Hausmädchen arbeiten wolle,
diese würden ein solches suchen. Gerti sagte freudig zu. Bald danach
fuhr Gerti mit dem Nachtzug nach Bayreuth. In der Früh kam sie dort
an. Vom Bahnhof marschierte sie mit dem Koffer in der Hand zum
Haus der Familie Wagner, das von dem großen Operkomponisten
Richard Wagner selbst „Haus Wahnfried" benannt wurde. Sie läutete
an der Haustür. Frau Gertrud Wagner öffnete und empfing Gerti mit
freundlichen Worten. Allerdings meinte sie, Gerti hätte doch anrufen
sollen, gerne hätte man sie vom Bahnhof mit dem Auto abgeholt. Frau
Wagner teilte ihr ein schönes Zimmer mit Terrasse im obersten Stock
des Hauses zu. Nachdem Gerti das Zimmer bezogen und sich umge-
kleidet hatte, wurde sie zu einem guten Frühstück gebeten. Bei diesem
erklärte ihr Frau Wagner, wie das Frühstück auszusehen und überhaupt
welche Aufgaben sie im Haus der Wagners als Hausmädchen zu erfüllen habe. Zu ihren Hauptaufgaben zählten Kochen und das Servieren

der Speisen. In geradezu klassischer Weise stellte Gerti die Verbindung zwischen Küche und den ihr, was das leibliche Wohl anbelangte, Anvertrauten her, zu denen neben der Familie Wagner auch deren Gäste gehörten.

Gerti hatte guten Familienanschluss, sie wurde mit ihrem Vornamen „Gerti" angesprochen. Mit den Kinder der Wagners Iris, Wolf-Siegfried, Nike und Daphne pflegte Gerti einen geradezu freundschaftlichen Umgang. Von ihnen wurde sie heiter als „Gertimäuschen" bezeichnet. Kaum eine Berührung bestand für Gerti jedoch zu den Einwohnern von Bayreuth, lediglich mit dem älteren Gärtnerehepaar traf sich Gerti von Zeit zu Zeit.

Das Servieren hatte Gerti in der Hauswirtschaftsschule in Graz gelernt, sie beherrschte daher die im Haus Wagner wichtige Kunst des Tischdeckens, eine Kunst, die auch typisch für den klassischen und gut ausgebildeten Kellner ist. Frau Gerti setzte viel Mühe darein, die Wagners mit ihrer Koch- und Servierkunst zu erfreuen.

Einmal wurde sie gebeten, „Melone mit Schinken" zu kredenzen. Sie sah im Kochbuch nach, doch ein solches Gericht war nicht zu finden, jedoch eine Speise mit der Bezeichnung „gefüllte Melonen". Sie dachte, dieses Gericht wird wohl gemeint sein, bereitete es zu und servierte es. Frau Wagner meinte allerdings nach dem Essen nobel, diese Melonen wären zwar hervorragend gewesen, doch „Melonen mit Schinken" seien etwas anderes.

Frau Gertrud Wagner war überhaupt eine noble Dame. Gerti erzählt, im Haus der Familie Wagner gab es die Dackeline Kara. Wenn diese Dackeline im Haus ihr Geschäft verrichtet hat, so ließ Frau Wagner es nicht zu, das Gerti diese Hinterlassenschaften wegwischte. Sie tat dies selbst, denn sie war der Meinung, dass man Gerti als Hausmädchen nicht zutrauen könne, sich um die Verschmutzung durch den Hund zu kümmern.

Wenn Herr oder Frau Wagner während der Festspielzeit oder während der Monate, in denen hart im Bayreuther Opernhaus die Opern Richard Wagners für die Bayreuther Festspiele geprobt wurden, anriefen und Gerti mitteilten, sie würden mit einem Besuch zum Tee kommen, dann war es Gertis Aufgabe, Tee und Mehlspeisen im Wintergarten, im Pavillon oder in der Halle des Hauses Wagner zu servieren. Besonders erfreut waren die Wagners und ihre Gäste von den österreichischen Spezialitäten wie Apfelstrudel und Zwetschkenfleck, die Gerti großartig zuzubereiten wusste. Meist kamen fünf bis sechs Leute zum Tee. Zu den Gästen zählten große Schauspieler und viele Prominente. Ein häufiger Gast war der berühmte Dirigent Karl Böhm, ein Österreicher, den offensichtlich die Kochkunst von Gerti erfreut haben dürfte.

In der Zeit der Proben und der Festspiele hatte Gerti wegen der vielen Gäste hart zu arbeiten. Freizeit gab es kaum. Nach den Festspielen jedoch bis zum Frühjahr war nicht viel zu tun, denn beide – Gertrud und Wieland Wagner – waren viel unterwegs: Gertrud als Choreographin und Wieland als Regisseur.

Lediglich zur Weihnachtszeit, wenn alle Wagners zu Hause waren, gab es wieder vermehrt Arbeit für Gerti. Während des Frühjahrs zogen die Wagners in Begleitung von Gerti nach Sylt.

Nach 3 Jahren, sie war nun 21 Jahre alt, man schrieb das Jahr 1966, war das Heimweh doch zu stark und Gerti teilte den Wagners mit, dass sie wieder nach Österreich wolle. Ihr hat es jedoch gefallen bei den Wagners.

Gertrud und Wieland Wagner verstanden Gertis Wunsch, wieder nach Österreich zurückzukehren, schließlich war sie ein junges Mädchen, das nicht bloß an das Haus gefesselt sein wollte. Gerti kehrte in ihre Heimat zurück und suchte eine Anstellung als Kellnerin. So kam sie in das Gasthof Gössweiner bei der Tankstelle in Spital am Pyhrn. Ihre freundliche Art und das Wissen, das sie sich bei den Wagners angeeignet hatte, kamen ihr nun zugute. Von Spital am Pyhrn führte ihr

Weg, wohl der Musik wegen, nach Salzburg, wo sie in einem Hotel beschäftigt wurde. Ihr späterer Herr Gemahl Sepp, den sie als Gast in der „Tankstelle" in Spital am Pyhrn kennengelernt hatte, konnte sie nicht vergessen und besuchte sie häufig. Schließlich quittierte sie den Dienst als Kellnerin, heiratete Sepp und wurde Bäuerin. Kinder und Enkelkinder folgten. Diese erfreuen sich heute an den Kochkünsten von Frau Gerti und auch an ihren Erzählungen vom Leben im Haus der berühmten Familie Wagner in Bayreuth.

Renate, die Kellnerin in den Bergen

Renate Spanring, mit der ich im Café Kemetmüller, wie ich schon erzählt habe, bei gutem Tee gesessen bin, wird von den Stammgästen, zu denen auch ich zähle, bloß mit ihrem Vornamen Renate angesprochen. Renate stammt ähnlich wie die Kellnerin Mitzi, die ich zu den klassischen Kellnerinnen gerechnet habe, aus der bäuerlichen Welt. Allerdings ist sie einige Jahrzehnte nach Frau Mitzi zur Welt gekommen. Im Gegensatz zu Mitzi hat sie eine entsprechende Ausbildung hinter sich. Sie erzählt: „Ich habe vier Jahre lang für jeweils zwei Monate im Jahr die Berufsschule für Koch und Kellner in Gmunden besucht. Insgesamt war ich also volle acht Monate in der Berufsschule. Für Kellner alleine wären es nur drei Jahre gewesen. Ich bin aber auch Köchin. Mit 14 Jahren habe ich mit der Ausbildung angefangen. Aufgewachsen bin ich in Windischgarsten, und zwar sehr bescheiden." Renate kommt auf ihre Lehrzeit zu sprechen: „Zu lernen begonnen habe ich beim Hengl auf der Wurzeralm in Spital am Pyhrn. Ich war in der Sporthauptschule in Windischgarsten. Der Sohn vom Hengl ist eine Klasse hinter mir gegangen. Ich wollte auf die Wurzeralm, damit ich weiter Schi fahren und trotzdem meinen Beruf ausüben kann. Jedenfalls hat es mit der Mutter vom Michael Hengl nicht so richtig geklappt. Das war vor

30 Jahren. Sie war keine richtige Wirtin, die war mehr so eine Dame.
Sie hat die wesentlichen Punkte, auf die es im Gastgewerbe ankommt,
gar nicht richtig gesehen. Ihr Mann, der Edi Hengl, der die Schischule
hatte, war schwer in Ordnung, er war ein einfacher Mann. Bei einem
Autounfall hat er sich ein paar Wirbeln gebrochen. Ich habe in der
Früh nur für ihn und seine Frau ein Frühstücksbüffet richten müssen.
Sie hat das genossen. Gönnerhaft hat sie mir ihre Schuhe zum Putzen
hingeschmissen. Solche Sachen, die mit der Gastronomie nichts zu tun
hatten. Jedenfalls war es dann so, dass sie mich beschimpft und mir
vorgeworfen hat, dass ich das Frühstücksei für sie um zwei Minuten
zu viel oder zu wenig gekocht habe. Das hat mir gereicht, ich habe zu
ihr gesagt: ‚In Zukunft kochen Sie sich Ihr Ei selbst‘ und bin über die
Dümlerhütte heimgegangen. Ich bin dann nie wieder zum Hengl gegangen.“

Renate beendet ihre Lehrzeit. Sie führt weiter aus: „Nach der Lehre
bin ich nach Linz als Kellnerin gegangen, in den Schillerpark, dort ist
das Spielkasino. Dort war ich im Service, also Kellnerin. Ich bediente
die Gäste. Ich habe viel gelernt dabei. Man lernt auf jeder Arbeitsstelle
sehr viel. Vom Spielcasino wechselte ich nach Spital am Pyhrn zum
‚Gasthaus bei der Tankstelle‘, das dem Bürgermeister Gössweiner gehört hat. Dadurch, dass er Bürgermeister war, sind alle Schichten von
Leuten gekommen. Natürlich sehr viele Politiker, Leute aus der Wirtschaft, auch der Landeshauptmann war da, aber auch der damalige
Finanzminister Androsch. Das war damals, als der Autobahntunnel
durch den Bosruck eröffnet wurde.“ Ich frage sie nach ihren Eltern
und ihrer Kindheit. Renate erzählt darüber, sie geht aber auch darauf
ein, dass sie gelernt hat, Menschen zu achten: „Mein Vater war Holzknecht, meine Mutter Hausfrau, in Windischgarsten. Meine Eltern
waren ganz einfache Leute. Sie haben mir gelernt, vor anderen Respekt
zu haben, es ist egal, ob dies ein Sandler ist oder der Papst. Der Mensch
zählt. In dieser Hinsicht habe ich von der Frau Gössweiner sehr viel

gelernt. Wenn wir mit Politikern zu tun hatten, habe ich mich immer ganz natürlich gegeben. Das war der beste Weg. Auch dem kleinen Spitaler gegenüber, sowieso. Die Spitaler sind wegen der Unterhaltung gekommen. Ich war bei der Tankstelle von 1976 bis 1980. Ich habe zu Hause gelernt, dass man Respekt vor den Menschen hat. Dadurch, dass ich bei der Tankstelle mit hohen Leuten aus der Politik und Wirtschaft durch meinen Chef zu tun hatte, habe ich meine Scheu vor den Menschen verloren, weil ich die Menschen nicht nach der Position eingestuft habe, sondern als Menschen."

Renate lernt ihren künftigen Mann kennen. Sie heiratet und wird schließlich Wirtin. Sie pachtet mit ihrem Mann das Gasthaus Schaffelmühle, ein klassisches altes Bauerngasthaus zwischen Windischgarsten und der Rosenau am Weg zum Hengstpass.

Renate erzählt: „Wie ich dann in der ‚Schaffelmühle' war, bin ich wegen meiner Jugend nie so richtig als Wirtin respektiert worden. Ich war damals 21. Ich habe das Politische immer mehr zu spüren bekommen, wenn man selbständig ist. Im Winter habe ich für die ‚Schaffelmühle' die Schneeräumung gebraucht. Sie haben mir diese über die Gemeinde jede Viertelstunde verrechnet. Ich habe eine immense Rechnung bekommen, sodass ich mir das gar nicht hätte leisten können. Ich habe mir gedacht, ich beschwere mich bei der Landesregierung darüber. Ich habe also dort angerufen, habe einen Termin bekommen für sechs Wochen später. Ich habe dem Herrn dort in der Landesregierung gesagt: ‚Wissen Sie was, in sechs Wochen habe ich keine Wut mehr im Bauch und der Schnee ist auch weg.' Ich habe gesagt: ‚Sobald ich frei habe, komme ich und werde das abklären.' Am Donnerstag haben wir Sperrtag gehabt. Am Donnerstag darauf bin ich mit dem Zug nach Linz gefahren und zum Landhaus gegangen – das hätte ich früher nie gemacht, aber durch meinen früheren Chef Gössweiner, bei dem ich hohe Leute bedient habe, war die Scheu weg. Die Gemeinde Edlbach, zu der die ‚Schaffelmühle' gehört, war damals eine schwarze

Gemeinde. Da habe ich mir gedacht, ich darf zu keinem schwarzen Politiker gehen, sondern zu einem roten, sonst passiert ja nichts. Ein Grüner war damals Landeshauptmannstellvertreter. Ich komme also zu seinem Büro, sitzen vor diesem fünf oder sechs Bürgermeister. Hier warte ich nicht, dachte ich mir, und bin direkt zur Bürotür und habe angeklopft und habe zur Sekretärin gesagt: ‚Jetzt bin ich da.' ‚Da können Sie aber nicht herein', hat man mir gesagt. ‚Wissen's was', habe ich gesagt, ‚ich bin jetzt mit dem Zug aus Windischgarsten gekommen, ich bleibe jetzt da sitzen, Sie können tun, was Sie wollen.' Bin zum Grüner hineingegangen und habe mich hingesetzt und gesagt: ‚Entweder reden Sie mit mir jetzt oder nicht.' Er hat nun den Bürgermeister, der bei ihm gesessen ist, hinausgeschickt und hat mich drangenommen. Dem Dr. Grüner hat es so gefallen, dass ich so reagiert habe, dass er mich gefragt hat, ob ich einmal eine Schülerin von ihm war, er hat einmal unterrichtet. Habe gesagt: ‚Nein, aber ich habe mich so geärgert, weil man mich so abtun wollte mit dem Termin.'" Frau Renate nimmt ihre Arbeit im Gastgewerbe ernst, ich werde auf einige ihrer Überlegungen und Erzählungen noch eingehen. Sie empfindet die Arbeit als Wirtin im Gasthof Schaffelmühle als wichtig für ihr Leben, sie lernt viel dabei. Mit ihrem Mann pachtet sie schließlich den „Kirchenwirt" in Windischgarsten. Sie arbeitet weiterhin hart als Wirtin und erleidet einen Zusammenbruch: „Wie ich den Kirchenwirt sechs Jahre in Windischgarsten geführt habe, habe ich ohne Pause gearbeitet, 20 Stunden im Tag. Man kann das trainieren. Man braucht das schon, man wird hyperaktiv. Ich war dann körperlich und psychisch so geschädigt, und durch den Einfluss – man nimmt in der Gastronomie viele positive und negative Eindrücke auf, die man auch verarbeitet. Jedenfalls war ich so ausgelaugt, dass ich von einem Tag auf den anderen aufgehört habe. Und habe mich ganz zurückgezogen. Über ein Jahr habe ich keinen Radio und keinen Fernseher aufgedreht und auch nicht telefoniert und bin von Oberweng nicht hinuntergegangen. Wir haben den Kirchenwirt dann verkauft, wir haben einen Abschluss machen müssen. Ich muss mich wieder neu finden im Leben."

Frau Renate hat viel gelernt in ihrem Beruf als Wirtin; vor allem lernte sie, mit Menschen umzugehen. Heute ist Frau Renate Kellnerin im Kaffeehaus Kemetmüller in Spital am Pyhrn. Sie liebt ihre Arbeit und genießt das Ansehen, das sie bei den Gästen ob ihres freundlichen Umgangs hat.

Herr Klaus und Frau Renate, die ich hier dem Typus des „Kellners mit Ausbildung" zuordne, vermögen auf einer gediegenen Schulbildung im Gastgewerbe aufzubauen, die ihnen wohl von einigem Vorteil für ihre Karriere sein mag. Schließlich schafften es beide, Wirtsleute zu werden – ähnlich wie Meho.

Herr Meho aus Bosnien, der es zum Wirt brachte

Als Kellner der besonderen Art sehe ich auch Herrn Meho Crnkic, der eine gute Ausbildung mit Matura hat und der sich redlich Gedanken um seinen Beruf und sein Weiterkommen macht. Herr Meho stammt aus Bosnien. Er ist nach Österreich ausgewandert, um hier sein Glück zu versuchen. Er stammt aus dem Osten Europas wie viele andere Kellner auch, die ich unter anderem auf meinen Radtouren durch die Schweiz, Südtirol, Nordtirol und Kärnten kennengelernt habe. Mir wurde bewusst, dass viele von ihnen aus anderen Ländern auf der Suche nach Arbeit in den Fremdenverkehrsorten mit offenen Händen aufgenommen wurden und werden. Gerade Kellner aus dem Osten und Süden Europas scheinen ein besonderes Interesse zu haben, eine Arbeit als Kellner in reichen Ländern wie Österreich und Italien anzunehmen. Sie sind gefragt, da sie – im Gegensatz zu ihren österreichischen Kollegen – gewillt sind, wie mir erzählt wurde, Arbeiten anzunehmen, die einige Anforderungen an sie stellen. Darauf will ich

in einem eigenen Kapitel noch näher eingehen. Hier interessiert mich
die Biografie von Meho. Er wurde österreichischer Staatsbürger, er heiratete eine Österreicherin und brachte es schließlich selbst zum Eigentümer eines Gasthauses. Meho ist sein Name, ich lernte ihn in meinem
Heimatort Spital am Pyhrn kennen. Mit einem Herrn aus Holland,
der sich in den oberösterreichischen Bergen angesiedelt hat und als
Geschäftsmann in den USA über einiges Vermögen verfügte, hatte er
ein Treffen europäischer Volksgruppen in Spital am Pyhrn organisiert.
Dieses Treffen, bei dem Trachtengruppen aus ganz Europa auftraten,
fand einigen Anklang. Mich interessierte dieser Mann, von dem ich
wusste, dass er vor einigen Jahren als Kellner hierher gekommen war
und sich einiger Beliebtheit im Ort erfreute. Im Kaffeehaus Kemetmüller trafen wir uns. Bei Tee und Topfengolatschen erzählt Meho,
der eine Hotelfachschule besucht hat, zunächst über seine Jugend und
seinen Umgang mit der deutschen Sprache: „Geboren bin ich 1961 in
Bosnien. Nach der Hotelfachschule in Bosnien bin ich zum Militär gegangen. Mein Vater lebt seit 1971 in Österreich. Meine Mutter lebt in
Bosnien, sie sind geschieden. Der Vater hat noch einmal geheiratet. So
ist die Verbindung zu Österreich. Ich war damals, als ich hierher kam,
zehn Jahre alt. Ich bin das jüngste Kind. Ich habe drei Brüder und
eine Schwester. Ich habe keine Angst vor fremden Kulturen, da ich
in Bosnien bereits mit verschiedenen Kulturen zusammengekommen
bin. Nach Österreich bin ich gekommen, um die deutsche Sprache zu
verbessern. Ich wollte nur kurz bleiben. Ich habe schon in der Hotelfachschule die deutsche Sprache gelernt. Das Erlernen einer Sprache
ist kein logisches Lernen. Alles was nicht mit Logik zu tun hat, hat
mich nicht gefreut. Die Sprache ist nicht logisch. Wenn ich 20 Mal
am Tage sage: ‚Zucker, Zucker, Zucker …‘, damit ich kapiere, dass das
Zucker ist, so hat das nichts mit Leben zu tun.“ Interessant sind seine
Gedanken zu seiner Ausbildung als „Gastronom“ in Bosnien, die er
höher einschätzt als eine entsprechende Schulung bei uns: „Die Hotel-

fachschule habe ich in Bihatsch gemacht. Nach der Schule bin ich zum Militär gegangen. In Jugoslawien konnte man Gastronomie studieren. Die Schule war anerkannt, sie war nicht so wie die typische Berufsschule hier. Man hat uns gelernt, auf unseren Beruf stolz zu sein. Das ist der Unterschied zu hier. Hier, wenn jemand sagt, er hat Kellner in der Schule gelernt, so gilt dies anscheinend nicht viel. Das ist ja, warum wir hier in Österreich in der Gastronomie Probleme haben. Man sagt, wenn man nichts anders bekommt, man kommt in der Gastronomie unter. Bei uns dauert die Hotelfachschule vier Jahre, bis 18. Zwei Jahre Tourismusschule, zwei Jahre Studium, vier Jahre nachher hätten wir noch Wirtschaft studieren können. Man hätte sonst im damaligen Jugoslawien nicht Direktor von einem Hotel werden können. Man wäre mit dieser Ausbildung aber auch als Direktor von einer anderen Firma angestellt worden. Dadurch war das Ansehen eines Berufes bei uns in der Gastronomie sehr hoch. Hier heißt es: Du bist Kellner, damit ist es erledigt." Meho hält offensichtlich nicht viel von dem Ansehen, das der Kellner bei uns im Gegensatz zu Bosnien – genießt.

Er fügt noch hinzu: „Hier sind die Gasthäuser mehr oder weniger Familienbetriebe. Es stellt sich die Frage für die Eltern: Warum soll ich mein Kind zu einer Familie lernen schicken, das wird dort fast wie ein moderner Knecht behandelt. Aber, wenn nichts anderes funktioniert, schicke ich ihn in so ein Gasthaus, um Knecht zu sein."

Meho erzählt nun weiter über sein Leben: „Mit 19 Jahren bin ich nach der Schule nach Österreich gekommen. Mein Plan war, sechs Monate hier zu bleiben. Ich habe zwei Jahre als Kellner gearbeitet. Zuerst war ich am ‚Linzerhaus' auf der Wurzeralm, dann war ich am Bischofsberg. Am ‚Linzerhaus' war es eine neue Erfahrung für mich. Ich habe nicht gespart, ich habe alles gehabt. Ich habe angefangen, Bier zu trinken. Es war lustig – zum Glück. Die Leute waren nett, vor allem die Schifahrer, sie haben mir Deutsch beigebracht, denn am Anfang konnte ich kaum Deutsch. Ich bin oft zwei Stunden mit jemandem beisammen gesessen, um ein Wort zu kapieren. Ich habe damals zum Beispiel nicht kapiert, wieso spricht man die Zahl ‚vier‘ genauso aus wie ‚für‘? Innerhalb eines Monats habe ich 500 Wörter gelernt. Ich habe mir gesagt, wenn ich diese Wörter kann, kann ich überall mitdiskutieren. Nach einem Monat konnte ich Deutsch sprechen. Die anderen haben das nicht glauben können. Es war eine nette, fleißige Familie, bei der ich gewesen bin. Meine Arbeit habe ich sehr gut gemacht. Ich war den Leuten wahrscheinlich mit meinen schwarzen Haaren recht sympathisch. Ich habe mich als Kellner immer weiterentwickelt. Ich habe meinen Schmäh gehabt, die Menschen haben mit mir diskutiert. Ich habe in meiner Tätigkeit nicht nur eine Arbeit gesehen. Das war möglich, weil mich die Familie gut aufgenommen hat. Der Sohn, der Robert, war so etwas wie ein Chef für mich, er war der Ansprechpartner. Wir haben unsere Arbeit ganz gut geteilt. Nach vier Monaten ist mir klar geworden, dass ich hier in Österreich bleiben will. Am ‚Linzerhaus‘ ist im Winter die meiste Arbeit. Im Sommer braucht man also weniger Personal. Ich bin daher vom ‚Linzerhaus‘ weg und habe mir einen neuen Job gesucht, einen solchen habe ich wieder als Kellner auf dem Bischofsberg gefunden. So hat mein Leben in Österreich angefangen. Wenn man in Österreich einen Job will, bekommt man immer einen. Jeder hat die Chance.“

Meho beendet jedoch sein Dasein als Kellner: „Im Alter von 21 Jahren habe ich meine Krawatte geschmissen und habe mir gesagt: Niemals mehr in meinem Leben will ich Knecht sein, ich habe genug, ich gehe in eine Fabrik in der Region. Ich habe gut gearbeitet, in sechs Monaten habe ich eine Steigerung gehabt. Ich arbeitete wie eine Maschine. Um sechs Uhr bin ich jeden Tag aufgestanden, bis drei Uhr am Nachmittag habe ich gearbeitet. Um neun Uhr am Vormittag war Pause, in dieser habe ich geraucht wie jeder andere. Dann habe ich mir gesagt: Will ich diese Arbeit wirklich 40 Jahre so weitermachen und wie eine Maschine arbeiten. Das ist mir zu schade. Ich habe mich nun

entschieden, wieder in die Gastronomie überzuwechseln, aber nicht als
Kellner, sondern als selbständiger Lokalbesitzer. Ich wollte mich also
selbständig machen, mich selbst entscheiden, wie ich meine Gastronomie führe. Ich wollte von niemandem mehr abhängig sein. Diese Ent-
wicklung hat sieben Jahre gedauert, sie war eine gute Vorbereitung und
seit vier Jahren funktioniert es. Ich stelle nun selbst Kellner ein. Meine
Kellner entscheiden mit mir, wir diskutieren darüber, was man besser
machen kann. Ich habe heute insgesamt neun Leute in drei Lokalen."

Herr Meho ist angetan von seinem Beruf, er ist stolz, es zum Chef
von Gaststätten gebracht zu haben. Gastronomie ist sein Beruf und
seine Berufung. Seine Karriere als Kellner bot ihm die Voraussetzung
zu dieser Selbständigkeit. Meho hat eine Frau aus Spital am Pyhrn geheiratet, er hat mit ihr zwei Kinder. Seine Heimat ist nun Oberösterreich.

Auf seinem Weg als Wirt pachtete Meho das Gasthaus Dietlgut
bei Hinterstoder. Drei Jahre war er dort als Wirt tätig – gemeinsam
mit einer Partnerin. Er ergänzt seine obigen Überlegungen: „Ich hatte
damals beschlossen, selbständig zu sein, ich wollte selbst entscheiden,
was ich tun soll. Wir haben uns für das Gasthaus Dietlgut entschieden, weil wir keine großen Verluste machen wollten. Die Arbeit im
‚Dietlgut' war für uns wie eine Schule. Nach drei Jahren haben wir
gesehen, dass Gastronomie möglich ist. Verdient haben wir nichts,
aber wir haben gelernt, wie es weitergehen soll. Wir haben gelernt, dass
es die Gastronomie kaputt macht, wenn man bloß glaubt, es genügt,
wenn man zum Beispiel 30.000 Euro investiert. Ein guter Kellner zu
sein, ist eine Sache, ein guter Manager zu sein, eine andere. Man kann
ein guter Mechaniker sein, aber ein schlechter Geschäftsmann. Da
war das Problem: In der Gastronomie gibt es einen leichten Zugang
zur Selbständigkeit. Wenn mich jemand fragt: Was braucht man zur
Selbständigkeit? – ein Minimum von 30.000 Euro, und dann kämpfst
du zwei Jahre, nicht um etwas zu verdienen, sondern du kämpfst, um

diese 30.000 nicht zu verlieren. Man muss schnell lernen, ein Manager
zu sein. Kellner ist zu wenig. Man muss alles beide haben. Wenn man
ein guter Kellner ist, bringt man noch keine Voraussetzungen für einen
Wirt mit. Der Kellner hat nicht zu entscheiden, wie man ein Produkt
kauft. In der Industrie sagt man: Ein guter Verkäufer ist wahrscheinlich kein guter Käufer. In der Gastronomie braucht man alle beide. Ich
lerne dies meinen Leuten. Man lernt dem Kellner, dass das Lokal einen
Umsatz machen muss. Als Kellner muss man mitdenken. Er muss sich
fragen, was habe ich falsch gemacht, wenn die Gäste nicht kommen.
Dabei kommt es auch auf das Konzept an. Ich kann durch das Konzept
entscheiden, wer kommt. Zum Beispiel durch Jazzmusik. Da schließe
ich schon aus, dass alle die, die nicht solche Musik wollen, kommen.
Wenn ich sage, ich mag alles dunkel drinnen. Automatisch kommen
dann nicht Familien mit Vater und Kindern. Wir haben keine Fehler gemacht, wir haben gelernt. Wir haben das Haus nicht verlassen,
weil wir nichts verdient haben. Wir haben es verlassen, weil es nur ein
Sommergeschäft war. Wir haben durchschnittlich 15 Gäste gehabt, wir
waren sehr zufrieden. Das dauerte drei, vier Monate, die restlichen
Monate war nichts los. Darauf habe ich gesagt: Ich will mehr.

Mit der Kollegin bin ich dann nach Spital gegangen, dort haben
wir den Kirchenwirt in Pacht genommen. In der Wirtschaft ist es so:
Wenn du stehst, bist du schon tot. Du kannst nicht stagnieren, du
musst nach vorne gehen. In dem Moment, in dem du dich blockierst,
frisst dich das alles. Meine Partnerin hat sich dann für eine Marketing-
schule entschieden. Ich habe mich entschieden, mein Konzept, das ich
schon vor zwei Jahren hatte, zu produzieren. Ich habe schließlich den
‚Kirchenwirt' in Windischgarsten gepachtet."

Herr Meho hat großen Respekt vor der Arbeit jener Leute, die in
der Gastronomie, also im Gastgewerbe, arbeiten. Er, der in Bosnien
die Hotelfachschule besucht hat, sieht im Kellnern einen wichtigen Beruf, der Respekt verlangt, allerdings gibt er sich nicht damit zufrieden,

als Kellner zu arbeiten. Er sucht die Selbständigkeit und wird Wirt, jedoch ein Wirt, der im Kellner einen Partner sieht, der mitdenkt und im Sinne des Wirtes auf das Ansehen „seines" Gasthauses achtet.

Der Philosoph Gerli aus St. Gilgen

Ein ausgebildeter Kellner ist auch Herr Gerli Schwaighofer aus St. Gilgen, mit dem ich im Café Landtmann gesprochen habe. Er hat etwas von einem Philosophen an sich.

Herr Gerli hat seine Matura in der Tourismusschule in Bad Ischl abgelegt. In dieser Schule erwarb er sich die Voraussetzung, um auch als Kellner zu arbeiten. Daneben versuchte er sich als Student der Universität Wien. Da er Geld benötigte, bewarb er sich als Kellner und wurde in einem noblen Lokal eingestellt und verzichtete auf sein Studium. Er führt aus: „Der Kellnerberuf, wenn man ihn ernst nimmt, ist sehr anstrengend. Es gibt den Oberkellner und den Beikellner, den Commis. Einmal sagte so ein Commis zum Oberkellner: ‚Du verdienst mehr als ich, obwohl deine Arbeit die leichtere ist. Du musst viel weniger körperlich machen als ich.' Der meinte aber zu Recht, dass es viel anstrengender ist, den Gast zufrieden zu stellen, mit ihm zu reden, ihm etwas zu empfehlen. Beim ‚Plachutta' in Wien haben manche nur abserviert oder nachgeschenkt, die anderen waren für den Gast da, das ist das Anstrengendere."

Geradezu philosophisch denkt er über die soziale Position des Gastes nach: „Wenn ein Mensch ein Lokal betritt, so wird er zum Gast. Außerhalb des Lokals ist er noch kein Gast. Der Status des Menschen verändert sich durch das Aufsuchen der Gaststätte. Nun ist es Sache des Kellners, dem Gast einen angenehmen Aufenthalt zu ermöglichen. Aber auch der Gast hat seine Pflichten."

Herr Gerli ist ein Philosoph, der seine Freude daran hat, das Handeln des Gastes zu deuten. Übrigens war Gerli Mitglied einer Studentenverbindung, aus der er allerdings austrat, als er sein Studium aus Geldgründen nicht mehr fortsetzen konnte.

Die Kellnerin Carola beim Heurigen in Nußdorf

Regelmäßig besuche ich mit Freunden und Studenten den Heurigen Kierlinger in Nußdorf im 19. Wiener Gemeindebezirk. Vor allem mein Schwager Wolfram aus Augsburg ist angetan von diesem alten und schönen Heurigenlokal, das von Martin und Traudl Kierlinger gemeinsam mit ihrem Sohn bewirtschaftet wird. Martin Kierlinger ist stolz auf seine gastliche Stätte hier in der Nähe des Beethovenweges und der Zahnradbahnstraße. Der Heurige der Kierlingers besitzt noch seine alte gemütliche Einrichtung und einen prächtigen Gastgarten mit schönen Kastanienbäumen. Er ist noch ein echter Heuriger, der sich wohltuend von den meisten Heurigen in Grinzing unterscheidet, die zu Objekten des Fremdenverkehrs wurden. Als Heuriger wird in Österreich ein Gastlokal bezeichnet, in welchem grundsätzlich nur der Wein vom letzten Jahr, also der „heurige" Wein, ausgeschenkt wird – so zumindest war es früher. Vom üblichen Gasthaus unterscheidet sich der Heurige dadurch, dass bei diesem neben alkoholfreien Getränken nur Wein aus eigener Erzeugung ausgeschenkt werden darf. Auch die vor allem kalten Speisen, die beim Heurigen angeboten werden, stammen aus dem eigenen Betrieb. Übrigens darf beim klassischen Heurigen der Gast seine Speisen mitbringen. Die Berechtigung, den eigenen Wein ohne Lizenz anzubieten, beruht auf einer Zirkularverordnung von Kaiser Josef II. vom Jahre 1784, mit der „jedermann die Erlaubnis zuteil wurde, selbst hergestellte Lebensmittel, Wein und Obstmost zu allen Zeiten zu verkaufen und auszuschenken".
Dieser Brauch hat aber eine ältere Geschichte, die auf das 8. und 9. Jahrhundert zurückgeht. Wahrscheinlich haben ihn Franken und

Bayern unter den Kaisern Karl dem Großen und Otto I. nach Österreich mitgebracht. Eine Verordnung mit dem Titel „Capitulare de villis" vom Jahre 795 enthielt bereits Angaben zu solchen den Weinbau betreffenden Vorschriften.

Jedenfalls befindet sich der Heurige vom Martin Kierlinger in der besten Tradition, darauf verweist die Einrichtung, das Haus, der Wein, das Buffet und der Gastgarten.

Eine freundliche Kellnerin, Carola ist ihr Name, bemüht sich gemeinsam mit Herrn Rene um die nach dem heurigen Wein dürstenden Gäste.

Carola, die sich zu mir an den Tisch setzt, ist eine Dame von großer Liebenswürdigkeit, sie ist freundlich und beliebt bei den Gästen. Lächelnd verrichtet sie ihre Arbeit. Wenn ich, wie ich schon erzählt habe, mit Studentinnen und Studenten den Heurigen hier besuche, so bitte ich sie in aller Höflichkeit, uns aus kulturwissenschaftlichen Gründen ihre Tätowierung an ihrer linken Schulter zu zeigen. Sie ziert sich dabei etwas, aber schließlich zieht sie ihre Bluse etwas zurück. Dabei lächelt sie freundlich.

Sie hat, wie sie erzählt, die Gastgewerbeschule von Imst abgeschlossen, sie war damals 19 Jahre alt, aufgewachsen ist sie in Wörgl. Dann ging sie, das Abenteuer lockte, für ein paar Jahre „auf Saison" nach St. Moritz und Flims in der Schweiz, sowohl im Sommer als auch im Winter. Auf Saison ging es ihr nicht schlecht, sie hatte pro Woche drei Tage frei. An den freien Tagen fuhr sie Schi. Die Freizeit kostete Geld. Geblieben ist ihr von ihrem Lohn nicht viel. Sie scheint ein lustiges Leben geführt zu haben. Die Gäste des Hotels waren vornehme Leute. Als sie von der Saison in der Schweiz mit ihrer Freundin im Zug nach Österreich fuhr, sie wollte in Innsbruck aussteigen, verschlief sie das Aussteigen und fuhr weiter. Als sie aufwachte, überredete ihre Freundin sie, mit nach Wien zu fahren. Die Freundin arbeitete im Buffet des Raimundtheaters. Sie fragte den Chef, ob auch Carola dort arbeiten dürfe. Carola wurde eingestellt. Bald darauf lernte sie einen Mann kennen, in den sie sich verliebte. Auf seinen Wunsch hin kündigte sie als Kellnerin und wurde in einem Fotolabor angestellt. Die Freundschaft ging auseinander, nun kehrte sie dem Fotolabor den Rücken und wollte wieder Kellnerin werden. Über eine Annonce kam sie zum Heurigen des Martin Kierlinger. Seit 2001 arbeitet sie nun hier. Ihr gefällt es gut beim Heurigen. Als Kellnerin bei diesem muss man, wie sie meint, flexibel sein. Im Hotel sind die Gäste eher förmlich, beim Heurigen lockerer. Der Kontakt zu den Gästen sei ein guter. Viele Stammgäste gibt es, die sind wichtig für einen guten Heurigen. Beim Heurigen soll es gemütlich zugehen, so wollen es die Gäste und so gefällt es auch ihr.

Schlechte Gäste, die Frau Carola als „Gfraster" bezeichnet, gibt es auch beim Heurigen. Solche sind vor allem jene, die jeweils nur ein Achtel Wein bestellen. Unsere Kellnerin hält fest: „Beim Heurigen trinkt man Vierteln oder Gespritzte, ein Achterl trinkt man höchstens zum Abschied, ein so genanntes Fluchtachterl!"

Ihr gefällt es beim Kierlinger, denn dies sei ein Familienbetrieb, vor allem sei es hier gemütlich. Im Gegensatz zu den Heurigen in Grinzing, in denen es schnell, schnell zugeht, die Tische sollen bald für die nächsten Gäste frei sein.

Zum Heurigen hier kommen zumeist nur Wiener, aber auch Leute von den Ausflugsschiffen, die in der Nähe von Nußdorf anlegen. Mit einigem Stolz weist Frau Carola darauf hin, dass der „Kierlinger" noch ein echter Heuriger ist, bei dem Tee und Kaffee nicht angeboten werden – im Gegensatz zum Heurigen in der Nachbarschaft.

Die Arbeit ist nicht leicht. Das Servieren ist gerade während des Sommers wegen des Schotters im Gastgarten schwer.

Herr Rene, ihr Kollege, sieht es ähnlich. Auch er hat den Kellnerberuf erlernt. Die angenehmsten Gäste sind die, die Wein in Litern bestellen. Ärgerlich sind die, die nicht auf einmal an einem Tisch ihre

Sachen bestellen, die ihn immer wieder laufen lassen. Besonders im Sommer ist dies hart, denn im Schotter des Gastgartens geht es sich schlecht. Die Gäste sind hier locker, sie scherzen. Man kann sich als Kellner wohl fühlen.

Wolfgang aus Wien: Kellner beim Branntweiner und im Münchner Hofbräuhaus

Ein interessantes Gespräch führte ich mit Herrn Wolfgang, einem ausgebildeten Kellner, der bei seiner Tätigkeit als Kellner in Bayern seine Wienerische Sprache bewusst einsetzte, um seine Gäste zum Lächeln zu bringen. Ich kenne Herrn Wolfgang vom Oktogon „Am Himmel" bei Wien. Über seine Karriere als Kellner erzählt er: „Im ‚Am Himmel' mache ich eigentlich nur Aushilfsdienste. Das ist auch so eine Sache. Geboren bin ich 1957. Aufgewachsen bin ich in Krems. Mein Vater war selbstständig. Er hat eine Werkstatt gehabt, eine Schlosserei. Meine Eltern wollten, dass ich die HTL für Hochbau mache. Das wollte ich aber nicht. Ich habe mir aber gedacht, im Gastgewerbe könnte es ganz gut sein, dort könnte es mir gefallen. Kellner gelernt habe ich in der Wachau, in Krems. Mit 15 Jahren habe ich als Lehrling begonnen, mit 18 war ich ausgelernt. Gelernt habe ich in Krems im Parkhotel. Dann kam ich nach Wien. Anschließend war ich in Amerika. In Wien war ich beim ‚Fuhrgasslhuber'. Sogar bei einem Branntweiner im 20. Bezirk habe ich gearbeitet, und zwar am Allerheiligenplatz. Solche Branntweiner, bei dem es nur alkoholische Getränke gab, gibt es heute nicht mehr. Zu diesem Branntweiner kamen unter anderem Straßenbahnschaffner und andere von der Magistratsabteilung 48. Es war ein einfaches Publikum." Ich fragte ihn, wie er als Kellner auf die Idee kam, bei einem Branntweiner zu arbeiten. Er meinte: „Ich bin einfach vorbeigegangen und habe gefragt, ob sie mich brauchen können.

Ja, haben sie gesagt. Ich soll halt anfangen." Bei diesem Branntweiner
dürfte Herr Wolfgang jenen „Schmäh" gelernt haben, der ihm später
im Umgang mit Gästen genützt haben mag. Er erzählt weiter: „Ich
wollte immer in einem Biergarten arbeiten. Da es in Wien nicht so
viele gibt, außer das ‚Schweizerhaus', bin ich nach München gegangen. Nach München kam ich durch einen Freund, der seit 30 Jahren
im Hofbräuhaus arbeitet. Er wohnte am Stadtrand von München.
Die ersten Wochen habe ich bei ihm gewohnt. Durch ihn wurde ich
in einer Gastro-Verleih-Firma angestellt. Zu Weihnachten hat mich
diese Firma zum Beispiel zu BMW geschickt, die hatten damals fast
jeden Tag eine Weihnachtsfeier. Ich dürfte dort recht beliebt gewesen
sein. Auch an das Hofbräuhaus wurde ich vermittelt. Die vom Hofbräuhaus rufen, wenn sie einen Kellner brauchen, bei der Firma an
und die schicken jemanden hin, auch nur für ein paar Tage. Wenn
man geeignet ist und die meinen, der Mann ist in Ordnung, dann
nehmen sie einen fix auf. Ich gefiel denen vom Hofbräuhaus und
wurde genommen. Ich wurde bei großen Veranstaltungen als Kellner eingesetzt, so zum Beispiel bei Frühschoppen oder bei Festen der
bayerischen Industrie- und Handelskammer. Bei solchen hatten wir
bis zu 1.600 Gäste, unter ihnen Mitglieder von Industriedelegationen
aus Spanien, Frankreich und anderen Ländern. Als Kellner war man
dort für 20 Tische zuständig. Die Gäste benahmen sich manchmal
wie Schweine, weil alles kostenlos ist bei solchen Veranstaltungen.
Beim Hofbräuhaus war ich zwei Jahre. Ich habe dort gelernt, wie man
mit den Leuten umgeht. Wenn man als Österreicher im Hofbräuhaus
arbeitet, ist man sehr beliebt. Da läuft der Schmäh, die Leute erkennen einen am Dialekt. Sie sagen zum Beispiel: ‚Ich war Schi fahren
in Tirol.' Man macht ein paar Späßchen, über Fußball. Man hat als
Österreicher mit den Deutschen kein Problem, das ist so wie das Verhältnis von großer und kleiner Bruder. Die Bayern sind sehr lustig,
wenn sie etwas getrunken haben. Am Sonntag am Vormittag gibt es

die urigen Bayern. Bei denen läuft ein bisserl der Schmäh. Denen gefällt, wenn man aus Österreich kommt und seine Scherze macht. Man kann sie so gut unterhalten. Das wirkt sich auch im Trinkgeld aus. Es kommt auf die Freundlichkeit an, und ob du einen Schmäh hast. Sie wollen verschiedene Sachen wissen. Dadurch, dass Du ihnen etwas bringst, wenn sie Hunger und einen Durst haben, bist du immer sehr beliebt."

Herr Gottfried vom Speisewagen Wien–Zürich–Wien

Ein ausgebildeter Kellner und Koch ist auch Herr Gottfried, ein liebenswürdiger Herr, er ist 28 Jahre alt. Ich lerne ihn in einem Expresszug auf der Rückfahrt von Zürich nach Wien kennen. In Zürich war ich bei einem Kongress, bei dem ich über die „feinen Leute" zu reden hatte. Das Institut, das mich eingeladen hat, zahlt mir ein Ticket erster Klasse im Business-Abteil, in dem ich ungestört auf meinem Laptop arbeiten kann.

Herr Gottfried, dessen gutes Benehmen und höfliche Fragen nach den Wünschen des Gastes mir gefallen, setzt sich zu mir. Ihn interessiert meine Arbeit über Kellner, von der ich ihm erzähle. Herr Gottfried ist in der charakteristischen Jacke mit dem rotweißroten Kragen gekleidet, die ihn als ausgebildeten Kellner und Koch ausweist.

Mich interessiert seine Karriere und sein Beruf, der ihm Freude zu machen scheint.

Herr Gottfried erzählt, dass er nach seiner Ausbildung in Niederösterreich – er stammt aus Hollabrunn – nach Wien gekommen sei. Er habe eine Anstellung bei einer Catering-Firma bekommen, die sich darauf spezialisiert hat, einen Nostalgiezug, der an den alten Kaiser erinnern soll, zu betreiben. Auf diesem Zug habe ihm der Kontakt zu den Gästen gefallen. Herr Gottfried ist von seiner Arbeit begeistert.

Wichtig für einen Kellner bei einer solchen Firma ist eine gewisse Flexibilität, man muss sich auf unterschiedliche Gäste schnell einstellen. Gerade auf der Bahn braucht man ein Talent zur Improvisation. So musste einmal der Ofen in der Küche des Speisewagens schnell repariert werden. Mit allerhand Tricks gelang dies auch. Herr Gottfried ist stolz darauf, dass er diese Kunst des Improvisierens versteht. Eine solche Kunst ist gerade auf der Bahn notwendig, denn Spezialisten, die etwas reparieren können, sind weit weg. Wegen seines Improvisationstalents nannte man Herrn Gottfried auch den „Zauberlehrling". Dieses verbindet sich mit der Fähigkeit, für die Gäste auch ausgefallene Wünsche zu erfüllen.

Nach der Beendigung seiner Anstellung bei dieser Nostalgie-Firma wollte er weiterhin auf Zügen fahren. Züge faszinieren ihn, er hat eine geradezu erotische Beziehung zur Lokomotive. Er wurde nun von der Firma E-Express eingestellt, die sich um die Speisewagen der Österreichischen Bundesbahn zu kümmern hat.

Interessant sind die Gäste auf der Bahn, er sieht in ihnen eine bunte Mischung vom Bankdirektor bis zum Sandler. Es ist möglich, dass im vollbesetzten Speisewaggon diese beiden nebeneinander zu sitzen kommen, etwas, das in einem normalen Restaurant nicht vorstellbar ist.

Auch auf der Bahn gibt es Stammgäste, es sind dies die Pendler, die sich nach der Arbeit ein Bier oder einen Kaffee leisten, während sie in die heimatliche Nachbarstadt fahren. Typisch sind übrigens die Pendler, die die Speisewagen von Wien nach St. Pölten jeweils am späten Nachmittag erobern. Pendler, die er schon kennt, grüßt er höflich und bringt von sich aus das begehrte Getränk, ohne dass der pendelnde Gast es zu bestellen braucht.

Auch der Kellner auf der Bahn hat seinen Schmäh, allerdings die Deutschen, bei denen er auch unterwegs ist, können seinem schönen österreichischen Schmäh nicht immer folgen. So war einer dieser deutschen ‚Marmeladinger', wie Herr Gottfried ihn bezeichnet, erstaunt und perplex, als Herr Gottfried ihn beim Betreten des Speisewagens fragte, ob er einen Platz mit See- oder Bergblick wünsche.

Familienfreundlich sei diese Arbeit auf der Bahn nicht, denn die Kellner sind jeweils ein paar Tage unterwegs. Es soll Ehefrauen von Kellnern auf der Bahn geben, die sich frisch-fröhlich in Abwesenheit ihres im Speisewagen arbeitenden Gemahls mit diversen Herrn vergnügen. Herr Gottfried ist zufrieden mit seiner Arbeit, seine Freundin hat nichts dagegen, wenn er ein paar Tage unterwegs ist.

Heute hat er seine Arbeit um halb sieben Uhr in der Früh begonnen, bis halb elf in der Nacht bleibt er auf der Bahn, dann fährt er in seine Wiener Wohnung. Man merkt ihm die Müdigkeit an. Er hat 33 Stunden reine Arbeitszeit hinter sich. Gestern hat er in Salzburg in einem Haus der Österreichischen Bundesbahn genächtigt. Fünf Stunden Schlaf hatte er nur. Vorgestern war er ab halb acht in der Früh mit der Bahn unterwegs, aber er war schon um sechs Uhr am Bahnhof, um die Vorbereitungen für die Fahrt zu treffen. Zwei Tage hat er nun frei, dann „befördert", wie Herr Gottfried sich ausdrückt, sein Chef ihn mit der Bahn nach Bregenz. Sein Beruf ist kein leichter Beruf, er stehe oft unter großem Druck. Aber dennoch will er seinen Beruf als Kellner und Koch auf der Bahn nicht mit dem eines Kellners in einem Restaurant tauschen. Bei seiner Arbeit auf der Bahn ist er in stetem engen Kontakt mit einem Kollegen, der sich als Kellner um den Speisewagen zu kümmern hat, er selbst ist Koch, als Kellner habe er die Passagiere der 1. Klasse zu betreuen. Ihm obliegt also beides: das Kochen für die Gäste und das Servieren.

Mit dem Kellner, mit dem er jetzt unterwegs ist, versteht er sich sehr gut. Es ist wichtig, dass dieses Gespann im Speisewagen sich gut versteht. Es kommt auch vor, dass sich so ein Paar nicht versteht. Das könne Probleme geben, vor allem hinsichtlich des Trinkgeldes, das zwischen den beiden 50 zu 50 aufzuteilen ist.

Man muss sich gut verstehen, wenn man auf engstem Raum in der

Küche des Speisewagens miteinander arbeitet. Oft gibt es Streit wegen des Trinkgeldes, wenn der Kellner verdächtigt wird, es nicht gerecht aufzuteilen. Es kommt auf den Anstand an, dem Kollegen seinen Teil zu geben. Einen Kollegen hatten sie, der das Trinkgeld nicht ehrlich geteilt hat. Ein solcher Schwindler entlarvt sich bald, er bleibt nicht lange bei der Firma. Herr Gottfried ist froh, mit einem Kellner zusammenzuarbeiten, der ihm sympathisch ist.

Kellner und Koch im Speisewagen erinnern an das alte fahrende Volk, das mit Menschen aus vielerlei Kulturen zusammenkam. Das Umherziehen hat einen eigenen Reiz, die Schiene verbindet Städte und Welten.

Der Kellner aus den Abruzzen bei Adolf Hitler

Ein Italiener aus dem Abruzzendorf Villa Santa Maria mit dem Namen Salvatore Paolini gehörte während des Zweiten Weltkrieges zu jenen Kellnern, die Adolf Hitler und sein Gefolge auf dem Obersalzberg in Berchtesgaden bedient haben.

Darüber berichtete die Italienkorrespondentin Christiane Kohl in der „Süddeutschen Zeitung" vom 26. Juni 2004. Bei ihrem Besuch im Hause Paolinis habe dieser, wie sie schreibt, plötzlich die Hände gehoben, als würde er ein Tablett balancieren. Dabei habe er dezent seine Hüften geschwenkt und gerufen: „Bitte scheen, danke scheen – bitte serr die Dame." Genauso habe er es immer gemacht. Auf alten Fotos ist Paolini als junger Mann mit Römerprofil mit tiefschwarzem und gewelltem Haar zu sehen.

Das Handwerk des Kellners hatte Paolini schon in früher Jugend in seinem Dorf Villa Santa Maria gelernt. Dieses abseits gelegene Dorf in den Abruzzen galt, wie Christiane Kohl schreibt, als heimliche Hauptstadt der hohen Kunst des Kochens und Servierens in Italien. Junge

Männer aus diesem Dorf verdingten sich in noblen Hotels und in ersten Diplomatenhäusern, etwa bei Italiens ehemaligem Außenminister Galeazzo Ciano, dem Schwiegervater von Benito Mussolini.

Paolini beherrschte sein Handwerk als Kellner derart, dass er sogar Adolf Hitler auf dem Obersalzberg bedienen durfte. Salvatore Paolini erzählt dazu: „Der hat immer nur Gemüse gegessen, aber auch jede Menge süße Torten." Der deutsche Diktator soll, so Paolini, sehr freundlich gewesen sein und sich nach jedem Essen bei den Kellnern bedankt haben. „Für mich war er damals eine ganz große Persönlichkeit", hält Paolini fest. Er selbst sei kein Parteigenosse gewesen: „Ich war 18 und musste einfach Geld verdienen, hier (in den Abruzzen) wäre ich doch vor Hunger gestorben."

Salvatore Paolini kam im Oktober 1942 auf den Platterhof, das so genannte Volkshotel für Nazi-Größen auf dem Obersalzberg. Paolini erzählt weiter: „Ich war jung und elegant und ich sprach recht gut Deutsch, was sollte mir da passieren."

Eine kleine Brigade erstklassiger Kellner versorgte dort die Großen des Nazireiches. Am Morgen wurde dort in weißem Livree serviert und am Abend im schwarzen Frack. Eines Tages kam plötzlich Unruhe im Küchentrakt auf. Eine Kollege flüsterte ihm zu: „Heute erwarten wir hohen Besuch." Als Erster humpelte Joseph Goebbels in den Speisesaal, erzählte Paolini, „dann kam der dicke Göring". Wenig später stand „der Führer" plötzlich im Raum, er war durch eine verborgene Seitentüre gekommen. Offensichtlich verband ein geheimer Gang Hitlers Berghof mit der Nazi-Herberge. Paolini bediente Hitler oft. Er hielt dazu fest: „Dass ich da historische Ereignisse miterlebte, habe ich nicht gemerkt."

Um als Kellner auf dem Plattnerhof eingestellt zu werden, musste Paolini sich einer eingehenden medizinischen Untersuchung – „physisch und psychisch" – unterziehen: „Die Ärzte haben mir in den Mund geguckt und die Lunge geröntgt." Überdies musste er allerlei

Fragen beantworten. Am Tag darauf tauchten in seinem Dorf Carabineri auf, um das soziale Umfeld des Kandidaten zu untersuchen. Paolinis Eltern befürchteten, ihr Sohn, der sich damals schon in Deutschland befand, habe etwas ausgefressen.

Auf dem Obersalzberg bekam Paolini mehrere Spezialausweise, denn es gab vier verschiedene Kontrollstellen. Hitler soll übrigens als junger Mann den zweiten Teil von „Mein Kampf" in einem Gebäude beim Plattnerhof geschrieben haben.

Auf dem Obersalzberg hatte sich ein kompletter Nazi-Hofstaat etabliert. Zum Essen traf man sich im Plattnerhof. Nach den alten Speisekarten, die Salvatore Paolini aufbewahrt hat, gab es vor allem Hausmannskost, wie Königsberger Klöpse und Endiviensalat oder Wiener Schnitzel mit Spinat und Kartoffeln. Hitler aß, so Salvatore Paolini, ohnehin nur Kartoffeln und Gemüse, aber „immer stark gewürzt". Beim Wein habe Hitler sich stets zurückgehalten. „Wir servierten", wie Salvatore Paolini erzählt, „Jahrgangsweine, doch Hitler hat immer nur an seinem Glas genippt". Erst beim Nachtisch griff Hitler ordentlich zu. Er verdrückte „riesige Mengen Süßes, enorme Torten mit viel Schlagsahne". Eva Braun, die Geliebte Hitlers, ist, wie Paolini meint, höchst selten in der Gesellschaft dabei gewesen. Und wenn sie doch anwesend war, so ist sie nicht neben Hitler gesessen. „Meistens hatte Hitler die Frau Goebbels neben sich", fügt Salvatore Paolini hinzu.

Salvatore Paolini aus dem kleinen Bergdorf in den Abruzzen blickt auf ein spannendes Leben als Kellner zurück. Besonders beeindruckt haben dürfte ihn seine Arbeit in Umfeld der Nazigrößen. In seinem Wohnzimmer hängt daher ein Bild mit den Bediensteten des Obersalzberges, auf dem er als fescher junger Mann zu sehen ist.

3. Kellner als Künstler

Die hier zu nennenden Kellner und Kellnerinnen haben mich wegen ihrer besonderen Freude an irgendeiner Kunst, sei es der Musik oder der Malerei, fasziniert, daher will ich sie hier in einem eigenen Kapitel anführen. Als Maler ist auch Herr Rudi vom Café Landtmann ein angesehener Herr, der bereits in Ausstellungen seine Kunst präsentieren konnte. Auch wenn ich hier nicht über seinen Lebensweg erzähle, so werde ich ihn doch in anderen Zusammenhängen zitieren.

Der Kellner Harry aus der Klosterschule – der Musiker

Ein künstlerisch veranlagter Herr ist Kellner Harry aus Windischgarsten, der im Gasthof Steyrerbrücke, dem das „Wilderermuseum" angeschlossen ist, seine Gäste mit einem guten „Schmäh" erfreut. Mit ihm saß ich im Kaffeehaus Kemetmüller in Spital am Pyhrn. Er kam nur für das Gespräch mit mir hierher. Er ist um die dreißig, er hat in Schlierbach am Gymnasium maturiert. Harry erzählt: „In der 5. Klasse des Gymnasiums in Schlierbach wäre ich schon fast an das Brucknerkonservatorium gekommen. Ich war schon angemeldet. Klavier und Komposition wollte ich belegen. Bis dahin hatte ich sieben Jahre Klavier und sieben Jahre Schlagzeug gelernt.

Allerdings mit dem Singen ist es so eine Sache. Ich singe dreistimmig, nämlich: laut, falsch und mit Begeisterung. In der Schule haben wir Musikbands gehabt. In einer habe ich gespielt. Um das Konservatorium zu machen, muss man schon sehr gut sein. Ich habe es dann doch nicht gemacht. Wie ich in Schlierbach maturiert habe, habe ich

an das Gastgewerbe gedacht. Ich bin daher in das Fremdenverkehrs-
kolleg in Leonfelden eingetreten. Das ist eine Art viersemestrige Fach-
hochschule. Wenn man dort fertig ist, ist man Tourismuskaufmann.
Ohne Matura ist es nicht möglich, diese Schule zu besuchen. Mit dem
Abschluss ist man auch Koch und Kellner. Kochen tue ich daheim viel,
wenn ich Zeit habe. Wenn man aus dieser Schule kommt, glauben
manche, man ist ein Chef. Man glaubt das nur. Man hat zwar, wenn
man fertig ist, einige Berufstitel, wie Reisebüroassistent, Gastgewerbe-
assistent und Großhandelskaufmann. Der Kellnerberuf ist interessant,
aber es gibt nur wenige, die dafür intelligent genug sind. Es kommen
immer mehr Lehrlinge heraus, die eine Katastrophe sind. Ich war, bevor ich beim ‚Kerbl‘ angefangen habe, drei Jahre als Kellner in Hintertux im Zillertal.“

Herr Harry ist ein beliebter Kellner mit Witz. Auf einige seiner Geschichten werde ich später noch eingehen.

Herr Peter, der Maler vom Cobenzl

Im Restaurant am Cobenzl, zu dem ich regelmäßig mit meinem Fahrrad fahre, fiel mir auf der hölzernen Wand in der Theke ein buntes
Bild auf, das mir gefiel. Bei genauerem Hinschauen sah ich, dass es
sich um eine Hinterglasmalerei handelt. Ich fragte, von wem dieses
Bild stamme. Mir wurde zu meiner Überraschung geantwortet, dieses
Bild stamme von dem Kellner Herrn Peter. Ich gratulierte Herrn Peter
zu diesem Kunstwerk. Herr Peter ist ein nobler Kaffeehauskellner, mit
dunklem Anzug, Gilet und Mascherl. Ich komme mit ihm ins Gespräch.

Er erzählt mir, in seiner Freizeit würde er Bilder malen. Er ist gelernter Grafiker. Er hat eine dreijährige Grafiklehranstalt besucht. Danach
hat er als Grafiker gearbeitet. In jungen Jahren war er oft Gast in einer

Bar im 1. Bezirk am Tiefen Graben. Mit ungefähr 26 Jahren fragte ihn der Koberer, der Wirt, ob er in der Bar aushelfen wolle, schließlich war er fesch und jung. Er stimmte zu und arbeitete ab nun von 19 Uhr bis vier Uhr früh. Hauptsächlich waren es Nachtschwärmer, die seine Gäste waren. Um vier Uhr früh betraten noch Leute die Bar, die vorher in anderen Lokalen waren, die aber schon Sperrstunde hatten. Sogar Gäste vom Hotel Orient kamen, bevor sie mit Damen dort verschwanden. Es war ein gutes gemischtes Publikum. Hier kam alles zusammen. Er hat dabei gut verdient. Aber er arbeitete noch immer gelegentlich als Grafiker.

Das richtige Servieren hat er durch Beobachtung gelernt, er hat es anderen Kellnern abgeschaut, oder er hat die anderen auch gefragt, wie man es mache.

Jedenfalls, nach ein paar Wochen beherrschte er das perfekte Servieren und die Fertigkeiten, die man so als Kellner braucht. Er arbeitete in einigen Bars, unter ihnen war auch das „Chattanooga". Er schenkte an der Bar aus und kassierte gleich. Es ging oft hoch her. Viele Leute waren stets in der Bar, in der er begonnen hat. In zwei Stockwerken wurde getrunken und getanzt. In jedem Stock gab es eine Bar. Einmal kam ein stadtbekannter Schläger, der Erbsi, es herrschte dicke Luft. Zweimal im Monat gab es Schlägereien. Kam es zu einer solchen, versteckte er sich hinter der Bar. Er drehte das Putzlicht auf, also das grelle Licht. Die Leute sahen sich durch den grellen Schein ertappt. Er selbst mischte sich nicht ein. Verschwand nun der Raufbold, so war es gut. Ansonsten teilte er es dem Chef mit. Wenn der nicht zu erreichen war, wurde die Polizei gerufen. Manchmal, wenn es besonders arg war, flüchtete der Koberer, also der Wirt, durch einen Geheimgang zur Polizei.

Einige Jahre blieb er, dann wechselte er in andere Bars und schließlich wurde er zum Kaffeehauskellner, der er heute noch ist. Daneben macht er Ausstellungen seiner Bilder, eine jetzt im Waldviertel.

Ich frage Herrn Peter noch, wie er mit lästigen Gästen umgeht. Er
meint, er ignoriere zunächst einen solchen. Ist der Gast laut, so sagt
er ihm: „Mäßigen Sie sich." Fängt er zum Randalieren an, so ruft er
den Chef oder die Polizei, wenn Ersterer nicht erreichbar ist. Jedenfalls
greift er den Randalierer nicht körperlich an, er ist kein Rausschmei-
ßer, wie er betont.

Michaela, die singende Kärntner Kellnerin

Zu den Kellnern und Kellnerinnen der „besonderen Art" rechne ich
auch Frau Magistra Michaela Frank, eine liebenswürdige Studentin
an der Universität Klagenfurt, die auch mir die Ehre gab, an einigen
meiner Seminare teilzunehmen. Außerdem hat sie die Absicht, unter
meiner Betreuung eine Dissertation zu schreiben. An anderen Stellen
dieses Buches wird Frau Michaela Frank mit ihren Erlebnissen als Kellnerin einige Male zitiert werden. Hier interessiert mich ihre Karriere
als Kellnerin, mit der sich die besondere Kunst des Singens verbindet.

Sie schrieb mir darüber unter anderem: „Im Sommer 2007 half ich
als Kellnerin im schon seit 1750 bestehenden Gasthof Feichter aus. Die
Pension ist mit Tradition verbunden und wird in fünfter Generation
geführt. Die Urgroßeltern führten schon 1820 eine Wagnerei, eine
Fleischhauerei und den Gasthof. 1939 übernahm Johanna Feichter das
Wirtshaus ihrer Eltern. Ihre Tochter Aloisia, die schon als Kind fleißig
im Wirtshaus mitarbeitete, wurde die nächste Wirtin. Ihr folgte ihre
Tochter Edeltraud, die das heutige Wirtshaus leitet. Sie ist mit einem
Betriebswirt verheiratet und hat zwei Kinder. Meine Beziehung zu die-
ser Familie ist eine sehr familiäre. Außerdem wurden unsere Familien-
feiern, wie Geburtstage, Hochzeiten und Taufen im Gasthof Feichter
zelebriert. Im Sommer 2008 arbeite ich nun schon die vierte Saison als
Kellnerin in diesem netten Gasthaus. Wenn man mich braucht und

ich Zeit habe, springe ich kurzfristig ein. Vor allem bei größeren Feiern
mit ungefähr 90 Gästen helfe ich aus. Im Februar dieses Jahres wurde
ich sogar zu einem familiären Ausflug nach Paris eingeladen. An eine
lustige Anekdote erinnere ich mich: Vornehme Gäste, die noch nie da
waren, glaubten, ich sei die Tochter des Hauses. Einer von ihnen, ein
Golf spielender Senior, meinte: ‚Ich habe gedacht, Sie sind die Tochter
des Hauses, weil sie so engagiert ihre Arbeit machen!' Außerdem hat
mich der Chef, Peter, schon des Öfteren als seine Stieftochter betitelt,
weil seine Tochter oft unterwegs ist. Auch die Großmutter mag mich,
sie würde mich am liebsten mit ihrem Enkelsohn Florian verkuppeln." Frau Michaela ist als Kellnerin bestens in den Familienbetrieb
eingebunden, ihre Genialität, also ihre intellektuelle Fähigkeit, zeigt
sich nicht nur im geschickten Umgang mit Gästen, sondern vor allem
darin, dass sie eine begabte und ausgebildete Sängerin ist. Sie erzählt
weiter: „Begonnen hat alles mit dem lustigen Zufall, dass mich der
Herr Heereskommandant fragte, wieso ich als Frau Magistra im Gastgewerbe tätig sei, er könne dies nicht verstehen, aber trotzdem finde er
dies toll. Auch eine liebe Freundin von ihm sei Magistra artium und sei
sich für solche Arbeiten nicht zu schade. Durch das Stichwort Magistra
artium entbrannte nun eine heiße Diskussion zwischen dem Heeres-
beamten und einem Gast, ob ich als akademische Kellnerin auch im
Stande wäre, mit ihnen Kärntnerlieder zu singen. Ich willigte ein, allerdings nur unter der Bedingung, dass nur wenige Leute im Lokal
anwesend sind und ich keine Arbeit mehr habe. So gegen 23 Uhr war
es soweit. Wir begannen mit unserem Liederreigen, der von den übrig
gebliebenen Gästen mit großer Freude aufgenommen wurde. Es blieb
nicht nur bei Kärntnerliedern. Unser Repertoire war sehr weitläufig
und beinhaltete Neo-Spiritual (‚Oh, happy day'), ‚Yesterday' von den
Beatles, ‚Sentimental journey' (Blues), ‚Im Herzn brennt leise a Feiale',
‚Gern hobn tuat guat' und ‚Jo, griaß enk Gott', und sogar slowenisch
sangen wir: ‚Srce je zalostno'. Dieses letzte Lied stiftete allerdings einige

Unruhe beim Herrn Heereskommandanten. Er fühlte sich in seiner Kärntnerseele verletzt und verabschiedete sich mit den Worten: ‚Ich bin doch nicht bei den Partisanen!'

Unsere Gesangeskünste begeisterten nicht nur die Gäste, sondern auch die Wirtin, die uns eines Abends bat, einem Stammgast ein Geburtstagsständchen zu singen. Es handelte sich um den Bürgermeister Leitinger von St. Martin am Lofer im Pinzgau. Er ist selbst ein guter Sänger, deshalb stimmte er in unseren Liederreigen ein. Wir sangen drei- und vierstimmig – ich hinter, die Männer vor der Theke stehend – ‚In da Mölltolleitn' und noch andere Kärntnerlieder. Herr Gerfried, ein Stammgast aus der Nachbarschaft, war davon so inspiriert, dass er sogleich mit einem Freddy-Quinn-Song ‚Gitarren klingen leise durch die Nacht' ein Solo anstimmte und zu späterer Stunde mit mir eine heiße Sohle aufs Parkett legte."

Frau Michaelas Sangeskunst begeistert die Leute. Darauf verweist ein Bericht von ihr über einen Abend als Kellnerin: „Der gesamte Abend verläuft zuerst recht hektisch. Manches gerät aus den Fugen, da der Chef nicht da ist und das schon eingespielte Servierteam nicht komplett ist. Gröbere Zwischenfälle bleiben jedoch aus und gegen 22 Uhr kehrt mehr oder weniger Ruhe ein. Die meisten Hausgäste verlassen ihre Tische und begeben sich auf ihre Zimmer. Es sind nur mehr vier Tische besetzt: ein Tisch mit belgischen Hausgästen und ein Tisch mit meinem Gesangskollegen Herrn Gerfried und mit Herrn A., einem ausgewanderten Kärntner, der während des Sommers gerne in seiner alten Heimat Urlaub macht. Die Chefin des Hauses fordert mich auf, Herrn A. ein Begrüßungsständchen zu singen. Nach einigen Ausreden lassen wir, Herr Gerfried und ich, uns doch überreden und singen frisch-fröhlich drauflos – teilweise fehlen textliche Passagen, doch größtenteils nimmt man unsere Gesangskünste positiv auf. ‚Oh, happy day' wird angestimmt. Die belgischen Gäste sind hocherfreut und klatschen. Wir bedanken uns, während

des Gläserpolierens singen Gerfried und ich Bruchstücke von ‚Sentimental journey'. So gegen 23 Uhr verabschieden sich die Belgier mit
den Worten: ‚Danke für die Musik – wir hoffen morgen wieder von
ihnen zu hören!' Ich beende meinen Dienst und lade Gerfried zum
nächsten Singen ein." Auch über dieses Singen erzählt Frau Michaela:
„Das nächste Singen fand am Sonntag Vormittag, den 19. August,
statt. Anlass war der Geburtstag der Chefin Edeltraud. Herr Gerfried,
eine Freundin von mir – eine Magistra artium – und ich überrasch-
ten die Chefin mit zwei kurzen gesanglichen Einlagen, mehr Zeit
blieb nicht, weil für zwölf Uhr eine Geburtstagsfeier mit 50 Gästen
anstand. Die Chefin war zu Tränen gerührt und lud Gerfried und
meine Freundin zum Essen ein."

Frau Magistra Michaela Frank, eine gescheite Dame, die gute wis-
senschaftliche Forschungsarbeiten zu schreiben versteht, beherrscht die
Sangeskunst, aber auch die Kunst, mit Gästen singend auf intelligente
Weise umzugehen. Dafür sind diese dankbar.

Sissy – Kellnerin und Bäckerin

Durch meine täglichen Besuche in einer kleinen Bäckerei in der Neustiftgasse im 7. Wiener Gemeindebezirk lernte ich Frau Sissy Notz kennen. Ich kaufte bei ihr Brot, Semmeln und Milch. Dabei sprachen wir
über Dinge des Alltags. Ich erfuhr so, dass sie gegen Ende der sechziger
Jahre geradezu revolutionäre politische Ideen hatte und stets Beziehung zu Künstlern gesucht hat. Daher erzähle ich hier auch von ihr.
Die Dame entpuppte sich für mich als verwegene Intellektuelle, die
sich mit der Kunst des Fotografierens beschäftigt und sich schließlich
als kühne Kellnerin betätigt hat. Sie erzählt: „Ich bin eine geborene
von Spieß, meine Vorfahren kommen aus Südtirol. Mein Vater war
Holzschnitzer in Taufers. Der Vater musste nach Wien gehen wegen

der Mutter. Sie hatte er in Wien kennengelernt. Er hat sein Leben darunter gelitten, dass er weggezogen ist. Bei der Elin war mein Vater Oberheizer. In Tirol war er Herrgottschnitzer. Ich bin geborene Wienerin. Sieben Geschwister habe ich. Gelernt habe ich Sekretärin, und als Reprofotografin wurde ich angelernt. Nachdem ich Reprofotografin gelernt hatte, habe ich mich für die Kellnerei interessiert. Das kam so: Ich habe dem Platzer Franz, dem Wirt vom Café Lange in der Langegasse im 8. Bezirk, geholfen, denn es war dort viel zu tun. Ich habe ihm gesagt: ,Komm, ich helfe dir.' Er hat gefragt, ob ich Bier zapfen kann. Das war das Erste, was er mir beigebracht hat. Dort in dem Café waren meine Genossinnen, ich war damals Maoistin. Der Platzer hat mir alles beigebracht, was ich als Kellnerin wissen musste. Mir hat es immer gefallen, mit Leuten zu tun zu haben. Ich bin dann nach Salzburg, wo ich einem Griechen in seinem Lokal nicht weit vom Festspielhaus geholfen habe. Durch einen Künstler bin ich dazu gekommen, ich wusste gerade nicht, was ich tun soll. Das war vor 27 Jahren. In Salzburg habe ich eine Künstlerin kennengelernt, die mich gefragt hat, ob ich nicht einmal auf Saison gehen möchte. Ich habe ja gesagt.

So bin ich in ein Hotel in Serfaus in Tirol nicht weit von Landeck gekommen. Dort habe ich als Kellnerin noch weiteres dazugelernt. Später, auf Kreta, wo ich auf Urlaub war, lernte ich wiederum einen Künstler kennen, er hat Taub geheißen. Durch ihn bin ich nach Los Angeles, wo ich ihn geheiratet habe. Seine Eltern waren emigrierte Juden. Das Englisch hatte ich bald gelernt. In Kalifornien habe ich wieder als Kellnerin gearbeitet."

Für Frau Sissy bedeutete das Leben als Kellnerin so etwas wie eine Weltanschauung, denn über das Kellnern kam sie mit für sie interessanten Menschen zusammen, vor allem die Künstler hatten es ihr angetan. Auf Frau Sissy werde ich später noch zu sprechen kommen, auch im Kapitel über Grabscher.

4. Der noble Kellner

Barmann bei Edgar Wallace

Franzl Reich, über den ich oben geschrieben habe, erzählte mir auch über seinen verstorbenen Vater, den auch ich gut gekannt habe. Er war in jeder Hinsicht ein nobler Herr. In seinem Gasthaus beim Bahnhof in Wolkersdorf, das sein Sohn übernommen hat, fielen mir bei meinen Besuchen zwei Bilder auf, die heute noch in der Gaststube hängen. Auf dem einen ist ein Turnvater Jahn abgebildet – Herr Reich war ein guter Turner – und auf dem anderen der berühmte englische Kriminalschriftsteller Edgar Wallace, dessen Bücher ich als junger Bursche mit Begeisterung gelesen habe. Ich fragte Herrn Reich, warum gerade Edgar Wallace hier in der Gaststube zu Ehren käme. Herr Reich erzählte mir, als junger Bursche sei er als Kellner in der Schweiz gewesen, wo er Edgar Wallace kennengelernt habe. Edgar Wallace war ein höchst interessanter Herr, eigentlich hieß er Richard Horatio Edgar Wallace. Er lebte von 1875 bis 1932 und gehörte zu den erfolgreichsten Kriminalschriftstellern. Er war der uneheliche Sohn eines Schauspielerehepaares und wurde von einem Londoner Fischhändler adoptiert. Er wuchs in ärmlichen Verhältnissen auf, wurde Kriegsberichterstatter in Südafrika, Journalist und schließlich Schriftsteller. Seine Romane wurden in 44 Sprachen übersetzt. Spannend ist die Geschichte seines ersten Kriminalromans „Die vier Gerechten", der zwar ein Erfolg wurde, aber dennoch für Wallace ein Verlustgeschäft war, denn er hatte jedem, der die Lösung des Buches erraten würde, 500 Pfund versprochen. Leider errieten zu viele Menschen das Ende des Romans, was ihm teuer zu stehen kam. Wallace führte ein exzessives Leben, das ihn auch in die

Wintersportregionen der Schweiz führte. Dort kam er offenbar mit
Herrn Franz Reich, dem Vater von Franzl, in Kontakt.

Genaueres will ich nun von Franzl Reich, dem jetzigen Wirt beim
Bahnhof in Wolkersdorf, wissen. Franzl erzählt aus seiner Familiengeschichte, in der auch sein Großvater vorkommt, der ebenso bei einem
noblen Herrn im Dienst war: „Mein Großvater war auch schon Wirt.
Als junger Soldat war er im 1. Weltkrieg Koch beim Erzherzog Franz
Salvator. Für seine Dienste bekam er eine Auszeichnung, die hängt in
meinem Gasthaus. Mein Großvater hieß Franz, mein Vater auch. Ich
habe den Namen Franz in der dritten Generation. Mein Großvater war
gelernter Koch. Dort, wo das heutige Hotel Europa auf der Kärntner-
straße steht, stand einmal das Hotel Meisel & Schaden. Auch dort war
er Koch. Dann hat er die Tochter des Herrn Arbinger geheiratet. Dieser hat das Gasthaus in Wolkersdorf gehabt. Mein Großvater hat also
dort hingeheiratet. Nachdem die Arbingers gestorben sind, hat er das
Gasthaus weitergeführt. Mein Vater hat es dann übernommen. Mein
Vater hat die Handelsschule gemacht. Daheim gab es damals in der
schlechten Zeit keinen Platz zum Arbeiten. Er hat Arbeit gesucht, so
hat es ihn 1928 in die Schweiz verschlagen, nach Caux, einer Stadt über
dem Genfersee, in das Hotel Cauxpalas. Dort hat er Barmann gelernt,
also einen Beruf, der mit dem des Kellners verwandt ist. Er war Spezialist für das Mischen von Cocktails. Zu den Gästen der Bar, in der
mein Vater tätig war, gehörte auch Edgar Wallace. Edgar Wallace war
dort beim Genfersee während des Winters oft auf Urlaub. Er ist auch
mit dem Skeleton gefahren. Dies soll ein sehr gefährlicher Sport sein.
Es war ein Sport für noble Leute. Edgar Wallace hat damals zu den
noblen Leuten gehört. Noch andere interessante Leute hat mein Vater
kennengelernt, so den Mister George Brough, der war ein englischer
Motorraderzeuger, und den Lawrence von Arabien. Der Lawrence hat
sich 1935 mit seinem Motorrad, einer Brough Superior, erschlagen.
Diese beiden Herren, Brough und Lawrence, hat der Vater bedient.

Mein Vater war als Kellner und Barmann in allem sehr korrekt. Er war aber auch sehr charmant. Vom Genfersee ist mein Vater zunächst nach Paris gegangen, um in einem Hotel zu arbeiten.

Von dort hat ihn Edgar Wallace für zwei Jahre nach London geholt. Und zwar nach Henley on Themse bei London. Wallace hat zu dieser Zeit in London einen guten Freund gehabt, dieser war ein gewisser Lord Dunkerley. Die beiden haben sich den Vater geteilt. Beim Edgar Wallace in der Nähe von London blieb mein Vater zwei Jahre, 1938 ist er heimgekommen. Er hat mir davon viel erzählt. Leider hat er nichts aufgeschrieben.

Der Großvater ist im 33er Jahr gestorben, er ist nicht alt geworden. Die Großmutter ist mit 87 gestorben. Mein Vater hat den ganzen Frankreichfeldzug mitgemacht. Meine Mutter war auch in Frankreich. Aufgrund seiner Französischkenntnisse war er hinter der Front. Er hat die Lebensmittel zusammengestellt. Auf dem Rückweg nach dem Krieg ist mein Vater in Ried im Innkreis hängengeblieben. Dort hat er eine Zeit das Hotel ‚Stadt Ried' geführt. Er ist einfach in das Hotel gegangen und hat gefragt, ob es Arbeit für ihn gibt. Es gab Arbeit, denn zu dieser Zeit gab es wenig Leute, die man einstellen hätte können. Es gab ja keine Leute. Die paar Monate, die er dort war, hat er geholfen, dieses Hotel aufzubauen. Da nach dem Krieg zu Hause keine Arbeit war, ist der Vater nach Gastein gegangen, in das Hotel Straubinger, wieder als Barmann. Er konnte zwei Fremdsprachen fließend: Französisch und Englisch. Das Hotel Straubinger gleich neben dem Wasserfall war damals ein Nobelhotel. Dort hatten russische Fürsten Suiten das ganze Jahr über.

Er hat dort die Bar geführt. Von 1948 bis ungefähr 1955. Ich bin 1949 geboren worden. Mein Vater hat dort viele berühmte Leute kennengelernt. Vielleicht finde ich in seinem Nachlass sein altes Gästebuch, in dem solche Leute drinnen sind.

1956 ist der Vater wieder heim. Wir hatten das Gasthaus verpachtet.

Die Familie musste nach Hause, weil die Schule anfing, daher mussten wir 1955 heim. Im Sommer waren wir in Bad Gastein und im Winter in Wolkersdorf. Der Vater war immer im Hotel. Der Vater war während seiner Arbeit immer vornehm angezogen, mit Smoking und Mascherl. Er arbeitete vom späten Nachmittag bis in die Nacht, wie es eben in einem Barbetrieb ist."

Franz Reich, der alte Herr, hatte beste Manieren. Dies wird Edgar Wallace wohl bewogen haben, ihn zu bitten, zu ihm nach England als sein privater Barmann zu kommen. Die Vornehmheit von Herrn Reich zeigte sich schließlich in seinen letzten Lebensjahren im Altersheim. Er war schon mehr als 90 Jahre alt und etwas verwirrt, aber dennoch war er von ausgesuchter Höflichkeit, die wahrscheinlich auch Edgar Wallace gefallen hätte. Wenn zum Beispiel seine Kinder zu Besuch kamen, begrüßte er sie mit großer Freundlichkeit und den Worten: „Das ist aber sehr nett, dass ihr da seid, habt ihr mich doch schon gefunden hier in Ägypten, da ich doch soviel auf Reisen bin." Zur Pflegeschwester sagte er dann: „So bitte, Fräulein, und jetzt servieren Sie meinen Kindern etwas. Das ist eine nette Familie." Die Noblesse des alten Herrn Reich begleitete ihn bis ins hohe Alter.

Herr Waggerl und die berühmten Sängerinnen

Durch Herrn Engelbert habe ich Helmut Waggerl, einen noblen Kellner, kennengelernt. Er ist Kellner im Restaurant Wienerwald im 1. Bezirk Wiens in der Nähe des Stephansdoms. Als ich seine Frau Gemahlin anrief wegen eines Termins mit ihrem Herr Gemahl, meinte sie, er sei gerade im „Wienerwald". Ich dachte, er würde im Wienerwald spazieren gehen. Erst später kam ich dahinter, dass sie das Restaurant „Wienerwald" gemeint hat. Herr Waggerl, auf den ich im Laufe dieses Buches immer wieder zu sprechen komme, ist in Bad Hofgastein

im eigenen Hotel seiner Eltern aufgewachsen. Er war Kellner in noblen Hotels, unter anderem in Bad Gastein. Aber auch bei einem berühmten Heurigen in Wien-Ottakring war er als Kellner tätig. Herr
Waggerl erzählt: „In der 10er-Marie war ich drei Jahre. Da war ich im
alten Presshaus. Am Freitag und Samstag war immer Musik, auch Herr
Hodina hat dort gesungen. Er hat mir in das Buch ‚Die Reblaus – der
Wiener und sein Heuriger‘ eine Widmung gegeben. Herr Waggerl hat
das Buch bei sich und zeigt mir mit Stolz die Widmung des bekannten Wienerliedsängers Hodina, die da lautet: „Herrn Helmut Waggerl
– herzlichen Dank für die Bewirtung – Hodina“. Ich meine, darauf
könne man stolz sein. Herr Waggerl nickt lächelnd.

Nach diesem Hinweis auf seine Beziehung zur Weinkultur geht
Herr Waggerl auf einige Sternstunden seiner Laufbahn als Kellner ein:
„Angefangen habe ich als Kellner im elterlichen Betrieb im Café Birn-
bacher, wo ich meine Lehre begann und ich die Schule machte. Die
Schule habe ich in Salzburg abgeschlossen. Dann kam ich ins Grande
Hotel Europe in Bad Gastein. Dort kam ich mit prominenten Leuten
zusammen. Einmal musste ich mich als Krampus verkleiden und der
berühmten Künstlerin Shirley Bassey Geschenke überreichen.“ Diese
1937 geborene Dame wuchs in der berüchtigten Tiger Bay von Cardiff
in England auf. Sie ist ein Naturtalent im Singen. Von ihr stammen berühmte Hits wie „Banana Boat Song“ und das Titellied für den James
Bond-Film „Goldfinger“. Ihre Hits fanden sich immer wieder in der
Britischen Hitparade. Besondere Bewunderung erfuhr sie offensichtlich durch die Königliche Familie. Dies war wohl der Grund, dass ihr
1999 von Königin Elizabeth II. der Titel „Dame Commander of the
Order of the British Empire“ verliehen wurde. Herr Waggel ist stolz,
diese derart hoch geehrte Dame als Kellner bedient zu haben. Auch
wurde er vom Chef des Hotels Europe gebeten, die ebenso berühmte
Schauspielerin Liza Minelli im Rolls Royce, in dem sich eine Cham-
pagnerflasche befand, vom Flughafen in Salzburg abzuholen. Die no-

ble und freundliche Art des Herrn Waggerl war es, die ihm Ansehen beim Chef des Hotels, aber auch bei feinen Leuten des internationalen Showgeschäftes brachte. Daher sei er hier angeführt.

Herr Rudolf –
Der Kellner in der Fernsehsendung „Seniorenclub"

Als noblen Kellner sehe ich auch den Herrn Ober an, der in der beliebten österreichischen Fernsehsendung „Seniorenclub" aufgetreten ist. Der „Seniorenclub" wurde von 1968 bis 2000 jeden Sonntag ausgestrahlt. Die Bühne der Sendung war ein im Studio aufgebautes Café. Als Moderatoren wirkten zuletzt abwechselnd Willy Kralik und Ingrid Wendl. In jeder Sendung wurden bekannte Ärzte oder Lebensberater als Gäste zu wichtigen Themen eingeladen und befragt, aber auch prominente Künstler wie Opernsänger und Pianisten gaben Kostproben ihres Könnens. Als Ober fungierte in diesem Café zuerst der liebenswürdige Alfred Böhm und nach seinem Tod Rudolf Buczolich. Ihnen zur Seite stand die Kellnerin Fräulein Anni, dargestellt wurde sie von Hilli Reschl. Es gab aber auch einen stets nörgelnden Stammgast, den Heinrich Schweiger spielte. Die Gäste wurden regelmäßig an der Bar vom Herrn Ober in launige Gespräche verwickelt. Die Hauptaufgabe des Herrn Ober war es, den Teilnehmern den Kaffee in formvollendeter Weise und mit mitunter weisen Worten zu servieren. Wichtig war in der Sendung die Herstellung einer Kaffeehausatmosphäre.

Ich hatte die Ehre und das Vergnügen, im Frühjahr des Jahres 2008 mit Herrn Rudolf Buczolich, dem Kellner des „Seniorenclubs" in der Nachfolge des beliebten Alfred Böhm, zu sprechen. Ich traf ihn im Café Landtmann, Herr Engelbert hatte mich auf ihn aufmerksam gemacht, indem er mir zuflüsterte, dass an einem kleinen Tisch ein Herr sitzt, der in dem berühmten „Seniorenclub" des ORF den Herrn Ober

Rudolf gespielt hat. Ich solle ihn ansprechen, vielleicht erzählt er mir etwas für mein Buch über Kellner. Ich gehe zu ihm hin und stelle mich vor. Herr „Ober Rudolf" ist ein ungemein höflicher Herr, er ist 74 Jahre alt, wie er sagt. Bei Herrn „Ober Rudolf" handelt es sich um den Kammerschauspieler Professor Rudolf Buczolich, zu dem ich mich nun setze. Ich erzähle von meiner Studie über Kellner und bitte ihn, mir aus seiner Zeit als „Ober Rudolf" im „Seniorenclub" zu erzählen. Er erzählt, dass er 23 Jahre am Burgtheater tätig war und in vielen Aufführungen mitgespielt hat, ehe er in der Fernsehsendung „Seniorenclub" die Rolle des Herrn Ober Rudolf übernahm. Herr Rudolf liebt das Kaffeehaus, wie er mir gesteht. Ihm ist das Kaffeehaus lieber als das Restaurant. Im Kaffeehaus läuft alles ruhig dahin, es herrscht ein gleichmäßiges Gemurmel, anders als im Gasthaus, in dem es meist laut zugeht. Man ist im Kaffeehaus allein, aber doch nicht einsam. Man kann sich wohlfühlen. Er selbst habe, um seine Rolle als Ober für den „Seniorenclub" zu studieren, oft Kaffeehäuser besucht und die Kellner beobachtet. Die Kellner haben sich gefreut, wenn sie gesehen haben, dass ihr Stand „künstlerisch behandelt" wird.

Auch der Ober im Kaffeehaus ist ein Schauspieler, meint Herr Rudolf. Für ihn ist das Kaffeehaus die Bühne. Einem guten Ober gelingt es, der Hauptdarsteller zu sein und die Szene zu beherrschen. Er kennt seine Gäste und weiß, wie er sie behandeln muss. Der Herr Kammerschauspieler meint noch, er habe die meisten Rollen für das Theater und vor allem für das Burgtheater im Kaffeehaus gelernt.

Seine Rolle als Ober im „Seniorenclub" wirkte sich auf sein Privatleben aus. So betrat er einmal das Café Eiles am Beginn der Josefstädterstraße. Ein Freund sah ihn und rief ihm zu: „Herr Ober, bitte ein Vierterl!" Er antwortete bloß: „Gleich, sofort!"

In Graz hatte ein Freund ein Gasthaus. Für sechs Uhr am Abend war er in diesem verabredet. Als er das Lokal betritt, ruft ihm der Wirt, sein Freund, zu: „Was ist, Herr Rudolf? Die Gäste kommen schon und

Sie sind nicht da!" Die anwesenden Gäste haben das ernst genommen und gedacht, er sei tatsächlich der Kellner. Die beiden haben das weitergespielt, wie in einem Stegreiftheater. Er hat Bier gebracht und zum Schluss sogar ein Trinkgeld erhalten.

Der Herr Kammerschauspieler wohnte in der Lerchenfelderstraße. Als er wieder einmal diese hinunter zum Ring ging, begegnete ihm ein älteres Ehepaar. Als der Mann ihn sieht, sagt er: „Jetzt freue ich mich, Sie wirklich zu sehen. Gestern haben wir Sie wieder im ‚Seniorenclub' im Fernsehen gesehen. Da habe ich zu meiner Frau gesagt, es ist schade, dass Sie kein Schauspieler geworden sind, denn Sie haben viel Talent."

Herr Kammerschauspieler denkt gerne an diese Sendung für Senioren zurück, als er der „Herr Ober" war. Er hat eine Beziehung zu diesem Beruf und er versteht sich gut mit den Kellnern, vor allem mit denen vom „Landtmann".

Herr Rudolf Buczolich hat etwas von einem intellektuellen Kellner an sich, er hat Witz und ist gebildet, er hat eine Ausbildung hinter sich, allerdings nicht in einer gastgewerblichen Schule, sondern im Reinhardt-Seminar, der weltberühmten Schauspielschule in Wien, die heute zur Universität für Musik und darstellenden Kunst gehört.

5. Kellner als Gelegenheitsarbeiter

Studentinnen, Studenten und auch andere Leute, sehen mitunter eine Anstellung als Kellnerin oder Kellner als ideal an, um als Gelegenheitsarbeiter etwas Geld zu verdienen. Eine echte Ausbildung ist nicht unbedingt notwendig und der Verdienst ist nicht schlecht. Die Ferien und freie Tage bieten sich an, um als Kellner zu arbeiten, also um zu „kellnerieren", wie es in der Sprache der Wiener Kellner und Studenten heißt.

Besonders attraktiv für solche Gelegenheitsarbeiten sind größere und große Veranstaltungen, wie Hochzeiten, Messen und Volksfeste mit Bierzelten, so zum Beispiel das Oktoberfest in München, bei denen Kellner benötigt werden. Solche gelegentlichen Kellnerinnen und Kellner können entweder „normal" bei der Steuer und der Versicherung „angemeldet" sein oder bloß als „geringfügig beschäftigt" für eine gewisse Zeit „gemeldet" werden, was steuerlich von Vorteil ist.

Kellner, die nur tageweise eingesetzt werden und bloß „geringfügig" angemeldet sind, traf ich des Öfteren in und um Wien. Eine Studentin, die sich in einem Gasthaus im Wienerwald gelegentlich als Kellnerin verdingte, meinte zu mir, sie wäre mit dieser Art des Verdienstes sehr zufrieden.

Es gab und gibt aber auch Kellner, die „schwarz" arbeiten, ohne dass sie der Wirt „anmeldet", er also keine Abgaben für sie verrichtet.

Auch ich war während meiner Studentenzeit, wie ich schon erzählt habe, als Kellner in einem kleinen Wiener Gasthaus tätig. Ich war genötigt, dies zu tun, da sich mein Vater weigerte, mir wegen meines langen Studierens noch etwas zu zahlen.

Es war Schwarzarbeit, die ich da verrichtete, ich war bei keiner Sozialversicherung angemeldet und wurde wie ein Taglöhner behandelt. Der Lohn, den ich erhielt, war eher gering. Es war hauptsächlich das Trinkgeld, das mich erfreute, denn die Gäste in diesem kleinen Gasthaus, einem sogenannten Beisl, waren mir gegenüber großzügig.

Birgitt Rintelen als Kellnerin in Altaussee

Als Kellnerin „nicht angemeldet", also „schwarz" arbeitend, war heute eine ungefähr 60 Jahre alte feine Dame Birgitt, Rintelen ist ihr Mädchenname. Sie ist in Altaussee zur Welt gekommen, wo sie später als Kellnerin während der Schulferien gearbeitet hat, um in schwerer Zeit etwas Geld zu verdienen. Heute lebt sie in Wien. Sie erzählte mir, dass sie als 14 und 15 Jahre altes Mädchen während der Sommermonate in einem noblen Altausseer Gasthaus, dem „Gasthaus zum Hirschen", das gerne von Sommergästen besucht wurde, tätig war. Sie erzählt über ihren „Ferialjob", wie sie ihren Einsatz bezeichnet:

„Zwei Sommer lang war ich Kellnerin. In der Zeit habe ich ordentlich gehackelt (gearbeitet, Anm.). Ruhetage hatte ich keine. Damals um 1958 erhielt ich 300 Schilling für zwei Monate. Hauptsächlich im Service habe ich gearbeitet, und zwar als Getränkekellnerin. Die Getränke brachte ich auf einem Tablett. Manchmal servierte ich Speisen. Bald konnte ich drei Teller in einer Hand tragen. Ich habe damals perfekt servieren gelernt, ich konnte bald alles. Wie man das macht, das habe ich abgeschaut von den anderen, ich habe gesehen, wie die Kollegen es machen. Man hat es trainiert und übernommen. Die Oberkellnerin, die Anni, hat dann einmal zu mir gesagt: ‚Dann probierst du es einmal.' Dann hat sie mir drei Teller in die Hände gedrückt. Sie hat geschaut, wie ich sie nehme und hat gesagt, so machst du es. Der Gastgarten beim ‚Hirschen' war nicht nach Tischen eingeteilt, sondern alle mussten sich um alles kümmern. Ich war für die Getränke zuständig.

Meine freundliche Art gefiel den Gästen. Daher bekam ich auch etwas
Trinkgeld. Wenn die Gäste gegangen sind, wurde abserviert. Ich habe
mich bemüht, schnell beim verlassenen Tisch zu sein, um abservieren
zu können, aber auch um eventuelles Trinkgeld, das auf dem Tisch lag,
einzustecken. Sonst hätte es jemand anderer von uns genommen. Ich
entwickelte also eine große Geschwindigkeit beim Abservieren. Damals
wurde als Getränk Himbeer-Soda serviert. Dazu wurde ein Schnaps-
glasl mit Himbeersaft gefüllt, in ein Glas geleert, dann wurde es mit Sodawasser aufgespritzt. Damals liebte ich Himbeersaft. Wenn niemand
mich beobachtete, trank ich schnell ein Stamperl vom Himbeersaft. Am
Ende des Sommers war der Altausseer Kirtag, bei dem ich im Gasthaus
die gebrachten Getränke, da so ein Wirbel war, sogar kassieren durfte.
Daher gehörte nur an diesem Tag das Trinkgeld, das ich kassierte, mir.
Mir wurde vom Wirt eingebläut, auf die Kellnerbrieftasche aufzupas-
sen und sie nicht liegen zu lassen, denn sonst müsste ich die von den
Gästen bestellten Getränke, die boniert wurden, zahlen. Irgendwann
an diesem hektischen Tag passierte es mir doch, die Brieftasche war
weg. Ich war ganz verzweifelt und weinte bitterlich. Doch die Wirts-
leute hatten sie bereits gefunden und mich ein wenig dunsten lassen.
Ich war überglücklich, dass das mühsam kassierte Geld wieder da war.
Mir hat die Arbeit sehr gut gefallen. Gearbeitet habe ich den ganzen
Tag. Es gab aber eine längere Pause, die nach dem Essen um zwei Uhr
begann und bis sechs Uhr am Abend dauerte. Während dieser Pausen
durchschwamm ich mehrere Male alleine den Altaussersee, um meine
Freunde, die dort badeten, zu besuchen. Aus Dankbarkeit für meine
Arbeit erhielt ich als Draufgabe zum Lohn am Ende des Sommers von
den Wirtsleuten ein Dirndl geschenkt." Birgitt, der jungen Dame gefiel
ihre Arbeit im Gastgewerbe. Als Schülerin konnte sie so etwas Geld erwerben, um Kleider zu kaufen. Sie hatte Glück mit ihren Wirtsleuten.

Auch in einem anderen Gasthaus war die Dame Birgitt tätig, und
zwar in Tirol, allerdings nicht als Kellnerin, sondern während eines

Sommers als Stubenmädchen und als Abwäscherin in der Küche. Mit den Wirtsleuten war die Beziehung eine eher schlechte. Mit ihrer Freundin und Kollegin machte sie sich schöne Tage – zum Ärger der Wirtsleute; sie erzählt: „Nach dem Bettenmachen mussten wir das Geschirr abwaschen. Wir hatten dort unseren Mittagstisch. Damals war ich schlimm, ich bin viel tanzen gegangen. Die Wirtin haben wir oft gepflanzt (geärgert, Anm.). Wir haben ihr immer gesagt, wir machen das schon, was sie wollte, aber wir haben es nicht gemacht. Am Tisch hat sich ein paar Mal das Geschirr getürmt, denn wir zwei haben statt des Abwaschens lieber Karten gespielt, Kaffee getrunken, geraucht und über die Wirtin gelästert. Wir wussten genau, wenn wir die Arbeit anpacken, ist sie rasch erledigt, wir beide waren ein eingespieltes Team. Wir wollten aber zu Mittag unsere Ruhe haben. Außerdem haben wir die Wirtin auch darum geärgert, weil sie so deppert (blöd, Anm.) zu uns war."

Aushilfskellner und Aushilfskellnerinnen, aber auch Damen, die im Gastgewerbe als Stubenmädchen aushilfsweise arbeiten, haben die Möglichkeit, auf sehr abwechslungsreiche Weise, allerdings ohne bei der Behörde angemeldet zu sein, zu Geld zu kommen. Sie haben aber auch eine gewisse Freiheit gegenüber den Wirtsleuten, da sie sich nicht von diesen abhängig sehen. Scherze und Unterhaltungen bringen Abwechslung. Dies mit dem Wissen, dass die Anstellung ohnehin nur für kurze Zeit gedacht ist.

Johanna, die liebenswürdige Medizinstudentin

Über ihren Ferialjob sprach ich auch mit einer liebenswürdigen Medizinstudentin. Johanna Griesmaier ist ihr Name, sie ist mit mir verwandt, sie ist meine Nichte. Sie arbeitete als Gelegenheitsarbeiterin, aber „ordnungsgemäß" angemeldet, in einem Restaurant eines Tiroler

Touristenortes. Sie schilderte mir unter anderem, wie sie als Studentin eine besondere, durchaus freundliche Beachtung bei den Gästen gefunden hat:

„Es gibt genug Gäste, die sich dauernd über etwas aufregen und denen nichts recht gemacht werden kann. Wenn man nur den kleinsten Fehler macht, wird man schon schief angesehen, oder es kommt die bissige Bemerkung, ob man das nicht gelernt hätte. Mit einem netten Lächeln im Gesicht sag ich dann nur: ‚Es tut mir furchtbar leid, ich bin nur in den Sommerferien da, um ein bisschen Geld zu verdienen. Eigentlich studiere ich Medizin und möchte Ärztin werden.‘ Man glaubt kaum, wie nett solche Menschen dann sein können. Sie zeigen sich sehr verständnisvoll für kleine Fehler. Meist fragen sie auch interessiert, wie weit ich mit dem Studium bin oder ob ich schon weiß, worauf ich mich spezialisieren möchte, wenn ich Ärztin bin."

Als Studentin oder als Student hat man die Chance, durch Hinweis auf das Studium, dass man sich mit der Arbeit in einem Restaurant etwas Geld verdienen wolle, einiges Ansehen zu erwerben. Die Gäste mögen sich geradezu geschmeichelt sehen, zum Beispiel von einer jungen Dame bedient zu werden, die dereinst einmal als Ärztin praktizieren wird.

Ernst, der Kellner bei den Wiener Sängerknaben

Nach einem Vortrag, den ich vor freundlichen und feinen Leuten in einem Wiener Palais gehalten habe, hatte ich die Ehre, den früheren Direktor einer Bank, Herrn Ernst Jankowitsch, kennenzulernen. Ich kam mit ihm ins Gespräch. Dabei berichtete ich über meine Forschungen bei Kellnern. Herr Jankowitsch erzählte mir nun, auch er sei als junger Mann Kellner gewesen und zwar bei den Wiener Sängerknaben, denen er ebenfalls einmal angehört hat. Die Sängerknaben hatten ihr Ferienquartier in dem kleinen Ort Hinterbichl bei Prägraten in Osttirol im Virgental. Dieses Ferienquartier war ein Hotel, das vom „Verein der Wiener Sängerknaben" bis 1962 betrieben wurde und das allen Gästen offen stand. Die Kellner in diesem Hotel rekrutierten sich fast ausschließlich aus früheren Sängerknaben. Ich will nun der Erzählung von Herrn Ernst Jankowitsch, die er mir brieflich mitgeteilt hat, folgen: „Dem Hotel ‚Wiener Sängerknaben' war ein Wohnhaus mit Schlafräumen für die Sängerknaben, aber auch mit Räumen, in denen die Sängerknaben ihre Gesangsproben durchführen konnten, angeschlossen. Ich selbst war in den Jahren 1954 bis 1957 in diesem Hotel als Kellner während der Sommermonate Juli und August tätig, und zwar in verschiedenen Funktionen: als Getränke- und Speisekellner, aber auch als Schankbursche. Als Kellner lernte ich die Menschen kennen. Manche glaubten, mit der Bestellung von Speis und Trank auch Verfügungsgewalt über mich als Kellner zu erhalten. Ausgeprägte Höflichkeit erlebte ich jedoch bei den reichen Reedern und deren Familien aus Triest. Einen angenehmen Tonfall spürte ich bei den uns besuchenden Regierungsmitgliedern und den Diplomaten. So war der damalige Bundesminister Figl bei uns zu Gast, ebenso wie der russische Botschafter. Sie waren höfliche Leute. Weniger höflich gaben sich die Bergsteiger, die bei uns einkehrten. Mit beinahe rauem Befehlston verlangten sie nach ihrem Bier. Als Kellner braucht man viel Gespür, mit solchen Herrschaften entsprechend umzugehen.

Als guter Kellner muss man manchmal improvisieren können.

An den Sonntagen fanden bei gutem Wetter hinter dem sogenannten Bubenhaus, also dem Wohnhaus der Sängerknaben, Feldmessen statt. Nach deren Ende stürzte in der Regel eine beträchtliche Anzahl von Gästen ins Hotel und bestellte Speis und Trank. Die Speisen kamen relativ schnell. Da die Leute auch großen Durst hatten, kam ihnen das Bier zu langsam, denn das Bier musste ja gut eingeschenkt werden, damit es auch schmeckt. Wichtig für ein gutes Bier ist ein guter Schaum. Es kam nun einer von uns auf eine einmalige Idee. Wir füllten ein paar Dutzend Krügel Bier und stellten die Gläser in den geräumigen Kühlschrank. Gleichzeitig füllten wir Bier in Schneekessel und schlugen mit der Schneerute einen ganz steifen Schaum. Wenn nun Bier verlangt wurde, holten wir die Bierkrügel aus dem Eis und setzten mit einem Schöpflöffel eine Schaumhaube drauf. Über diese Biere waren sogar Leute aus Bayern, die auch zu uns kamen, sehr erfreut. Auch sie, die großen Bierkenner, merkten nicht, dass das Bier nicht frisch eingeschenkt war. Aber niemand dürfte das bemerkt haben.

Damit wir uns einigermaßen beim Servieren auskannten, brachte uns eine etwas ergraute Dame, wir nannten sie Gusti, zunächst einige Serviermethoden bei. Die Dame hatte interessante Sprüche parat. Wenn zum Beispiel ein großer Andrang von Gästen herrschte, unter dem sie zu leiden schien, hörte man sie von Zeit zu Zeit sagen: ‚Muss Sterben schön sein!'

Frau Gusti erteilte uns auch in Englisch Sprachunterricht, denn in diesem Hotel gab es Gäste aus vielen Ländern Europas. Einmal sagte sie laut zu einem mit Franzosen besetzten Tisch stehend: ‚Yes, yes …'. Im Vorbeeilen an uns hörten wir sie sagen: ‚Um Gottes Willen, das sind ja Franzosen!!' Uns junge Kellner belustigten Fehleinschätzungen dieser Art sehr, überhaupt solche dieser Dame, die stets Recht zu haben schien.

Vom Kellner wird äußerste Reinlichkeit verlangt, das war schon immer so. Zumindest dem Gast gegenüber sollte man zeigen, dass man die Hygienevorschriften hochhält. Daran hat sich bis heute nichts geändert. Allerdings kann es vorkommen, dass Kellner, wenn ihnen niemand zusieht, sehr großzügig mit dem Gebot der Hygiene umgehen, überhaupt auf der Zubringerstrecke. Einmal beobachtete ich einen meiner Kollegen, wie er mit einem Servierbrett mit Tellern, auf welchen Schnitzel lagen, aus der Küche kam. Das Tablett trug er stilgerecht auf der Handfläche der erhobenen rechten Hand, dabei stolperte er über die Türschwelle, die Schnitzel rutschten vom Teller und fielen zu Boden. Der Kellner, der sich unbeobachtet glaubte, stellte das Tablett auf einem Sessel nieder, staubte die Schnitzel mit seinem ‚Hangerl‘, also mit dem Tuch, das er über dem Arm trägt, ab und legte sie wieder auf die Teller zurück. Dann brachte er die Teller den Gästen. Als Kellner habe ich als früherer Wiener Sängerknabe viel gelernt, vor allem bekam ich ein Gefühl für Menschen, ihre Eitelkeiten und ihren Umgang mit anderen."

Die Kellnerin am Oktoberfest

Auch mit einer Medizinstudentin aus Graz sprach ich, die am Oktoberfest in München als Kellnerin in einem Bierzelt die durstigen Festbesucher mit Bierkrügen und auch Speisen versorgte. Die Dame ist Griechin, Vassiliki ist ihr Name, sie ist Studentin der Medizin in Graz. Den Kontakt zu ihr verdanke ich ihrer Kollegin, meiner lieben Nichte Johanna. Ihr Verdienst als Kellnerin in einem großen Bierzelt setzt sich aus einem Grundgehalt, dem Trinkgeld und dem Geschäft mit dem Bier und den Speisen zusammen. Die Kellnerinnen beim Oktoberfest treten nämlich ähnlich wie die Kellner im Schweizerhaus als selbstständige Unternehmer auf. Das heißt, sie bringen Speisen und Getränke und kassieren. Die Kellner sind an den zu ihrem Revier gehörenden Plätzen selbstständig. Sie zahlen für das Bier oder die Speisen und kassieren auf ihre eigene Rechnung. Allerdings kaufen sie das Bier oder die Speisen billiger ein, als sie diese verkaufen. Sie machen also ein gutes Geschäft.

Ein freundlicher Herr, der selbst Wirt ist, meinte zu mir, dass bei diesem System die Kellnerinnen daran interessiert sind, Bierkrüge mit viel Schaum zu bringen, da sie so mehr Bier verkaufen können, als sie bei der Schank einkaufen. Dies erkläre auch, dass die Biere wegen des

Schaums besonders leicht zu trinken sind. Ähnlich verhält es sich, wie der Wirt meint, mit dem herrlichen Bier im „Schweizerhaus".

Die Kellnerinnen am Oktoberfest sind Spezialistinnen im Transport von Bierkrügen.

Frau Vassiliki schaffte es, fünf bis sechs Maßkrüge mit Bier auf einmal zu tragen. Der Star der Kellnerinnen vermochte sogar 12 Krüge auf einmal zu befördern. Heiter werden die Kellnerinnen daher bisweilen auch als „Bierkrügeltraktor" bezeichnet.

Die Kellnerinnen eines Bierzeltes tragen die gleichen Trachtendirndln, sie gehören zur Buntheit des Oktoberfestes. Sie werden von den Gästen sehr respektiert. Anzügliche Scherze und Begrabschungen kommen so gut wie nicht vor.

In den Bierzelten gibt es eine eigene Sicherheitspolizei. Als Frau Vassiliki einmal 12 Backhühner auf einem Tablett an einen Tisch trug, wurden 6 Backhühner im Gedränge vom Tablett gestohlen. Dies war ein Verlustgeschäft, denn sie hatte 12 Backhühner eingekauft, also bezahlt, und konnte nur 6 verrechnen. Daher bittet sie regelmäßig bei solchen Fuhren einen Herren der Sicherheitspolizei, sie zu den Tischen zu begleiten.

6. Die fröhliche und charmante Kellnerin

Einen besonderen Reiz scheinen jene Kellnerinnen zu genießen, deren Witz, Charme und Schönheit den Gästen Freude bereiten. Kellnerinnen solcher Art, wie sie auch in manchen Filmen auftreten, benötigen eine gewisse Souveränität, um sich behaupten zu können, aber auch, um männlichen Gästen das Gefühl zu geben, dass jeder von ihnen für sie interessant ist und vielleicht die Chance hat, erfolgreich um sie werben zu können. Charme und die Lust zum Scherzen verbinden sich hier.

Die klassischen Marketenderinnen, wie sie früher mit Heeren mitgezogen sind, sind wohl mit diesem Typ von Kellnerin verwandt. Es gibt eine Vielzahl von schönen und charmanten Kellnerinnen. Manche Gäste erfreuen sich besonders an blonden Damen, andere wieder an den dunklen Typen.

Eine ausgesprochen fröhliche Kellnerin ist eine der beiden früheren Albanerinnen, die im Gasthaus Steyrerbrücke tätig sind und auf die Wirt Willi bereits hingewiesen hat. Er schwärmt geradezu: „Die zweite Albanerin ist der eher lustige Typ. Die passt in eine Schihütte, wo es mit Hollodero lustig zugeht. Der Charakter eines Menschen ist schon entscheidend dafür, in welche Richtung die Neigung als Kellner geht. Auch wenn sie lustig ist, ist für das Mädchen wichtig, dass sie eine gewisse Distanz hat. Das ist natürlich nicht leicht. Es ist für die Kellnerin nicht gut, wenn sie zu einem Gast zu freundlich ist, das ist schlecht wegen der anderen Kundschaften. Ein typisches Beispiel: In Pettenbach hatte ein Kollege eine sehr schöne Kellnerin, die war wirklich hübsch und gut in der Arbeit. Wegen ihr kam eine ganze Schar von Männern. Sie scharten sich um die Bar, hinter der sie stand. Sie hielt die Männer auf Distanz, mit einem gewissen Charme hatte sie sie in der Hand. Eines Tages hat sie sich doch für einen der Burschen, die ihr schön taten, entschieden. Wie die anderen gemerkt haben, dass sie bereits vergeben ist, sind sie über Nacht ausgeblieben. Jeder wird sich gedacht haben: Meine Chancen bei ihr sind vorbei, also brauche ich auch nicht mehr hingehen. Für das Geschäft im Gasthaus wäre es besser gewesen, sie hätte sich noch ein Jahr Zeit mit dem Freund gelassen."

Herr Willi will mit dieser Geschichte andeuten, dass für das Geschäft in einem Restaurant eine charmante und heitere Kellnerin wie eben seine „Albanerin" von Vorteil sein kann. Die Gäste haben Freude an ihr, an ihrem Aussehen und ihrem charmanten Witz. Wichtig ist jedoch stets eine gewisse Distanz.

Wie problematisch es sein kann, wenn diese Distanz zwischen Kellnerin und Gast schwindet, geht aus der Erzählung der liebenswürdigen Frau Ingrid S. hervor, die ich im Wilderermuseum zu St. Pankraz kennengelernt habe. Sie hat mir über die Gastwirtschaft ihrer Eltern, zu der eine Kegelbahn gehörte, und einen Kellner von der Titanic einiges erzählt, aber auch dies:

„Zu dieser Zeit hatten wir sehr freundliche Kellnerinnen. Eine der Kellnerinnen war in einen Gast so verliebt, dass sie immer, wenn das Geschäft noch nicht offen war, aber die Vorbereitungen schon liefen, seine Kegelschuhe anzog. In die andere war ein Großbauer derart verliebt, dass er beinahe täglich kam und auf Teufel komm raus zechte. Sie aber erhörte ihn nicht und war sogar frech zu ihm, was ihn aber noch mehr reizte. Eines Tages gab sie ihm zu verstehen, dass er keine Chance bei ihr hat. Einige Zeit später brachte er sich leider um."

Eine gewisse Distanz zum Gast ist also grundsätzlich notwendig für die Kellnerin, aber auch für den noblen Kellner, damit keine tiefer gehenden Probleme mit den Damen und Herren, die sie zu bedienen haben, entstehen.

7. Kellnerinnen als Verbündete des Wirtes: Birgitt und Gisela

Eine Form des klassischen Kellners ist jener Kellner, der zum Freund und Verbündeten des Wirtes wird, der am Schicksal des Gasthauses Anteil nimmt und bereit ist, darauf zu achten, dass auch genügend Gäste erscheinen. Ihm ist es im Sinne des Wirtes also nicht egal, wenn es an Gästen mangelt.

Irgendwie ist jeder Kellner daran interessiert, dass Gäste nicht ausbleiben, schließlich profitiert auch er an ihnen. Es gibt aber auch Kellner und Kellnerinnen, die über ihre Pflichten hinaus Tätigkeiten setzen, um dem Wirt zu helfen, dass sein Betrieb auch frequentiert wird. Eine solche Kellnerin, die den Wirt trefflich unterstützte, war die die bereits erwähnte Schülerin Birgitt in Altaussee, die während der Sommerferien als Kellnerin arbeitete. Für ihren Wirt wurde sie sogar zur Spionin, wie sie erzählt: „Ich war Kellnerin im ‚Goldenen Hirschen'. Täglich zu Mittag musste ich die Gäste im Gastgarten des gegenüberliegenden Gasthauses zählen. Ich tat dies versteckt hinter einer grünen Hecke, die den Gastgarten von der Straße getrennt hat. Ich musste möglichst verdeckt schauen, damit der Wirt weiß, ob der andere Wirt, er war sein Bruder, ein besseres Geschäft macht als er. Das andere Gasthaus war das Gasthaus zum Loser. Hat mein Wirt zum Beispiel gesehen, dass es seinem Bruder besser geht als ihm, er also mehr Gäste hat als er, hat er gewusst, dass er etwas machen muss, damit es bei ihm besser geht. Der Wirt selbst hat jeden Tag akribisch gezählt, wie viele Essensportionen aus der Küche gegangen sind. Und wehe, es war nicht eine gewisse Anzahl, dann waren die Gesichter in der Küche sehr lang. Es war eine Katastrophe, wenn zu uns einmal weniger Gäste als sonst gekommen sind. Da hat der Wirt gelitten." Aufgrund der Angaben der jungen Kellnerin konnte der Wirt Strategien ergreifen, um wirkungsvoll Gäste anzulocken.

Der gute Kellner und die gute Kellnerin leiden mit ihrem Wirt und unterstützen ihn im Kampf um Gäste bestens.

Eine Verbündete des Wirtes war auch Frau Magistra Gisela Papacek, eine liebenswürdige Dame, die mir die Ehre gibt, einige meiner Vorlesungen an der Wiener Universität zu besuchen. Ich erzählte ihr von meinem Vorhaben, über Kellner zu forschen. Sie schrieb mir nun einen freundlichen Brief, in dem sie mir ihre Geschichte als „Wochenend-Kellnerin" um 1960 in einem Gasthaus im 10. Bezirk Wiens mitteilte. Sie schreibt: „Als Wochenend-Kellnerin im Gasthaus meiner Schwiegereltern (in der Kudlichgasse; das Haus und der Biergarten gehörten der Brauerei Schwechat, die es später zu einem Bierdepot umwandelte) wurde ich von meiner Schwiegermutter an Nachmittagen zwischen zwei und drei Uhr, wenn kaum Gäste zu erwarten waren, von Gasthaus zu Gasthaus geschickt, um das Angebot und die Preise der ausgehängten Speisekarten zu notieren. Richtung Simmering ging mein Weg über die Geiselbergstraße bis zum Enkplatz, Richtung Margarethen über die Quellenstraße zum Matzleinsdorferplatz und Richtung Wieden über die Favoritenstraße zum Südtirolerplatz. Die Preise – dies rief ein befriedigtes Lächeln auf dem Gesicht meiner Schwiegermutter hervor – stimmten ungefähr mit den eigenen überein. Auch das Speisenangebot: Gulasch, Beuschel, Schnitzel, Rindfleisch mit Kohl oder grünen Fisolen und Erdäpfelschmarren, Geselchtes oder Schweinsbraten mit Kraut und Knödel, Wienerschnitzel (vom Schwein) mit Reis oder Salat, Würstel mit Senf, Kren oder Saft, Augsburger mit Gerösteten, Fleischlaberln, Haussulz, Liptauerbrote, Palatschinken und Torten. Und im Sommer und im Herbst gab es bei meiner Schwiegermutter Marillen- und Zwetschkenknödel. Die Schnitzel wurden dünn geschnitten und gewogen. Wenn sie mehr als 10 dkg hatten, wurde der

Überschuss abgeschnitten und als Material für die Fleischlaberln ge-
sammelt. Dann wurden die Schnitzel auf Tellergröße ausgeklopft und
in bereits oftmals verwendetem Fett ausgebacken. Der Weinkeller war
das Reich meines Schwiegervaters. Dort waren – in Fässern – Weine
aus Stoss-Inzersdorf im Weinviertel gelagert. Grüner Veltliner, Rheinriesling und ‚Roter'. Der ‚Spezi' wurde – immer in einem neuen Verhältnis nach dem Geschmack meines Schwiegervaters – aus Veltliner
und Rheinriesling in 2-l-Flaschen zusammengeschüttet.

Alle diese Sachen hatte ich zu servieren. Der ‚Spezi' war besonders
bei den Damen beliebt. Wenn zum Beispiel ein Schnitzel fertig war,
hat es in der Küche geläutet und der Schwiegervater hat geschrien:
‚Ein Schnitzel geht!' Nun musste ich in die Küche das Schnitzel holen
und es servieren." Frau Gisela war eine prächtige Kellnerin, zu deren
Aufgaben es eben auch gehörte, sich in anderen Gasthäusern umzusehen und Informationen über Speisen und Getränke zu sammeln, um
sie ihren Schwiegereltern, den Wirtsleuten, mitzuteilen.

8. Der Kellner als Abenteurer

Das Leben von Kellnern hat mitunter mit Abenteuer zu tun, überhaupt wenn sie in fremden Ländern tätig sind oder auf Schiffen über die Meere fahren. Ein dramatisches Abenteuer erlebten die Kellner der Titanic, die in den Fluten versank. Mehr durch Zufall kam ich auf die Idee, Kellnern von der Titanic nachzuspüren. Die Ergebnisse meines Nachforschens werde ich zunächst dartun.

Daran anschließend will ich am Beispiel von Karrieren zweier Kellner zeigen, wie diese das Abenteuer in der weiten Welt suchten. Der eine ist Jakob Regner, der bei einem südamerikanischen Diktator als Kellner verpflichtet wird. Jakob Regner stammt aus meinem Heimatort Spital am Pyhrn. Der andere ist Engelbert Auer, den ich vom Café Landtmann in Wien her kenne. Ihn zog es auf Schiffe, mit denen er einige Male die Erde umrundet hat.

Kellner auf der Titanic

Als der Luxusdampfer Titanic bei seiner Jungfernfahrt in der Nacht vom 14. auf den 15. April 1912 gegen 23.40 Uhr auf einen Eisberg stieß und nach zwei Stunden und 40 Minuten im Nordatlantik sank, starben ungefähr 1.500 von mehr als 2.200 an Bord befindlichen Personen. Nur 705 haben überlebt. Auf dem Schiff waren die Passagiere von etwa 500 Besatzungsmitgliedern betreut worden. Unter ihnen befanden sich 324 Stewards und 18 Stewardessen. Diese Kellnerinnen und Kellner hatten sich vor allem um das Wohl der Fahrgäste der ersten Klasse auf dem Schiff zu kümmern. Für diese noblen Leute standen elegante

Suiten und prachtvolle Speisesäle zur Verfügung. Anders erging es den
Passagieren der dritten Klasse. Diese schliefen in engen Kabinen mit
bis zu vier Doppel- und Hochbetten. Ihre Aufenthaltsräume waren
kleiner und bescheiden ausgestattet.

Vornehme Kellner sind auch in dem letzten berühmten Film über
den Untergang der Titanic zu sehen. Dieser Film handelt übrigens von
einer Liebesgeschichte zwischen einem Passagier der dritten Klasse und
einem Mädchen, das in der ersten Klasse, der Luxusklasse des Schiffes,
über den Atlantik fahren wollte. Jack und Rose, so heißen die beiden,
erinnern an Romeo und Julia, denn Jack wird als Passagier der dritten
Klasse von der Mutter von Rose mit Verachtung bedacht. Dies wird
deutlich, als Jack zu einem Dinner in der ersten Klasse eingeladen
wird. Der noble Kellner fragt Jack, ob er Kaviar will. Jack verneint
dies, er wolle so etwas nicht. Schließlich erzählt er, er habe die Schiffskarte beim Pokern gewonnen. Die Mutter von Rose ist entsetzt. Der
Kellner schweigt dazu.

Jedenfalls waren es Kellner, die auf der Titanic den Passagieren der
ersten Klasse eine noble Überfahrt garantieren sollten.

Mich interessierte nun, ob es Erinnerungen an Kellner von der Titanic oder Ähnliches gibt. Ich stieß da auf eine nette Dame und auf ein
Interview des Prager Rundfunks mit zwei tschechischen Kellnern, die
den Untergang der Titanic überlebt hatten. Dieses Interview wurde
vor mehr als vierzig Jahren aufgenommen.

Zunächst werde ich von dieser Dame und ihrem Wissen, das sich
auf einen Kellner der Titanic bezieht, erzählen.

Im September des Jahres 2007 lernte ich bei einer Führung durch
das „Wilderermuseum" in St. Pankraz eine liebenswürdige Dame ken-
nen, eine Lehrerin aus Ried im Innkreis. Ingrids S. hieß sie. Nach der
Führung saß ich mit dieser Dame und ihren Freunden im Gasthaus
Steyrerbrücke beisammen. Ich berichtete, dass ich eine Arbeit über
Kellner schreibe. Darauf erzählte Ingrid S. von ihrem Vater und ihrer

Mutter, die früher Kellnerin gewesen ist. Gemeinsam hätten die beiden schließlich eines der renommiertesten Gasthäuser von Ried im Innkreis geführt. Ihr Vater habe ihr oft von einem Steward, also einem Kellner, erzählt, der auf der Titanic gearbeitet hat. Er wurde gerettet, als diese 1912 sank. Auf meine Bitte hin schrieb sie die Geschichte ihrer Eltern in wesentlichen Zügen nieder. Ich will diese Geschichte, in der dieser Kellner vorkommt, hier zum Teil wiedergeben. Sie ist nicht nur wegen des Kellners interessant. Frau Ingrid S. schreibt: „Mein Vater wurde im Jahr 1927 geboren. Seine Großmutter hatte eine kleine Landwirtschaft mit einer Flaschenbierhandlung am damals noch unverbauten Stadtrand. Dort lebte er mit seinen Eltern.

Mein Vater war das einzige Kind, er machte eine kaufmännische Lehre. Nach dem Krieg wollte er nach Amerika auswandern, doch meine Urgroßmutter überredete ihn zu bleiben und übergab ihre Liegenschaft samt Flaschenbierhandlung nicht an ihren Sohn, sondern gleich an ihren Enkel. Meine Urgroßmutter starb 1953. Ein Viehhändler suchte damals für meinen Vater die passende Frau. Er fand eine fleißige Kellnerin, meine Mutter. Sie stammt aus einem kleinen Ort, sie durfte wie ihre Schwestern keine Lehre machen, denn das wäre zu teuer gekommen. Sie musste daher in der Nähe ihres Geburtsortes ins Gastgewerbe. Die Arbeit war damals sehr hart und sie hatte dort nur einen Nachmittag während der Woche frei, sonst musste sie von der Früh bis in die Nacht hinein arbeiten. Die Kuppelei des Viehhändlers war erfolgreich, meine Eltern verliebten sich und ich war auch schon auf dem Weg. Als die Dienstgeber die Schwangerschaft meiner Mutter ahnten, wurde sie als Kellnerin sofort gekündigt.

Meine Eltern zogen zusammen und heirateten. Da sie kein Geld hatten, war die Hochzeit in aller Stille in Salzburg und nur der Messner war Trauzeuge. Die Flaschenbierhandlung wurde zum Gasthaus, das meine Eltern jahrelang ohne Sperrtag führten. Die beiden machten damals noch eine Cafébar auf. Um diese finanzieren zu können, kümmerten sich meine Eltern bei zwei Rieder Volksfesten um die Rieder Bierhalle. Dazu benötigten sie viele Kellner und Kellnerinnen. Unter ihnen war einer, von dem meine Eltern erzählten, dass er in seiner Jugend Steward, also Kellner, auf der Titanic gewesen sei. Niemand an Bord hatte bis zum Schluss geglaubt, erzählte er, dass das Schiff sinken könne. Dieser Kellner hatte das Glück, dass er, weil er so jung war, auf ein Rettungsboot durfte. Dieser Herr hat aber nachher seinen Beruf als Kellner aufgegeben und anderswo gearbeitet. Jedoch bei Volksfesten und bei ähnlichen Ereignissen übte er aushilfsweise gerne seinen erlernten Beruf aus. Immer wieder erzählte er den Leuten seine Titanicerlebnisse. Man hat ihm begeistert zugehört.

Meine Eltern waren tüchtige Leute. Die Cafébar mit der Musikbox lief gut, daher beschlossen meine Eltern noch Kegelbahnen dazuzubauen, denn damals in den Sechzigerjahren begann der Kegelboom. Meine Eltern waren fleißige Leute, die aus einer Flaschengroßhandlung ein angesehenes Gastlokal gemacht haben. Sie lernten viele Leute in der Gastwirtschaft kennen, unter ihnen war der Kellner von der Titanic."

Auf meiner Suche nach Kellnern, die auf der Titanic waren und überlebt haben, stieß ich auf eine Sendung von Radio Prag, die im Jahre 2000 ausgestrahlt wurde. Die Moderatorin, Frau Katrin Bock, brachte in dieser Sendung ein Interview, das 1962 anlässlich des 50. Jahrestags des Untergangs der Titanic zwei tschechische Kellner, die den Fluten des Atlantiks entronnen waren, dem damaligen tschechoslowakischen Rundfunk gegeben haben. Diese Kellner waren Josef Kielbasa, der im Alter von 16 Jahren, und Rudolf Linhart, der im Alter von 22 Jahren Arbeit als Kellner auf dem Luxusdampfer gefunden hatten. Das Interview, das die beiden gaben, lagert im Rundfunkarchiv in Prag. Der damals 16-jährige Josef Kielbasa war aus purer Abenteuerlust, ohne den Eltern etwas zu sagen, von zu Hause weggelaufen. Mit der Bahn fuhr er nach Bremen, von dort ging es nach Southampton,

wo er problemlos als Kellner auf der Titanic angestellt wurde. Er wollte
nach Amerika, wie er erzählte. Einige Zeit vorher hatte er schon in
Mähren gearbeitet, dann hatte er genug. Als zu ihm eines Tages ein
Kollege sagte: „Weißt du was, wir fahren nach Amerika", hielt ihn
nichts mehr.

Der zweite Kellner, Rudolf Linhart, hatte ebenso keine Probleme,
auf der Titanic angestellt zu werden, wie er erzählt: „Auf das Schiff bin
ich mit Protektion gekommen. Vorher habe ich in London in einem
Hotel gearbeitet und dessen Chef kannte den Chef von der White-
Star-Line und hat mich als Zimmerkellner empfohlen. Am 5. April
1912 bin ich in Southampton angetreten – 22 Jahre war ich damals."
Auf dem Schiff erlebten die beiden das noble Leben reicher Leute,
ähnlich wie es auch in den Filmen dargestellt wird. Dieses Leben endete abrupt, als die Titanic mit einem Eisberg zusammenstieß. Rudolf
Linhart schilderte die ersten Minuten nach dem Zusammenstoß mit
dem Eisberg so: „Ich hatte schon Feierabend und lag in unserer Ka-
jüte oben im Bett und hab meinen Kollegen beim Kartenspiel zuge-
schaut. Plötzlich spürten wir einen kleinen Stoß und wir fragten uns,
was das wohl war, danach war wieder alles ruhig. Aber fünf oder zehn
Minuten später kam einer angerannt und rief: ‚We are going down!'
– wir sinken. Da bin ich gleich von meinem Bett gesprungen, hab
meinen Pullover und Mütze angezogen und bin aufs Deck gerannt."
Josef Kielbasa schilderte aus seiner Erinnerung Ähnliches: „Als wir den
Eisberg rammten, spürten wir eine leichte Erschütterung. Danach war
Ruhe, nichts ist passiert. Ein Matrose kam und hat gesagt: ‚Das reparieren wir wieder und fahren weiter.' Ein bisschen Angst hatte ich
damals schon."

Zunächst glaubten viele, es sei durch den Eisberg nur ein kleines
Loch in den Rumpf des Schiffes gerissen worden, das schnell zu reparieren sei, dem war aber nicht so. Die Besatzung, dazu gehörten
auch die Kellner, wurden angehalten, zu den Pumpen zu gehen und

das Wasser aus dem Schiffsbauch zu pumpen. Rudolf Linhart erzählte: „Wir Angestellten mussten an die Pumpen. Aber dann haben wir aufgehört, weil wir sahen, dass es nichts hilft. Dann kam auch ein Offizier und sagte uns, wir sollten aufhören."

Nun musste Linhart, der Zimmerkellner aus Böhmen, die Passagiere der ersten Klasse wecken. Zunächst weigerten sich einige schlaftrunken, den Anweisungen Folge zu leisten. Es war ein Durcheinander, keiner wusste, was zu tun ist und wie ernst die Situation eigentlich ist. Rudolf Linhart wurde beauftragt, Frauen und Kinder in die Rettungsboote zu setzen. Dabei erlebte er hysterische Abschiedsszenen, da die Frauen ihre Männer nicht verlassen wollten. Linhart selbst kam auf das achte Rettungsboot, das von der Titanic gelassen wurde: „Ich bin auf das achte Rettungsboot gekommen, allerdings konnte ich nicht rudern. Wir waren 40 bis 45 Leute, vor allem Frauen und Kinder. Auf jedem Rettungsboot waren sechs bis acht Besatzungsmitglieder. Wir ruderten vom Schiff weg, und dann sahen wir, wie auf einmal auf dem Schiff die Lichter ausgingen und die Leute ins Wasser sprangen. Die, die Rettungswesten anhatten, versuchten sich an unserem Boot festzuhalten oder reinzuklettern, aber wir waren voll, wir mussten ihnen auf die Hände schlagen, weil wir Angst hatten, dass unser Boot kentert. Das war wirklich nicht angenehm, wenn Sie jemand mit großen Augen anschaut ..., aber wir mussten das machen."
Der junge Kellner Josef Kielbasa war noch an Bord der Titanic, als die Heizer die Feuer löschten. Ein Matrose führte den verwirrten Kellner aus Ostmähren zu den Rettungsbooten, in einem von diesen fand sich Kielbasa ein paar Minuten später wieder: „Es war schon dunkel, nichts habe ich gesehen. Ich erschrak, weil ich dachte, da zieht mich einer ins Wasser, aber zum Glück war ich auf einem Boot, das gerade ins Wasser gelassen wurde. Der Offizier befahl schnell vom sinkenden Schiff wegzurudern. Ich hab aber nicht gerudert. Ich saß im Boot und hab vor Angst geweint."

Die Geretteten wurden nach einer paar Stunden von der „Karpathia" aufgenommen. Diese brachte sie nach New York, wo sich die Wege der beiden Tschechen trennten. Während Josef Kielbasa direkt zurück nach England und von dort nach Mähren fuhr, wollte Rudolf Linhart in den USA bleiben. Er schilderte: „Wir wurden in einem kleinen Hotel untergebracht und konnten uns Arbeit suchen. Wer wollte, konnte in Amerika bleiben. Ich habe auch Arbeit gesucht, aber als ich gesehen hab, wie schwer es ist, überhaupt einen Dollar zu verdienen, sagte ich mir: marsch zurück nach England!"

Einen Monat nach dem Untergang der Titanic fuhr Rudolf Linhart mit einem Dampfer der White-Star-Line zurück nach Europa. In England arbeitete er ein paar Monate, dann kehrte er zurück in seine böhmische Heimat. Dies war 1913. Linharts Eltern wussten nichts von seinem Abenteuer, wie er erzählte: „In der Zeitung haben sie das gelesen. Vater hat immer die Sonntagszeitung gekauft und da haben sie meinen Namen gelesen. Ich habe ihnen erst nach der Katastrophe einen Brief geschrieben."

Nach dem 1. Weltkrieg machte der Zimmerkellner Linhart ein Gasthaus auf dem Land auf. Während der deutschen Besatzung ist er drei Jahre im Gefängnis gesessen. Nach dem 2. Weltkrieg wurde er Leiter einer Fabrik für Hoteleinrichtungen in Nordböhmen. Erst im Jahre 1962, also 50 Jahre nach dem Untergang der Titanic, erfuhr Linharts Frau von seinen Erlebnissen auf der Titanic – und zwar als er dem tschechoslowakischen Rundfunk sein Interview gab (Quelle: Radio Prag, 1. April 2000 – Kapitel aus der tschechischen Geschichte).

Kellner bei General Gómez,
dem Diktator von Venezuela

Vor vielen Jahren lernte ich zufällig bei einer Wanderung mit meinem
Dackel Sokrates in der Wiener Lobau Herrn Jakob – „Koberl" – Regner kennen. Er erzählte mir, er stamme aus Spital am Pyhrn, aus einem
Ort, den ich wahrscheinlich nicht kenne. Ich erwiderte ihm lachend,
dass ich in der Nachkriegszeit in Spital am Pyhrn aufgewachsen bin.
Also zu einer Zeit, in der Koberl Regner nicht mehr in Spital am Pyhrn
gewesen ist. Seine Eltern waren die Eigentümer des Bahnhof-Gasthau-
ses in Spital am Pyhrn, an das ich mich gerne erinnere. Koberl Regner
ist 1912 in Spital am Pyhrn zur Welt gekommen. Auf Wunsch seiner
Eltern besuchte Koberl Regner ab 1926 für zwei Jahre die Hotelfachschule in Wien. Er erzählte mir sein abenteuerliches Leben als Kellner,
den es sogar bis nach Venezuela getrieben hat.

Koberl starb vor ein paar Jahren. Ich habe sein Leben aufgrund seiner Erzählungen aufgezeichnet. Erzählt hat er mir seine Geschichten
vor ungefähr zwanzig Jahren an heißen Sommertagen in der Lobau
und im Gasthaus Spatzennest bei der Ulrichskirche im 7. Wiener Gemeindebezirk. Der damalige Wirt des „Spatzennestes" Karl Hradetzky,
der eine reiche Erfahrung als Wirt besaß, gab mitunter wohlwollende
Kommentare zu Koberls Ausführungen ab. Ich will hier die Passagen
wiedergeben, die sich auf Koberls Leben als Kellner beziehen. Das
Interessante an der folgenden Geschichte ist, dass Koberl Regner als
Kellner gelernt hat, den Schwierigkeiten des Lebens mit Noblesse zu
begegnen.

An seiner folgenden Erzählung sind unter anderem auch die Hinweise auf die Rangordnung der Kellner sowie das System der Trink-
geldaufteilung beachtenswert.

Ich will nun der Erzählung Koberl Regners folgen: „Das Renom-
mee der ‚Internationalen höheren Hotelfachschule für Gastwirtssöhne

und -töchter', ein Empfehlungsschreiben meiner Lehrer und etwas
Glück verhalfen mir zu einer Anstellung in dem führenden Luxusho-
tel ‚Belvedere' in St, Moritz. Nun konnte ich mein erlerntes Wissen
zum ersten Mal anwenden, außerdem hatte ich nun die Chance, von
hier in beste Hotels weiterempfohlen zu werden. Meine Stellung war
die des Commis de Rang. Ich arbeitete also im Restaurant und hatte
eine prachtvolle Montur zu tragen. Zu einer solchen zu kommen, war
ein Problem, denn ich hatte dieses Kellnergewand selbst beizustellen.
Meine Eltern hatten in diesen Jahren nicht viel Geld, das Wirtshaus
ging nicht gut. Die Wirtschaftslage war in der Zwischenkriegszeit sehr
schlecht. Ich konnte und wollte meinen Eltern nicht mehr auf der
Tasche liegen. Schließlich hatten sie unter großen Opfern die Schule
in Wien für mich gezahlt. In vornehmen Restaurants, wie in dem in
St. Moritz, musste man damals, so wollten es die Vorschriften für das
Personal guter Häuser, gut gekleidet sein. Ein Freund, dem ich von
meinen Kleidungsproblemen erzählt habe, verwies mich an einen angeblich hervorragenden Salzburger Herrenschneider, der die schöne
Eigenschaft besaß, nicht sofort sein Geld zu verlangen. In Salzburg
unterbrach ich daher die Bahnfahrt und suchte den freundlichen
Schneider auf, dem ich Grüße von meinem Freund bestellte und von
meinem finanziellen Dilemma erzählte. Der gute Mann nahm Maß
und versprach, in den nächsten Wochen Frack und Accessoires nach
St. Moritz zu senden. Dann erst brauche ich zu zahlen. Ich war zufrieden, blieb eine Nacht in Salzburg und fuhr weiter. Mein erster Schritt
in die weite Welt war getan, denn die Schweiz gehörte für mich bereits
zur weiten Welt, mit ihren reichen Gästen aus Amerika und sogar aus
Arabien. Die zahlten gut, fuhren in dicken Autos vor, hatten einen
Großteil ihres Geldes auf Schweizer Banken und waren mit dem Geld
nicht kleinlich.

Der Personalchef des Hotels Belvedere begrüßte mich sehr freundlich. Das Hotel gefiel mir, es hatte eine großartige Lage mit Blick auf

die weite und verschneite Alpenkette. Die Eleganz hier beeindruckte
mich, hier roch es nach fernen Ländern, noblen Herren und Frauen in
teuren Kleidern. Ich kannte die Gasthäuser und die vornehmen Hotels
in Wien, sie konnte man nicht mit diesem Hotel hier vergleichen. Ich
dachte mir, hier kann ich viel lernen. Für meine späteren Bewerbungen
ist es sicherlich gut, auf dieses Hotel verweisen zu können. Mir wurde
ein nettes Zimmer unter dem Dach zugewiesen. Nach ein paar Tagen
war auch der Frack da, der mir nun endgültig den Zugang in den noblen Speisesaal ermöglichte. Zwischen mir, dem ‚Commis de Rang‘ ,
und dem ‚Chef de Rang‘ bestand ein wesentlicher symbolischer Unterschied: Frack und Frackhemd waren zwar gleich, nur unsere Mascherln
beim Hemd waren andere. Während ich als gewöhnlicher Commis de
Rang ein weißes Mascherl zu tragen hatte, trug der Chef de Rang als
mein Vorgesetzter eine schwarzes. Über uns stand der Mâitre d'hôtel,
den man bei uns vielleicht als Oberkellner bezeichnen würde. Seine
Würde wurde durch einen Smoking unterstrichen. Die Leute mit dem
Frack, also wir, waren dem Herrn mit dem Smoking untergeordnet
und hatten auf seine Anweisungen und sein Kopfnicken zu reagieren.

Für mich war diese Zeit im Hotel eine harte Zeit. Nun erst sah
ich, was es heißt als Kellner zu arbeiten. Vorher bei meinen Eltern im
Gasthaus in Spital am Pyhrn oder in der Schule in Wien hatte ich
zwar andere Menschen arbeiten gesehen, ich selbst war aber kaum
wirklich eingesetzt worden. Nun spürte ich die Arbeit im Hotel, die
an keine feste Zeit gebunden war. So etwas wie einen Achtstundentag
gab es nicht. Man wurde eingesetzt, wenn es notwendig war. War einmal nichts zu tun, so konnte ich mich kurz erholen. Solche Freizeiten
waren aber höchst selten, denn im Restaurant des Hotels gab es immer
etwas zu tun. Erst um Mitternacht hatte ich meine Ruhe von den reichen Gästen, die es damals wohl nur in der Schweiz gab.

In Österreich sah man zu dieser Zeit zwischen den Kriegen kaum
reiche Gäste. Das Land war nach dem verlorenen Ersten Weltkrieg

ausgeblutet, die Wirtschaft erholte sich kaum. Die Schweiz war dagegen ein Schlaraffenland, in dem man gemütlich und nobel leben konnte. Freilich nur, wenn man genügend Geld hatte. Und das hatten die Gäste, die die Hotels und Restaurants in St. Moritz bewohnten und besuchten.

Bereits um sieben Uhr in der Früh hatte ich im Speisesaal zu sein und den ersten Gästen das Frühstück zu servieren. Bis zum Lunch, dem Mittagessen, wurde ich auf Trab gehalten. Einzig die Toilette durfte ich aufsuchen, aber sonst hieß es, mit Kaffee, Tee, Brötchen, Butter und Marmelade herumzulaufen und diese zu servieren. Die späten Frühstücksgäste waren mit ihren Brötchen noch nicht fertig, als es schon das Essen für die Mittagsgäste aufzutragen galt. Erst nach dem Lunch war Pause, aber zum Fünfuhrtee ging es weiter. Die Arbeit als Kellner bedeutete, stets mit geradem Mascherl, worauf der Mâitre d'hôtel besonders achtete, mit erhobenem Kopf und durchgedrücktem Rücken vor den Gästen und Kollegen zu erscheinen. Diese Kollegen kamen aus allen möglichen Ländern Europas, ich traf auf Franzosen genauso wie auf Dänen und Engländer. Sprachschwierigkeiten hatte ich kaum, denn Englisch und Französisch hatte ich im Wesentlichen an der Schule in Wien gelernt. Dazu kam bei mir ein gewisses Sprachgefühl, welches ich trefflich zu nutzen wusste. Auch Schwyzerdütsch verstand ich bald. Mehr als alle Sprachen interessierten mich die fernen Länder, von denen mir die Chefs de Rang in den Pausen nach den Mittagessen erzählten. Ich fühlte immer mehr Sehnsucht nach der Ferne und den Ländern jenseits der Horizonte. Gespannt hörte ich meinen Kollegen zu. Im Hotel Belvedere sah ich bereits die Vielfalt der Kulturen. Es gab eine Kultur, die über allen stand, es war dies die Kultur der internationalen Kellner. Diese Kultur, in die ich in der Hotelfachschule in Wien eingeweiht worden war und mit der ich hier in St. Moritz weiter vertraut wurde, hatte ihre feinen Regeln. Gepflegte Rituale, der Frack, die Hemden, die Fliegen, also die Mascherln, waren

in dieser Welt der feinen Hotels Symbole, die den gebildeten internationalen Kellner auszeichneten. Die Hotelfachschulen, die erfahrenen
Kollegen und die Hoteliers verbreiteten diese Zeichen ehrenwerten
Kellnertums über die Welt, in der reiche Gäste sich trafen und bewirtet
werden wollten. Ich lernte diese Symbole gewitzt zu gebrauchen, um
mir eines Tages meine Träume erfüllen zu können, fremde Länder und
schöne Frauen kennen zu lernen.

Es wurde Herbst und damit begann das Ende der Saison in St.
Moritz, für die ich engagiert worden war. Ich packte meine Sachen,
verabschiedete mich bei meinen Kollegen, mit einigen war ich gut
Freund geworden, und fuhr nach Spital am Pyhrn. Meine Eltern holten mich am Bahnhof ab und brachten mich nicht ohne Stolz nach
Hause, wo mich Nachbarn und Freunde nach meinen Erlebnissen
fragten und erstaunt meine Schweizer Franken betrachteten. Ich erholte mich von meiner Arbeit in der Schweiz. Mit meinen Jugend-
freunden unternahm ich Wanderungen hinauf zu den Almen und
Schihütten, in denen es auf den Matratzenlagern meist sehr lustig zu-
ging. Besonders gefiel es mir in der Rohrauerhütte am Pyhrgasgatterl.
Benannt ist diese Hütte nach Alois Rohrauer, der mit Karl Renner
den Touristenverein „Die Naturfreunde" gegründet hatte. Auch zog
es mich und meine Freunde in die kleine Dumbahütte am Fuße des
Warschenecks. Diese Hütte ist nach dem Wiener Industriellen Dumba
benannt, der in Liezen ein großes Haus und die Jagd hier besaß. Er soll
ein sehr edler Herr gewesen sein, der viel für seine Arbeiter getan hat.
Man soll ihm übrigens einmal am Ende der Monarchie vom Kaiser-
haus aus einen Adelstitel angetragen haben, doch einen solchen lehnte
er als stolzer Bürger ab.

Ich erlebte eine Zeit als junger Bursch in den Bergen um Spital am
Pyhrn. Ich war erst 18 Jahre alt. Der Frühling kam und ich besorgte mir
verschiedene Zeitungen mit Annoncen für junge Kellner. Ich bewarb
mich nun um die Stelle eines Kellners im Grandhotel Stahlbad in St.

Moritz-Bad. Nach einer Woche kam die Nachricht, dass man mich nehmen würde. Die Freude bei mir war groß.

Ich fuhr also wieder in die Schweiz. Im Grandhotel Stahlbad arbeitete ich zunächst als Commis de Rang und bald als Demichef, eine Art Oberkellner. Ich hatte also nun in den Speisesälen eine wichtige Funktion. Einige Leute waren mir zugeordnet, die sich um die Gäste direkt zu kümmern hatten. Ich nahm meine Aufgabe sehr ernst, denn es war mir klar, dass nur gute Arbeit hilft weiterzukommen. Das wusste ich von meinem Vater, der im Bahnhofsrestaurant in Spital am Pyhrn ein tüchtiger Wirt gewesen ist. Nach einigen Wochen im Grandhotel Stahlbad las ich in einer Hotelzeitung, man suche Personal für ein neu zu eröffnendes Hotel in Venezuela. Ich schrieb an die angegebene Stelle und schickte meine Bewerbungsunterlagen hin, ohne recht zu glauben, dass man mich nimmt. Groß war daher meine Überraschung, als ich bald einen Vertrag für Venezuela in den Händen hielt. Das Abreisedatum war bereits fixiert, in drei Wochen sollte das Schiff nach Übersee abgehen. In aller Eile kündigte ich, packte meine Sachen und fuhr nach Spital am Pyhrn, wo ich meinen erstaunten Eltern von meinem Glück erzählte. Mein Vater gab mir den Rat mit, besonders mit Frauen vorsichtig zu sein, man könne sich so manche Krankheit im Kontakt mit ihnen holen. Ich reiste nach Hamburg, wo ich das HAPAG-Schiff ‚Orinoco‘, einen kleinen Dampfer, bestieg. Auf dem Schiff waren noch etwa 30 Burschen in meinem Alter, die ebenso wie ich einen Vertrag für Regierungshotels in Venezuela hatten. Von einem Kollegen erfuhr ich, dass je nach Funktion verschiedene Löhne gezahlt werden. Ihm hatte man 200 Bolivares für den Monat versprochen, zu der freilich noch sein Anteil – wie bei jedem anderen auch – am ‚Tronc‘ kam. Der ‚Tronc‘ ist die Kasse, in die die Trinkgelder kommen. Das Wort Tronc kommt übrigens aus dem Französischen und heißt soviel wie Opferstock. Das Geld in diesem ‚Tronc‘ wird periodisch nach Punkten unter dem Personal des Restaurants aufgeteilt. Unterzeichnet waren die Verträge von einem Herrn Leon Becker, dem angeblichen Regierungsadministrator der Regierungshotels in Venezuela. Herr Becker war Elsässer, der nicht nur Deutsch, sondern auch noch einige andere Sprachen beherrschte. Das Schiff legte ab und wir verließen Hamburg. Ich erhoffte mein Glück auf der anderen Seite des Ozeans. Von meinem Vater habe ich den Leitspruch mitbekommen, dass man nie aufgeben dürfe. Die Referenzen, die ich mitbekommen habe, wiesen mich als einen guten Kellner aus. Schon am ersten Tag an Bord suchte ich Kontakte zu meinen Kollegen, die aus Deutschland, Österreich, Frankreich und der Schweiz kamen. Es war ein bunter Haufen, darunter Köche, Chasseurs, Commis Chefs de Rang und alle möglichen Typen von Kellnern, die sich hier zusammengefunden haben und die in den Regierungshotels auf Wunsch der Regierung arbeiten und europäische Lebensweise präsentieren sollten. Herr Becker war, wie ich nun erfuhr, von der Regierung in Venezuela, deren Chef der alte und leicht verkalkte General Gómez war, engagiert worden, um für die Hotels gutes Personal aus Europa zu holen. Diese Hotels waren über das ganze Land verstreut und eigens für die Regierung und deren Familien erbaut worden. Das für mich und einige meiner Kollegen vorgesehene Hotel sollte das Hotel Jardin in Maracay sein. Wo dieser Ort sein sollte, das wussten wir noch nicht. Unter den Leuten auf dem Schiff, die für das Hotel vorgesehen waren, befand sich auch ein Mann um die 40. Er sollte als Küchenchef arbeiten und hieß Watzinger. Er kam aus der Steiermark. Der Name kam mir bekannt vor, er erinnerte mich an meinen Halbbruder Otto Watzinger, den unehelichen Sohn meiner Mutter. Ich erzählte dies dem Küchenchef. Nun stellte sich heraus, dass er der Vater meines Halbbruders war. Er hatte meine Mutter in Abbazia kennengelernt, wo sie in einem Hotel als Mehlspeisköchin gearbeitet hat. Ich fühlte mich zu diesem Mann hingezogen, von ihm erfuhr ich viel über das Leben in den Hotels.

Die Reise dauerte 14 Tage. Ich hatte viel unter dem stürmischen

Wetter zu leiden. Ich wurde seekrank. Gott sei Dank kam das Schiff
bald in ruhigere Gewässer. Ein Schwarm Haifische folgte dem Schiff,
auf Abfälle wartend. So liefen wir in dem Hafen von La Guayra ein.
Wir nahmen im Speisesaal des Schiffes Aufstellung. Nun kam Herr
Becker auf das Schiff. Er blickte jeden von uns bedeutungsvoll an und
meinte: ‚Wir betreten bald südamerikanischen Boden. Ich begrüße
euch herzlich auf diesem. Ihr werdet hier bald neue Menschen und
eine neue Kultur kennenlernen. Ihr werdet Schönes erleben und nicht
schlecht verdienen. Damit alles klar geht und keine Probleme auftauchen, bitte ich euch, eure Verträge meinen Kollegen, es sind Deutsche, abzugeben. Wir werden auf die Verträge aufpassen und werden
uns auch um euch kümmern. Gebt nun die Verträge ab, ihr bekommt
sie später zurück.' 29 von uns gaben ihre Verträge gleich ab, nur ich
hatte meinen im Koffer, der sich noch im Bauch des Schiffes befand,
verwahrt. Ich meinte daher zu einem der beiden Kollegen von Herrn
Becker, es täte mir leid, ich habe meinen Vertrag unten im Schiff. Ich
würde ihnen diesen später geben. Irgendwie hatte ich ein komisches
Gefühl. Ich war froh, den Vertrag nicht abgegeben zu haben. Als ich
den Koffer wieder bekam, dachte ich nicht mehr daran, den Vertrag
abzugeben. Das sollte sich später als günstig erweisen. Dann ging alles
schnell. Wir bestiegen einen Autobus, der im Hafen auf uns gewartet
hatte. Die Mitglieder einer deutschen Musikkapelle, die auch mit bei
der Partie waren, wurden in einen anderen Autobus verfrachtet. Drei
Stunden fuhren wir über steinige und rumpelnde Straßen in die Berge.
In den Bergen war es kühler, die tropische Feuchtigkeit ließ nach. Wir
trafen in Caracas ein, wo das Klima erträglich war. Caracas liegt auf etwas 1.200 Meter Seehöhe. Dort bekamen wir in einem Rasthaus Brote
mit Käse und Fleisch, alles paketiert, als Proviant für die weitere Reise.
Diese Reise sollte uns nach Maracay im Landesinneren führen. Maracay liegt ungefähr 400 Kilometer von Caracas entfernt. Die Fahrt
mit dem Autobus, den ein Indianer lenkte, ging durch unberührtes

Land auf Urwaldstraßen und über wilde Hochebenen. Am Straßen-
rand sahen wir Indianer mit ihren Kindern, die uns verschreckt nach-
schauten. Während der Fahrt schliefen einige, die anderen machten
sich mit Scherzen gegenseitig Mut. Ich war müde, konnte aber nicht
schlafen. Der Autobus fuhr bergauf, bergab durch wilde Kurven. Diese
abenteuerliche Fahrt endete vor dem imposanten Hotel Jardin. Dieses
war in einem großen Viereck gebaut und hatte viele Fremdenzimmer.
Uns wurden notdürftig eingerichtete, schmutzige Zimmer zugewiesen.
So gut es ging, machten wir es uns in den Zimmern gemütlich und
warteten auf das, was kommen würde. In den nächsten Tagen wurden
in großen Lastwägen die Einrichtungsgegenstände für die 300 Zimmer des Hotels geliefert. Denjenigen, die für Küche und Restaurants
zu sorgen hatten, zu ihnen zählte auch ich, oblag das Auspacken des
Küchen- und Restaurantinventars, das in Ölzeug verpackt war. Gläser,
Möbel, Tischtücher, Löffel, Sessel, Tische und andere Sachen kamen
aus Europa. Sessel und Tische stammten von der Firma Wiesner-Hager
in Oberösterreich, was mir als Oberösterreicher besonders imponierte.
Wir hatten hart zu arbeiten, um das Hotel Jardin für die Eröffnung
in einen guten Zustand zu versetzen. Nach über einer Woche war es
soweit, das Hotel war fertig eingerichtet und die Küche wartete darauf,
für viele Gäste Mahlzeiten zuzubereiten.

   Die Regierung hatte es sich etwas kosten lassen, um die Hoteleröff-
nung prächtig ablaufen zu lassen. In der großen Empfangshalle des
Hotels war die Musikkapelle platziert. Herr Becker betrat mit dem
Regierungschef Gómez, einem aufgeblasenen alten Mann, und den
geladenen Gästen, die in ihren Autos gekommen waren, feierlich das
Hotel. An den Seiten der Halle standen die Angestellten des Hotels.
Allen voran imponierte der Concierge in seiner pompösen Uniform,
die an die eines Generals erinnerte. Ihn umgaben junge Burschen in
Pagenuniform. Alle schauten wir gespannt auf die Mitglieder der Re-
gierung und die schönen Damen. Der Empfang des mit vielen Or-

den geschmückten Generals Gómez und seiner Gefolgschaft wurde zu einem operettenhaften Theater. Ich glaubte, meinen Ohren nicht zu trauen, als die Kapelle als Ouvertüre das Lied ‚Wenn die Elisabeth nicht so schöne Beine hätt' …‘ spielte. Bei uns war dieses Lied damals ein Gassenhauer. Hier wurde es zum Einzug des Regierungschefs intoniert. Ich und meine Kollegen schmunzelten. Der fast achtzigjährige Regierungschef salutierte zu diesen heiteren Klängen, ebenso die ihn umgebenden bunt uniformierten Soldaten. Im Restaurant nahmen die Herrschaften, diese neue Aristokratie in Venezuela, Platz. Wir servierten zuerst Cocktails und dann bunte und vielfältige Speisen. General Gómez, den wir hier feierten, war ein Diktator mit einem schlechten Ruf. Er unterdrückte sein Volk und war deswegen verhasst. In Venezuela gab es damals ein paar sehr reiche Besitzende und eine Vielzahl armer Menschen, die ordentlich ausgebeutet wurde. Juan Vicente Gómez, wie er mit vollem Namen hieß, wurde berühmt, als er sich 1899 an der siegreichen Revolution von C. Castro beteiligt hat. Castro machte ihn zum Oberbefehlshaber der Armee. Castro wurde 1908 durch Generäle abgesetzt, unter ihnen war Gómez, der sich nun selbst zum Präsidenten ausrufen ließ. Bis zu seinem Tod im Jahre 1935 beherrschte Gómez, der von Indianern abstammte, mit seiner Armee das Land. Positiv wird ihm angerechnet, dass er den Einfluss der Kirche zurückgedrängt hat und den Ausbau der Erdölförderung vorangetrieben hat. Gómez sah sich selbst in der Reihe großer südamerikanischer Heerführer, wie vor allem Simón Bolívar, der hoch verehrt wurde. An Bolívar erinnerte auch das nach ihm benannte Geld. Für Gómez waren europäische Lebensweise und europäische Tradition wichtig, er richtete sich an Europa aus und versuchte möglichst viel von Deutschland zu übernehmen. Daher wurden auch wir in seinen Hotels angestellt. Die Indianer bezeichneten uns als ‚Musjus‘ , als Leute, die einen besonderen Schutz genießen und deshalb besser als alle anderen sind.

Während der Stunden, die wir nicht im Hotel arbeiteten, durch-

streiften wir die Stadt Maracay. Ich fand bald Gefallen an der Land-
schaft. Das Heimweh plagte mich kaum. Das Hotel, das nun meine
Heimat war, bestimmte mein Leben. Ich war Kellner, und das genügte
mir. Als Kellner war ich an keinen bestimmten Ort gebunden. Ich
wurde so zu einem Kosmopoliten. Hier bei Maracay faszinierten mich
die dichten Wälder und die Flüsse mit ihrer Pflanzenwelt. Mir gefiel
es also hier in dem großzügig angelegten Hotel. General Gómez hatte
auch in Maracaibo und in San Juan de los Moros Hotels für sich und
die Regierungsmitglieder erbauen lassen. Stieg Gómez in Maracaibo
oder in San Juan de los Moros ab, so wurde vorher das Personal in
Bussen dorthin gebracht. In dem einen Bus saßen die Köche und Ab-
wäscher, in dem anderen wir, die wir im Restaurant zu tun hatten, und
in dem dritten die Musikkapelle. Diese neu erbauten Hotels waren für
die Regierung eine Art Ersatz für den fehlenden Regierungspalast.

In Caracas stand ein Regierungshotel mit dem schönen Namen ‚Pavillon del Hypodromo‘. Auch in dieses wurden wir verfrachtet, um die
Leute von der Regierung würdig bedienen zu können. Caracas gefiel
mir sehr. Einen besonderen Reiz übte auf uns Kellner das Hurenviertel
von Caracas aus. Hier sahen wir wunderschöne Frauen aus allen möglichen Ländern. Einer älteren Dirne, die mich belästigt hatte, rief ich
lachend auf Deutsch zu: ‚Schimpf nur weiter, alte Hur!‘ Zu meiner
Überraschung antwortete sie mir auf Deutsch: ‚Verzieh Dich, Arsch!‘

Diese Frau kannte also die Welt. Ich erlebte viel. Das Leben als Kellner bot mir eine bunte Welt. Eines Tages wurden wir nach San Juan los
Moros in das dortige Regierungshotel gebracht. Vor dem Hotel wurden die Mahlzeiten serviert. Ich kam auf die Idee, das Frühstück hoch
zu Ross zu servieren. Die staunenden Herrschaften applaudierten, als
ich auf einem Pferd, das einem beim Hotel beschäftigten Indianer gehörte, erschien. Mit der rechten Hand hielt ich die Zügel und mit der
linken balancierte ich das Tablett mit dem Brot. Da die Herrn Minister
gewünscht hatten, auf indianische Art zu speisen, waren diesmal auch

indianische Köche dabei. Während des Essens saßen die Minister mit ihren eleganten Frauen nicht an den Tischen, sondern hockten im Stil ihrer indianischen Vorfahren auf dem Boden und nahmen so die Speisen in Empfang, die sie dann mit den Fingern aßen. Auch für uns fiel in der Küche noch einiges ab. Die indianische Küche hat ihren eigenen Reiz. Besonders schmeckte mir eine Speise, die aus diversen Zutaten bestand, welche man in ein großes Bananenblatt gewickelt hatte. Zu diesen Zutaten gehörten vor allem die Zutaten der Paella Valenciana, eines typisch spanischen Gerichts aus Reis, kleinen Krebsen, Fischen und anderen Köstlichkeiten. Mich erinnerte dieses Gericht entfernt an das Reisfleisch, das meine Mutter im Gasthaus beim Bahnhof in Spital am Pyhrn köstlich zuzubereiten wusste. Den Ministern und ihren Frauen schmeckte das, was wir Kellner ihnen servierten. Jedenfalls griff man ordentlich zu. Mir gefielen solche Tage mit der Regierung. Diese bedeuteten Abwechslung. Schließlich sah ich jene Leute persönlich, die Venezuela regierten. Nach diesen Abenteuern im Urwald fuhren wir wieder nach Caracas zurück, wo wir kaum etwas zu tun hatten, da die Regierung unterwegs war. Solche Zeiten der Muße nützte ich mit meinen Kumpanen für Streifzüge durch die Stadt, ihre Hurenviertel und Kneipen.

Nach dieser Zeit der Pause kam die Nachricht, General Gómez wolle am Valencia-See mit seiner Gefolgschaft auf einem Schiff tafeln und sich unterhalten. 200 Personen wurden erwartet. Kostbare Trinkgeräte, Teller, Bestecke, Tischtücher, Servietten, Salzstreuer, Kerzen zur Beleuchtung und vieles andere wurde in große Körbe verpackt und auf Lastwagen zum See transportiert. Als ich das Schiff betrat, waren die Schiffsplanken von einem eigenartigen Belag überzogen, in dem jeder Fußtritt deutlich zu sehen war. Ich besah den glitschigen Boden und erkannte, dass es Moskitos waren, die in einer dicken Schicht den Schiffsboden bedeckten. Dies machte es uns schwer, die Körbe mit dem Geschirr an Bord zu schleppen und nicht auszurutschen. Nachdem die Körbe auf das Schiff gebracht worden waren, wandelten wir die Clubräume des Schiffs in einen Speisesaal für die vielen Gäste des Generals um. Tausende Flaschen französischen Champagners waren auf Eis gelegt und raffinierte französische Speisen zubereitet worden, an denen wir auch ein wenig mitnaschten. Ich fühlte mich wie Gott in Frankreich, trank an einem stillen Örtchen Champagner und biss in ein zur Seite geschafftes Croissant. Meine Kollegen machten es ebenso und bald waren wir alle beschwipst, was aber niemand bemerkte. Nach dem Dinner wurde auf dem Oberdeck getanzt. Die Gäste des Generals verließen den Saal und begaben sich zur weiteren Unterhaltung auf das nächsthöhere Deck, wo die Musikkapelle zum Tanz aufspielte. Die herrschende und reiche Gesellschaft Venezuelas drehte sich im Tanze. Während die Musik spielte, war es unsere Aufgabe, die unendlich vielen Teller, Bestecke und anderen Dinge abzuräumen und wieder in die Körbe zu packen. Wir suchten nach einer praktischen Lösung, dies zu tun, die schließlich Claudio einfiel. Er meinte: ‚Wisst ihr, was wir machen? Lange wollen wir uns nicht plagen. Der General und seine Leute sind schon betrunken, die merken ohnehin nichts mehr. Wir nehmen das Geschirr mit dem Tischtuch und werfen es in den See. Das ist am einfachsten, um alles abzuräumen.‘ Wir waren von dieser verwegenen Idee begeistert. Vom Champagner beflügelt packten wir die Tischtücher mit allem, was sich auf diesen befand, gingen zur Reling und warfen alles über Bord. Teller, Bestecke, Salzstreuer und Aschenbecher flogen mit den Tischtüchern in den See. Eine solche Methode des Tischabräumens nannten wir wegen ihrer Einfachheit ‚die russische Methode‘. Dass wir keine Probleme wegen dieser Aktion bekamen, verdankten wir der Tatsache, dass auch der Herr Oberkellner dabei war. Diesem Mann, der gerne trank, gelang es, dies alles zu vertuschen. Wichtig war, dass Herr Direktor Becker nichts von der Sache erfuhr. Man schickte die für das Geschirr vorgesehenen Körbe wieder zurück. Etwas Geschirr war noch in diesen, alles hatten wir

nicht verwendet. Es flog jedenfalls nichts auf. Das nun am Boden des
Sees liegende Geschirr dürfte niemandem abgegangen sein. Ich führte
ein schönes Leben als Kellner der Regierung. Besonders gefiel es mir in
Macuto, wo General Gómez und seine Familie einen Hotelpalast aus
weißem Stein besaßen. Die Umgebung von Macuto war prachtvoll.
Das Meer lockte, in den freien Stunden zog es uns hinunter an den
Strand. Ich schwamm gerne im Meer. Einmal näherte sich in ungefähr
30 Meter Entfernung ein dunkles Dreieck, das sich als Hai entpuppte.
Ich schwamm um mein Leben. Eine große Woge schwemmte mich an
Land. Bald mussten wir Macuto wieder verlassen und ins Landesinnere
nach Maracay zurückfahren. Maracay war mir nicht besonders sympathisch. Im Hotel herrschten Unzufriedenheit und Eifersucht. Es bilde-
ten sich Cliquen und einige Kollegen wurden zu Denunzianten. Besonders widerlich war mir ein aus Österreich stammender Oberkellner,
er hieß Hemetzberger. Er versuchte sich bei Becker einzuschmeicheln.
Hemetzberger war von kleinem Wuchs und er ging, wie wenn er einen
Stock verschluckt hätte. Gegenüber der ihm zugeteilten Kellnerbrigade
war er schonungslos. Aber dem Herrn Becker tat er schön. Zuerst war
Hemetzberger Stellvertreter des Oberkellners gewesen. Als dieser seine
Arbeit kündigte und nach Europa abreiste, avancierte Hemetzberger
zum Maître d'hôtel. Seine Arroganz gegenüber uns jungen Kellnern
war widerlich. Ich verabscheute diesen kleinen Mann. Das Klima unter
dem Personal war vergiftet. Innerhalb der zwei Jahre, die ich in den
Regierungshotels durchlebte, löste sich die Restaurantmannschaft allmählich auf. Der eine ging nach Boston, der andere nach Kolumbien
und der andere wieder nach Caracas. Die jungen Kellner beim General
Gómez wurden nun durch Ungarn ersetzt. Auch ich spürte Heimweh.
Ich wollte nach Hause, bekam aber Gelbsucht.

Meine Freunde brachten eine Indianerin an mein Krankenbett.
Diese verabreichte mir, nachdem sie mir lange in die Augen geschaut
hat, eine Medizin. Ich schlief darauf fest. Am nächsten Tag fühlte ich

mich besser. Nun wollte ich mir eine Schiffskarte nach Europa kaufen, daher ging ich in das Zentralbüro des Regierungshotels in Caracas, um mir das für 24 Monate als Kellner zustehende Gehalt zu holen. Der Mann, der sich um Geldangelegenheiten des Hotels kümmerte, meinte, was ich eigentlich wolle. Ich hätte doch alles, was mir zusteht. Schließlich hätte ich doch genug Trinkgeld bekommen. Das genüge doch, denn von was anderen war seiner Meinung nach nicht die Rede. Der Mann dachte wohl, dass ich keinen Vertrag bei mir habe, denn am Schiff waren die Verträge ja eingesammelt worden. Nur ich hatte meinen Vertrag nicht abgegeben, da er im Koffer zuunterst lag. Das war mein Glück. Nun zog ich meinen Vertrag heraus und sagte: ‚Hier ist mein Vertrag, hier steht, dass mir ein Gehalt zusteht. Das ist mir vertraglich zugesichert.' Die Verwunderung auf seiner Seite war groß. Damit hatte er nicht gerechnet. Er ging zur Kasse und übergab mir wortlos das Geld. Ich bedankte mich höflich und verschwand. Meine Kollegen waren ärmer dran, denn sie hatten keine Verträge mehr. Wie ich später erfuhr, soll Herr Becker, der uns angeworben hat, von der Regierung Geld kassiert und für sich behalten haben. Insgesamt 6.000 Bolivares hatte ich erhalten. Außerdem besaß ich noch Trinkgeld. Die Fahrt über den Ozean tat mir gut. Ich hatte viel gelernt für mein Leben, ich hatte mit Gesindel aller Art zu tun. Ich sah, als Kellner, der vagabundiert, muss man stets sehr vorsichtig sein. Man kann leicht hineingelegt werden. Ich habe aber auch gelernt, dass für einen noblen Kellner gutes Benehmen und reservierte Distanz wichtig ist. Immerhin hat der Beruf des Kellners auch mit Abenteuer zu tun, das gefiel mir.

Über Teneriffa, wo ich mir ein paar schöne Tage machte, gelangte ich nach Barcelona. Von dort fuhr ich mit dem Zug nach Spital am Pyhrn. Am Linzer Hauptbahnhof war ich bereits von meinen Eltern erwartet worden. Als wir aus dem Zug am Bahnhof in Spital am Pyhrn stiegen, sah ich viele Spitaler stehen, unter ihnen die Herren der Musikkapelle. Sie waren alle wegen mir gekommen. Ich war sehr überrascht. Die Musikkapelle spielte mir zu Ehren auf. Wie ein Weltwunder wurde ich, der ich nun aus dem fernen Südamerika gekommen war, angestarrt. Ein paar Tage später überreichte mir mein Vater in der Gaststube unseres Gasthauses, als die letzten Gäste gegangen waren, einen Ring mit meinen Initialen. Sogar der Bürgermeister war gekommen, um mir zu sagen, dass im ganzen Bezirk Kirchdorf es keine Gemeinde gebe, die einen Bürger hat, der bereits in Venezuela gewesen ist. Eines Tages las ich in den ‚Oberösterreichischen Nachrichten‘, dass es in Venezuela zu einem Aufstand gekommen und General Gómez gestürzt worden sei.

Bald fasste ich den Entschluss, in ein Spanisch sprechendes Land als Kellner zu gehen. Ich fuhr nach Barcelona und von dort mit dem Schiff nach Palma auf Mallorca.

Im Hotel Formentor fand ich eine Anstellung als Kellner. Ich hatte fünf Kollegen aus der Gegend, ich war der einzige Nichtspanier unter den Chefs de Rang. Der Mâitre d‘hôtel war ein Franzose, der das Restaurant im Stile eines Grandseigneurs führte.

Die Freizeit verbrachte ich am Meer. Das Hotel besaß eine Motorbarkasse, mit der ich oft fuhr. Besucht wurde das Hotel von reichen Ausländern und vornehmen Spaniern. Ich bediente Mitglieder der Hocharistokratie, des Geldadels, des Militärs und der Filmwelt. Und eines Tages, als ich bereits zum Chef de Vin, also zum Weinkellner, avanciert war, servierte ich sogar einem General, der später sich im spanischen Bürgerkrieg hervortun und Spanien einige Jahrzehnte regieren sollte. Es war dies General Franco, dem ich den Wein gebracht habe.

Als Chef de Vin hatte ich einen Commis de Vin zur Seite, eine Art Lehrling. Meine Aufgabe war es, die Gäste über die Qualität des Weins zu beraten, ob es ein blumiger Wein sein solle oder mehr ein herber. Jedenfalls kannte ich mich mit dem Wein aus.

Einen besonderen Eindruck machten auf mich die Schiffe der britischen Navy, die eines Tages vor der Küste vor Anker lagen. Die Offi-

ziere dieser Schiffe mit ihren hohen Rangabzeichen waren in unserem
Hotel gern gesehene Gäste. Sie benutzten die in der Nähe gelegenen
Tennis- und Golfplätze. Wir Kellner bemühten uns höflich um die
englischen Offiziere. Die Monate auf Mallorca vergingen schnell. Ich
genoss das schöne Leben auf dieser Insel. Im Winter fiel sogar Schnee,
der die Hotelgäste sehr überrascht hat, denn Schnee kannten sie nur
vom Hörensagen. Ich wechselte bald wieder meinen Arbeitsplatz. Mit
Empfehlung des Hotels Formentor wurde ich als Mâitre d'hôtel im
Hotel Victoria in Murcia in Südspanien angestellt. Mit dem Sohn
des Hauses, Don Fernando, der etwas Deutsch sprach und ein großer Freund der deutschen Kultur war, freundete ich mich an. Mit ihm
führte ich interessante Gespräche. Zu den Gästen des Hotels gehörten
neben noblen Spaniern vor allem die Einkäufer der in den Plantagen
um Murcia wachsenden Orangen. Unter den Hotelgästen war auch ein
Herr Lorenz aus Hamburg. Er blieb einige Monate im Hotel Victoria,
um seine Geschäfte mit den Orangen abzuwickeln. Herr Lorenz war
stolz darauf, ein Hamburger zu sein. Er meinte auch, die Beziehung
zwischen Hamburg und Wien sei stets gut gewesen. Mit Deutschland
würde es damals in den Dreißigerjahren wirtschaftlich bergauf gehen,
Österreich täte gut daran, sich Deutschland anzuschließen.

An schönen Nachmittagen, an denen ich als Kellner wenig zu tun
hatte, lud mich mein neuer Freund Don Fernando zu Ausritten auf
seinen beiden prachtvollen Reitpferden ein. Don Fernando war begeistert davon, dass ich, sein Mâitre, in Venezuela beim Diktator Gómez
als Kellner gearbeitet habe. Bei einem dieser Ausritte erzählte er mir
von dem Krieg zwischen Spanien und Bolívar, dem man in Venezuela
unzählige Statuen errichtet hat, weil er für die Unabhängigkeit Venezuelas gegen die spanischen Kolonialherren um 1810 gekämpft und in
Venezuela die Republik ausgerufen hat. Für Don Fernando war Bolívar
allerdings nur ein übler Bandit. Simón José Antonio de la Santísima
Trinidad Bolívar Palacios y Blanco, wie Bolívar mit vollem Namen

hieß, wurde im Jahre 1783 in Caracas als Sohn einer reichen Kreolen-
familie geboren. Seine Vorfahren waren also im Lande geborene Nachkommen von Spaniern. Genannt wurde er ‚El Libertador‘, der Befreier.
Er ist heute ein Nationalheld in Südamerika. Gestorben ist er 1830 in
Santa Marta in Kolumbien. Jedenfalls Don Fernando wollte Bolívar
nicht. Er sah in ihm einen undankbaren Rebellen gegen Spanien. Bolívar und seine Nachkommen wie General Gómez, bei dem ich gedient
habe, waren Don Fernando also widerlich. Bei solchen Gesprächen
lernte ich, mit Wahrheiten vorsichtig zu sein. In Venezuela hatte man
also eine andere Wahrheit von Bolívar als hier in Murcia. Dort war er
ein Held, hier ein Verbrecher. Für Don Fernando war General Gómez ebenso ein übler Bursche wie sein Vorgänger Bolívar. Von Don
Fernando erfuhr ich, dass Gómez ein großer Frauenheld gewesen ist.
Wenn er von seinem Palacio aus in Maracay ein hübsches Mädchen
gesehen hat, so soll er seinem Leibwächter den Befehl gegeben haben,
das Mädchen zu ihm zu bringen. Manche der Mädchen werden sich
sicher geehrt gefühlt haben.

Da ich für die Spanier als Deutscher galt, war ich hoch geachtet,
denn damals vor dem Krieg hatte man größte Achtung in Spanien vor
der deutschen Kultur.

Nach einer Zeit juckte es mich, dem Hotel in Murcia und Freund
Don Fernando Adieu zu sagen und mich in einem Englisch sprechenden Land um eine Stelle als Kellner umzusehen. In einem Journal für
das Hotelgewerbe erfuhr ich, dass in Kapstadt in Südafrika Stellen als
Kellner frei wären. Ich schrieb an die angegebenen Adressen. Bald erhielt ich die Antwort, ich könne in Kapstadt in einem dieser Hotels
vorsprechen. Ich verabschiedete mich herzlich von Don Fernando,
dem ich mich sehr verbunden gefühlt habe.

Obwohl die Zusage in Kapstadt nicht fix war, wagte ich es, dorthin
zu fahren. Ich liebte das Abenteuer. Ich war mir bewusst, dass ich als
Kellner beste Manieren erlernt hatte. Ich beherrschte die international

üblichen Regeln als Kellner. Sie waren es, die mir die Sicherheit gaben, an jedem Ort als Kellner zu arbeiten.

Ich war damals nicht viel älter als 20 Jahre.

Zunächst beschloss ich jedoch, nach Spital am Pyhrn zu fahren. In meinen Briefen hatte ich meinen Eltern von meinen Erlebnissen geschrieben. Sie waren stolz auf mich und erzählten den Spitalern von ihrem abenteuerlustigen Sohn. In meinem Heimatort hatte man höchste Achtung vor mir. Von Barcelona fuhr ich mit dem Zug über Linz nach Spital am Pyhrn. Ich musste immer wieder meine Geschichten von Venezuela und Spanien erzählen. In der Wirtsstube meiner Eltern zeigte ich Fotos. Der Herr Bürgermeister bat mich schließlich, im Festsaal des Gasthofes Grundner einen Vortrag über mein Leben als Kellner in fremden Ländern zu erzählen. Damit ich meine Fotos auf einer Leinwand zeigen konnte, steuerte der Fotograf Hans Hubmann aus Windischgarsten, der später sehr bekannt werden sollte, einen Spiegelreflektor bei. Das Interesse an dem Vortrag war groß. Der Herr Bürgermeister gab zuerst seiner Freude Ausdruck, dass ich, der Jakob Regner, ein Spitaler, nun von Venezuela und Spanien etwas erzählen und Fotos zeigen werde. Die Leute klatschten, ich erzählte meine Geschichten und zeigte meine Fotos, auf denen schöne Damen aus Caracas, dreckige Hafenviertel, Indianer im Urwald und anderes Spannendes zu sehen waren. Die Spitaler waren begeistert von mir. Sie waren erstaunt, dass ein Kellner solche Erlebnisse haben kann. In den ‚Oberösterreichischen Nachrichten' erschien ein Artikel über den Vortrag und mich. Dieser endete mit den Worten: ‚Daher wünschen wir Oberösterreicher, dass Herr Regner noch viel erleben und immer gesund in sein Heimatland zurückkehren möge. Wir können auf diesen Mann stolz sein und wünschen ihm alles Gute für seine nächste Reise, die demnächst nach Südafrika gehen soll.'

Bald war es soweit. Ich verabschiedete mich herzlich von den Eltern und fuhr nach Hamburg, von wo ich mit dem Schiff ‚Watussi', das zur

Woehrmann-Linie gehörte, nach Südafrika fuhr. Nach 21 Tagen waren wir dort. Obwohl ich keine fixe Zusage vom Hotel Royal in Kapstadt hatte, war ich voll Optimismus. An Bord gab mir ein freundlicher Südafrikaner den Rat, nie auf nüchternen Magen zu rauchen und Alkohol zu trinken, außerdem sei es ratsam, möglichst wenig zu trinken, um wenig zu schwitzen. Ein schwitzender Kellner mache einen wenig erfreulichen Eindruck. Der Tafelberg von Kapstadt kam in Sicht. Bei der Einreise hatte ich, obwohl ich nur den Brief mit der vagen Zusage vorweisen konnte, keine Probleme. Ich fragte mich nach dem Hotel Royal im Zentrum von Kapstadt durch. Dort stellte ich mich vor. Der Direktor mit dem Namen König sprach Deutsch und wies mich nicht ab. Er teilte mir ein Zimmer zu. Mein Englisch war damals noch sehr schlecht, dies hatte ich allerdings in meinem Bewerbungsschreiben nicht angegeben. Bei meinem ersten Auftritt erlebte ich gleich eine Blamage. Grundsätzlich verstand ich, was die Gäste wollten. Doch als ein vornehmer Gast im Tropenanzug von mir ‚a tankard of beer' bestellte, verstand ich nicht, dass dieser Mann ein Bier in einem Zinnkrug haben wolle. Ich fragte daher einen Kollegen, was das heißen solle, was der Gast bestellt hat. Ich erntete nur ein mitleidiges Lächeln. Als Oberkellner machte ich hier also eine eher traurige Figur, da ich des Englischen noch nicht vollkommen mächtig war. Nach zwei Wochen ließ mich Direktor König zu sich rufen. Er sagte mir, dass ich zwar ein guter Kellner sei, aber als Oberkellner müsse ich doch ein besseres Englisch beherrschen: ‚Ich bewundere Ihren Mut, sich bei uns zu bewerben. Ich will Sie nicht kündigen, da Sie mir sympathisch sind. Als Commis de Rang können Sie weiter bei uns arbeiten.' Ich bedankte mich für diese Degradierung, die mir immerhin gestattete, noch länger in diesem Hotel zu bleiben. Drei Monate arbeitete ich nun als einfacher Kellner. In dieser Zeit bemühte ich mich, das Englische gut zu lernen. Als ich meinte, es gut zu sprechen, bewarb ich mich als Oberkellner im Hotel Assembly im Kapstadt. Man nahm mich. Bei

der Arbeit als Oberkellner dort hatte ich zwar keine Probleme, aber es
langweilte mich allmählich in dem Hotel. Ich nahm nun ein Angebot eines Hotels in dem ungefähr 20 Kilometer westlich von Kapstadt
gelegenen Badeort Muizenberg an. Das Team im Restaurant bestand
vor allem aus Indern und Inderinnen. Diese machten mir allerdings
das Leben schwer. Ich kündigte und kehrte nach Kapstadt zurück, wo
ich in einer Nachtbar über einen Freund, den ich vom ‚Assembly' her
kannte, als Oberkellner eingestellt wurde. Typisch für die Gäste dort
war, dass sie die alkoholischen Getränke selbst mitführten, denn nach
den südafrikanischen Alkoholgesetzen hatte diese Bar keine Konzes-
sion zur Ausschank alkoholischer Getränke wie Bier und Whisky. Ich
servierte lediglich Tonic Water und Speisen zu dem mitgebrachten Bier
oder einem anderen geistigen Getränk. Die Bar verdiente trotzdem
gut. Es gab in der Bar Musiker, mit denen ich mich bald anfreundete.
Man spielte Stücke, die ich auch von Österreich her kannte. Ich hatte
damals in Wien etwas Klavier spielen gelernt und als eines Tages der
Klavierspieler, auch ein solcher musizierte in der Bar, fehlte, sprang ich
für ihn ein und spielte die ganze Nacht am Klavier. Den Besuchern gefiel es, was ich zum Besten gegeben habe. Gegen Ende der Sommersaison wurde es ruhiger in der Bar. Ich sah nun die Zeit für mich gekommen, ‚Auf Wiedersehen' zu sagen. Damals verkehrte ich im Deutschen
Klub in Kapstadt. Dort traf ich einen Herrn, der mich überredete, mit
ihm nach Johannesburg zu fahren. Im dortigen Deutschen Klub traf
ich einen Wiener, der mir zuredete, meine Arbeit als Kellner aufzuge-
ben, denn in Südafrika hat der Kellnerberuf kein hohes Ansehen. Kellner seien in erster Linie die Schwarzen. Ich sah dies ein. Mit Handel
könne man gutes Geld verdienen, erfuhr ich. Mit einem Auto könne
ich zu den weit entfernten Farmen fahren und den Leuten dort Kleider
und Stoffe anbieten. Ich nahm mir ein Auto und besuchte die Farmen.
Ich verdiente ganz gut, sodass ich in Johannesburg ein schönes Leben
führen konnte. Ich wurde also Kaufmann und blieb dies."

Das weitere Leben von Koberl Regner ist abenteuerlich. Er wird
Chauffeur einer Besitzerin einer Diamantenmine. Im Camp bei die-
ser Mine mitten im Busch wird er zurückgelassen und gerät in wilde
Abenteuer. Er erlegt einen Panther. Schließlich kommt er zurück nach
Kapstadt, wo er Vertreter für ein Mittel gegen Hühneraugen wird.
Diese Mittel preist er bei Kaufhäusern an. Er kommt wieder nach
Österreich, wird zum Militär eingezogen. In Frankreich führt er ein
schönes Leben. Nach dem Krieg ist er wieder in Oberösterreich. Er
hat Schwierigkeiten mit den Amerikanern, der Besatzungsmacht. In
einem Jeep wollen ihn amerikanische Soldaten nach Kirchdorf an der
Krems zur Kommandantur bringen. Er flieht aus dem fahrenden Jeep
und wandert über das Gebirge in die Steiermark, wobei er in Almhüt-
ten nächtigt.

Für Koberl Regner war das Leben als Kellner mit Abenteuer verbunden. Er suchte als Kellner in fremden Ländern in vornehmen
Restaurants zu arbeiten. Er lernte auf diese Weise Menschen aus den
obersten Gesellschaftsschichten kennen. In Südafrika allerdings sieht
er, dass der Beruf des Kellners eher von Indern und Schwarzen ausgeübt wird. Da er in feinen Clubs der Europäer in Südafrika verkehrt,
wird ihm klargemacht, dass es für sein Ansehen besser wäre, als Händler tätig zu sein. Er gibt daher den dienenden Beruf des Kellners auf
und wird zum Abenteuer suchenden Händler, den es nach Australien
und wieder nach Europa treibt.

Jedenfalls war er stolz darauf, als Kellner den Schritt in die große
weite Welt gewagt zu haben. Vor ungefähr zehn Jahren ist Koberl Regner gestorben. Er liegt auf dem Friedhof von Spital am Pyhrn begraben. Ich bin froh, seine Erzählungen auf Tonband festgehalten und
über diese ein längst vergriffenes Buch mit dem Titel „Wanderer zwischen den Welten – Die Abenteuer des Koberl Regner" (1988) verfasst
zu haben.

Herr Engelbert – der Kellner, der die Welt umschiffte

Mit dem Leben als Kellner sind also mitunter Abenteuer verbunden.
Solche Abenteuer sind auch charakteristisch für das Leben von Herrn
Engelbert Auer, einem Kellner im Café Landtmann in Wien, dem ich
mich sehr zugetan fühle. Schließlich halte ich mich oft mehrmals in
der Woche mit Studenten zu Besprechungen dort auf. Herr Engelbert,
der mich mit verschmitztem Witz bedient, neigt zum gepflegten Scherz
– ebenso wie die anderen Kellner dieses Kaffeehauses: Herr Erich, Herr
Lajos, Herr Michael, Herr Rudi, Herr Sten, Herr Friedrich und andere
würdige Herren. Auch Herr Engelbert wächst, wie auch die bereits be-
sprochenen „klassischen Kellner" in einer Kultur der Gasthäuser auf
und geht schließlich zur See. Bereits als Kind lernt er, mit Wirtshaus-
gästen umzugehen. Die Kellnerinnen, die im Gasthaus seiner Mutter
arbeiten, gehören zu den „klassischen" Kellnerinnen. Nach dem Schul-
besuch wechseln sie ohne Lehre in das Gastgewerbe. Herr Engelbert
erzählt mir: „Ich bin 1956 in Lunz am See geboren worden. Die Mutter
hat ein Gasthaus gehabt. Wir haben als Kinder schon in der Gaststube
gearbeitet. Wir sind im Wirtshaus aufgewachsen. Ich habe immer mitgeholfen im Gasthaus, am Wochenende, bei Veranstaltungen, dort, wo
mehr zu tun war. Die Mama hat zum Beispiel den Brauch gehabt, dass
sie nach dem Essen oder wenn der Mittag vorbei war einen Schlaf gebraucht hat, sie hat sich also niedergelegt. Auch unsere Kellnerin ist zu
dieser Zeit in ihr Zimmer gegangen, daher war es im Sinne der Mutter,
dass einer von uns, mein Bruder oder ich, im Gastzimmer waren. Die
Kellnerinnen damals bei uns haben ja von der Früh bis um zehn Uhr
am Abend arbeiten müssen. Dafür haben sie Nachmittag eine Pause
gehabt, das war die Zimmerstund'. Während dieser mussten also wir
Buben uns um die Gäste kümmern."

Engelbert weiß also schon früh, wie zu servieren ist und wie man
ein Bierfass ansticht: „Ich habe schon als Bub serviert und das Bierfass

angestochen. Ein Holzfassl mit Bier anstechen, das konnten wir schon in der Volksschule. Einmal hat ein Betrunkener geglaubt, er kann das auch und hat vergessen, dass er den oberen Teil des Stechers halten muss, dabei hat er sich im Gesicht verletzt."

Über seine Mutter, die Wirtin, die es nicht leicht hatte in ihrem Leben, die aber schließlich gerne Wirtin war, erzählt Engelbert mit Hochachtung: „Meine Mutter hat das Gasthaus in Lunz auf Leibrente übernommen, von einem älteren Wirtsehepaar, die waren kinderlos. Sie hat beide ein paar Jahre gepflegt. Die Mutter war damals noch nicht verheiratet, sie war mit einem Scheibbser verlobt. Wie er eingerückt ist, hat er ihr das Versprechen abgenommen, dass sie, wenn er fällt, nicht heiratet. Dieser Mann war ihre große Liebe, leider ist er im Krieg gefallen. Sie hat sich nun lange nicht gebunden, daher ist sie zu dem Wirtsehepaar gegangen. Es war ein kleines Wirtshaus, das gibt es heute noch. In diesem arbeitete sie bereits als Kellnerin. Sie hat die Wirtschaft für die alten Leute gemacht und ihn dann noch gepflegt. Der war der Stöcklwirt. Als die beiden gestorben sind, wurde sie Eigentümerin des Wirtshauses. Dann hat sie meinen Vater kennengelernt, der war Arbeiter im Sägewerk von Lunz. Mein Vater ist im Sägewerk tödlich verunglückt. Wie mein Vater gestorben ist, war ich vier Jahre alt. Ich kann mich noch daran erinnern, wie er daheim aufgebahrt war. Ich habe ihn damals an den Lippen gerissen und gefragt: ‚Papa, warum sagst du nichts?' An das Begräbnis kann ich mich nicht erinnern. Als Kind kriegt man das nicht so mit. Es war mehr der Schmerz, dass die Mama so ein Schicksal erlebt. Wir waren zwei Kinder. Die Mutter hat nun das Wirtshaus für zwei Jahre verpachtet. Nebenbei hatte sie mit dem Vater zum Häuslbauen angefangen. Da hat sie also nun beide Häuser – das Privathaus und das Wirtshaus – verkauft und hat in Purgstall ein Wirtshaus angekauft. Mein Vater stammte aus dem Ort Purgstall. Die Mutter hat ihr Leben uns Kindern gewidmet, sie hat geschaut, dass wir einmal etwas haben. Sie hat nur Arbeit gehabt. Sie hat als Wirtin gelebt, bis sie nicht mehr gekonnt hat. In dem Wirtshaus in Lunz bin ich aufgewachsen. Mein Bruder hat das Wirtshaus bekommen. Er war leider nicht der gesegnete Wirt, denn er hat sich nicht mit den Gästen arrangiert. Die Kundschaft ist daher immer weniger geworden. Mein Bruder hat Probleme mit seinen Frauen gehabt. Von der einen ist er geschieden, die andere war eine besonders lustige. Ein kleines Vermögen, das ihm die Mama übergeben hat, ist draufgegangen. Heute ist er bei einer Firma und daneben Feuerwehrhauptmann von Purgstall. Es ist schade, dass dieses Haus, das die Mama mit ihren Händen erarbeitet hat, weg ist. Ein Fotograf hat es gekauft, jetzt sind Asylantenwohnungen drinnen."

Über seine Ausbildung und den Beginn seiner Berufszeit erzählt Engelbert weiter: „Die Mutter hat mich nach der Hauptschule in die Hotelfachschule geschickt. Diese Schule war in Wien im 3. Bezirk. Gewohnt habe ich damals bei der Schwester der Mama, sie und ihr Mann haben eine Friedhofsgärtnerei in Hernals gehabt. Mich hat es immer in die Welt hinaus gezogen, daher wollte ich das Wirtshaus nicht. Damals als Praktikant war es nicht schwer unterzukommen. Heute haben sie Probleme, weil es so viele Hotelfachschulen gibt. Die müssen alle ein Praktikum machen. Wir haben denselben Lehrplan gehabt wie die in der Handelsschule. Zusätzlich war bei uns die Fachausbildung des Berufes, zum Beispiel Kochen. Unser Kochlehrer war berühmt, er war Fernsehkoch. Der war sehr streng, weil er so berühmt war. Ein guter Koch kann man nur werden, wenn man täglich damit befasst ist. Jedes Gericht gelingt ja nicht auf Anhieb. Fachgeografie hat es auch gegeben. Auch über die Infrastruktur des Fremdenverkehrs haben wir gelernt. Fremdenverkehrsgeografie oder so ähnlich hat das geheißen. Es war eine Schule der ‚Kammer der gewerblichen Wirtschaft' von Wien. Zu der damaligen Zeit war die Schule nicht billig. Die Mama hat Schulgeld zahlen müssen. Bei Kammerschulen muss man etwas zahlen. Der Kellnerlehrplan war in etwa ähnlich wie der in der Berufsschule, nehme ich an. Man lernt, wie man Bestecke legt, Servietten faltet und Ähnliches. In der Hotelfachschule wird man in erster Linie vorbereitet für die Leitung eines Betriebes. So gesehen habe ich mein Berufsziel verfehlt, weil ich Kellner geworden bin."

Engelbert geht schließlich näher auf die Hotelfachschule ein, in der er es nach anfänglichen Schwierigkeiten zu einem bravourösen Schüler gebracht hat, obwohl er selbst nicht in das Hotelfach wechselte, sondern seinen Weg als Kellner ging, der in sogar auf das Meer brachte: „In die Hotelfachschule gingen die Söhne und Töchter von Inhabern von Betrieben. Bei mir hat sich das ein bisserl zerschlagen. Anstandslehre hat das geheißen, glaube ich, haben wir auch gehabt. Es war eine strenge Schule in irgendeiner Form. Speziell im ersten Jahr ist die Hälfte der Schüler ausgemustert worden. Die zu lustig waren oder sich nicht gut benommen haben, mussten die Schule verlassen. Sie wollten die Elite dieser Schule unterstreichen. Es sollte ja nicht heißen, dass das jeder machen kann. Die die erste Klasse nicht bestanden haben, sind in eine andere Schule, in die Gastgewerbeschule am Judenplatz, gegangen oder haben eine andere Lehre gemacht. Für mich, vom Land kommend, war es in der Hotelfachschule gar nicht so leicht. Ich habe mir in der Hauptschule leicht getan, habe da keine Probleme gehabt. In der Hotelfachschule hatte ich bereits im ersten Halbjahr Probleme. Ich habe nicht mitgetan, wie die Lehrer es verlangt haben. In der Hauptschule ist das alles leicht gegangen. Man ist da mit dem Hausverstand durchgekommen. Mit dem Benehmen habe ich keine Schwierigkeiten gehabt. Das Ungewohnte war für mich in der Hotelfachschule, dass der Lehrer etwas erzählt hat und man musste mitschreiben. In der Hauptschule bei uns war es anders: Hier haben die Lehrer auf die Tafel geschrieben und wir haben abgeschrieben. Das war schon eine Umstellung. Dann kommt noch dazu, dass der Lehrer sagt: ‚Auer, erzähl mir, was wir am Vortag durchgenommen haben.' Das war ich nicht gewohnt, dass ich mir das merken musste, was der am Vortag erzählt hat. Daher hat der Lehrer gemeint, dass ich eigentlich nicht geeignet bin. Ich habe mich dann natürlich hineingehängt. Ich wollte ja meiner Mutter keine Schande machen. Ich wollte mir auch beweisen, dass ich das schaffe. Ich habe mich also umstellen müssen und habe nun aufgepasst in der Hotelfachschule. Es hat geheißen, man soll nicht immer auf die feschen Madln schauen, sondern lernen. Nun ist es mir besser gegangen in der Schule. Der strenge Lehrer hat gemerkt, dass ich mich geändert habe. Er hat mich daher am Jahresende der ersten Klasse lobend vor den anderen erwähnt. Er hat gemeint, dass man aus nichts etwas machen könne. Er hat damit die Aufnahmefähigkeit im Unterricht gemeint. Englisch und Französisch haben wir auch gelernt. Ich wollte eigentlich nach Frankreich arbeiten gehen, aber es gab keine Möglichkeit. Eine Sprache sattelfest erlernen kann man nur, wenn man mindestens ein halbes Jahr in dem betreffenden Land lebt. So lernt man die Sprache, ohne dass man beim Sprechen viel nachdenken muss. Nach der Hotelfachschule war ich ein halbes Jahr in der Schweiz. Der Kontakt kam durch den Servierlehrer. Es gab in Montreux einen Hoteldirektor, der war ein Wiener. Von der Schule aus konnte man dort hinschreiben und sich bewerben. Dorthin habe ich mich eben mit zwei anderen Klassenkollegen beworben. Als stolze Absolventen der Hotelfachschule sind wir, 17 Jahre waren wir alt, mit dem Zug nach Montreux gefahren. Zur Sommersaison. Das war ganz lustig. Dort hat man französisch gesprochen. Das war die einzige Gelegenheit, Französisch zu lernen. Zu dritt waren wir. Heimweh habe ich nie gehabt, es war richtig lustig. Wir waren noch jung und Lausbuben. Dort haben wir einige Sachen mit den jungen Damen erlebt. Es waren große Firmen dort, die mit ihren Leuten Kurzurlaube machten. Ich habe da ein nettes junges Mädchen kennengelernt. Ich war noch zu jung. Die hat gemeint, ich soll mit nach Amerika kommen. Das war unvorstellbar für mich. Sie war von Virginia. Sie war mit ihren Eltern dort. Sie war vielleicht 18 Jahre alt. Wie ich sie am ersten Abend gesehen habe, habe ich sie gleich zum Fortgehen eingeladen. Sie hat gesagt, da muss sie erst die Mutter fragen. Ich bin darauf zu ihrem Tisch und habe in meinem Schulenglisch die Mutter gefragt, ob ich mit ihrer Tochter ausgehen darf. Sie hat es für anständig empfunden, dass ich mich vorgestellt habe. Sie hat mir drauf ihre Tochter anvertraut. Wie es mit dem Urlaub aus war, hat sie mir ihre Karte gegeben. Ich bin herzlich eingeladen, zu ihr zu kommen nach Virginia. Eine Zeit haben wir uns geschrieben."

Über seine Erlebnisse in dieser Zeit weiß Engelbert noch zu erzählen: „Wir haben in einem kleinen Vorort von Montreux gewohnt. In einem Privathaus bei einer alten Frau, als Untermieter. Das Hotel hat kein eigenes Personalhaus gehabt, die haben ihre Angestellten in alte Pensionen oder so verteilt. Wir waren also bei der alten Frau untergebracht. Das war ganz lustig. Am Abend haben wir immer zu Fuß heimgehen müssen, das ist uns damals sehr weit vorgekommen.

Von Montreux bin ich wieder zurück auf den Arlberg, es war Wintersaison. Ich bin dorthin, wo ich die Sommerpraxis hatte. Es war auch extrem lustig, man hat dort die Hautevolee gehabt. Es waren damals dort reiche Leute, die haben uns bis 1.000 Schilling Trinkgeld gegeben. Das war damals im Winter 1972/73 viel Geld. Damals habe ich schon kassiert. Ich war später ein halbes Jahr in London. Ich bin dann noch sieben Jahre zur See gefahren, da hat man nur Englisch gesprochen. So lernt man die Sprache richtig."

Engelberts weiterer Lebensweg, der ihn nun nach England führt, ist voll von Spannung und Abenteuer, wie aus seiner weiteren Erzählung hervorgeht: „Nach dem Bundesheer habe ich über eine Schweizer Agentur die Möglichkeit bekommen, nach London zu fahren. Bei dieser Agentur war eine gewisse Frau Ziegenthaler. Es war damals ein Wunsch vieler Deutschsprechender, nach England zu gehen wegen der Sprache. In London gibt es für Nicht-Engländer fast an jeder Ecke eine Sprachschule. Die Frau Ziegenthaler hat mich zu einem Mister Ingram von der Oxford School geschickt, er war ein ganz ein netter Herr. Ich musste mir diese Schule aber selber zahlen, aber auch den Flug nach England. Dieser war ein normaler Charterflug. In den Reisepass hat man ein Visum für sechs Monate bekommen, ein Touristen-Visum. Es war natürlich verboten, eine Arbeit anzunehmen. Wir haben dennoch gearbeitet. In London bin ich zum Restaurant Old Vienna gegangen, dorthin hat mich die Frau Ziegenthaler geschickt, sie hat mich an den Restaurantbesitzer verwiesen. Sie hat die Sprachstudenten dorthin geschickt. Man hat in der Küche oder im Service gearbeitet. Ich habe in der Küche gearbeitet. Von dort aus habe ich die Schule besucht. Verdient haben wir nicht viel, 35 Pfund in der Woche, das waren ungefähr 900 Schilling. Es waren 15 Studenten angestellt. Der Chef hat zwei Personalhäuser für uns gemietet gehabt. Das war alles sehr zentral gelegen. Wir haben unser Essen gehabt und unser Quartier. Am Sonntag mussten wir uns immer ‚durchgfretten‘ (mussten wir trotz Widrigkeiten durchhalten, Anm.). Jeder Stock hatte seine eigene kleine Küche. Und ein Klo und eine Dusche. In den Zimmern waren wir zu zweit. Das hatte den Vorteil, dass man Gesellschaft gehabt hat, man war nicht alleine. Man machte ja dasselbe, man ging in die Schule und ging dort arbeiten, so verging die Zeit gemeinsam. Ich habe als Koch in der Küche gearbeitet, das habe ich ja in der Schule gelernt. Der Küchenchef dort, der Ernstl, gehört heute noch zu meinen besten Freunden. Er hat mir viel geholfen. Ernstl hat die Adresse gewusst von einer Schiffsreederei. Jetzt haben wir beide uns beworben. Ich habe mich als Kellner beworben und er als Koch. Er ist nicht gleich zum Zug gekommen, ich habe sofort eine positive Beantwortung gehabt."

Bevor Engelbert auf das Schiff geht, erlebt er noch heitere Stunden in einem „Gesangsrestaurant": „Der Chef des Lokals war ein Burgenländer, er war ziemlich reich. Mit uns hat er immer Deutsch gesprochen. Er war Homosexueller, sein Partner war ein gewisser John. Die beiden haben das Restaurant gemeinsam geführt. Sie waren wie ein

Ehepaar. Mit dem Rolls-Royce sind wir zum Gemüsemarkt gefahren, um dort einzukaufen. Wir haben vom Rolls-Royce jeden Tag die Ware ausladen müssen. Der Burgenländer, der Joschi, hat jeden Abend gesungen. In diesem ‚Gesangsrestaurant'. Wir Kellner haben in Lederhosen gearbeitet. Er hat gesungen ‚Wiener Blut' und das Lied von ‚Sound of Music', ‚Edelweiß'. Ich habe das Lied auch dort das erste Mal gehört. Jeden Abend hat er das gesungen. Auch eine Opernsängerin haben wir gehabt, eine Gesangsstudentin, die hat für ein Abendessen eine Arie gesungen. Der Pianospieler hat auch gesungen. Der ist auch wegen des Essens gekommen. Er hat gesungen ‚Only you, you are mothers favorite'. Der Joschi, der Chef, der hat gerne Wein getrunken. Wenn er ‚Wiener Blut' gesungen hat, hat er das Mikrofon ganz laut eingestellt. Das Restaurant war bummvoll. Er hat immer gesungen: ‚Wiener Blut, steck ihn rein, zieh ihn raus, das tut gut'. Er war damals schon 60 Jahre alt, er war ja ein Homosexueller. Dann habe ich den Joschi gefragt, ob er mir eine Weihnachtsprämie gibt. Hat er gesagt, was ich mir einbilde! Wenn das jeder will. Er hat mich dann aber doch in sein Büro gerufen – er gibt mir extra 35 Pfund. Aber ich soll das nicht weitererzählen, sonst kommt ein jeder mit solchem Schmäh daher."

Bevor Engelbert nach New York fliegt, hat er noch Probleme: „Ein halbes Jahr war ich in diesem Restaurant, und zwar über den Winter. Das Visum war nur für sechs Monate. Um eine Woche war ich zu lange. Das Visum ist also abgelaufen, so musste ich zum Home Office gehen, um denen zu erklären, dass ich noch fünf Tage bleiben muss, weil ich erst dann den Vertrag habe, um nach New York zum Schiff zu fliegen. Deren erste Frage war dort, ob ich Geld eingesteckt habe. Zufällig hatte ich zehn oder zwölf Pfund eingesteckt, was in meiner Situation nicht viel war. Am Montag hatten wir meistens kein Geld mehr. Hat er gesagt: ‚Mit zwölf Pfund kommen Sie noch ein paar Tage aus.' Den Stempel hat er mir dann doch noch fünf Tage verlängert. Sonst hätte ich bei der Abreise vielleicht Schwierigkeiten gehabt, es hätte sein können, dass sie mich gleich heimschicken. Jetzt habe ich noch extra 35 Pfund gehabt und habe mir den Luxus gegönnt, mit dem Taxi zum Flughafen zu fahren. Dort habe ich mir mit dem letzten Geld ein paar Biere gekauft."

Engelbert fliegt schließlich nach den USA, um auf einem Schiff seinen Dienst als Kellner anzutreten: „Ohne irgendeinen Schilling bin ich in das große Flugzeug nach Amerika eingestiegen. Die Flugkarte hatte ich von der Reederei. Mit dem Reisebrief, wo gestanden ist, man wird am JohnF.-Kennedy-Flughafen in New York abgeholt und zum Schiff gebracht. Ich habe damals einen schönen Anzug gehabt, meinen einzigen. Es war ein Anzug mit Streifen. Ich steh nun auf dem großen Flughafen und keiner redet mich an. Und ich habe kein Geld im Sack. Nach zwei Stunden hat mich endlich jemand angesprochen, ob ich mit der ‚Norwegian American Line' da bin. Sage ich: ‚Yes.' Nun hat er sich entschuldigt. Er hat nicht geglaubt, dass ich ein Crew Member sei, weil ich so schön gekleidet bin, denn die Burschen sonst reisen sehr salopp, mit Jeans. Mir ist ein Stein vom Herzen gefallen. Wir sind nun zum Schiff gefahren. Das Schiff ist gerade vom Trockendock gekommen. Wir waren dann noch zwei Nächte in New York. Da habe ich einen Kameraden getroffen, der mit mir in der Schweiz war. Der hat gesagt: ‚Super, du bist auch da.' Am Abend gehen wir fort. Ich habe gesagt: ‚Ich geh nicht.' Er: ‚Wieso, spinnst du?' Jetzt habe ich ihm erklärt, dass ich keinen Groschen Geld habe, ich komme von London, dort haben wir nicht viel verdient. Er hat kurz gelacht und dann gesagt: ‚Weißt du was, wir werden es schon machen.' In der Kabine damals war ich mit einem Spanier zusammen. Der Spanier hat mir eine Stange Zigaretten gegeben. Er hat gesagt, von seinen Zigaretten kann ich rauchen. Ich habe damals noch geraucht. Vom Whisky kann ich mir auch nehmen, hat er mir gesagt. So hat es angefangen. Der Toni hat mir 100 Dollar gegeben: ‚Da werden wir schauen, was wir heute Nacht brauchen. Das

Geld gibst du mir wieder einmal zurück.' Dann sind wir losgezogen. In jeder Stadt gibt es gewisse Ziele, die man aufsucht, wenn man nur eine Nacht dort ist. Das Studio ‚Fifty-Four' war damals so eine Diskothek, die man aufgesucht hat. In die ist man, wenn gerade Samstag war, nicht leicht hineingekommen. Viele wollten hinein, sind aber nicht hineingekommen. Wir haben dem Türlsteher vorne erklärt, wir sind nur einen Tag da, wir sind von einem Kreuzfahrtschiff. Jetzt hat er uns eingelassen, weil wir auch gute Zecher waren. Wir sind nicht nur herumgesessen, sondern haben auch Bier getrunken."

Engelbert ist begeistert, nun beginnt das Abenteuer: „Mit der Seefahrt ist es gleich 13 Monate durchgegangen, von New York, die letzte Wintersaison habe ich da noch mitgemacht in der Karibik. Es war die Osterreise, bei der ich zugestiegen bin. Die erste Reise ist von New York über St. Martinique, verschiedene Inseln in der Karibik gegangen. Und dann wieder zurück nach Fort Lauderdale. Das ist nördlich von Miami, wo ein großer Hafen ist und wo Schiffe, Passagierschiffe, zum Einstellen liegen. Auf See haben wir zwei- oder dreimal in der Woche eine sogenannte Crew Bar veranstaltet." Mit der Schifffahrt verbinden sich auch Geschäfte, auf die Engelbert hinweist: „Die Kollegen haben alle tolle Fotoapparate gehabt, weil man diese auf Inseln, an denen man an Land geht, billig kaufen kann. Das waren zu den Preisen bei uns riesige Unterschiede. Ein Fotoapparat, für den man bei uns circa 5.000 Schilling zahlen musste, den konnte man dort um 2.000 Schilling kaufen. Das war ja ein Erlebnis! Auch Zigaretten und andere Genussmittel, Spirituosen, konnte man so billig bekommen. Eine Stange Zigaretten hat am Schiff damals zwei Dollar gekostet. Bei uns hat ein Packel in der Trafik so viel gekostet. Das lernt man alles. Ich habe in Norwegen beim Landgehen in meiner Ausflugstasche immer sechs Stangen Zigaretten mitgehabt. Die habe ich an Land verkauft. So habe ich ein Taschengeld verdient. Bei den Nordkapreisen habe ich mir damals mit den Zigaretten 50.000 Schilling erwirtschaftet.

Dort kann man außer diesen Geschäften nicht viel anderes machen, als spazieren gehen. Dort war alles sündteuer, am Schiff hatten wir es billiger. Ich bin in ein Geschäft gegangen und habe gesagt: ‚Rauchen Sie?' Die waren alle froh, wenn sie billig Zigaretten kaufen konnten. Ich habe dabei verdient. Das Geld habe ich gespart. Ich war immer ein bisserl ein Sparmeister. Ohne das geht es nicht." Engelbert fasziniert die Seefahrt, sie bringt ihm jene abenteuerliche Abwechslung, die er sich als junger Mann wohl ersehnt hat. Er kehrt daher als Kellner auf einem Schiff wieder in die Karibik zurück. Den Urlaub verbringt er zu Hause: „Nach der Saison am Nordkap bin ich wieder zurück in die Karibik. Auf dem ersten Schiff bin ich 13 Monate gefahren. Wie die zweite Karibiksaison zu Ende war, bin ich nach Hamburg hinüber, dort bin ich dann ausgestiegen, ich war das erste Mal auf Urlaub. In Hamburg mussten wir uns ein Auto nehmen, weil wir soviel Klumpert hatten. Den Schmarrn, den man überall kauft, den muss man auch heimbringen. Das Leihauto, das wir uns in genommen haben, war gerammelt voll mit solchen Sachen. Lauter Klumpert, von der Stereoanlage angefangen bis Holzfiguren. So sind wir heim. Daheim habe ich meinen Urlaub verbracht. Wenn man am Schiff beschäftigt ist, muss man sich im ersten Monat zurückmelden, damit man wieder einsteigen kann (als Schiffskellner). Nach zwei Monate bekommt man dann einen Vertrag zugeschickt, in dem steht, wo man wieder einsteigen kann. So läuft das immer weiter."

Ein Verkehrsunfall in Kalifornien wird zu einem entscheidenden Einschnitt in seinem Leben: „Bei meinem zweiten Abenteuer, als ich zur See gefahren bin, habe ich in Kalifornien in Reno in Nevada einen schweren Verkehrsunfall gehabt. Da gab es eine drastische Wende in meinem Leben. Ich war nur mehr 20 Prozent lebensfähig. Das Schiff war eine Woche auf Trockendock, da wird generalüberprüft. Wir haben uns ein Leihauto genommen. Sind nach Reno gefahren. In der Nacht haben wir einen schweren Verkehrsunfall gehabt. Ich bin am

Beifahrersitz gesessen. Ich hatte einen Schädelbruch und eine Hirnblu-
tung. Sie haben schon ein Telegramm nach Hause geschickt, dass ich
nur 20 Prozent Chancen habe, um zu überleben. Da war ich 22 Jahre
alt. Zwei Jahre habe ich an dem Unfall laboriert, weil ich in Wien auf
die Operation warten musste, denn ich hatte ein Loch im Schädel, das
abgedeckt werden sollte. Nach der Abdeckung merkt man nichts mehr.
Die Narbe sieht man noch. Ich habe 60 Stiche im Kopf. Die Haare
sind nachgewachsen. Ich hatte das Glück, in einem guten Krankenhaus und bei einem Superarzt gewesen zu sein (in den USA, Warshoe
Medical Center). Ich war ja schon im Genuss der letzten Ölung. Der
Arzt im AKH hat gesagt, nach einem Jahr sei alles in Ordnung. Nach
einem Jahr habe ich mich gemeldet im ‚Intercont‘, dort habe ich dann
in der Rezeption gearbeitet. Wie ich das zweite Mal in Wien operieren
war, bin ich in der Wollzeile in ein altes Wirtshaus gegangen. Ich habe
mir gedacht, jetzt kaufe ich mir noch einmal ein Gulasch und ein Bier,
denn vielleicht überlebe ich die Operation nicht. Dann bin ich ins
Spital gefahren. Da war ich 24 Jahre alt. Da ich ein Gulasch gegessen
und zwei Biere getrunken habe, habe ich natürlich eine Fahne gehabt.
Da sagt der Arzt: ‚Haben Sie jetzt schon ein Bier getrunken?‘, sage
ich: ‚Ja, ich habe mir gedacht, wenn ich zu ihnen gehe, komme ich
vielleicht nicht mehr heraus. Darum habe ich mir Bier und Gulasch
gekauft.‘ Darauf hat der Arzt gelacht. Zuerst hat man mir den Kopf rasiert und am nächsten Tag in der Früh bin ich gleich drangekommen.
Die Operation war tadellos, ich hatte keine Schädelweh und auch
sonst keine Probleme. Ich hatte großes Glück, denn nach dem Unfall in den USA lag ich zwei Tage im Koma. Die Gefahr war, dass ich
sterbe. Der Arzt damals hat auf eigenes Risiko gearbeitet, er hat sich
gedacht, entweder stirbt er mir oder er überlebt. Sie wollten keinen
Gehirntoten. Der Arzt hat auf volles Risiko operiert. Der hat den Knochen frei aufgeschnitten und konnte das Blut absaugen. Das musste
wegen der Blutschwellung schnell gehen, die haben gleich mit dem

Laubsagerl angefangen." Scherzhaft meint Engelbert lächelnd: „Böse Zungen behaupten, ich habe etwas einen Dachschaden." Weiter geht seine Geschichte, er bewirbt sich in Hotels und kommt zur Rezeption: „Ich bin dann heim, Weihnachten war vor der Tür. Nach Weihnachten fuhr ich nach Wien und stellte mich in mehreren Hotels vor. Ich habe fast keine Haare gehabt, so bin ich in das ‚Intercontinental' gegangen. Ich wurde gleich angestellt, und zwar an der Rezeption. Ich dachte mir, der Kellnerberuf ist vielleicht noch etwas zu schwer für mich. Die Arbeit an der Rezeption in dem großen Hotel war auch nicht leicht. Aber es ist gut gegangen. Zwei Jahre war ich an der Rezeption."

Als Engelbert von seiner Kopfverletzung gesundet, kehrt er wieder auf das Schiff zurück: „In Wien hat man ja nichts verdient, die Situation war wieder dieselbe wie früher. Ich habe bei der Reederei angerufen und bin wieder in das Geschäft als Kellner eingestiegen. Es musste ja wieder ein bisserl ein Geld ins Haus kommen. Als Kellner am Schiff kann man besser verdienen. Ich bin nun fünf Jahre am Schiff geblieben. Dreimal bin ich um die Welt gefahren. Es war auch eine norwegische Linie."

Herr Engelbert ist stolz auf die dreimalige Umrundung der Erde als Kellner. Er umfasst sein Leben auf dem Schiff zunächst mit diesen Sätzen: „Meine Arbeit als Kellner ist eine Dienstleistung. Wenn man auf See fährt, verbindet man die Dienstleistung mit einem Zigeunerleben. Heimweh habe ich keines gehabt, aber man ist immer mit dem Gedanken an die Heimat verbunden, mehr, als wenn man daheim ist. Eine Freundin, die auf mich wartet, hat es nicht gegeben. Natürlich werden, wenn man unterwegs ist, Freundschaften geschlossen. Speziell auf einem norwegischen Schiff sind viele Skandinavierinnen. Da ist ja ein lustiges Leben. Das Schöne am Schiff ist, dass viel jugendliches Personal, aber auch älteres anwesend ist. Der Kontakt zu den Passagieren ist etwas Schönes. Es ist ein ausgewogenes Leben. Wir hatten als

Besatzung ein angenehmes Dasein, wir hatten ein Kino. Die Filme, die erst in einem Jahr in Wien in die Kinos kamen, haben wir schon auf dem Schiff gesehen."

Herr Engelbert schildert weiter: „Im November 1980 bin ich wieder auf das Schiff. Zuerst waren wir auf Weihnachtsreise und dann auf einer Circle-Pazifik-Reise. Die Passagiere waren Amerikaner, vor allem Pensionisten, speziell auf den langen Reisen. Eine Weltreise dauert drei Monate. Es waren auch Multimillionäre dabei. Die Welt habe ich insgesamt dreimal umrundet. Einmal ‚the cruise of the compass rose‘, so hat es geheißen, das ist die Fahrt gegen den Uhrzeigersinn. Da musste man die Uhr jeweils um eine Stunde vorstellen. Das ist lästig. Wenn man in die andere Richtung fährt, also nach Westen, kann man immer eine Stunde länger schlafen. Am Schiff bewohnten meistens zwei Kellner eine Kabine. Der Steward ist es, der für die Vergabe der Zimmer zuständig ist. Er teilt die Leute ein, die zusammenwohnen. Bei uns war es arbeitstechnisch so, dass immer zwei Kellner flächendeckend ein Revier betreut haben. Daher war es ratsam, dass die, die zusammenarbeiten, nicht zusammenwohnen, denn erfahrungsgemäß vertragen die, die zusammenwohnen, sich selten gut. Denn man geht sich mit der Zeit, wenn man zu viel beisammen ist, auf den Wecker. Einmal hat sich ergeben, dass ich mit jemandem zusammengearbeitet habe, mit dem ich auch gemeinsam gewohnt habe. Spätestens nach zwei Monaten haben wir einen gewaltigen Streit gehabt. So ein Streit endet damit, dass einer der beiden auszieht oder man beendigt das gemeinsame Arbeitsverhältnis.

Als Schiffskellner hat man circa 20 Gäste zu betreuen. Die Gäste auf einem Luxusschiff haben immer denselben Platz. Das ist nicht so auf den großen Urlaubsschiffen, auf denen die Leute sich irgendwo nach Verfügbarkeit setzen können. Bei uns waren die Tische fix vergeben. Aber bevor die vergeben wurden, war das Szenario des ‚Tischschlichtens‘. Gewisse Wünsche wurden wegen der Tische an den Obersteward

herangetragen. Der eine wollte beim Fenster sitzen, der andere wieder
dort usw. Das ist ja nicht einfach für den Obersteward, denn er musste
den Tischplan erstellen. Das dauerte oft zwei oder drei Tage, bis jeder
sitzt. Dabei wird mit Trinkgeld bestochen."

Herr Engelbert sieht, wie wichtig es ist, mit den Gästen entsprechend umzugehen. Dazu gehört auch ein perfektes Können, wie das
richtige Aufdecken des Tisches, eine Fertigkeit, die er in der Hotelfachschule gelernt hat. Er erzählt weiter: „Speziell am Schiff ist penible
Sauberkeit notwendig. Es gibt eigene Oberkellner, die alles kontrollieren – ob die Kellner sauber aufdecken, sauberes Besteck nehmen,
sauber ihre Station haben. Wir waren diese Kellner, die unter der Aufsicht eines Oberkellners waren. In dem Schiffsspeisesaal gab es vier
Oberkellner, die teilten sich das Revier, indem sie ihre Kellner beauf-
sichtigten. In einem vollen Schiff haben wir 70 Kellner gehabt. Dazu
zehn Weinkellner und vier oder fünf Oberkellner. Der oberste Oberkellner ist der sogenannte Chiefsteward oder Mâitre D. Als Kellner bist
du für deinen Gast eigenständig zuständig, du bis für ihn verantwortlich. Das fängt damit an, dass, wenn er besondere Wünsche hat, man
sich um diese zu kümmern hat. Dies geht über die Eigenständigkeit
des normalen Kellners hinaus. Wenn der Gast zum Beispiel sagt, er
will morgen, weil er da Geburtstag hat, ein besonderes Essen veranstalten, so meldet man dies dem Mâitre D., denn nur dieser kann dies in
Absprache mit dem Küchenchef einleiten."

Ich frage Engelbert, was den guten Kellner auf dem Schiff ausmache. Engelbert antwortet: „Wir haben genug amerikanische Passagiere
gehabt. Die Amerikaner muss man anders behandeln, es sind Senioren. Die wollen einen lustigen Kellner. Die müssen das Gefühl haben,
dass man sich um sie bemüht. Wenn sie dieses Gefühl haben, hat man
als Kellner schon gewonnen. Daher geben sie auch gerne dem Restau-
rantkellner ein gutes Trinkgeld. Jeder Kellner hat während der ganzen
Reise dieselben Gäste. Das fängt damit an, dass man sich ihren Namen

merkt. Wenn der Gast am ersten Tag zum Frühstück kommt, rede ich ihn schon mit seinem Namen an, mit Mister Jones oder Mister Soundso, und frage: ‚Haben Sie gut geschlafen?' Dadurch merkt er sich mich. Der Schiffstourist, speziell der Amerikaner, liebt es, wenn man übertrieben freundlich zu ihm ist bzw. aufmerksam ist. Schon beim Frühstück wollen sie, dass man ihnen den Kaffee nachschenkt. Und zwar wollen sie den Kaffee schwarz, in diesen gibt man keinen Zucker. Ist das Kaffeehäferl halb voll, muss man schon nachschenken. Das macht man bis zehnmal. Der Gast ist glücklich, dass man immer wieder nachschenkt. Unsereiner will den Kaffee austrinken, weil eine Menge Zucker in diesem ist. Bei uns sagt man: ‚Lassen Sie mich meinen Kaffee erst austrinken.'"

Der Kellner am Schiff wird, da er längere Zeit mit den Gästen verbringt, auch zu ihrem Ansprechpartner, wie Herr Engelbert meint: „Die Leute am Schiff wollen auch ein Gespräch, sie wollen aber in erster Linie von sich etwas erzählen. Man fängt ein Gespräch an und muss dann der geduldige Zuhörer sein."

Der Kellner auf dem Schiff erlebt eine eigene Welt, zu der auch Sexualität gehört. Ich frage daher Herrn Engelbert, wie es mit den Damen war, ob die Interesse an jungen Kellnern hatten, und wie es überhaupt mit sexuellen Kontakten auf dem Schiff aussah. Herr Engelbert schildert die Situation farbig: „Es sind oft ältere Witwen an Bord. Ich war damals viel zu jung. Wenn ich 22 bin, gehe ich mit keiner 60-Jährigen ins Bett. Es gibt am Schiff aber sehr viele Homosexuelle unter der Besatzung. Die jungen Buben sind die größten Gauner. Die machen ja alles für Geld. Die Schwulen am Schiff treiben es ziemlich arg. Die Drogen sind auch immer mehr geworden. Es ist relativ leicht am Schiff, zu Drogen zu kommen. Wenn ein Schiff zum Beispiel durch den Panamakanal fährt, kommen viele Lotsen an Bord. Diese hängen die Taue an, das Schiff muss ja durch fünf Schleusen gezogen werden. Es kommen bei 30 Lotsen an Bord. Einen Tag dauert die Passage. Ich bin, glaube ich, dreißig Mal durch den Panamakanal gefahren, weil wir oft von Kalifornien in die Karibik gefahren sind und wieder zurück. Die Amerikaner fahren gerne durch den Panamakanal. Das ist auch ein Erlebnis, das sollte man einmal im Leben gemacht haben. Noch dazu sind die Amerikaner ja stolz darauf, weil sie den Kanal gebaut haben und dieser lange Zeit unter der Obhut der USA war. Die Lotsen, die an Bord kommen, haben so Drilliche an, in denen hatten sie das Kokain versteckt. Der Kellner, der Drogen will, braucht nicht einmal an Land gehen, er bekommt sie auf dem Schiff durch die Lotsen. Die Drogen sind ein Problem. Die Leute putschen sich damit auf, damit sie ihre Arbeitsleistung erbringen können. Und sie machen ausschweifende Partys. Irgendwann hält der Körper das nicht mehr aus. Sie nehmen dann Gegendrogen, weil sie nicht schlafen können."

Aber dennoch gefiel es Herrn Engelbert auf dem Schiff: „Diese Schiffe gibt es heute noch, sie sind viel schöner und größer. Man hat alles möglich unternommen, damit sich die Besatzung auch wohl fühlt und eine gute Leistung erbringt. Die Chefs auf dem Schiff haben anders gedacht als manche Wirte und Hoteliers heute bei uns. Man war daran interessiert, dass die Besatzung das beste Essen bekommt. Jeder hat natürlich seine Leistung erbringen müssen. Wenn er sie nicht erbracht hat, ist er heimgeschickt worden. Die haben dir, wenn du nicht entsprechend gearbeitet hast, ein Ticket in die Hand gedrückt und du bist beim nächsten Hafen ausgestiegen und bist heimgeflogen."

Das Leben auf dem Schiff birgt Abenteuer. Herr Engelbert erzählt bisweilen auch über die Bordelle in der Karibik, die er aus der Ferne gesehen haben will.

Als er vor seiner Heirat zur Beichte ging, sagte er dem Herrn Pfarrer bloß, dass er Kellner auf einem Schiff in der Karibik gewesen sei. Dieser soll darauf augenzwinkernd gemeint haben, er kenne sich aus, und sprach ihn von seinen Sünden frei. Nach seiner Zeit als Kellner auf dem Schiff, er ist nun 30 Jahre alt, kehrt er in seine Heimat zurück.

Er wird Kellner in Bad Gastein und schließlich im Café Landtmann in Wien, dort, wo ich ihn oft sehe und mit ihm rede. Er erzählte mir noch viel über die Strategien von Kellnern. Auf diese Strategien, soweit sie mir typisch für das Leben als Kellner erscheinen, werde ich später eingehen. Jedenfalls zeigt die Karriere von Herrn Engelbert, dass er als Kellner ein Abenteurer zwischen den Kulturen ist. Er lernte Sprachen, aber auch eine gewisse Weltgewandtheit, die ihm im Café Landtmann im Umgang mit allerhand Volk, zu dem heruntergekommene Universitätsprofessoren ebenso gehören wie Leute der Regierung, zugute kommt.

Der Beruf des Kellners ist mitunter mit Abenteuer verbunden. Es scheint, wie im Kapitel über die Karrieren von Kellnern bereits angesprochen, typisch für manche Kellner zu sein, ihren Beruf als Abenteuer aufzufassen. Abenteuer kann das Leben auf einem Schiff sein oder das Leben „auf Saison". Auf Saison ist der Kellner dann, wenn er sich für einige Monate im Jahr in einer touristischen Gegend als Kellner anstellen lässt. Während des Winters werden oft in Wintersportorten und während des Sommers in Badeorten oder Bergsteigerdörfern Kellner in Restaurants und Hotels benötigt. Darauf werde ich in einem der nächsten Kapitel eingehen.

9. Der Kellner auf Saison

Abenteurer sind in gewisser Weise auch jene Kellnerinnen und Kellner, die „auf Saison gehen", die also während gewisser Zeiten, in denen Kellner gebraucht werden, in einem Wintersportort oder in einem sommerlichen Erholungsort im Gastgewerbe tätig sind. Die Arbeit „auf Saison" bietet Abwechslung und manchmal Abenteuer, aber auch Mühsal.

Spannend ist, was Herr Engelbert über sein Leben auf Saison erzählt. Darüber handelt ein Teil des obigen Kapitels: „Herr Engelbert, der die Welt umschifft". Hier soll lediglich festgehalten werden, dass Herr Engelbert bei einigen Damen als Saisonier einigen Anklang gefunden hat.

Als eine sehr harte Arbeit empfindet Herr Elmar, der Kollege Engelberts vom Café Landtmann, die Saisonarbeit: „Man kann dies nur machen, wenn man jung ist.

Man muss mindestens 14 Stunden am Tag investieren. Wenn man auf Saison geht, ist man mindestens ein halbes Jahr weg, wer will das schon. Wenn man eine gute Arbeitskraft ist, wird man wieder eingestellt. Das ist alles sehr anstrengend. In meiner schlimmsten Saison habe ich in fünf bis sechs Wochen bei 14 Kilo verloren. Ich habe damals in Obertauern gearbeitet. Man kann schöne Erfahrungen machen, aber alles ist sehr, sehr anstrengend. Wichtig ist es, dass man sich gut mit den Kollegen versteht. Wenn man mit den Kollegen nicht auskommt, ist Hopfen und Malz verloren. Wenn sich zwei nicht verstehen, gehen Sie sich aus dem Weg oder einer geht aus dem Betrieb. Unter vernünftigen Leuten findet man aber immer einen gemeinsamen Weg – sollte man glauben, es ist aber nicht immer so. Es gibt oft einen Streit, aber das sollte man gleich vergessen." Der enge Kontakt zueinander, verbunden mit harter

Arbeit, kann aufreibend sein und zum Problem werden. Dies erzählten mir auch andere Damen und Herren.

„Auf Saison" ging auch Herr Klaus, der früher Kellner im ‚Spatzennest' in Wien war und jetzt dessen Wirt ist. Über ihn habe ich schon erzählt. Ich sprach mit ihm auch über seine Erlebnisse „auf Saison". Herr Klaus führt dazu aus: „Ich habe sechs Jahre im ‚Spatzennest' gearbeitet, dann hatte ich ein ‚Burnout'. Jeden Tag dasselbe. Ich konnte nicht mehr. Dieselben Leute, derselbe Schmäh! Ich bin dann zum Rieder gegangen und habe ihm gesagt: ‚Ich kann nicht mehr. Ich muss fort.' Da waren zwei Freundinnen, die haben gesagt, sie gehen auf Saison in das Stubaital. Da habe ich mir gedacht, das wäre für mich auch eine passende Gelegenheit. Ich wollte schon immer auf Saison gehen, da war ich knappe 25 Jahre alt. Ich gehe mit! Sucht mir auch einen Job. Jedenfalls habe ich zum Rieder gesagt: ‚Ich muss weg, hin und her. Ich halte es hier nicht mehr aus. Mir hat es hier immer gefallen, aber mir wird es einfach zu viel, immer dasselbe.' Er hat gesagt: ‚Das verstehe ich, wir bleiben aber in Kontakt, wenn Sie zurückkommen von der Saison, vielleicht brauche ich dann wieder einen Kellner.' Wir waren immer per Sie. Wir waren miteinander saufen, aber wir waren per Sie, immer mit Respekt. Jedenfalls bin ich auf Saison gegangen und habe mich dabei ausgetobt. Ich musste sehr viel arbeiten für wenig Geld, das war ein Wahnsinn, die Wirte dort in Tirol sind lauter Verbrecher. Man wird auf Teufel komm heraus ausgenützt. Man hat keinen Tag frei. Man arbeitet am Tag durchschnittlich 15 bis 16 Stunden. Dafür hat man keine dementsprechende Bezahlung. So ist es halt. Den Kontakt zum Rieder habe ich während dieser Zeit aufrechterhalten. Auf Saison hieß es: arbeiten, arbeiten, arbeiten und wenig Schlaf. Das hat mir gleich 15 Kilo hinunter gehauen. Wie ich zurückgekommen bin, war ich ein totales Nerverl. Außer arbeiten und schlafen habe ich nichts gemacht. Ich habe im April den Rieder dann angerufen und ihn gefragt, ob ich wieder kommen könne. Der hat gesagt, das wäre kein Problem." Herr Klaus kehrte also in das „Spatzennest" zurück. Mit seinem Kollegen Helmut, wie ich früher schon erzählt habe, hatte er Ärger. Jedenfalls meint Herr Klaus, dass Arbeit als Kellner im „Spatzennest" „ein Spaziergang im Vergleich zur Arbeit in der Saison" ist.

Die Arbeit „auf Saison" ist hart, viel Geld zu verdienen gibt es offensichtlich nicht. Herr Klaus meint als Wirt, dass für das gewöhnliche Gastgeschäft Saisonarbeiter uninteressant sind: „Auf diese kann ich nicht bauen. Ich brauche keine Saisonarbeiter. Ich brauche Leute, mit denen man die nächsten zehn bis 20 Jahre etwas aufbauen kann. Der Saisonarbeiter bleibt nur ungefähr vier Monate. Wir haben hier im Gasthaus sechs Leute angestellt, die fest bei uns sind. Mit denen möchte ich weiter bauen."

Auf Saison war auch Kellner Harry vom „Schwarzen Rössl" in Windischgarsten. Auch er erzählt spannend über sein Leben in Wintersportorten. Die Arbeit war für ihn zwar hart, brachte ihm aber auch Freuden. Zunächst interessiert mich die Frage, wie er zu seinen Stellen kam, in denen er „auf Saison" arbeiten konnte. Harry erzählt: „Es ist eine Gefühlssache, den richtigen Chef zu bekommen. Beim Vorstellungsgespräch hört man es schon heraus, wie das Klima allgemein ist und wie der Chef ist. Am ganzen Verhalten merkt man das. Wenn man lange im Gastgewerbe ist, bekommt man ein Gespür für Menschen. Man lernt Menschen einschätzen. Meistens sucht man ein paar Betriebe gleichzeitig aus. Vier oder fünf würden mich vielleicht aufgrund der Anzeigen interessieren. Dann schaut man sie einmal an. Man sagt dann, lass mir zwei Wochen Zeit, ich überlege mir das. Schließlich rufen wir uns zusammen. Entweder ich sage, ich habe mich für etwas anderes entschieden, oder er sagt, er habe jemand anderen. Die wenigsten haben den Mumm zu sagen, mir passt du nicht, sie sagen vielleicht, der vom letzten Jahr ist wieder gekommen. Im Zillertal sind sie sehr direkt. Die sagen es einem direkt ins Gesicht: ‚Du bist ein Arschloch' oder ‚Ich mag dich'. Damit kann man leben."

Die Beziehung zu den Wirtsleuten ist für den Saisonarbeiter für gewöhnlich nicht leicht, da er unter großem Druck steht. Vor diesem Hintergrund ist zu verstehen, dass Kellner Harry und seine Kollegen ihre Wirtsleute zu ärgern versuchen.

Dazu erfahre ich von Harry: „Mit den Chefleuten kann man schon viel mitmachen. Im Montafon in Vorarlberg haben wir eine Wirtin gehabt, die war ein recht ein böses Weib. Wir haben gewusst, sie hat eine Knoblauchallergie. Zu Mittag haben die Wirtsleute ihren Patrontisch gehabt, für diesen gab es das Patron-Service. ‚Patron‘ – so heißen dort die Chefs. Auf ihrem Tisch hat jeder seinen Platz gehabt. Wenn es mir zu arg wurde mit der Wirtin, haben wir gesagt, wir müssen etwas machen, wir müssen sie ärgern. Wir wussten, die Wirtin hat eine Knoblauchallergie. Im ganzen Haus hat es daher keinen Knoblauch gegeben. Wir haben uns nun in einem Geschäft Knoblauch gekauft und die Lehne ihres Sessels mit den Knoblauchzehen eingeschmiert. Die Wirtin hat dies gespürt. An ihren Kleidern wussten wir, wie sie aufgelegt ist. Wenn sie das blaue Kleid anhatte, dann haben wir gewusst, dass sie halbwegs o.k. ist. Wehe, wenn sie das rote Kostüm hatte, dann ist sie sauer, also gefährlich gewesen.“ Harry wusste sich geschickt auf die Wirtin, die ihm offensichtlich nicht sympathisch war, einzustellen und sich auch an ihr zu rächen.

Besonders angetan haben es Harry, der in der Bar eines Hotels arbeitete, die prominenten Gäste, die sein Leben als Kellner „auf Saison“ zu einer höchst abwechslungsreichen Angelegenheit machten. Er erzählt so über einen früheren berühmten amerikanischen Filmschauspieler: „In Velden habe ich den Teddy Savalas kennengelernt. Das war eine Gaudi. Er ist hereingekommen und zur Bar gegangen und hat verlangt: ‚Give me two fingers whisky.‘ Ich dachte, zwei Finger nebeneinander. Er schaut mich an und sagt noch einmal: ‚I mean two fingers.‘ Er zeigte dabei auf den Abstand zwischen Daumen und kleinem Finger.“ Harry macht sich auch lustig über seine Gäste: „Einmal kommen

zwei Typen zu mir an die Bar und sagen: ‚Hörst, zwei Gspritzte!' Sage
ich: ‚Das sehe ich, was wollt ihr trinken?'" Das Wort „der Gspritzte"
ist doppeldeutig, es kann einen mit Sodawasser versehenen Wein bezeichnen, aber auch einen betrunkenen Mann. Harry sah in den beiden scherzhaft zwei Betrunkene und keine Getränke. Darin besteht
der Witz. Harry erzählt weiter: „Einmal hatte ich einen Kollegen, er
hat ausgeschaut wie David Bowie, er ist jetzt schon an die 50. Der war
den ganzen Tag eingeraucht. Er hat Gras (Haschisch, Anm.) geraucht.
Die Chefs haben dies nicht gemerkt. Einmal schrie der Kollege über
die ganze Terrasse: ‚Hörst Harald, hat es gestern wirklich soviel geregnet?' Sage ich: ‚Wieso?' Er: ‚Weil es soviel Dreck herbeischwemmt.' Er
meinte damit die Gäste." Es gibt nicht nur Gäste, die dem Alkohol
verfallen sind, sondern auch Kellner, die zum Alkohol eine enge Beziehung haben. Vor allem für Kellner, die „auf Saison" sind – dazu gehört
auch der Aufenthalt auf einem Schiff – dürfte der Alkohol von großer
Bedeutung sein. Darauf verweist auch Harry:

„Ich habe keinen gekannt, der vom Schiff halbwegs normal zurückgekommen ist, so wie er weggefahren ist. Man hat ja dauernd Kontakt
zum Alkohol. Engel sind wir alle miteinander nicht. Oft, wenn es auf
d'Nacht länger dauert, trinkt man halt zwei, drei Spritzer (Wein mit
Sodawasser, Anm.) mit. Man muss sich im Griff haben, überhaupt,
wenn man mit dem Geld zu tun hat und abrechnen muss. Zum
Schluss muss ich besser beisammen sein als die Gäste. Es gibt einige
Kellner, die vor der Arbeit schon drei, vier Bier brauchen, damit sie
anfangen können. Die Chefs merken das oft nicht."

Über seine „Chefs", mit denen er „auf Saison" zu tun hatte, erzählt
Harry: „Wenn man Ärger mit den Chefs hat, sagt man sich, diese Saison ziehe ich bis zum Schluss durch. Man hat ja auch Kollegen, die
man nicht im Stich lassen kann.

Es gibt verschiedene Typen von Wirten: zum Beispiel einen, den
man überhaupt nicht sieht. Dieser kommt um fünf Uhr früh mit

einem Dampf, also betrunken, heim, den findet man bis halb zwei nicht. Für das Geschäft und die Kellner ist der gar nicht so schlecht, denn er lässt die Kellner bei ihrer Arbeit in Ruhe. Einen solchen Chef habe ich gehabt, als ich in Hintertux auf Saison war. Den habe ich das erste Mal gesehen um zwei Uhr am Nachmittag. Um Mitternacht ist er dann wieder mit zwei Freunden gekommen, mit denen ist er bis in die Früh gesessen, bis sie nicht mehr konnten. Er hat geglaubt, er ist witzig, war es aber nicht. Die meisten Wirte sitzen fast mehr in ihren Büros – sie haben so viele Auflagen – als bei den Leuten in der Wirtsstube. Ein guter Wirt nimmt Kontakt zu den Gästen auf." Ich füge ein: „Die alten Wirte sind von Tisch zu Tisch gegangen und haben ihre Gäste begrüßt." Harry antwortet: „Das ist auch richtig so, denn manche Gäste wollen einen persönlichen Kontakt. Die gehen nicht in das Gasthaus hinein, weil es da schön ist, sondern weil es da nett ist, und der Wirt und die Kellner freundlich sind."

Ich will auch wissen, ob es Liebschaften zwischen Kellerinnen und Kellnern, die gemeinsam „auf Saison" sind, gibt, ob man also als Kellner gerne mit einer Kollegin anbandelt. Harry erzählt dazu: „Anbandeln kommt im selben Betrieb eher selten vor. Man muss ja miteinander arbeiten und da ist eine Anbandelei eher problematisch. Die ist eher von einem Hotel zum anderen möglich. Man kann ja keine große Liebe versprechen, weil man weiß genau, nach dem Winter, da ist die Saison aus, dann sieht man sich vielleicht nie wieder. Man arrangiert sich höchstens für eine Saisonbeziehung."

Saisonarbeit kann also spannend sein, man scherzt mit den Damen und diskutiert mitunter mit den Herren. Saisonarbeit ist aber auch hart. Daher scheinen Kellner und Kellnerinnen aus dem Osten Europas häufig auf Saisonarbeit anzutreffen zu sein, denn sie würden, wie mir erzählt wurde, mehr auf sich nehmen als einheimische Kellner und Kellnerinnen.

Auf Saison war auch Herr Boris, ein freundlicher Kellner vom Café Landtmann.

Er schildert die Härte der Arbeit: „Ich war einige Male auf Saison. Saisonarbeit ist eine sehr, sehr harte Arbeit. Da sind mindestens 14 Stunden am Tag zu investieren. Das kann man nur machen, wenn man jung ist. Wenn ich auf Saison gehe, bin ich mindestens ein halbes Jahr weg, wer will das schon. Wenn man eine gute Arbeitskraft ist, wird man sicher wieder in der eigenen Umgebung eingestellt. Man sucht sich nur für die Zwischensaison einen Job. Man geht auf Saison. Das ist alles sehr anstrengend. In meiner schlimmsten Saison habe ich in fünf bis sechs Wochen bei 14 Kilo verloren. Ich habe damals in Obertauern gearbeitet. Man kann schöne Erfahrungen machen, aber die Arbeit ist sehr, sehr anstrengend. Wichtig ist es, dass man sich gut mit den Kollegen versteht. Wenn man mit den Kollegen nicht auskommt, ist Hopfen und Malz verloren. Wenn sich zwei nicht verstehen, gehen sie sich entweder aus dem Weg oder einer geht aus dem Betrieb. Unter vernünftigen Leuten findet man aber immer einen gemeinsamen Weg – sollte man glauben. Es gibt oft einen Streit, aber den sollte man gleich vergessen. Mit Kollegen geht man privat nur selten weg. Hier und da, vielleicht, wenn man sportlich etwas gemeinsam macht.“

Saisonarbeit verschafft Druck. Man ist wieder froh, wenn die Saison zu Ende ist.

Ein geradezu heiteres Leben in der Saison führt der Kellner Franz X., mit dem die freundliche Frau Patricia Geyer für mich gesprochen hat. Er ist um die 30 Jahre alt, der Alkohol dürfte für ihn ein Problem sein:

„Ich bin auf Saison gegangen, ich wollte etwas anderes machen. Ich habe mich per Internet vorgestellt, ich wurde genommen und habe dann zu arbeiten begonnen. Ich war oft auf Saison, das erste Mal in Salzburg. Ich habe super viel verdient – viel versoffen(!), übrig geblieben ist nichts. Immer nur Vollgas habe ich gelebt. Als ich arbeitslos war, bin ich dann im Sommer auf Saison nach Tirol gegangen. Sommerstellen sind nicht so toll, im Winter verdient man mehr. Im Winter ist immer Vollgasstimmung, ich habe besser und mehr verdient als die anderen. Es war immer Vollgasstimmung, so typisch wie man es im Fernsehen sieht. Als Kellner habe ich immer mitgetan. Wein, Weib und Gesang, es gab keine Rivalität unter den Kellnern, da genug zu holen war und übrig geblieben ist eh nicht viel."

Herr Franz findet nichts dabei, die Gäste hereinzulegen: „Jeder hatte seine Kassa, die hat man immer aufgebessert. Das kann man bei uns gar nicht machen; wenn man das bei uns zu Hause macht (dass man Gäste hineinlegt), kommt keiner mehr ins Lokal und man ist im ganzen Bezirk verschrien. Aber in St. Anton ist das egal, da kommen die Leute immer. Entweder man hat die Leute beschissen oder den Chef. Bei den Leuten hat man bewusst falsch herausgegeben. Einmal habe ich um mehr als 50 Euro zu wenig herausgegeben, die Dame hat das nicht gemerkt, ich bin vom Tisch sehr ernst weggegangen, da sie kein Trinkgeld gegeben hat. Am nächsten Tag ist sie gekommen, sie hat mich nicht wiedererkannt und hat gefragt, ob hier ein blonder Kellner arbeitet, er hat ihr falsch herausgegeben. Ich habe gesagt, dass der nur gestern da war, aushilfsweise, und nicht mehr wiederkommt. Und natürlich habe ich auch den Chef beschissen, immer schon. Sachen nicht boniert, mit dem Koch zusammengearbeitet, zum Beispiel Essen ohne Bon verkauft und den Preis mit dem Koch geteilt oder Sachen selber mitgehabt und dann verkauft, da kann man viel verdienen bei den Preisen in Tirol. In St. Anton habe ich immer einen Euro mehr verrechnet, die echte Summe war sicher immer um ein Euro weniger. Holländer geben gar nichts, Amerikaner, Russen und Österreicher geben schon Trinkgeld. Bescheißen tut man leichter, wenn man betrunken ist, ich habe immer mitgetrunken. Eine holländische Familie ist jeden Tag gekommen und ich habe jeden Tag um einen Euro mehr verrechnet. Nach ein paar Tagen sagt der Sohn zu mir, dass der Betrag nicht stimmt. Ich sagte:

‚Tut mir leid, ich habe mich verrechnet.' Da sagt der Sohn zu mir: ‚Du bist aber ein guter ‚Verrechner', denn das machst Du schon die ganze Woche.' Das war sehr peinlich für mich. Übrig geblieben ist meistens nichts, obwohl in St. Anton am Anfang schon viel drinnen war, da ich nicht ausgegangen bin. Die Hütte, in der ich war, war schwer zugänglich, Gondel und Lifte sind in der Nacht nicht gefahren. Da konnte ich kein Geld ausgeben, aber dann habe ich eine Möglichkeit gefunden, in das Tal zu kommen, nämlich mit der Transportseilbahn. Das war zwar verboten, aber ich konnte ja nicht fünf Monate nur auf der Hütte sein, immer die gleichen Trotteln, da musste ich ja hinunter. Es war gefährlich, hat sich aber ausgezahlt. Eigentlich habe ich mir ja die Hütte deswegen ausgesucht, damit mir Geld übrig bleibt, daraus ist aber dann nichts geworden. In St. Anton, aber auch in Ried in Tirol war es immer sehr lustig, dort habe ich meine damalige Freundin, sie war Gastgewerbeassistentin, kennengelernt. Sie hat im Tal unten gewohnt, wir waren unterwegs und ich war betrunken. Dann sind wir in ihr Quartier, ich war etwas laut, da ist ihr Chef gekommen und hat sich aufgeregt. Daraufhin habe ich ihn geschimpft und wollte ihn aus seinem eigenen Hotel hinauswerfen. Einmal bin ich im Rausch nackt durch St. Anton gerannt, weil mich die Vermieterin rausgeworfen hat, dort, wo meine Freundin gewohnt hat."

Herr Franz führt „auf Saison" ein eher wildes Leben, offensichtlich weil er weiß, dass die Tage in der Saison bald vorüber sein werden. Er erzählt weiter:

„Rivalitäten zwischen den Kellnern hat es keine gegeben, es hat nur geheißen: ‚Alle gegen den Chef'. Es ist ein sehr brutales Gewerbe, vor allem für den Chef. Unter uns Kellnern hat es keine Rivalitäten gegeben, denn alle gehen gemeinsam saufen. Die Kellner im Bezirk und die, die auf Saison sind, kennen sich. Wenn einer der Kellner seine Arbeit beendet hat, geht er in das nächste Lokal, in dem treffen sich dann alle."

Für Kellner Franz ist die Saisonarbeit, obwohl sie nicht leicht ist, noch ein echtes Abenteuer.

Interessant sind auch die Bemerkungen, die mein Freund Rudi Moser zu den Saisonarbeitern im Gastgewerbe äußert. Rudi Moser hat als reisender Händler, der in Hotels und Gasthäusern übernachtet, mit Kellnern und Wirten zu tun:

„Der Kellner, der viel verdienen will, geht auf Saison. Dort erwartet ihn aber auch totaler Stress, denn schließlich gilt es, in den Fremdenverkehrsorten zum Beispiel, nicht selten gleichzeitig mehrere Autobusse abzufertigen. Für eine individuelle Betreuung der Gäste bleibt da wenig Zeit. Die Folgen sind für das Personal verheerend, mit Alkohol werden Probleme kurzzeitig zugedeckt und die langen Arbeitstage führen zu psychischen Zusammenbrüchen. Felix Mitterer hat in seiner ‚Piefke-Saga‘ diese Problematik sehr gut herausgearbeitet. Die Masse der Gäste geht zu Lasten der individuellen Bedienung, die Anzahl der ausländischen Saisoniers erschwert ebenfalls persönliche Gespräche, aufgrund der babylonischen Sprachenvielfalt. Es hat sich viel verändert in den letzten 30 Jahren. Wer heute noch die gute alte Zeit sucht, muss in Landgasthäusern, abseits der Touristenpfade, absteigen, das kostet allerdings Zeit. Und welcher Handelsreisende heute hat schon Zeit? Da bleiben oft nur Autobahnraststätten und andere unpersönliche Lokalitäten. Der noble Ober alter Schule ist hier nicht mehr oft zu finden.“

Als Kellner in den Fremdenverkehrsorten werden heute vermehrt Leute aus dem Osten angestellt. Diese sind bemüht, in der Ferne Geld und Abwechslung zu finden. Kellner aus Rumänien, Ungarn, der Slowakei, Bulgarien, der Ukraine und anderen Ländern sind in den Hotels und Restaurants vor allem in Österreich und Südtirol anzutreffen. Vor zwei Jahren fuhr ich mit meinem Fahrrad von Kärnten kommend über die Südtiroler Pässe. Ich nächtigte in Arabba. Von Arabba radelte ich an einem Tag über den Passo Campolongo, das Grödner- und Sellajoch und – nach einem Abstecher auf den Pordoipass – schließlich über den Karrerpass nach Bozen. In Bozen stieg ich im Hotel Laurin ab. Beim Frühstück am nächsten Tag sprach ich mit einer der Kellnerinnen. Sie erzählte mir, sie käme aus der Slowakei. Das Angebot, hier in Südtirol zu arbeiten, nahm sie an, da sie dachte, in einem deutschsprachigen Gebiet hätte sie keine Probleme mit der deutschen Sprache. Es gefällt ihr hier gut, sie ist auch froh, italienische Freunde zu haben, denn auf diese Weise habe sie auch Italienisch gelernt. Hier und da fahre sie nach Hause, aber in der Slowakei sei es ihr zu eng geworden. Als ich sie darauf ansprach, warum ausländische Kellerinnen und Kellner hier in Südtirol benötigt werden, meinte sie, dass es manchen hier im Gastgewerbe zu anstrengend ist. Junge Leute aus dem Osten seien eher bereit, Mühen und Überstunden auf sich zu nehmen. Ähnliche Überlegungen fand ich auch in anderen Orten.

Darüber spreche ich auch mit Meho, dem Wirt und früheren Kellner aus Bosnien. Er meint: „Nicht nur aus dem Gebiet der alten DDR kommen sie hierher als Kellner, sondern sogar schon aus Bayern, weil sie dort zu wenig verdienen. Ich habe jetzt eine Kellnerin aus Bayern bei mir." Als ich ihm sage, dass manche meinen, die österreichischen Jugendlichen wären zu faul, um die Strapazen eines Kellnerberufes gerade während der „Saison" auf sich zu nehmen, erwidert er: „Das stimmt nicht. Ich wehre mich dagegen. Man kann nicht der Jugend die Schuld geben. Die Jugend hat kaum eine Zukunft in der Gastronomie. Wenn man einem jungen Mann anbietet, Knecht zu sein, dann sieht er keine Zukunft. Warum soll er mit der Intelligenz eines jungen Mannes seine Kraft zehn Jahre geben, nur dass er Kellner bleibt. Die Familienbetriebe lassen Intelligenz nicht zu. Sie lassen ihn putzen, sie lassen ihn bedienen. Sie lassen ihm aber kaum die Möglichkeit, aufzusteigen, zum Beispiel vom Kellner zum Geschäftsführer, und übermorgen hat er vielleicht die Möglichkeit, Aktionär bei der Firma zu sein. Das lassen sie nicht zu. In einer anderen Firma bin ich zuerst ein Arbeiter und dann vielleicht ein Chef.“

Ich spreche auch mit Etela, einer liebenswürdigen Dame aus der Slowakei, die im „Am Himmel“ am Beginn des Wienerwaldes als Kellnerin tätig ist, über dieses Thema. Sie selbst war, wie ich in dem Kapitel über diese Dame bereits festgehalten habe, fünf Jahre in einem Hotel im Kärntner Mölltal, unter anderem als Kellnerin, tätig. Ich frage sie, warum ihrer Meinung nach viele Leute aus dem Osten im Gastgewerbe in den österreichischen Bergen arbeiten. Sie meint, es wäre die Freude am Abenteuer, die Leute in die Ferne treibt. Man will etwas Neues erleben, den Osten kenne man schon. Und man will auch Geld verdienen. Schließlich sind die Kellnerinnen und Kellner aus dem Osten, so hält Etela fest, bereit, mehr zu arbeiten, und sie sind mit dem Lohn zufrieden. Sie selbst habe hart gearbeitet, war gut untergebracht und freute sich über das Geld.

Auch Kellner Gerli, der an anderer Stelle noch zu Wort kommt, glaubt, dass wegen der nicht immer guten Bezahlung Österreicher es sich überlegen würden, „auf Saison zu gehen“. Herr Gerli drückt dies so aus: „Der Österreicher sagt sich, um das Geld mache ich das nicht. Wenn jemand aus Serbien kommt, so ist das, was er bekommt, sehr viel Geld.“

Jedenfalls – dies wollte ich mit diesen Hinweisen deutlich machen – suchen Kellnerinnen und Kellner fremde Welten auf, um Neues zu erleben, aber auch, um für sich gutes Geld zu verdienen.

10. Der Kellner im Kaffeehaus

Das Kaffeehaus unterscheidet sich vom Gasthaus vor allem dadurch, dass es dem Gast eine Möglichkeit des Rückzugs und der Ruhe anbietet. In das Gasthaus geht man für gewöhnlich, um Hunger und Durst zu löschen, aber auch um Freunde zu treffen. Im Kaffeehaus jedoch sucht der feine Gast Entspannung, Muße zum Lesen von Literaturwerken und das ruhige Gespräch mit Kollegen.

In geradezu schönen Worten besingt Herr Kammerschauspieler Professor Rudolf Buczolich das Kaffeehaus. Wie ich oben schon erzählt habe, ist ihm das Kaffeehaus lieber als das Restaurant, denn im Kaffeehaus herrsche ein gleichmäßiges Gemurmel. Dies empfinde er als angenehm gegenüber dem häufigen Lärm in einem Gasthaus. Schließlich ist man im Kaffeehaus „in Gesellschaft allein", wie ich meine. Auch ich fühle mich als Forschender wohl im Kaffeehaus.

Eine besondere Stellung unter den Kellnern hat der klassische Kaffeehauskellner, wie er typisch für Wiener Kaffeehäuser ist. Gute Umgangsformen und ein gediegener Umgang mit den Gästen zeichnen ihn aus. Das Kaffeehaus erscheint als ein Ort des Rückzugs und als Ort, an dem ich mich erholen und auch auf etwas vorbereiten kann, wie etwa den Besuch eines Theaters. Ich will dazu Herrn Engelbert vom Café Landtmann zu Wort kommen lassen. Engelbert, der lange auf See war, wie wir schon gesehen haben, sieht im Kaffeehaus das Gegenstück zum Schiff: „Beim ‚Landtmann' hier ist im Vergleich zum Schiff ein ganz anderes Arbeiten. Die Arbeit als Kellner im noblen Kaffeehaus unterscheidet sich von der auf dem Schiff vor allem dadurch, dass die Gäste – genauso wie im üblichen Gasthaus – dauernd wechseln und man sich jeweils auf neue Gäste einstellen muss.

Da haben wir von der Früh bis zum Abend unterschiedliche Tempi mit wechselndem Arbeitsdruck und unterschiedlichen Gästen. In der Früh ist jeder hektisch wegen seiner Termine. Politiker mischen sich auch ein paar darunter. Ein jeder kommt sich wichtig vor, dann geht es langsam in das Mittagsgeschäft, da ist es etwas gemäßigter. Nachmittag wird es aufgelockert durch das Kaffee- und Kuchengeschäft. Am Abend ist kurz wieder ein Stress, weil die Leute, die in das Burgtheater gehen, hektisch sind, sie wollen noch eine Kleinigkeit essen. Hektisch sind sie, weil sie vielleicht etwas spät dran sind. So gesehen hat das ‚Landtmann', das ein großes Theater vor der Tür mit einem großen Parkplatz hat, gewisse Vorteile. Von Mittag bis Mitternacht haben wir viele Leute. Die Gastfreundschaft muss passen und die Produkte. Die Leute müssen sich angesprochen sehen. Es gab eine Zeit in Wien, in der die Kaffeehäuser heruntergekommen sind, das hat auch wirtschaftliche Gründe gehabt. Aber jetzt geht es ihnen gut."

Gerade das Café Landtmann hat eine spannende Tradition, zu der auch die Vorfahren meiner Freundin Gritschi Kerl gehören. Sie waren noble Herren, die dieses Kaffeehaus gegen Ende des 19. Jahrhunderts gegründet haben.

Ich spreche Herrn Engelbert zum Thema „Freundlichkeit im Kaffeehaus" an. Er führt aus: „Im Kaffeehaus muss ich nicht so eine übertriebene Freundlichkeit an den Tag legen, weil der Gast ja meist nicht auf Urlaub da ist. Er will seine Ruhe. Wir haben außerdem hier oft die Zeit nicht dazu, um uns mit einem Gast zu unterhalten. Es ist bei uns immer etwas zu tun. Da kann ich mich nicht hinstellen zum Gast, nur ausnahmsweise."

Hier und da macht Herr Engelbert eine Ausnahme, wenn gerade eine Pause eintritt. Die Gespräche, die er oder seine Kollegen mit mir und anderen Gästen führen, sind jeweils kurz, sie enthalten Witz und sie machen den Aufenthalt im Kaffeehaus angenehm.

Ein freundlicher Kaffeehauskellner ist Herr Wolfgang Fischer, der Oberkellner vom Café Traxlmayr in Linz. Er kennt mich von früher und weiß, wer ich bin. Daher werde ich von ihm beinahe wie ein Stammgast begrüßt und er weist mir einen freien Tisch zu. Ich bestelle Tee und Kuchen. Herr Wolfgang ist seit 1964 Kellner hier im Café Traxlmayr. Er kam bereits als Lehrling hierher. Er hat es hier zum Oberkellner gebracht, dessen Aufgabe es ist, die Damen und Herren Kellner anzuleiten und die Szene im Kaffeehaus zu dirigieren. Als Kellner nannte man ihn bloß „Herr Wolfgang". Als er zum Oberkellner aufstieg, meinten einige wohlmeinende Damen und Herren, sie müssten ihn ab nun mit „Herr Fischer" ansprechen. Er verbat sich dies jedoch. Die alte Bezeichnung „Herr Wolfgang" war ihm lieber, es ist freundschaftlicher. Der freundschaftliche Kontakt, vor allem zu den Stammgästen, sei ihm wichtig. Auch er meint, im Kaffeehaus entwickle sich ein Kellner zu einem guten Psychologen. Mit heiklen Gästen habe er keine Probleme, er wisse, wie man mit ihnen höflich umgehe. Als Oberkellner achte er darauf, dass der Gast sich wohlfühlt. Es komme auf den Funken an, der auf den Gast überspringt, meint er. Das Kaffeehaus ist schließlich für viele wie ein erweitertes Wohnzimmer.

Besonders schätzt Herr Wolfgang die Stammgäste, er behandelt sie zuvorkommender als andere, dies sollen sie auch spüren. Auch der Stammgast hat seine Pflichten, meint Herr Wolfgang. Wenn ein Stammgast ihm sagt, er habe seine Brieftasche vergessen, er könne nicht zahlen, er wolle dies beim nächsten Mal tun, so ist das kein Problem. Man vertraut als Oberkellner dem Stammgast.

Herr Wolfgang setzt sich kurz zu mir an den Tisch, es ist im Moment nicht viel zu tun. Er nimmt sich die Zeit, mir Neuigkeiten zu erzählen. Ich empfinde dies als Ehre für mich.

Der Gast im Kaffeehaus, wenn die Kellnerschar ihn kennt, erfährt Respekt und Freundlichkeit, er erhält aber auch die Möglichkeit zur Ruhe.

Drei elegante Kellner – Café Landtmann

Nobler, elegant servierender Kellner

Kellner Wolfgang vom Cafe Traxlmayr in Linz

Frau Sissy und Herr Bobby im Spatzennest

Kellnerin Frau Carola vom Heurigen Kierlinger

Fräulein Katja vom Cobenzl

Herr Gerhard vom Schweizerhaus

Kellner im Speisewagen

Herr Kadi vom Cobenzl

Herr Peter vom Cobenzl

Kellner Michael

Zwei Studentinnen als Kellnerinnen am Himmel

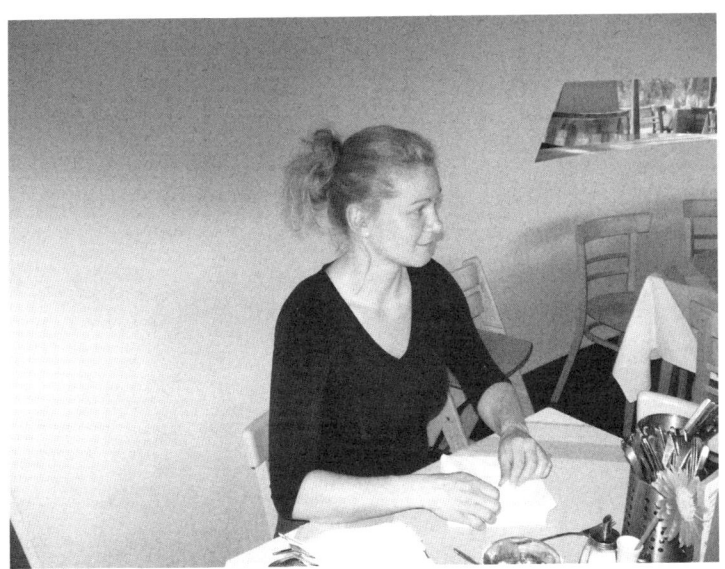

Kellnerin Etela in der Nähe des Großglockners

Oberkellner Erich mit Praktikantin

Wirt Willi Kerbl mit Kellnerinnen und Kellnern im Gasthof Steyrbrück in St. Pankraz

Michaela, die singende Kellnerin

11. Kellner an den Wochenenden – auf der Berghütte

Auf den klassischen Schi- und Tourismusvereinshütten arbeiteten und arbeiten Kellner, die ich auch zu den klassischen Kellnern rechne.

Ich erinnere mich gerne an die Frau Cilli vom „Linzerhaus", einer Alpenvereinshütte im Gebiet der Wurzeralm bei Spital am Pyhrn. Als junge Burschen in den Fünfzigerjahren hielten wir uns oft im „Linzerhaus" auf. Damals marschierte man noch zu Fuß zur Wurzeralm, heute führt eine Seilbahn dorthin. Trotz der Mühe des Fußmarsches war die Hütte gerade zu den Wochenenden im Winter voll von Schifahrern. Frau Cilli hatte es stets eilig und sie lachte, wenn man ihr Scherzworte zurief. Sie hatte etwas Mütterliches an sich. Sie war auch bereit, Geld zu stunden, wenn junge Burschen sie darum baten.

Auch heute gibt es noch Kellner, die vor allem an den Wochenenden in Berghütten tätig sind. Sie sind für gewöhnlich wohl keine ausgebildeten Kellner.

Ein solcher Kellner ist auch Herr Karl. Auf meine Bitte hin sprach Frau Patricia Geyer mit ihm. Er ist um die 30 Jahre alt. Er ist Aushilfskellner, dem es Freude macht, mit Menschen umzugehen. Seine Eltern als gelegentliche Wirte auf einer Berghütte boten ihm als jungen Burschen die Möglichkeit, als Kellner zu arbeiten. Er erzählt: „Ich habe schon im Alter von 13 bis 17 Jahren als Kellner gearbeitet. Damals haben meine Eltern mit Freunden eine Hütte des ‚Österreichischen Touristenklubs' am Wochenende und an den Feiertagen mitbewirtschaftet, so bis zu sechs Mal im Jahr waren sie auf der Hütte und ich war der Kellner. Das hat mir immer sehr viel Spaß gemacht und ich habe auch immer viel Trinkgeld gemacht. Nebenbei habe ich auch in der Küche mitgeholfen, aber auch beim Aufräumen habe ich geholfen. Mir hat es immer schon gefallen, mit Leuten zu arbeiten. Außerdem war es immer lustig. Da hat mir auch das zeitige Aufstehen nichts gemacht. Anstrengend war es damals schon, denn am Montag musste ich ja wieder in die Schule gehen. Es gab auch oft Feiern, wie zum Beispiel eine Bergmesse, bei der ich auch geholfen habe. Vor allem im Sommer war es sehr anstrengend, ich habe alles gemacht: die Bestellung aufgenommen, Essen und Getränke getragen, Getränke nachgeschlichtet und anderes. Nur kassiert habe ich nicht, aber ich habe trotzdem immer Trinkgeld bekommen. Es waren viele Stammgäste, die mich schon gekannt haben, da ist immer was rausgesprungen. Ich habe da in Summe am Wochenende immer bei 500 Schilling Trinkgeld gemacht. Später, als ich dann schon richtig mitgearbeitet habe und sehr viele Gäste bedient habe, habe ich dann auch immer was vom sehr bescheidenen Gewinn bekommen und habe am Wochenende bis zu 1.000 Schilling verdient, und das als 16-jähriger Schüler, der ansonst ein paar 100 Schilling Taschengeld im Monat bekommen hat. Ich war natürlich sehr motiviert. Mit 18 Jahren habe ich dann aufgehört. Dann habe ich lange nicht mehr als Kellner gearbeitet. Mein Vater wollte immer, dass ich Koch und Kellner lerne, aber ich bin in die Handelsakademie gegangen."

Abwechslung und Erholung als Kellner

Seine Liebe zum Kellnern lässt Herrn Karl nicht los. Nach vielen Jahren besinnt er sich seiner alten Liebe zum Kellnern: „Erst im Jahr 2006 habe ich wieder begonnen als Kellner, fast 17 Jahre später. Und zwar beim Cousin meiner Frau. Der hat sich mit einem Lokal selbstständig gemacht und hat jemanden gebraucht, der im hie und da hilft. Er hat mich gefragt, ob ich ihm helfen will und ich habe zugesagt. Außerdem

hat er jemanden im Service gebraucht, dem er auch einmal die Geld-
börse geben kann und der ihm nicht gleich etwas stiehlt. Ich bin auch
immer sehr kurzfristig eingesprungen. Es war sehr anstrengend, vor
allem deshalb, weil immer sehr viel getrunken wurde und wir nachher, nachdem wir zugesperrt haben, auch noch irgendwo hingegangen
sind. Ich war oft 16 Stunden auf den Beinen, manchmal auch bis zu 18
Stunden. Es war für mich auch deshalb anstrengend, da ich es nicht
gewohnt bin, stundenlang zu stehen, zu laufen und schwere Tabletts
zu tragen. Ich glaube, das wird oft unterschätzt. Kassiert habe ich nicht
so gerne, nur wenn der Chef nicht konnte und wenn er keinen Aushilfskellner hatte. Wenn dann das Geschäft nachgelassen hat, habe ich
noch die Getränke nachgeschlichtet, den Garten sauber gemacht und
die Tische und Sesseln weggeräumt. Ich habe viel geschwitzt, habe aber
nichts abgenommen. Dies kommt sicher daher, dass ich nebenbei viel
gegessen habe. Für mich wäre der Job nichts auf die Dauer, da ich
sonst 130 Kilo hätte. Wobei ich glaube, dass es nicht nur vom Essen,
sondern auch vom Trinken kommt. Ich war am Montag meistens sehr
müde und ich habe meine Knochen nicht mehr gespürt, vor allem
nach einem schönen Wochenende. Es war immer sehr stressig, denn
die ersten Gäste sind schon um halb zwölf Uhr gekommen, dann am
Nachmittag war eine kurze Pause, und ab 16 Uhr ist es wieder weitergegangen bis in die Nacht."

Über seine Gäste meint der Herr Karl: „Mit den Gästen habe ich
keine Probleme gehabt, am liebsten hatte ich ältere Gäste, denn die
gaben meist mehr Trinkgeld und die konnte man mit dem ‚Schmäh'
packen. Ich habe sie gerne bedient. Mit dem Trinkgeld ist das so eine
Sache: Vor allem wenn Fremdkellner, die kassiert haben, da waren, haben die auch das Trinkgeld eingesteckt, obwohl ich gelaufen bin."

Als Aushilfskellner freut sich der Herr Karl über seine Tätigkeit, die
nicht leicht ist, die ihm aber Abwechslung und etwas Geld bietet: „Ich
kann Arbeitgeber verstehen, die ihren Mitarbeitern verbieten, neben-

bei im Gastgewerbe zu arbeiten. Ich habe als Kellner nur nebenbei gearbeitet, sonst war ich ja im Büro. Das Finanzielle ist ein Anreiz für
einen Aushilfskellner. An einem guten Sonntag hat man als Kellner mit
dem Trinkgeld bis zu 300 Euro schwarz, also ohne Steuer, gemacht.
Das ist ganz schön viel. Wobei der Chef allerdings versucht hat, so wenig Personal wie möglich bezahlen zu müssen, denn eigentlich war es
ja ein Familienbetrieb mit zwei fixen weiteren Mitarbeitern.

Für mich ist das Kellnern ein Ausgleich zum Bürojob. Ich finde als
Kellner hat man am Abend mehr zusammengebracht, als wenn man
den ganzen Tag im Büro sitzt, und verdienen tut man auch nicht
schlecht. Ob ich immer im Gastgewerbe arbeiten will, glaube ich aber
nicht."

Jedenfalls bedeutet das Leben als Kellner – in diesem Fall als Aushilfskellner – eine Abwechslung von der Gleichförmigkeit des Alltags.

12. Kellner in ungewöhnlichen Betrieben

Kellner im Gefängnis

Zu den klassischen Kellnern gehören in gewisser Weise auch die Kellner in der größten Männer-Strafvollzugsanstalt Österreichs in Stein bei Krems in der Wachau. Sie sind Gefangene, die grundsätzlich keine Ausbildung als Kellner in einer Schule erfahren haben. Sie machen ihre Arbeit, wie ich sehen konnte, ausgezeichnet.

Jedes Jahr einmal besuche ich mit ungefähr 25 Studentinnen und Studenten dieses berühmte Gefängnis, in dem auch der oben im Kapitel über den Kellner Kadi erwähnte Pepi Taschner einige Jahre einsaß.

Wir werden nach einem Fußmarsch vom Bahnhof Krems zum „Felsen", wie das Gefängnis in der Gaunersprache heißt, freundlich begrüßt. Dann bittet man uns, Taschen und Waffen, falls jemand solche bei sich trägt, in der Anstaltskirche zu hinterlegen. Jeder und jede von uns erhält ein Täfelchen mit einer Nummer. Nun führt uns Herr Major Roland Wanek durch die Hallen und Gänge dieser ehrwürdigen Anstalt, die vordem ein Kloster gewesen ist. Am Ende der Führung durch diese „Erlebniswelt" werden wir in den für die Beamten und die Gäste bestimmten Speiseraum gebeten. Bei unserem letzten Besuch wurden wir vom Direktor des Gefängnisses, Hofrat Mag. Timm, mit Handschlag begrüßt. Ich hatte die Ehre, am Tisch des Direktors die Mahlzeit einnehmen zu dürfen. Meine Begleiter saßen an den anderen mit sauberen Tüchern gedeckten Tischen.

Vor der Küche sitzt ein Herr, er gehört zu den Angestellten des Hauses, und verkauft die Bons für das Essen. Wir kaufen Bons für Salat, eine Suppe, eine Hauptspeise und ein Getränk. Herren in schwar-

zer Hose und weißem Hemd, es sind die Kellner, holen die Bons und
servieren uns das Gewünschte. Die gut gekleideten Kellner, sie könnten auch in einem Wiener Kaffeehaus auftreten, stellen die Speisen mit
freundlichen Gesten auf unsere Tische. Es sind fünf Gefangene mit
gutem Benehmen. Sie wurden ausgesucht, um hier zu servieren. Sie
geben auch bereitwillig Auskunft über ihre Taten, die sie hierherge-
bracht haben. Ein besonders nobler und gut aussehender Herr gibt
sich als serbischer Agent zu erkennen, der einen anderen Agenten ins
Jenseits befördert hat. Ein liebenswürdiger Betrüger erzählt, er sei ein
Zigeuner. Wenn er seine Strafe abgesessen hat, wird er sich vielleicht
im Gastgewerbe betätigen. Die Voraussetzung dazu habe er hier gelernt. In der Küche, wie uns erzählt wird, arbeiten Gefangene unter
der Aufsicht eines Justizwachebeamten, der ein ausgebildeter Koch
ist. Vor Jahren lernte ich den Koch des Welser Gefängnisses kennen.
Dieser Mann, Herbert heißt er, erzählte mir, dass seine besten Köche
Wildschützen aus dem oberösterreichischen Gebirge gewesen seien,
denn diese wussten, wie Fleisch zubereitet wird und kannten sich auch
mit den Zutaten aus. Die Köche hier in Stein dürften auch ein gutes
Wissen auf dem Gebiet des Kochens haben. Ich winke ihnen durch das
Fenster zu, durch das die Speisen gereicht werden, und bedanke mich
für ihre Kunst. In die Kassa, die der Beamte vor sich auf dem Tisch
vor der Küche stehen hat, gebe ich einige Euro als Trinkgeld, welches
später unter den Köchen und Kellnern verteilt werden soll. Meine Studentinnen und Studenten folgen meinem Beispiel. Die Kellner sind
erfreut. Wir verabschieden uns höflich und wandern, um das Gefängnis zu verlassen, durch die Tür, durch die sie allerdings ohne Erlaubnis
nicht gehen dürfen.

In meinem Buch „Der Adler und die drei Punkte – die kriminelle
Karriere des Ganoven Pepi Taschner" beschreibe ich auch die Gefäng-
niszeit von Pepi. Insgesamt hat er 24 Vorstrafen, allerdings nur wegen
seiner Kämpfe in der Wiener Unterwelt, bei denen es um die Vorherr-

schaft beim verbotenen Glücksspiel ging. Ansonsten war er ein grundsätzlich guter Mensch mit einem weiten Herzen, der seinen Ärger mit
der Polizei und den Beamten im Gefängnis hatte. Er erzählte mir, dass
er in der Gefängnisküche arbeiten und manchmal den hohen Beamten
das Essen servieren durfte. Einmal spuckte er sogar in die Suppe, die er
einem Gefängnisleiter des Landesgerichtes 2, das es heute nicht mehr
gibt, zu servieren hatte. Ich lasse hier Pepi Taschner (siehe Seite 269
meines Buches) selbst reden: „Nach der Gefängnisordnung hatte der
Chef des Gefängnisses, der Oberstleutnant P., das von der Küche für
die Gefangenen zubereitete Mittagessen vorzukosten. Meine Aufgabe
war es, dem Oberstleutnant vor den anderen Küchenarbeitern das Essen zu servieren. Da mir der Oberstleutnant nicht sehr sympathisch
war, wie eben die meisten Gefängnisleiter, die ich kennengelernt habe,
erlaubte ich mir einen bösen Scherz. Wenn ich das Essen dem Oberstleutnant, der an einem kleinen Tisch in der Küche gewöhnlich Platz
nahm, brachte, so tat ich dies in einem großen Bogen, dabei spuckte
ich hinter seinem Rücken recht kräftig in die Suppe. Dem fügte ich
noch hinzu: ‚Mahlzeit, Herr Oberstleutnant!' Und mit einer eleganten
Bewegung setzte ich ihm die mit meiner Spucke gewürzte Suppe vor."
Für Pepi, den Gefängniskellner, war dieses Spuckritual offensichtlich
wichtig, um sich und den anderen zu demonstrieren, dass er sich in
der Situation des Gefängnisses nicht erniedrigen lassen wolle.

Meine gütige Frau Gemahlin, die diese Geschichte kennt, meinte
einmal zu mir: „Seit ich diese Geschichte von Pepi und der Suppe, in die
er gespuckt hat, kenne, traue ich mich nicht mehr zu einem Kellner böse
zu sein. Sonst spuckt er mir vielleicht in die Suppe oder den Kaffee."

Die Kellner in Gefängnissen, dies ist abschließend festzuhalten, haben wohl im Umgang mit den Beamten und ihren Gästen die Kunst
des Servierens gelernt.

Meine Studentinnen und Studenten und ich jedenfalls sind ob ihrer
Kunst stets zufrieden.

Katharina Hörtnagl und das „Häferl"

Frau Katharina Hörtnagl ist eine liebenswürdige Studentin der Soziologie und hervorragende Forscherin, die sich Geld als Kellnerin erarbeitet, um ihr Studium zu finanzieren. Sie arbeitete und arbeitet in mehreren Gastlokalen, so auch im sogenannten Häferl, einem von der evangelischen Kirche eingerichteten Lokal für Haftentlassene und andere Gestrandete. Die Bezeichnung „Häferl" leitet sich wohl von dem Rotwelschwort „Häfen" für Gefängnis ab. Es ist verwandt mit dem Wort Hafen.

Lassen wir Frau Katharina über die Geschichte und Bedeutung des Häferls erzählen:

„Die Geschichte des ‚Häferls' beginnt vor ungefähr 20 Jahren, als Gerlinde Horn – Frau des ehemaligen evangelischen Superintendenten Dr. Werner Horn – die Idee hatte, einen ‚Informationstreffpunkt' beziehungsweise eine Selbsthilfegruppe für Haftentlassene zu gründen. Gerlinde selbst war viele Jahre als Entwicklungshelferin in Afrika tätig und arbeitete auch als Gefangenenseelsorgerin in Wien. Dies inspirierte sie im Jahre 1987 zu dem bis heute bestehenden erfolgreichen Projekt ‚Häferl'.

Am Anfang wurde den Haftentlassenen neben einer Mahlzeit auch eine Schlafmöglichkeit geboten. Dies sprach sich schließlich auch bei den Obdachlosen Wiens herum. So wurde die Zahl der Gäste immer größer und Gerlinde sah ein, dass sie allein und ohne Hilfe nicht mehr zurechtkommen würde. Am naheliegendsten schien ihr, Menschen, welche im ‚Häferl' zu Gast waren, um ihre Mithilfe zu beten – so entstand auch der Hauptleitsatz ‚Jeder Gast ist Mitarbeiter und jeder Mitarbeiter ist Gast', wie mir einer der Mitarbeiter erklärte. Noch heute sind alle Mitarbeiter ehrenamtlich tätig. Er meinte dazu noch Folgendes: ‚Wenn die Gäste begreifen, dass sie selber Mitarbeiter sein könnten, dann behandeln sie die Mitarbeiter so, als ob sie auch Gäste wären.' Und weiter sagte er: ‚Wenn das Wirtshaus zusammenstürzt, dann ist es wichtig, dass man die Kellnerin rettet! Weil die bringt ja die Getränke!'

Der Kern der Besatzung setzt sich zusammen aus einem ‚Mann in leitender Position', einem wunderbaren Koch, einer liebenswerten Dame, die sich um den Garten kümmert, der zum ‚Häferl' gehört, man nennt sie die ‚grüne Hand', und einigen fleißigen Leuten, die sich unter anderem um den Einkauf und um den Flohmarkt kümmern, der des Öfteren organisiert wird. Meist ist auch ein Zivildiener dort, der hauptsächlich im Service mithilft. Gerlinde Horn, die sich mittlerweile zur Ruhe gesetzt hat, ist weiterhin noch oft und gern gesehen im ‚Häferl' und trägt nach wie vor viel zu seinem Weiterbestehen bei.

Das ‚Häferl' befindet sich in den Räumlichkeiten der Unterkirche einer evangelischen Kirche und ist dreimal wöchentlich für die Menschen nachmittags geöffnet. Das Hauptmotiv der meisten Gäste – es sind vor allem Männer – für einen Besuch ist sicher der Hunger. Aus vielen Gesprächen und auch Beobachtungen lässt sich aber feststellen, dass es den Leuten nicht nur um das Essen geht, sondern vor allem um den Kontakt zu Menschen, die ähnliche Probleme haben. Man trifft Bekannte, tauscht sich über Erlebnisse und Ereignisse aus, diskutiert und lacht miteinander – während der ein oder andere schließlich für eine Weile auf dem Tisch gestützt oder im Lehnstuhl einnickt.

Der Ablauf während der Öffnungszeiten ist sehr ähnlich jenem in einer Mensa oder Cafeteria. Die Gäste holen sich hier im ‚Häferl' allerdings nicht selbst das Essen, hier wird es ihnen von uns serviert. Das Essen ist frei. Für Getränke wie Limonaden, Kaffee oder Tee wird ein kleiner, erschwinglicher Beitrag verlangt. So ist zum Beispiel ein Cola gespritzt, also ein Viertel Cola gespritzt mit Leitungswasser auf einen halben Liter, ein sehr gängiges Getränk. Es kostet gleich viel wie ein kleines Cola, ist aber doppelt so ergiebig. Auf allen Tischen stehen gefüllte Brotkörbe bereit zur freien Entnahme. Einige der Gäste nehmen sich daher beim Hinausgehen noch Brot mit.

Unsere Gäste sind ein bunter Haufen. So wie in jeder anderen Gaststätte gibt es auch im ‚Häferl' Stammgäste, die sich regelmäßig an ihren Stammtisch setzen, wobei jeder seinen festen Platz hat. Manche unserer Gäste kommen schon seit einigen Jahren hierher. Ich durfte einmal miterleben, wie ein neuer Gast es wagte, sich an einen Stammplatz zu setzen. Er wurde sofort von zwei an diesem Tisch sitzenden Menschen beschimpft, er solle sich gefälligst wegsetzen, denn da würde die Michaela sitzen, das wäre ihr Platz. Ich konnte den verschreckten Kerl beruhigen und erklärte ihm die Situation und die gewissen ungeschriebenen ‚Gesetze', die im ‚Häferl' herrschen.

Im Laufe der Zeit entwickelten sich aus den sporadischen Treffen der Stammgäste echte Freundschaften. Nur selten sieht man fremde Gesichter am Stammtisch. Für mich als Neuling war es besonders schwer, mit diesen Stammgästen in näheren Kontakt zu kommen. Die Skepsis mir gegenüber war groß, mit meiner offenen Art konnten sie anfangs nur schwer umgehen. Bald hatte ich jedoch den Überblick und wusste genau, wer was trinkt. So erwarb ich mir Respekt, als ich eine liebenswerte Dame fragte, ob's denn wieder ein Tee sein darf. Auf diese Weise sah sie, dass ich aufmerksam war und mich um meine Gäste bemühte. Auch das ‚Schmähführen' gehört – wie die Fritatten in die Suppe – zum ‚Häferl' und überhaupt zum Gastgewerbe. Wo gute Laune herrscht, fühlen sich schließlich die Leute auch wohl. Meine Aufgabe als Kellnerin ist es ja, mich um das Wohl der Gäste zu kümmern. Alleine wegen der Speisen würden unser Leute nicht kommen, glaube ich, denn das Essen bei uns hat nicht die Qualität der üblichen Restaurants. Im ‚Häferl' wird in einem großen Topf für bis zu 90 Menschen etwas Warmes aus diversen Zutaten, die gerade da sind, gezaubert.

Manche der Besucher kommen in Gruppen. So gibt es zum Beispiel den Kartenspielertrupp, dessen Mitglieder immer an einem klei-

nen Tisch in der Ecke sitzen und nie viel miteinander reden. Oder die
Leute vom Nichtrauchertisch, die sich die lustigsten Geschichten erzählen – ob wahr oder nicht, es wird jedes Mal die beste Unterhaltung
geboten. An einem langen großen Tisch in der Mitte haben zwar auch
Stammgäste ihre Plätze, aber hier sitzen auch die, die nur selten oder
zum ersten Mal kommen.

Wie überall gibt es auch im ‚Häferl‘ Rituale, die wichtig sind, damit
die Kontakte zwischen den Menschen gefestigt werden. Sehr wichtig
ist die Begrüßung. Wer bei der Tür hereinkommt ohne zu grüßen,
wird sofort angepöbelt. Auf Höflichkeit und Zuvorkommen wird sehr
viel Wert gelegt. Jeder, der etwas zu essen wünscht, nimmt sich aus
dem am Eingang zum Speisesaal bereitgestellten Behälter einen Löffel
und setzt sich zu Tisch. Dies ist ein Zeichen für uns als Kellner und
Kellnerinnen, aber vor allem für den Koch, dass ein Essen vorzubereiten ist. Hat der Koch die Speisen auf die Teller gegeben, werden diese
von uns zu den Gästen gebracht. Dann fragen wir, ob Getränke gewünscht werden. Diese werden bei der Bestellung sofort bezahlt. Nur
selten kommt es vor, dass jemand nicht genug Geld bei sich hat. Wenn
er nur um ein paar Cent zu wenig hat, bringe ich trotzdem das Getränk. Wasser ist selbstverständlich frei. Einen Nachschlag vom Essen,
also eine zweite Portion, gibt es erst kurz vor der Sperrstunde, da man
nicht wissen kann, ob noch wer kommt. Oft bleiben manche Menschen bis zu drei Stunden sitzen, um noch eine Portion zu ergattern.
Dies kommt vor allen an den Tagen vor, an denen es besonders gute
Sachen gibt wie zum Beispiel Fleisch oder Kartoffeln. Nach dem Essen
trinkt manch einer noch einen Kaffee. Mancher macht noch ein Ni-
ckerchen auf der Couch. Schließlich leert sich das ‚Häferl‘ am späten
Nachmittag.“ Frau Katharina Hörtnagl sei gedankt für ihre prächtigen
Beobachtungen als Kellnerin in einer Welt, in der Gescheiterte agieren
und die abseits von der des guten Bürgers liegt.

Kellnerinnen und Kellner in Bordellen

Die Stätten, in denen Kellner und Kellnerinnen arbeiten, können sehr mannigfaltig sein. Auch im Bordell, in dem Tänzerinnen auftreten und Gäste an ihnen Gefallen finden, gibt es Kellnerinnen und Kellner. Sie bringen den Gästen und ihren Damen die gewünschten und nicht billigen Getränke. Die Damen profitieren davon.

Zu Kellnern in Bordellen kam ich über meine Studie über den Wiener Strich. Behilflich war mir bei dieser mein Freund Edi, den ich vor vielen Jahren – ich war noch Student – im Krankenhaus nach einem Motorradunfall kennengelernt habe. Er war damals am Beginn seiner Karriere als Zuhälter – und mein Bettnachbar. Täglich erzählte er mir aus seinem Leben, das mich allmählich kulturwissenschaftlich zu interessieren begann. Als ich mein Studium beendet hatte und schließlich Assistent bei den Soziologen wurde, beschloss ich, diese spannende Welt des Strichs und der Bordelle zu studieren. Dabei half mir mein Freund Edi. Damit ich seine Welt hautnah studieren könne, lud er mich häufig in einige seiner Lokale ein. Um zu zeigen, dass es reine wissenschaftliche Neugierde war, die mich bewog, mich mit dieser Thematik zu befassen, nahm ich auch bisweilen meine gütige Frau Gemahlin zu den Gesprächen mit Dirnen und Zuhältern in Bordellen und ähnlichen Lokalen mit. Ich erlebte Kellner, aber auch Kellnerinnen, die in nobler Zurückhaltung die Getränke, zu denen man mich als Gast von Edi einlud, servierten. Man merkte, sie würden sich strikt an die Anweisungen des Bordellbesitzers halten. Ähnliches erlebte ich, als ich mit Studentinnen und Studenten Exkursionen in das Bordell des Richard S., eines Freundes von Edi, durchführte. Wir wurden bereits vor dem Eingang von Richards Leibwächter Peter, der zwei Meter und dreizehn Zentimeter misst, mit Handschlag begrüßt und zu gepolsterten Sitzecken geführt. Eine Dame, die leicht bekleidet an der Bar stand, wurde von Herrn Peter zu uns geschickt. Höflich fragte sie

nach unseren Getränkewünschen. Einige von uns bestellten ein Glas
Sekt, andere einen Wein, andere wieder Mineralwasser. Mit freundlichen Worten kredenzte uns die Kellnerin die Getränke. Sowohl die
servierende Kellnerin als auch andere Damen, die äußerst knapp bekleidet waren und als Tänzerinnen die Gäste erfreuen sollten, setzten
sich kurz zu uns, um unsere kulturwissenschaftlichen Fragen zu beantworten. Nach einer Führung von Herrn Peter durch das Bordell fragten wir beim Gehen aus Höflichkeit, ob wir etwas zu zahlen hätten.
Die Kellnerin winkte höflich lächelnd ab. Sie nahm auch kein Trinkgeld. Unser Gastgeber wollte uns so demonstrieren, dass wir seine speziellen Gäste sind.

Über Bordellkellner sprach ich auch mit meinem Freund Edi, von
dem ich weiß, dass er eine Reihe von Bordellen mit Tanzflächen für
Tänzerinnen eröffnet hatte. Er erzählte mir, die Kellnerinnen und Kellner seien in diesen Lokalen „normal" angestellt worden und würden
im Sinne der gesetzlichen Bestimmungen bezahlt werden. Ob diese
Damen und Herren im Servierdienst eine Ausbildung haben, sei ihm
und den anderen gleichgültig. Eine wichtige Voraussetzung für diese
Aufgabe als Kellner ist, dass dieser ein Gefühl für Gäste und Tänzerinnen mitbringt. Er hat darauf zu achten, dass die heute aus dem Osten
stammenden Damen sich den Gästen gegenüber fair und mit Stil verhalten. Schließlich besteht die Gefahr, dass diese Damen zu Diebinnen
werden, die die Gäste bestehlen. Dies muss der Kellner zu verhindern
wissen. Edi meint, die Frauen aus dem Osten seien mit der Vorstellung
hierher gekommen, dass es bei uns in Wien nur Reiche geben würde,
die man ohne schlechtes Gewissen bestehlen könne. Es ist Aufgabe des
Kellners, dies „alles im Griff zu haben", er darf nicht zulassen, dass die
Damen stehlen und randalieren.

Schließlich meint Edi, ein guter Kellner in einem Bordell zu sein, ist
eine eigene Wissenschaft. Führt sich ein Gast im Bordell schlecht auf,
so wendet sich der Kellner an einen der Leibwächter, zum Beispiel an

den erwähnten Herrn Peter, dessen beeindruckende Größe dem Gast Ehrfurcht gebietet. Ist der Gast nicht zur Räson zu bringen, wird er vom Leibwächter unsanft vor die Türe gesetzt.

Der Kellner im Bordell braucht einen guten Schmäh, fährt Edi fort. Edi hat im Laufe seiner Karriere einige Bordelle aufgemacht. Eines trägt den schönen Namen „Senat". Diesen Namen gab Edi dem Bordell wegen seiner Sympathie für die alte Kultur der Römer, in der der „Senat" eine wichtige politische Funktion hatte. In diesem „Senat", in dem ich mein Buch über den „Strich" vorgestellt habe, war es der Kellner Ernstl, ein gut aussehender Bursche, der seine Gäste nobel bediente. Bekleidet war er stets mit einem Smoking. Mit gutem Witz unterhielt er seine Gäste. Für die Damen, bei denen er beliebt war, hatte er, wie andere Kellner in Bordellen auch, eine Art Beschützerfunktion. Kommt eine Dame mit einem Gast in Schwierigkeiten, so ist es Sache des Kellners oder auch der Kellnerin darauf zu achten, dass dieser Gast entfernt wird. Ernstl, der freundliche Kellner, wollte allerdings nicht Kellner im „Senat" bleiben, sondern Wirt in diesem werden. Daher übernahm er gemeinsam mit einer ehemaligen Kellnerin gegen gutes Geld von Edi dieses Lokal. Leider überschrieb er der Kellnerin aus Liebe dieses gut gehende Bordell, in der Hoffnung, dass die Verbindung mit dieser Frau halten werde. Doch sie hielt nicht und die Dame übernahm das Bordell. Ernstl, der frühere Kellner, ging leer aus. Edi, der ihm davon abgeraten hat, der Kellnerin alles zu überschreiben, meint zu mir, jetzt stehe der alte Kellner „blöd da".

Wichtig ist für den Bordellkellner, so Edi, ein guter Schmäh. Einen solchen hatte der Kellner im Telefoncafé auf der Wiener Alserstraße, in dem Damen und Herren über Tischtelefone miteinander in näheren Kontakt treten konnten. Edi rühmt den Kellner, Schwager Ernstl nannte man ihn. Seine Eigenheit sei gewesen, die Gäste bei der Begrüßung mit einem Titel zu versehen, auch wenn sie keinen hatten. Er grüßte sie mit Herr Ministerialrat, Herr Botschafter, Herr Direktor,

Herr Professor und Herr Doktor. Die Gäste freuten sich darüber und luden die über das Telefon eroberten Damen großzügig ein.

Der Bordellkellner, den ich auch zu den klassischen Kellnern rechne, benötigt Charme und guten Witz, zu dem auch eine gewisse Unerbittlichkeit gegenüber Gästen kommt, die sich nicht an die Regeln des Bordells oder eines ähnlichen Lokals halten.

Interessant ist auch ein Gespräch, das ich mit Marcel, dem Geschäftsführer des Bordells A. am Wiener Gürtel geführt habe. Den Kontakt zu ihm verdanke ich auch meinem Freund Edi. Mit dem Fahrrad fahre ich zu dieser Bar. Herr Marcel empfängt mich freundlich. Es ist noch ruhig im Barraum, es ist etwas nach 19 Uhr. Wir sind alleine, nur eine Barfrau ist hier, sie beschäftigt sich mit Gläsern und Flaschen.

Marcel und ich setzen uns in eine gepolsterte Sitzgarnitur. An den Wänden sind Bilder von nackten Frauen zu sehen. Im hinteren Teil der Bar befinden sich die Separees, in denen Gäste sich gegen entsprechendes Geld mit ihren Damen vergnügen können.

Die Barfrau, sie ist leicht bekleidet, bringt mir etwas zu trinken.

Marcel erzählt, er sei gebürtiger Tscheche. Ich sage ihm, dass er ein schönes Deutsch spricht. Das freut ihn. Ich frage Marcel, wie sich hier die Beziehung zwischen Gast und den Mädchen, die auf Gäste warten, gestaltet. Marcel erzählt:

„Wenn ein Gast kommt und sich hinsetzt, kommt die Barfrau und fragt nach einem Getränk. Eine gute Barfrau wird auch hin und wieder von einem Gast eingeladen. Oder sie versucht, sich einladen zu lassen. Die Mädchen, die an der Reihe sind, gehen zum Gast hin und probieren, mit ihm in Kontakt zu treten, damit sie etwas zum Trinken bekommen. Falls dem Gast das Mädel gefällt, sagt er: Gut, schaun wir einmal. In diesem Augenblick kommt die Barfrau zum Tisch und fragt, was das Mädchen zum Trinken haben will. Sie versucht natürlich, das Beste zu bringen.

Das ist der Alltag. Die Barfrau ist dafür da, das beste Getränk herauszuschlagen, nicht nur einen Piccolo um 24 Euro, sondern eine Flasche Sekt um 200 Euro. Damit man einen Umsatz macht. Wenn das dem Gast zu viel ist, so haben wir noch eine Flasche um 74 Euro. Die Damen bekommen davon auch etwas Geld. Dafür sind sie ja hier. Oder sie vergnügen sich mit den Herrn am Zimmer. Wenn der Gast sich entschieden hat, mit dem Mädchen auf ein Zimmer zu gehen, so wird gleich im Voraus abkassiert. Wenn man im Nachhinein kassiert, so sagt er vielleicht, das Mädchen war schlecht. Der Gast zahlt bei der Barfrau Zimmer und die Getränke. Das Mädel bekommt ihren Teil dann am Ende der Arbeit. Das Zimmer kostet zwischen 100 und 250 Euro. Die treibende Kraft ist die Barfrau. Einen Mann haben wir als Kellner hier nicht, denn die Frau hat mehr Reize und wird eher eingeladen.

Die Mädchen sind hier international, sie kommen aus Rumänien, aus der Slowakei, aus Bulgarien, Ungarn und so weiter. Die meisten kommen durch Bekannte hierher. Einige kommen auch alleine."

Grundsätzlich zahlen die Gäste ohne Probleme. Es gibt aber auch Zechpreller, die zum Problem werden können. Marcel führt aus: „Wir haben einmal einen Gast gehabt, der hat sich als Millionär ausgegeben. Er hat immer eine gute Zeche gemacht. Er hat schönes Geld bezahlt. Eines Tages kommt er und sagt, er hat kein Geld. Er möchte aber konsumieren und sich mit Mädchen vergnügen. Er bezahlt es uns ein anderes Mal. Gut. Es war nicht wenig Geld, so um 1000 Euro. Er ist aber nicht mehr gekommen. Wir haben eine Zeit später bei der Abrechnung einmal über ihn gesprochen, das war nach einem halben Jahr. Zum selben Zeitpunkt ist ein Brief von ihm gekommen, er ist der Franz, der bei uns die Schulden gemacht hat. Er hat das nicht vergessen, er wird kommen und zahlen. Oder wir sollen ihm die Kontonummer schicken und er wird das Geld einzahlen. Er lässt sich entschuldigen, weil er sich erst jetzt rührt, er war beruflich viel unterwegs. Er

hat aber trotzdem nicht bezahlt. Jetzt haben wir unseren Anwalt eingeschaltet, der hat eruiert, dass er dort, wo wir dachten, nicht wohnt
und dass er nicht zu finden ist. Das Geld haben wir nicht bekommen.
Das war Pech. Man muss es vergessen.

Wenn ein Kunde da ist und nicht zahlen kann, wenn der Betrag
klein ist, zahlt es sich nicht aus, irgendetwas zu machen. Bei einem hohen Betrag schon. Vor Kurzem hatten wir einen Schweden da, der hat
vier Flaschen Champagner, jede zu 360 Euro, für sich und die Mädchen bestellt. Als man ihm die Rechnung präsentiert hat, hat er gesagt, er zahlt nichts, er hat das nicht bestellt. Da sage ich zu ihm: ‚Jetzt
amüsierst du dich mit mehreren Mädchen ein paar Stunden lang und
jetzt sagst du, du hast die Champagner nicht bestellt. Wer glaubst du,
hat das bestellt, doch nicht die Mädchen!‘ ‚Nein, ich bin nicht bereit,
das zu bezahlen‘, hat er gesagt, ‚da habt ihr 400 Euro oder ihr ruft die
Polizei an.‘ 400 Euro war natürlich zu wenig für uns. Jetzt kommt die
Polizei, die schreibt sich die Daten von dem Schweden auf und sagt,
es ist erledigt, den Mann wird man in Schweden anschreiben. Aber bis
jetzt ist nichts passiert. Der Mann ist davongekommen, ohne für seine
Zeche etwas zu bezahlen. Wenn man in einem Supermarkt um zwei
Euro etwas stiehlt, wird man gleich angezeigt. Und der macht eine
große Zeche und die Polizei macht fast gar nichts.

Noch eine Geschichte habe ich, es ist eine komische Geschichte. Einmal ist ein Herr gekommen, der hat für sich ein Getränk und für die
Damen einen Champagner um 200 Euro bestellt. Nachdem er sich
mit den Damen eine halbe Stunde vergnügt hat, steht er vom Hocker
auf – die Barfrau hat sich gerade umgedreht – und läuft davon. Die
Mädchen hinter ihm her. Ich laufe auch hinaus, ich habe versucht,
ihn zu fangen, aber der war viel zu schnell und war schon weg. Das
Geld war im Arsch. Es war ein Schaden, er hat uns hereingelegt. Nach
zwei Monaten habe ich gehört, dass der Gast gerade in der kleinen Bar

daneben ist und sich mit einer Dame auf dem Zimmer befindet. Diese Bar wird von einem Kollegen geführt. Ich habe mir gedacht, das ist eine schöne Frechheit von dem Mann, die Zeche bei uns hat er nicht bezahlt und jetzt geht er ganz unbehelligt in die andere Bar und konsumiert, als ob nichts gewesen wäre. Das wollte ich mir nicht gefallen lassen. Ich gehe hin, er war gerade auf dem Zimmer. Ich habe auf ihn gewartet. Wie er aus dem Zimmer kommt, habe ich zu ihm gesagt: ‚Hallo, du warst vor ein paar Wochen bei uns und hast eine Zeche gemacht, die du nicht bezahlt hast. Du bist davongelaufen. Jetzt bekomme ich die 200 Euro von dir, sei froh, dass ich dich nicht angezeigt habe.‘ Er hat gesagt, das zahlt er nicht. Da habe ich ihn eingeschüchtert: ‚O.K.‘, habe ich zu ihm gesagt, ‚jetzt gehen wir zur Angelique, hinüber zu mir, dort reden wir unter vier Augen miteinander.‘ Wie ich das gesagt habe, hat er Angst bekommen und gesagt: ‚Ich zahle.‘ Und hat mir die Kreditkarte gegeben. ‚Gut‘, habe ich gesagt, ‚mein Freund, so haben wir keine Probleme.‘ Als ich die Kreditkarte in das Gerät geben will, sagt er, am Montag ruft er bei der Visa an und sagt, dass ich ihn dazu genötigt hätte, den Betrag zu bezahlen, denn er habe nichts konsumiert. Da habe ich mir gedacht, wenn ich jetzt etwas abbuche, beschuldigt er mich, dass ich ihn erpresst habe. Normal müsste ich ihn umhauen. Ich habe nun die Polizei angerufen und gesagt, sie sollen kommen, denn ich habe da einen Zechpreller. Zur selben Zeit ruft er die Polizei an und ruft: ‚Bitte, kommen Sie sofort, ich werde hier festgehalten.‘ Kommt die Polizei, sie hat zwei Anrufe bekommen. Einen von mir und den anderen von ihm. Beide mussten wir auf das Polizeikommissariat fahren, um die Sache zu klären. Er ist als Erster hineingegangen, ich musste warten. Nach 15 Minuten ist er gegangen. Dann bin ich hinein. Nun habe ich erfahren, dass er gesagt hat, ich hätte ihm gedroht, dass ich ihm die Ohren abschneide. Nun haben sie mich mit der Funkstreife in ein anderes Kommissariat gebracht, dort haben sie mich fotografiert, eine DNA-Analyse gemacht und so weiter. Bis zwölf

Uhr Mittag haben sie mich festgehalten, dann konnte ich erst gehen. Ich wurde angezeigt wegen gefährlicher Drohung. Ein paar Tage später ist der Gast wieder zu mir gekommen und hat mich gefragt, ob wir die Sache nicht in Ordnung bringen könnten. ‚Natürlich können wir da etwas machen: Du bezahlst die Zeche und gehst zur Polizei und sagst, dass du die Beschuldigung gegen mich erfunden hast.' Er hat dann den halben Betrag gezahlt und ist auf die Polizei gegangen und hat die Anzeige zurückgenommen. Als Gegenleistung bin ich dann zur Polizei und habe gesagt, dass der Gast Reue gezeigt hat und die Zeche beglichen hat. So ist alles eingestellt worden. Das ist die beste Geschichte."

Herr Marcel, der Geschäftsführer, achtet darauf, dass die Barfrauen und die die Gäste zum Trinken animierenden Mädchen auch zu ihrem Geld kommen. Marcel versucht, die Bar einigermaßen geordnet und in Ruhe zu führen. Eine wichtige Funktion hat in diesem Geschäft des „leichten Gewerbes" die Kellnerin – also die Barfrau –, die durch geschicktes Agieren den Gast dazu bringt, teure Champagner für die Damen, die er an seinen Tisch bittet, zu bestellen und diese schließlich auch zu bezahlen.

Die Kellnerin, die zur Dirne wurde

Bei meinen Studien über Prostitution kam ich auch mit einer Dame in Kontakt, die zunächst als „angelernte" Kellnerin oder Servererin, wie sie sich bezeichnete, in einer Bar tätig war. Sie wechselte jedoch durch die Überredungskunst eines Mannes das Gewerbe und wurde zur Dirne. Interessant an ihrer Erzählung ist, dass ihr der Oberkellner der betreffenden Bar erklärt hat, wie sie sich gegenüber Gästen zu verhalten habe, um diese schließlich dazu zu bringen, sie in ein Separee einzuladen. Sie erzählte mir: „Ich bin von St. Pölten nach Wien in die Stadt gekommen. Ich war damals 19 Jahre alt und habe zuerst den Be-

ruf als Einzelhandelskaufmann gelernt. Nach zwei Jahren habe ich damit aufgehört. Es hat mich nicht mehr interessiert. Dann arbeitete ich
als Serviererin, zuerst in St. Pölten und dann in Wien. Dabei habe ich
verschiedene Männer kennengelernt, die alle dasselbe wollten, nämlich mit mir ausgehen und dann zu mir in die Wohnung auf einen
Kaffee. Sie haben, wenn sie mit mir ausgingen, nachher gesagt: ‚Mach
mir noch einen Kaffee.' Es blieb aber nie dabei. Auf dies alles hatte ich
schon einen Hass. Ich habe mir aber überlegt, als ich schon in Wien
gearbeitet habe, was ich machen müsste, um mehr zu verdienen. Als
ungelernte Servierkraft hatte ich nur 4.000 Schilling im Monat, mit
diesem Geld kommt man nicht weit. Für die Wohnung, die ich damals hatte, musste ich samt Betriebskosten ungefähr 1.500 Schilling im
Monat zahlen. Mir blieben also nur 2.500 Schilling. Manchmal kam
ich jedoch mit dem Trinkgeld auf 3.000 Schilling. Ich hatte damals
einige Freunde, die waren Taxifahrer und andere Burschen. Zufällig
lernte ich, als ich einmal ohne Arbeit war, den Besitzer eines Privatclubs kennen. Das kam so: Ich machte in dem Lokal im 9. Bezirk, in
dem ich früher serviert habe, einen Besuch und fragte meine frühere
Chefin, ob sie für mich eine Arbeit wüsste. Als ich grade dort war,
kam ein Mann so um die 40 in das Lokal. Ich bin ein ziemlich offe-
ner Mensch und daher erzählte ich ihm von meinem Problem. Darauf
sagte er zu meiner Überraschung, er hätte einen Job für mich, nämlich
in einem Privatclub. Ich antwortete: ‚Ist in Ordnung.' Darauf sagte er:
‚Wir machen Hälfte-Hälfte.' Dieser Privatclub, es war keine Bar, hatte
einige Zimmer für den Besitzer und seine Freunde. Dieser Club war
illegal. Ich habe gemerkt, dass da etwas nicht stimmte. Zu diesem Zeitpunkt war ich schon irgendwie in das Milieu hineingerutscht, ohne
dass ich dies bemerkt hätte. Ich ahnte, dass der Besitzer viel Geld hatte,
ich dachte mir, dass er irgendwie komisch aussehe, dass irgendetwas
mit ihm los sein müsse. Es gab zunächst einige Unstimmigkeiten, weil
der Mann sich eingebildet hat, ich würde mit ihm zusammensein wol-

len. Daher hat er mir in seiner Wohnung ein Zimmer zur Verfügung gestellt zum Schlafen. Auf einmal kam er auf die Idee, bei mir im Bett zu schlafen. Ich muss sagen, damals, ich war 19 Jahre alt, war mir ein Mann mit über 40 Jahren etwas zu alt. Mein Geschmack war er nicht. Darum habe ich zu ihm gesagt: ,Pass auf, mir passt das nicht, ich gehe.' Ich dachte mir, nun muss ich aus der Wohnung ausziehen, die ich vom Besitzer des Privatclubs hatte. In dem Privatclub habe ich einen kennengelernt, der an und für sich frank war, der also mit dem Milieu (der Prostitution, Anm.) nichts zu tun hatte. Dieser Mann war frisch geschieden. Er wohnte im 20. Bezirk. Ich dachte mir, dass der Mann nicht hässlich aussehe, vielleicht finde ich bei ihm etwas zum Überbrücken. Sang- und klanglos bin ich zu ihm gezogen. Das war im August; im April vorher war ich 19 Jahre alt geworden. Bald ist mir dieser Bursche aber auch auf die Nerven gegangen. Da ich noch die Wohnungsschlüssel von dem Privatclubbesitzer hatte, bin ich in den Club zurück und habe ihm gesagt: ,Da hast du die Schlüssel.' Er sagte: ,Das ist leiwand (gut, Anm.), bleib ein bisserl da, pass auf den Club auf, ich muss noch etwas erledigen.' Ich war nun ganz allein in dem Club und trank etwas. Auf einmal klopft es an der Tür und draußen steht ein blonder Jüngling mit blauen Augen. Ich war von diesem Bild von einem Mann entzückt. Er war um die 30 Jahre alt. Er begann mit mir zu plaudern. Ich war hin- und hergerissen. Nun kam der Besitzer des Clubs zurück. Von diesem verabschiedete ich mich, um mit dem Blonden wegzugehen. Mit ihm kam ich ins Gespräch. Bei mir war alles Liebe, Wonne, Heiterkeit. Ich zog zu ihm. Er holte mir mein Gewand aus meiner letzten Wohnung im 20. Bezirk. Vom ersten Tag an habe ich bei ihm gewohnt. Da ich gesehen habe, dass er schon viel erlebt hat, habe ich ihm sofort meinen Lebenslauf erzählt. Ich habe ihm gesagt, dass ich auf die Menschheit schon sehr heiß bin und auch nie etwas verdient habe. Damals war ich auf die Männer schon ziemlich böse, weil ich mich von ihnen in gewisser Weise ausgenützt gesehen habe. Ich dürfte

ihm Leid getan haben. Dieser blonde schöne Mann hat zu dieser Zeit
in einer Diskothek gearbeitet. Er fragte nun seinen Chef, ob ich auch
dort arbeiten könne. Der Chef aber meinte, dass dies unmöglich sei,
weil alles besetzt ist. Ich habe gesagt: ‚Mir ist es egal. Ich möchte servieren und wenn es in einer Bar ist.‘ So schnell konnte ich gar nicht
schauen, war ich in einer Bar im 9. Bezirk untergebracht. Ich bin nun
immer unternehmungslustiger geworden. Ich habe gesehen, dass die
anderen Madln in der Bar, die mit den Gästen sich beschäftigten, mehr
verdienten als ich. Da dachte ich mir, ich muss etwas unternehmen,
damit ich mehr verdiene als wenn ich als Kellnerin arbeite. Dies sagte
ich so beiläufig meinem neuen Freund. Der hat dies aufgeschnappt
und im Club Emanuelle im 9. Bezirk erzählt, dass ich mehr verdienen
möchte. Dann sagte er zu mir: ‚Pass auf, dort im Club Emanuelle brauchen sie ein Madl, dort kannst du anfangen.‘ Ich habe zugestimmt, da
ich Geld verdienen wollte. Aber dennoch habe ich kein gutes Gefühl
gehabt, da ich nicht wusste, was auf mich zukommt. Eigentlich hatte
ich es mit meiner Feststellung nicht so ernst gemeint. Aber nun stand
ich mit meinem Freund zum ersten Mal vor dem Club Emanuelle. Ich
habe gesagt: ‚Da gehe ich nicht hinein.‘ Er ist mit mir auf die andere
Straßenseite gegangen und machte mir dort eine Szene, er schimpfte
mit mir. Ich sagte ihm: ‚Du kannst machen, was du willst, aber da gehe
ich nicht hinein.‘ Immerhin war ich damals erst 19 Jahre alt. Ich bin
nun wieder in meine alte Bar zurück. Eine Woche arbeitete ich dort
noch, dann war ich soweit und sagte mir: ‚So, jetzt gehe ich in den
Club Emanuelle, jetzt ist es mir egal. Ich will auch endlich etwas erleben.‘ Ich kam also in den neuen Club und bald machte ich mein erstes
Separee (mit einem Gast). Ich habe alle Zustände gehabt und auch
einen Schwips. Die Mädchen, die schon dort waren, und der Ober,
also der Kellner, haben mir erklärt, wie ich mich anziehen soll – ein
langes Kleid mit einem Schlitz an der Seite –, wie ich mich schminken
soll, dass ich langsam reden soll und nicht laut sprechen dürfe, mit den

Hüften wippen müsse … Solche Sachen haben mir der Ober und die anderen Madln beigebracht."

Diese Dame, die es vorzieht, am Strich zu arbeiten, erhält durch ihre Tätigkeit als Kellnerin in einer Bar Kontakte zu jemandem, der sie schließlich dazu bringt, sich ihr Geld auf „leichtere" Weise zu verdienen.

Der Weg einer Kellnerin, die aushilfsweise in einer Bar oder einem ähnlichen Lokal serviert, zu einer Dirne dürfte nicht selten sein. Auch in anderen Gesprächen, die ich mit Dirnen führte, wurde angedeutet, dass man eine Zeit als Serviererin in einem Nachtlokal Gäste erfreut hat. Spannend ist der Hinweis der zitierten Dame, dass es der Ober der Bar war, der ihr als Dirne die nötigen Kniffe zeigte, um Männer bestmöglich zu animieren.

13. Der Kellner als Psychologe und Berater

Ähnlich wie Friseure und andere Damen und Herren, die von ihrem Beruf her mit Menschen zu tun haben, werden auch Kellner mitunter mit Problemen und alltäglichen Unstimmigkeiten konfrontiert und auch um Rat gefragt. Für manche Gäste bietet der Kellner – oder eben die Kellnerin – einen Ansprechpartner, mit dem – oder mit der – über die Schwierigkeiten, in denen man steckt, geredet werden kann. Aber auch seelisches Unwohlsein lässt sich mit dem Kellner besprechen. Der Kellner ersetzt in solchen Fällen den Psychiater und den Beichtvater. Mein Vater, der biedere Landarzt, pflegte Patienten, die unter Depressionen zu leiden hatten und die keine Alkoholabhängigkeit aufwiesen, zu raten, in ein Gasthaus zu gehen und dort ein Glas Wein zu leeren. Mein Vater behauptete, eine solche Kur würde mehr zur seelischen Gesundheit beitragen als diverse psychopharmazeutische Medikamente. Denn im Gasthaus beim Wein hätte der Leidende die Möglichkeit, mit dem Wirt oder dem Kellner zu reden und sich durch den Austausch von seinen persönlichen Problemen zu lösen. Bereits im alten Pompeji, das 79 nach Christus im Aschenregen des Vesuv unterging, kannte man den Wert des Gasthauses. Graffitis an diesen alten Gasthäusern, die man ausgegraben hat, deuten darauf hin. Eines dieser Graffitis lautet zum Beispiel: „Si quisquis bibit, cetera turba est." Das heißt soviel wie: „Wenn einer trinkt, ist ihm alles wurscht." Man sucht den Alltag mit seiner Mühsal für ein paar Stunden in der alten Taverne beziehungsweise im Gasthaus zu vergessen. Ein guter Kellner und eine gute Kellnerin mögen dabei gute Dienste geleistet haben. Von solchen Kellnerinnen am Spittelberg in Wien im 18. Jahrhundert wird Folgendes berichtet: Damals war eine gewisse Sonnenfels-Waberl – Waberl kommt von Barbara – im „Gasthaus zum Steinernen Löwen", das keinen guten Ruf hatte, als Kellnerin beschäftigt. Ich habe die Ehre, heute in der Nähe zu wohnen. In diese Sonnenfels-Waberl war, wie erzählt wird, der deutsche Kaiser Josef II., der inkognito einige Male diese verrufene Schenke aufgesucht haben soll, verliebt. Der Kaiser mag sich in diesem damaligen Vorstadtlokal unerkannt von seinem Ärger in der Politik erholt haben. Jedenfalls wurde der Kaiser, weil er sich nicht gut benommen haben soll, vom Wirt, so heißt es, aus dem Lokal geworfen. Bis zur Renovierung dieses Gasthauses stand über dem Eingang in die Gaststube zu lesen: „Durch dieses Tor im Bogen kam Kaiser Josef II. geflogen 1778."

Kellnerinnen und Kellner, die den Gast psychisch betreuen, können also auf eine alte Geschichte zurückblicken.

In aller Kühnheit meinte ich zu Frau Renate, einer früheren Kellnerin und Wirtin in Spital am Pyhrn, dass eine gute Kellnerin auch so etwas wie eine gute Therapeutin sei, die seelisch bedrückten Männern durch Gespräche zu helfen vermag. Frau Renate erwiderte: „Das hat etwas auf sich. Manche Leute kommen in das Gasthaus wegen des Redens. Wenn jemand Sorgen hat, kommt er. Auch wenn er seine Ruhe haben will, kommt er und liest die Zeitung. Man muss als Kellnerin ein Gespür haben für seine Gäste, man darf nur positive Sachen weitergeben."

Ich sprach zu diesem Thema auch mit Herrn Engelbert, dem Kellner vom Café Landtmann in Wien. Engelbert hatte mir von Gästen erzählt, von denen er einiges aus ihrem Privatleben erfahren hatte. Ich meinte daher zu ihm, dass Kellner wie er Leute sind, denen man sich anvertraut und die man auch um Rat fragen kann. Herr Engelbert erzählt dazu: „Immer wieder habe ich mit Leuten zu tun, die Probleme haben. Sehr stark habe ich dies erlebt, wie ich zur See gefahren bin. Es waren Pensionisten, die in ihrem Beruf erfolgreich waren. Einige wollten alles erzählen. Der Gesprächspartner für sie war meistens der Kellner, also der Steward. Die ganze Lebensgeschichte erzählen sie dem, aber auch ihre Probleme, die sie noch immer haben. Ich habe einen Gast gehabt, der war der Mister Sherman, er war Halbeigentümer von Goldman Sachs, einer der größten Banken von Amerika. Er war ein wahnsinnig reicher Mensch. Er hat nicht stillstehen können. Er ist immer auf und ab gegangen. Am ersten Tag habe ich ihm gesagt, dass er einen sehr stressigen Beruf haben muss, weil er sich nicht einmal ruhig auf dem Platz halten kann. Er hat mich angeschaut und gesagt, was ich mir erlaube, ihm das zu sagen. Darauf hat er angefangen, mir seine Probleme zu erzählen. Damals war ich Penthaus Butler, das war der Kellner für die Luxuskabinen, für die gab es einen eigenen Kellner. Das habe ich drei Jahre gemacht. Er hat mir gleich erzählt, Brasilien ist bankrott, Argentinien ist bankrott, er muss zwei- oder dreimal in der Woche nach Südamerika fliegen, seine Tochter hat sich scheiden lassen. Ein Chaos hat er momentan, hat er erzählt. Sage ich ihm: ‚Jetzt sind Sie auf einer Kreuzfahrt, jetzt müssen Sie abschalten.‘ Darauf haben wir uns gut verstanden. Er hat mir auch einen schönen Schein gegeben." Über diesen werde ich im Kapitel über „Trinkgeld" noch zu sprechen kommen.

Als Kellner oder Steward am Schiff entsteht durch einen längeren Kontakt zwischen Kellner und Gast eine enge Beziehung, bei der der Gast sich freut, wenn der Kellner ihn als Mensch respektiert. Herr Engelbert erzählt dazu weiter: „Im Kaffeehaus muss ich nicht so eine übertriebene Freundlichkeit an den Tag legen, weil der Gast ja nicht auf Urlaub da ist. Da ist auch eine gewisse Distanz wichtig. Der Schiffstourist aber, speziell der Amerikaner, liebt es, dass man übertrieben freundlich zu ihm ist und ihn aufmerksam behandelt. Das beginnt schon beim Frühstück." Darüber habe ich bereits im Kapitel über Engelberts Schiffsreisen erzählt. Ich werfe ein, dass in unseren Wiener Kaffeehäusern viele Gäste in Ruhe gelassen werden wollen. Herr Engelbert bejaht und führt weiter aus: „Die Leute am Schiff wollen auch ein Gespräch, sie wollen aber in erster Linie von sich etwas erzählen. Man fängt ein Gespräch an und muss dann der geduldige Zuhörer sein. Das ist im Kaffeehaus auch bei manchen Gästen so. Wir haben hier aber oft die Zeit nicht dazu, um uns mit einem Gast zu unterhalten. Es ist bei uns immer etwas zu tun. Manchmal aber habe ich Zeit, mich zu einem Gast hinzustellen und mit ihm zu reden. Einmal hat einer mir seine ganze Familiengeschichte und seinen Ärger mit Tochter und Schwiegersohn erzählt, die ihn nicht wollen. Ich habe ihm gesagt, er soll sich damit abfinden und Ruhe geben." Herr Engelbert versteht es, dem Gast das Gefühl zu geben, dass er ihn versteht.

Ein ähnlicher Typ ist auch Herr Gerhard vom „Schweizerhaus" im Wiener Prater. Mit ihm sprach ich im Beisein von Frau Lydia Kolarik, der Wirtstochter vom „Schweizerhaus", in einem Kaffeehaus. Frau Lydia meint, bei Herrn Gerhard, auch wenn er nicht viel redet, ist man als Gast gut aufgehoben. Sie spricht mit Hochachtung von ihrem Kellner: „Er ist ein guter Psychologe. Ich kenne Gäste, die kommen jeden Sonntag und sitzen gerne beim Gerhard. Dabei erzählen sie ihm alles, zum Beispiel auch, dass sie auf Urlaub fahren." Nun erzählt Herr Gerhard: „Am Sonntag am Abend kommt ein Ehepaar gerne zu mir. Sie haben selbst ein Gasthaus. Die beiden erzählen mir ihre Probleme, die sie während der Woche gehabt haben. Sie haben immer noch ein Wirtshaus. Sie haben mich sogar einmal zu sich eingeladen, damit ich das Gasthaus sehe. Ich war auch dort. Ich habe mir es nicht so groß vorgestellt. Am Sonntagabend haben die beiden Ruhetag. Da besuchen sie das ‚Schweizerhaus'. Wenn ich dort bin, kommen sie nur zu mir." Herr Gerhard genießt bei diesen Wirtsleuten einen guten Ruf, nämlich den Ruf eines Zuhörers und Beraters.

Wie wichtig in den klassischen Gasthäusern Wirte und Kellner sind, die den Gästen auch zuzuhören wissen, erfahre ich auch von Willi Kerbl, dem Wirt des Gasthauses zur Steyrerbrücke, bei dem auch unser „Wilderermuseum" untergebracht ist. Willi Kerbl, mit dem

ich im Gastgarten des „Schwarzen Rössls" in Windischgarsten sitze,
schwärmt geradezu von seinem Leben als Wirt, der sich auch als Psychologe, als Seelentröster, sieht: „Ich bin in den Beruf des Wirten und
Kellners hinein gewachsen, von Kind auf. Ich habe schon als Kind im
Gasthaus Steyrerbrücke mitgearbeitet. Mit 18 Jahren habe ich den Betrieb übernommen. 32 Jahre bin ich jetzt schon Wirt. Mit Leuten aus
vielen Schichten bin ich zusammen gekommen. Wir sind kein Dorfwirtshaus, ich habe es immer mit Vagabunden zu tun gehabt. Wir sind
ein Durchzugswirtshaus, immer schon gewesen. Unser Gasthaus hat
einmal zum Stift Spital am Pyhrn gehört. Das Gasthaus ist ein paar
Mal niedergebrannt, daher gibt es auch keine Chroniken. Das Haus
dürfte schon immer ein Umschlagplatz gewesen sein, mit Rössern und
dem Vieh kamen sie hier vorbei.

Mit 18 Jahren stellte sich die Frage, ob ich Wirt werden soll. Gelernt
habe ich etwas anders, zuvor habe ich die Handelsschule gemacht,
dann erst die Lehre für Koch und Kellner. Beim Wirtshaus war früher
auch eine Landwirtschaft dabei. Es war ein klassisches altes Wirtshaus.
Für mich war die Gastronomie vorrangig, die Landwirtschaft habe ich
aufgegeben. Ich habe das Gasthaus verändert, auch das Publikum hat
sich verändert. Wir sind das Wirtshaus der Durchziehenden, wir müssen mit allen Mentalitäten von Menschen uns befassen. Der Unterschied zum Dorfwirtshaus liegt im Wirten und im Aufgabenbereich.
Das Dorfwirtshaus hat im Wesentlichen jeden Tag dieselben Kundschaften. Bei uns wechselt es, aber trotzdem ist der Umgang mit den
Gästen sehr sensibel. Es kann sein, dass der eine Gast einen Stress auf
der Straße gehabt hat, der andere Strafe zahlen musste, ein anderer mit
der Frau im Auto Streit gehabt hat, beim anderen die Kinder lästig
waren usw. Manche Gäste kommen herein und sind gereizt. Wir kennen das: Wenn die Kundschaft Stress gehabt hat, so muss man bei ihr
Dampf ablassen. Das ist so. Oder du merkst, die Gäste sind gelassen
und locker. Das ist gut so. Manchen Gast muss man immer wieder

aufrichten, hierin ist kein Unterschied zwischen Kellner und Wirt."
Herr Willi ist stolz auf seine Fähigkeiten als eine Art Psychologe in
seinem Wirtshaus. Interessant ist bei ihm, dass er sein eigener Lehr-
herr war. Vom Gasthaus, wo er schon als junger Wirt tätig war, fuhr er
in die Berufsschule, wo er den Beruf des Kellners zumindest von der
Theorie her erlernt hat. Herr Willi meint:

„Ich war Kellner, Wirt und Lehrbub in einem." Sein Wissen über
und seine Erfahrungen mit dem Leben im Wirtshaus sind also um-
fassend. Als ich ihn nach den Aufgaben eines „guten Kellners" frage,
antwortet er: „Für den Kellner und auch für den Wirt ist es wichtig,
dass er nicht alles hört und, wenn er etwas hört, es nicht so aufnimmt,
wie der Gast es bringt. Das ist Grundbedingung. Unsere Aufgabe ist es,
den Gast wieder aufzurichten. Als Kellner muss man die Stimmungs-
lage erkennen."

Für Willi ist also die Beziehung zum Gast wesentlich, wobei der
Kellner und der Wirt sich zu bemühen haben, die Seele des Gastes zu
erkunden.

Ähnliches erzählt auch Herr Boris, ein nobler Kellner im Café
Landtmann, der selbst aus einer Gasthauskultur kommt: „Ich habe viel
von meinen Eltern gelernt. Ich habe auch gelernt, dass jeder richtige
Kellner ein kleiner Psychologe sein muss. Ein Kellner hat im Monat
mit Hunderten Gästen zu tun. Er sieht die verschiedenen Typen von
Menschen. Durch den Beruf als Kellner lernt er zwingend, welche
Menschen es gibt und wie man mit ihnen umgeht. Er muss dies ler-
nen, damit er überlebt."

Aufgewachsen in einem Gasthaus ist auch der freundliche Herr
Franz Reich, der Wirt von Wolkersdorf. Auch er macht sich seine, an
die Tätigkeit eines Psychologen erinnernden Gedanken zu den Gästen:
„Man kennt die Gäste und ihre Freuden, aber auch deren Probleme.
Natürlich versuchen wir auf die Leute einzugehen, wenn wir sehen, sie
haben Ärger oder sind krank. Zu einem solchen Gast, der unglücklich

ist, sage ich: ‚Nah geh, es wird schon weiter gehen!' Manchmal füge ich hinzu, damit er sich freut:‚Vergiss die Zeche!'" Ich ergänze und erwähne, dass ein guter Kellner auf die Gäste eingehen muss, überhaupt, wenn sie ihm ihre Familienprobleme und die Streitigkeiten erzählen. Franzi Reich fährt fort: „Solche Sachen sind sehr schwierig, denn meist kennt man ja die Familien. Man will ja niemanden verärgern oder kränken. Man muss sich mit viel Fingerspitzengefühl durchlavieren. Manchmal sitzen am Stammtisch Leute, die sagen, da setze ich mich nicht her, denn da sitzt der Herr X, da kann ich mich nicht hersetzen, mit dem bin ich zerstritten. Zu dem sage ich: ‚Hörst, beruhige dich.' Am Stammtisch wird hie und da ein Wort gesagt, das man nicht auf die Waagschale legen darf. Meistens gelingt es mir, den Streit zu schlichten, manchmal aber auch nicht. Draufzahlen tut bei so etwas immer der Wirt. Wenn sich zwei Gäste streiten und der Wirt greift ein oder wenn er für den einen oder den anderen die Partei ergreift, kann er Pech haben. Es kann sein, dass beide wegbleiben. Einen verliert man als Wirt auf alle Fälle, und zwar den, gegen den du geredet hast. Man muss viel Fingerspitzengefühl aufwenden!" Ein solches ist notwendig, wenn es um Familiengeschichten geht, überhaupt wenn der Gast seinen Ärger mit seiner Frau loswerden will. Daher meint Franzl Reich: „Solche Geschichten sind oft lustig, weil du von der anderen Seite weißt, dass zum Beispiel die Frau eines Gastes einen anderen hat. Das kannst du ihm aber nicht auf die Nase binden. Jetzt muss man sagen: ‚Na, geh, das wird schon nicht so sein. Wer weiß, was wahr ist. Da rennt schon nichts. Ich habe nichts gehört.' Da muss man sehr diplomatisch sein. Ich habe schon Sachen gehabt! Um halb eins in der Nacht sitzt der eine bei einem Viertel Wein bei mir und schüttet sein Herz aus: ‚Meine Alte geht fremd. Ich erschieße mich.' Hundsmüde bin ich schon gewesen, schlafen möchte ich gehen, aber der geht nicht heim, weil er einen Weltschmerz hat. Einmal bin ich mit einem gesessen bis fünf Uhr in der Früh. Er hat sein Herz ausgeschüttet. Wie ein Pfarrer, ein Samariter, bin ich mir vorgekommen. Ich war müde, denn um sieben Uhr sollte ich wieder aufstehen." Der Kellner oder der Wirt, dem seine Gäste nicht gleichgültig sind, kümmert sich auch um sie, wenn es ihnen schlecht geht.

Aber auch der Vater von Franzl Reich, der vor dem Krieg Barmann in der Schweiz war, wusste seine Gäste psychologisch zu betreuen. Darüber erzählt sein Sohn: „Der Vater war immer im Hotel. Während seiner Arbeit war er immer vornehm angezogen, mit Smoking und Mascherl. Er arbeitete vom Spätnachmittag bis in die Nacht, wie es eben in einem Barbetrieb üblich ist. Der Barkeeper ist wie ein Pfarrer. Die Leute schütten ihm ihr Herz aus."

Über dieses Thema der psychologischen Betreuung des Gastes sprach ich auch mit Herrn Wolfgang, den ich als Kellner in einem Gasthaus im Wienerwald kennengelernt habe und der sogar in den USA als Kellner tätig gewesen ist. Er erzählt mir, als ich frage, wie er mit Gästen umgeht, die psychische Probleme zu haben scheinen: „Da muss man halt mitspielen. Wenn einer erzählt, er hat Probleme daheim mit der Frau oder Ähnliches, muss man ihm eine Antwort geben, muss mitreden. Man gibt Ratschläge oder sagt irgendetwas Neutrales. Der Gast ist dann zufrieden und vielleicht glücklich. Im Kaffeehaus ist das etwas anderes als in einem Gasthaus. Hier wollen die Leute gerne alleine sein. In einer Bar, wie ich sie in den USA kennengelernt habe, ist der Kontakt zum Gast ein besonders starker. Hinter einer langen Bar, die bei zehn Meter lang sein kann, stehen meist drei oder vier Kellner. Vor der Bar sitzen zehn Leute, mit denen gibt man sich eine Zeit ab. Man hat da Zeit für einen. Wenn man mit einem redet, so ist es in den USA so, dass nicht ein anderer Gast dreinredet und sagt: ‚Ich will auch etwas.' Die Mentalität ist dort eine andere. Gearbeitet habe ich unter anderem in Toronto, in einer Hotelbar. Die Amerikaner haben eine andere Mentalität als wir hier. Dort bist du, auch wenn du hinter der

Bar arbeitest, wie ein Psychologe. Die kommen, wollen mit dir reden, haben ein Problem zu Hause oder in der Arbeit. Für diese Leute bist du eine Ansprechperson. Und nicht so wie hier, wo die Leute nur essen und trinken wollen. Meine Gäste waren dort meist Afroamerikaner, die meisten von ihnen waren Singles. Sie kamen nach der Arbeit zu mir. Ab dem Spätnachmittag sind sie an der langen Theke gesessen. Die fragen dich etwas. Je später die Stunde wird, desto redseliger werden die Leute. Von der Arbeitszeit her waren es zwölf, 13 Stunden pro Tag, die ich gearbeitet habe. Ich finde einen solchen Job ganz spannend und lustig, auch wenn es manchmal etwas stressig ist. Wichtig ist, dass man mit Menschen zu tun hat."

Über die psychologischen Eigenschaften des Kellners sprach ich auch mit Herrn Martin Kierlinger, den Wirt eines Heurigen in Nußdorf. Martin, dem es wichtig ist, dass seine Kellner eine enge Beziehung zur Gaststätte und zu den Gästen entwickeln, meint dazu: „Wir haben immer versucht, die Kellner lange zu halten. Denn die Stammgäste gewöhnen sich an Kellner und diese wissen, was Stammgäste wollen. Sie plaudern mit ihm. Der Gast kann sein Herz ausschütten. Das macht der Kellner allerdings nicht bei jedem Fremden, sondern er schaut sich diesen genau an. Der Kellner wird so ein bisserl zum Beichtvater. Wenn er keine Zeit hat, geht das freilich nicht. Es gibt Tage, an denen es eher ruhig ist, dann hört sich der Kellner an, dass der Gast zum Beispiel Ärger mit dem Schwiegersohn hat oder dass die Frau ihm das Leben schwer macht. Der Gast kommt also her und erzählt dem Kellner sein Leid. Zwei Monate später kommt er vielleicht mit der neuen Freundin, dann ist alles in Ordnung. Man muss eben eine eigene Mentalität als Kellner haben, um ein Verständnis für den Gast aufzubringen." Für Martin ist es wichtig für den guten Kellner, dass er auch ein Herz für den Gast hat.

Auch Meho Crnkic, der frühere Kellner aus Bosnien, der heute Wirt in Spital am Pyhrn ist, sieht im guten Kellner einen guten Psychologen. Meho erzählt dazu spannend aus seinem Leben: „Zuerst war ich am ‚Linzerhaus' auf der Wurzeralm bei Spital am Pyhrn. Ich habe in meiner Tätigkeit als Kellner nicht nur eine Arbeit gesehen. Es war eine physische Anstrengung als Kellner, weil man den ganzen Tag auf den Beinen steht und läuft, acht, neun Stunden. Auch psychisch war und ist es eine Anstrengung. Daher muss man als Kellner auch ein guter Psychologe sein. Die Gäste sind dann Kinder. Wie in der Schule. Man muss richtig mit ihnen umgehen können, wie mit den Kindern in der Schule. Nicht auf alles darf man gleich reagieren. Man muss wissen, wie man reagiert, damit man den Gast gewinnen kann. Täuschung ist immer drinnen. Wenn jemand grantig ist, ich sehe das nicht persönlich. Deswegen braucht dieser Job auch Intelligenz. Man muss eigene Kräfte entwickeln. Darauf kann man stolz sein. Wenn der Gast aufsteht und geht, und er sagt: Trotzdem, bleib so wie du bist, dann weißt du, dass du es gut gemacht hast. Wenn er aufsteht und geht grantig weg, dann hast du etwas falsch gemacht. Wenn alles geklappt hat und du dem Gast Verständnis gezeigt hast, dann bist du belohnt durch sein Lachen oder er gibt Trinkgeld oder sagt: ‚Bleib so'."

Als ich ihm sage, dass der Gast oft gar nicht daran interessiert ist, vom Kellner belästigt zu werden, führt er aus: „Das ist eine Frage der Psychologie. Ein Kellner muss wissen, wann er den Gast ansprechen kann und wann nicht. Ein Kellner soll daher auch ein Psychologe sein. Er muss Kenntnisse der menschlichen Psyche besitzen. Als Kellner muss ich wissen, wann will der Gast seine Ruhe haben. Dann muss ich mich zurückziehen. Ich muss wissen, wann braucht mich der Gast. Ich muss wissen, wann ich ihm Witze erzählen kann. Ein guter Kellner hat ein allgemeines Wissen. Er ist ein Psychologe. Wenn er Intelligenz besitzt, kann er in seinem Leben laufend lernen, weil die Gäste erzählen ihm viele Geschichten. Er kennt eine Geschichte von jemandem, den die Frau verlassen hat. Er hat eine Geschichte von jemandem, der mit Kindern Probleme hat. Er hat gehört von einer Familie, die funktioniert. Er hat gesprochen mit einem Geschäftsmann, der ihm erklärt hat, wie die Geschäfte gehen. Der Kellner schnappt von jedem Gespräch das Wichtigste auf. Das wird ihm nutzen im weiteren Sinn. So wird er ein besserer Psychologe als ein beruflicher Psychologe. Der Mensch braucht einen Ansprechpartner, der ihn versteht. Es gibt aber einen Unterschied zwischen den Gästen. Es gibt Gäste, die brauchen einen Ansprechpartner, und Gäste, die brauchen keinen. Das sollte der Kellner wissen."

Gute Kellner zeichnet ein großes Maß an Menschenkenntnis aus. Kellner lernen, mit Menschen umzugehen und sie auch entsprechend einzuschätzen. Dies gehört zu ihrem Geschäft als Psychologen des Gasthauses. In diesem Sinn verstehe ich die Geschichte von Renate Spanring, die als Kellnerin in Spital am Pyhrn im Gasthof Tankstelle, aber auch als Wirtin in Windischgarsten gearbeitet hat. Renate erzählt: „Damals, als der Autobahntunnel durch den Bosruck in die Steiermark eröffnet wurde, haben wir bei uns ein großes Festmahl gehabt, an dem Politiker und andere hohe Leute teilgenommen haben. So etwas ist sehr interessant. Die Politiker werden in der Öffentlichkeit oft ganz anders dargestellt, als sie in Wirklichkeit sind. Man ist nicht selten positiv überrascht von diesen Leuten. Ich sage immer: Wenn man in einem Gasthaus tätig ist, ist es wichtig, dass man nicht voreingenommen ist, weil dies spürt der Gast. Man muss immer das Beste im Menschen sehen." Ich werfe ein, dass Kellner, die glauben, jemand ist nicht viel wert, weil sein Äußeres eher bescheiden ist, nicht sehr klug sind. Frau Renate bejaht und stellt fest: „Man darf einen Menschen nie nach dem Aussehen, nie nach der Kleidung beurteilen, sondern man muss ihn als Mensch sehen."

Ich erzähle, dass mir als Radfahrer, der wochenlang abseits der üblichen Radwege über das Land fährt, es schon einige Male passiert ist, dass ich in Hotels eher mit Distanz behandelt wurde, da man mich offensichtlich für einen Vagabunden gehalten hat. Daher wurde ich auch bisweilen gebeten, das Hotelzimmer im Voraus zu zahlen. Frau Renate ergänzt: „Genau, das kann einem passieren. Jeden Menschen, egal wie er aussieht, zu schätzen, ist eine Gabe, die man von den Eltern mitbekommen hat. Mein Vater war Holzknecht und meine Mutter war eine gewöhnliche Hausfrau, sie lebten in Windischgarsten. Meine Eltern waren ganz einfache Leute. Von ihnen habe ich viel gelernt."

Auch für Frau Renate ist mit dem Kellnerberuf ein stetiges Kümmern um das seelische Wohlbefinden der Gäste verbunden. Am Beginn ihrer Arbeit als Kellnerin war ihr dies allerdings noch nicht bewusst, erst später wurde ihr klar, wie wichtig es auch für den Kellner ist, auf den Gast und seine Probleme einzugehen. Dabei besteht für den Kellner – ähnlich wie für einen Beichtvater – eine gewisse Pflicht zur Verschwiegenheit: „Am Anfang habe ich dies noch nicht so richtig verstanden. Dann habe ich jemanden kennengelernt, der in Sattledt ein Gasthaus hatte, Harald B. hieß er. Ich habe mich mit ihm unterhalten. Er hat gemeint, jeder Kellner ist auch irgendwie ein Psychologe. Man weiß als Kellner viele Sachen, die man anvertraut bekommt. Man darf das nicht weitergeben, auch nicht in der Familie. Ich rede nicht einmal in meiner Familie darüber. Ich denke vielleicht nach über das, was mir jemand erzählt. Wenn ich ihn später treffe, rede ich manchmal mit ihm darüber.

Das Wichtigste für diesen Beruf des Kellners, wenn man ihn gern macht, ist der Instinkt. Vielleicht kann man ihn lernen." Ich meine, dass gescheite Dirnen in einem Bordell eine ähnliche Funktion wie Kellner haben, wenn ihnen Kunden ihre Probleme erzählen. Frau Renate nickt und führt dazu an: „Man muss als Kellnerin lernen zuzuhören und etwas Positives weitergeben. Dazu habe ich eine traurige Geschichte. Das war beim ‚Kirchenwirt' in Windischgarsten. Wir haben einen Bekannten gehabt, der ist oft am Abend gekommen, er hatte eine höhere Position, finanzielle Schwierigkeiten hatte er keine, aber menschliche. Er hat mit meinem Mann, der damals dort Wirt war, gesprochen und ihm sein Leid erzählt. Mein Mann hat mich in der Früh aufgeweckt und mir dessen Probleme erzählt. Wir haben uns Sorgen gemacht um ihn. Er hat Depressionen gehabt. Am nächsten Tag war er tot. Mein Mann hat sich Vorwürfe gemacht, dass er nicht länger bei ihm sitzen geblieben ist. Es gibt viele Situationen, die traurig enden. Es gibt aber auch positive Situationen, bei denen man Menschen eine Freude machen kann. Vor Kurzem haben wir einen Gast gehabt, er ist alleinstehend, seine Frau ist schon vor vielen Jahren gestorben. Er kommt jeden Tag. Ich versuche immer, ihn positiv zu stimmen. Eines Tages, es war ein Sonntag, es war viel Betrieb, kommen zwei ältere Damen, die haben sich neben ihn an einen Tisch gesetzt. Ich habe sie gefragt, ob es ihnen etwas ausmacht, wenn ich sie zu dem Herrn setze, der sitzt alleine, denn ich brauche den Tisch. Die haben sich dann mit ihm drei Stunden lang sehr gut unterhalten. Er war also nicht alleine, er ist nicht heimgegangen, er hat einen schönen Nachmittag gehabt. Darüber habe ich mich gefreut. Das Schöne an meinem Beruf ist es, dass ich für mein Hobby noch bezahlt werde. Es ist ein schöner, aber auch schwerer Beruf.

Ich wundere mich oft über mich selbst, denn wenn es recht stressig ist, bewahre ich dennoch die Ruhe. Man darf einem Gast nicht vermitteln, dass man unter Druck steht." Ich frage Frau Renate, wie sie reagiert, wenn Gäste ungeduldig oder unruhig sind. Sie antwortet: „Man muss den Gast beruhigen. Er muss das Gefühl haben, er braucht dich, weil du eine Ruhe ausstrahlst. Ruhe ist immer das Beste. Er fühlt sich dann in deiner Anwesenheit auch geborgen. Für seine Ungeduld kann er ja nichts. Er will das vielleicht gar nicht so. Und er muss merken, dass man angenehm für ihn ist."

Frau Renate verstand und versteht sich gut mit ihren Gästen, wie sie weiter ausführt: „Jeder Gast ist eine Persönlichkeit auf seine Art.

Ich versuche, immer das Positive von mir zu geben. Die Leute gehen ja von zu Hause fort und ins Gasthaus, damit sie positive Sachen empfangen. Die gehen ja nicht wegen einer Konfrontation weg. Sie wollen das Negative, das sie vielleicht haben, wegbringen. Man hat ja als Kellner einen Instinkt. Man spürt, wenn jemand kommt, dem geht es schlecht. Das spürt man. Durch Anreden oder Ablenken kann man ihm das zu einem Teil abnehmen. Das ist ein Gespür. Anreden darf man ihn nicht auf das, was ihn bedrückt, das wäre ganz negativ. Man muss den Gast durch andere Sachen ablenken, zum Beispiel in ein Gespräch verwickeln. Viele sind alleine und haben niemanden zum Reden. Sobald ich ihn in ein Gespräch verwickle und er fängt vom Negativen zu reden an, dann ist es schon positiv, weil dann entlastet er sich. Wichtig ist, dass derjenige, dem es schlecht geht, auch ins Gasthaus geht. Normal spricht niemand über seine Probleme, man kann ihn nur anregen, dass er ein Gespräch beginnt." Und schließlich meint Frau Renate: „Das Schöne an dem Beruf ist, dass kein Tag gleich dem anderen ist."

Der Kellner und der Wirt, denen es ernst ist um ihre Gäste, bedürfen der Kunst des Umgangs mit diesen. Sie müssen den Gästen das Gefühl geben, dass sie diese respektieren.

Die freundliche Frau Wirtin vom Gasthof König beim Bahnhof in Kremsmünster stimmt zu: „Wenn ein ganz ein einfacher Mann kommt, ein einfacher Gast, mit dem geht man genauso um wie mit einem Geschäftspartner der Firma Greiner, der größten Firma in Kremsmünster." Ich beobachte die Frau Wirtin, während ich meinen Tee trinke. Sie ist beliebt bei den Gästen, sie redet und scherzt gerne mit ihnen. Ich sage ihr, dass es mir gefällt, wie sie auf die Leute zugeht und mit ihnen plaudert. Sie meint dazu: „Ja, das tue ich immer. Das ist meine Hauptbeschäftigung am Tag. Etwas Anderes als freundlich zu sein, würde es bei mir nicht geben. Gestern ist ein alter Jäger gekommen, aus Schlierbach. Der ist lieb, er kommt mit dem Zug um neun

Uhr an, dann geht er in das Ledergeschäft zur Gusti Lechner, bringt ein Fuchsfell hin, wenn er einen Fuchs geschossen hat. Die Gusti übernimmt das Fell und gibt es weiter zum Gerben. Der Jäger hat kein Auto. Er trägt einen großen Rucksack. Wenn er beim Lechner war, kommt er hierher und trinkt ein paar Bier. Dann fährt er mit dem Zug wieder heim. Wenn er bei uns in der Gaststube ist, sitzt er alleine da und möchte immer reden, aber er hat niemanden zum Reden. Daher setze ich mich, wenn ich Zeit habe, zu ihm. Ich schaue also, dass er nicht alleine beim Tisch sitzt."

Der Kellner des Gasthauses, Herr Thomas, verhält sich ähnlich gegenüber den Gästen, erzählt die Wirtin: „Der Thomas hat es von Natur an sich, dass er zu den Gästen freundlich ist, bei ihm ist es nicht angelernt.

Er akzeptiert den Gast und nimmt ihn so, wie er ist. Beim Thomas ist die freundliche Art, mit Gästen umzugehen, angeboren." Der Herr Wirt schaltet sich ein: „Es ist großartig, wie der Thomas es macht, mit Gästen umzugehen. Die alten ‚Tabernakelwanzen‘, also die frommen alten Damen, hat der Thomas genauso im Griff, wie die jungen Damen, die finden ihn sexy. Er hat eine Freude, mit Menschen umzugehen. Und er freut sich, wenn die Gäste sich freuen. Er ist zufrieden, wenn die Leute sagen, es ist ein Wahnsinn, wie du es machst. Darum mag ihn Jung und Alt. Es gibt für Thomas nichts Schöneres, als wenn die Gäste gehen und sagen, wir haben einen schönen Abend gehabt – das ist für ihn das Wichtigste. Es gibt nicht so viele Kellner wie ihn."

Gäste mit Ärger und Problemen sind dankbar für Kellner, die ihnen freundlich begegnen und denen sie auch mitunter ihr Herz ausschütten können.

Vor allem in Bars und vorwiegend zur Weihnachtszeit, wie mir ein Kellner, der in einer Bar gearbeitet hat, erzählt, kommen Leute, um sich auszureden und ihre unglückliche Situation auszubreiten.

Darüber sprach ich auch mit Frau Michaela Frank, der liebenswürdigen Studentin von mir, die auch regelmäßig als Kellnerin ihr Geld verdient. Ihre Eltern sind selbst Wirte. Auch sie meint, dass psychologische Gespräche mit Gästen im Gastgewerbe zahlreich sind: „Man möchte gar nicht glauben, was Betrunkene an der Theke stehend alles von ihren Familiengeschichten und Problemen erzählen. Da gewinne ich des Öfteren den Eindruck, dass sie einfach froh sind, es ‚los' zu werden und gar nicht so sehr daran interessiert sind, Rat entgegenzunehmen."

Der klassische Kellner strahlt Ruhe aus, die den Gast beruhigt. Er hat also tatsächlich etwas von einem guten Psychologen an sich. Darüber sprach ich auch mit Herrn Gerhard, einem Kellner des sogenannten Schweizerhauses im Wiener Prater. Er führt aus: „Zum Beispiel nach einem Fußballmatch ist eine besondere Stimmung. Wenn da der Kellner aggressiv oder nervös wird, dann heizt er die Stimmung jener an, die über die Niederlage ihrer Fußballmannschaft betrübt sind und sich ärgern. Er muss die Leute beruhigen, er muss sagen, das nächste Mal werdet ihr wieder gewinnen. Er muss die Aggressionen wieder wegnehmen. Ein guter Kellner muss auch ein guter Psychologe sein. Ich habe viele alte Leute als Stammgäste, eben weil ich schon lange dort bin. Die erzählen mir auch viel. Zu mir kommt schon die zweite oder dritte Generation. Zuerst sind die Eltern mit den Kindern gekommen, jetzt kommen die Kinder schon. Da erlebt man oft die ganze Familiengeschichte. Eine Frau, deren Mann gestorben ist, sie ist an die 80, die war beim Arzt, sie hat zu ihm gesagt, sie nimmt keine Medikamente, sie geht aber fünfmal in der Woche in das ‚Schweizerhaus'. Sie kommt von Meidling. Sie geht die Hauptallee bis zum Lusthaus und zurück. Dann trinkt sie bei uns ein Bier und zwei Achterln roten Wein. Und dann ein Nussschnapserl. Der Arzt hat zu ihr gesagt: ‚Machen Sie nur so weiter mit den Getränken.' Der Besuch im ‚Schweizerhaus' ist für die alte Dame ein Höhepunkt. Kennen tut sie auch schon jeder,

denn sie sitzt immer am selben Platz." Die würdige alte Dame, die in
Maßen Bier, Wein und Schnaps trinkt, ist auch froh, mit dem Kellner
zu sprechen und sich an seinen Scherzen zu erfreuen.

Dazu passt ein Satz der eben zitierten Frau Michaela, die einmal als
Studentin in einer Vorlesung eine Universitätsprofessorin der Psychologie sagen hörte: „Gott sei Dank gibt es Kellner, Friseure, Verkäufer
und ähnliche Leute. Diese Berufsgruppen erledigen einen wichtigen
Teil der psychologischen Arbeit."

14. Der Kellner als Unterhalter

Der gute Kellner ist nicht nur ein guter Psychologe, sondern auch ein guter Unterhalter, er weiß, den Gast zu amüsieren, entweder durch heitere Gespräche oder vergnügliche Gesten. Ihm ist es wichtig, den Gast zu unterhalten und ihm das Gefühl zu geben, er würde in einer Welt der heiteren Gelassenheit leben.

Frühe Zecher und der Trinker Paracelsus

Wohl die meisten Kellner bauen in dieser Hinsicht auf einer alten Geschichte auf, denn es war stets auch ihre Absicht, den Gästen eine Welt zu bieten, in der sie sich wohl fühlen und sich auch erfreuen. Fröhliche Gäste während des Mittelalters waren die sogenannten Vaganten. Die Vaganten bestanden aus umherziehenden, zum Teil aus verbummelten, Studenten und zum Teil auch aus fertigen Magistri, die keinen Beruf hatten oder keinem nachgehen wollten. Sie hatten, wie wir aus ihren Liedern erahnen können, gute Kontakte zu Wirten und Kellnern. Für sie waren die Wirtshäuser die Bühnen, auf denen sie trinken und scherzen konnten. Gute Kellner werden dabei freundlich versucht haben, ihren Übermut in rechte Bahnen zu lenken. Der wohl berühmteste Vagant war François Villon, Magister der Pariser Universität, erfolgreicher Dieb und Zuhälter, der im 15. Jahrhundert wunderbare Gedichte geschrieben hat, in denen auch das Leben in der Schenke verherrlicht wird.

In ihren Liedern, die in der Carmina Burana aus dem 13. Jahrhundert zu uns gekommen sind, geben die Dichterfürsten der Vaganten, wie der berühmte Archipoeta und Walter von Châtillon, einen farbigen Einblick in eine Welt, die bestimmt ist durch den Trunk und die Liebe und in der eine geordnete Arbeit nicht gefragt ist. So heißt es in diesem Lied zu Ehren des Bacchus, des Gottes des Weines:

„Bacchus lenis leniens curas et dolores confert iocum, gaudia, risus et amores. Istud vinum, bonum vinum, vinum generosum, reddit virum curialem, probum, animosum. (Bacchus macht die Sorgen lind, lindert auch die Schmerzen, führt zu Lachen, Fröhlichkeit und zum Lieben, Scherzen. Dieser Schluck, ein guter Tropfen Wein, ganz auserlesen, macht den Zecher höfisch gar, mutig, keck sein Wesen.)

Und in einer anderen Strophe dieses Liedes wird es interessant:

Bacchus mentem femine solet hic lenire cogit eam citius viro consentire (Bacchus kann der Frauen Sinn hier geschmeidig biegen, zwingt in Kürze sie dem Mann fügsam zu erliegen).

Hier werden Themen angesprochen, die auch heute Gegenstand des Gesprächs in den Gasthäusern sein können.

Ein großer Zecher war übrigens Paracelsus, den ich wegen seines unsteten Lebenswandels auch zu den Vaganten rechne. Über ihn schrieb ein gewisser Zimmermann dies: „Er (Paracelsus) lebte wie ein Schwein, sah aus wie ein Fuhrmann, fand sein größtes Vergnügen in dem Umgang des liederlichsten und niedrigsten Pöbels und war die meiste Zeit seines Lebens besoffen. Auch scheinen alle seine Schriften im Rausch geschrieben zu sein." Angeblich starb Paracelsus in Salzburg bei einer Wirtshausschlägerei. Vielleicht hätte ihm ein Kellner helfen können.

Der „gute Schmäh" des Kellners

Der Gast sieht sich vom Kellner nicht bloß betreut, sondern bisweilen auch zum Lächeln gebracht. Der Kellner braucht dafür einen guten Schmäh, wie man in Wien meint.

Das Wort Schmäh, das vom jiddischen „schmuoh" für erzählen kommt, lässt sich nicht leicht erklären. Unter einem guten Schmäh versteht man ein heiteres Gespräch, einen Witz und eine freundliche Lüge, die nicht ganz ernst gemeint ist und durch die man jemanden erfreuen kann. Der schlechte Schmäh ist ganz einfach eine meist lügenhafte Erzählung oder ein schlechter Witz, der dazu angetan ist, andere Menschen zu verärgern oder zu erniedrigen, wie die Feststellung, jemand wäre dümmer als sein Hund.

Über den guten Schmäh, der typisch für den freundlichen Kellner ist, sprach ich auch mit Herrn Klaus, dem Wirt des „Spatzennestes", eines netten Gasthauses gegenüber der Ulrichskirche im 7. Wiener Gemeindebezirk. Herr Klaus überlegt dazu: „Es ist richtig, dass ein Kellner einen guten Schmäh braucht, aber was ist ein guter Schmäh, wie schaut ein solcher aus, ich weiß es nicht. Unser Kellner hier, der Herr Bobby, hat gesagt, in Wien verwechselt man Schmäh mit ‚goschert sein'." Ein guter Schmäh hat also nichts mit bloßem dummen Gerede, dem „goschert sein" zu tun. Der gute Schmäh, so meine ich, auch wenn er eine Lüge ist, erfreut die Menschen. Der Mensch braucht Weihrauch. So zum Beispiel ist es ein guter Schmäh, wenn man einer Frau sagt, wie schön sie doch ist, auch wenn dies etwas übertrieben erscheint, aber die Dame freut sich. Dies ist wichtig und macht den Schmäh aus. Herr Klaus lacht, er gibt mir Recht. Der gute Schmäh hat mit Heiterkeit und Unterhaltung zu tun.

Herr Klaus ist für einen unaufdringlichen Schmäh, der den Gast unterhält, aber ihm nicht lästig ist. Er selbst ist, da er als Wirt auch als Kellner fungiert, von einer noblen Unaufdringlichkeit, zu der eben auch ein gewisser Schmäh gehört. Er will den Gästen etwas Unterhaltung bieten, aber auch das Gefühl vermitteln, sich wohlfühlen zu können. Daher bringt er auch, wie er sagt, „seine privaten Sachen ins Gasthaus", Bilder von seinen Kindern hängen an den Wänden und er erzählt auch von ihnen.

Der Schmäh des Herrn Klaus, zu dem seine freundliche Selbstdar-
stellung gehört, ist also gut.

Ein guter Wirt und ein guter Kellner leben von ihrem Schmäh.

Als ich mit Herrn Engelbert, dem Kellner vom Café Landtmann,
das Gasthaus Adam im 8. Wiener Gemeindebezirk betrete, werde ich
vom Kellner freundlichst begrüßt, er meint, er kenne mich von der
Kolumne in der „Kronenzeitung". Der Kellner streut mir also Rosen
beim Betreten des Lokals. Engelbert, ein Kollege von ihm, meint dazu,
es sei ein guter Schmäh, dass er mir das Kompliment mit der „Kronenzeitung" mache.

Der Kellner sucht einen gelösten und heiteren Umgang mit seinen
Gästen. Bei meinen Besuchen im Café Landtmann kann ich diesen
heiteren Umgang von Kellnern regelmäßig beobachten und erleben.
Eine Strategie ist, den Gast, zu dem man bereits ein Vertrauensverhält-
nis aufgebaut hat, mit spannenden und auch heiteren Geschichten aus
Politik und anderen Bereichen der Öffentlichkeit zu unterhalten.

Auch dafür scheint Herr Engelbert vom Wiener Café Landtmann
ein Spezialist zu sein. So erzählte er mir, dass ein österreichischer Politiker der Sohn eines katholischen Pfarrers sei. Seine Mutter habe einen
fruchtbaren Kontakt zum Pfarrer des Ortes, in dem der Politiker seine
Kindheit verbracht hat, gehabt. Tatsächlich sieht der Politiker, wie der
Kellner meint, mit zunehmendem Alter dem Herrn Pfarrer, der allerdings bereits verstorben ist, immer ähnlicher.

Engelbert pflegt, wenn die Gelegenheit sich bietet, mit dieser
Geschichte einige seiner Gäste zu unterhalten. Wenn ich mit guten
Freunden, von denen ich weiß, dass sie sich an solchen Geschichten
ergötzen, im Kaffeehaus sitze, bringe ich mitunter in Anwesenheit
von Herrn Engelbert das Gespräch auf den betreffenden Politiker und
seinen katholischen Vater. Einmal meinte Herr Engelbert bei einer
solchen Gelegenheit zu mir lächelnd: „Wenn die Sache nicht stimmt,
stehen wir alle wegen Verleumdung vor dem Richter." Ich erwähnte

heiter, dass mir jemand hier im ‚Landtmann' erzählt habe, dass die Wahrheit ein kostbares Gut sei, daher müsse man sparsam mit ihr umgehen. Im Falle einer gerichtlichen Verwicklung wegen des Herrn Politiker würden wir also alles abstreiten. Herr Engelbert erwiderte, auch ihm habe jemand so etwas erzählt, und zwar sei dieser Jemand der Herr Professor Girtler, also ich, gewesen. Damit erntete der Herr Kellner Heiterkeit. Er hatte sein Ziel erreicht, uns in kurzer Zeit unterhalten zu haben.

Die Freude am Umgang mit Menschen und am Versuch, die Gäste zu amüsieren, bestimmt auch das Leben des Herrn Elmar vom Café Landtmann. Seine Karriere ist eine etwas außergewöhnliche. Zunächst erlernte er nämlich den Beruf des Bau- und Möbeltischlers, bevor er in „der Gastronomie angefangen hat". Dann war er als Inkasso-Kellner tätig, also als Kellner, dem es obliegt, bei den Gästen zu kassieren. Herr Elmar erzählt: „Ich habe zwei erlernte Berufe. Zu meinem Beruf als Kellner bin ich gekommen, weil mich irgendwann jemand gebeten hat, ich soll ihm als Kellner helfen. Das habe ich getan und dann habe ich gesehen, das gefällt mir. Nun habe ich mir gedacht, das mache ich weiter. Es hat mir Spaß gemacht. Na gut, habe ich mir gedacht, bleibst du halt dabei. Ich bereue es nicht. Hier im Kaffeehaus habe ich wunderbare Kollegen, einer der nettesten ist der Engelbert. Jeder ist für sich ein Sir.

Das Schöne am Beruf des Kellners ist, dass man mit vielen Leuten zusammen kommt. Man kommt ins Reden, man hat viel Abwechslung dabei. Mein Alltag ist nicht eintönig, obwohl sehr viele gleiche Sachen passieren, also Geschichten, die sich ähnlich sind. Einen guten Schmäh braucht man auf jeden Fall in unserem Beruf. Die Leute kommen ja hierher, um sich zu unterhalten. Manche wollen auch ihre Ruhe haben. Das gibt es auch. Eine Zeit habe ich in einer Bar gearbeitet. Im Barbetrieb hat man mit vielen Leuten zu tun. Vor allem zu Weihnachten kommen Leute mit ihren Problemen und schütten einem das Herz aus. Bei uns gab es in der Bar 70 verschiedene Biersorten. Wir hatten vom Nachmittag bis in die Nacht offen. Es war eine große Bar dabei. Es war eine einladende Bar, wo jeder sitzen kann. Es gab zwei Barfrauen und zwei Barmänner. Wir alle haben uns die Geschichten der Leute angehört und sie mit Witz unterhalten."

Der gute Kellner geht, wenn es ihm die Zeit erlaubt, auf die Gäste ein. Er gibt ihnen das Gefühl, respektiert zu werden.

Es ist allerdings oft schwierig, Gäste nicht zu verärgern, wenn sie sich übergangen fühlen. In diesem Sinn fragte ich Herrn Waggerl, einen klassischen Wiener Kellner in einem renommierten Restaurant, wie er es mache, wenn mehrere Gäste gleichzeitig rufen: „Ober zahlen!" Ob da nicht die Gefahr bestehe, dass sich ein Gast beleidigt sieht, wenn er, der Kellner, einen anderen Gast bevorzugt. Herr Waggerl versucht, dem Gast heiter und mit Witz zu antworten, wie er erzählt: „Man sagt in einem solchen Fall zum Beispiel: ‚Ich grüß' Sie, Herr Professor, ich komme sofort zu Ihnen, ein Augenblickerl. Ich bin gleich bei Ihnen, lassen Sie sich doch Zeit.'

Und zum nächsten Tisch sage ich: ‚Ich bin gleich bei Ihnen.' Ich habe fast 80 Prozent Stammgäste. Wenn ich sechs Tische habe, weiß ich bald von jedem, was er zu trinken bekommt. Ich habe einen Doktor, der will ein Achtel Apfelsaft, Wasser, ein Viertel Hühnerhaxl mit Reis, zwei Semmerln, einen kleinen Mokka. Und das Geld liegt am Tisch. Das macht er seit sechs Jahren. Der isst sonst nichts anderes. Oder ich habe eine ältere Frau, zu der sage ich: ‚Grüß' Sie, Frau Professor, Sie sind ja heute rüstig.' Sie sagt: ‚Heute nur ein Glas Mineralwasser.' Die Leute sollen sich wohl fühlen. Ihnen muss es gefallen." Herr Waggerl versteht, mit seinen Gästen auf noble Art zu scherzen. Im Scherz erweist er dem Gast seine Reverenz. Dieser erfreut sich an der heiteren Vornehmheit des Herrn Waggerl.

Der Kellner trägt zur Freude des Gastes bei. Er ist nicht ein bloßer Servierer, er bietet auch Abwechslung im Alltag.

Darüber spreche ich auch mit Herrn Daniel, mit dem ich durch Florian, einen liebenswürdigen Studenten von mir, in Kontakt gekommen bin. Herr Daniel ist um die 24 Jahre alt, er ist in Tirol Kellner, er liebt seinen Beruf und die Freude am sogenannten Schmäh im Umgang mit Menschen. Allerdings hat er erst allmählich diesen Beruf lieben gelernt, wie er erzählt: „Mit 19 Jahren habe ich als Kellner angefangen. Vorher habe ich HTL- Maschinenbau gemacht und war Schilehrer. Nach dem Bundesheer habe ich nicht gewusst, was ich tun soll. Daher habe ich begonnen, als Kellner auszuhelfen. In kurzer Zeit habe ich die Liebe dazu entwickelt. Ein Herr, den ich kennengelernt habe und der einige Restaurants in Innsbruck besitzt, hat mich damals gefragt, ob ich nicht Kellner werden will. Er ist eigentlich ein Bauernbub aus dem Pitztal gewesen, der zuerst Koch war und dann auf die Idee gekommen ist, ein In-Lokal in Innsbruck zu gründen. Es war ein kleines Lokal, in dem sich alles getroffen hat. Vom Straßenkehrer bis zum Rechtsanwalt waren alle drinnen. Er hat eine Atmosphäre geschaffen, die den Leuten gefallen hat. Die Mundpropaganda war derartig groß, dass bekannte Leute zu ihm gekommen sind. In der Früh sind die Leute schon hinein und haben Champagner getrunken. Es war ein kleines Lokal, in dem viel getrunken wurde. Nach fünf Jahren hat er dieses Lokal aufgegeben und ein Restaurant in der Innsbrucker Altstadt aufgemacht, in der Nähe vom ‚Güldenen Adler'. Damals, es war im Jahr 2000, habe ich ihn kennengelernt und wurde Kellner. Mich hat dieser Beruf gleich begeistert. Der Umgang mit Menschen ist mir wichtig. So habe ich angefangen, das Leben zu lieben. Die Arbeit als Kellner hat sich nun zu meinem größten Lebensinhalt entwickelt. Ich bekomme von den Leuten meine Energie zurück, die ich für sie ausgebe. Ich bin ein gerader Michel, ich lege niemanden hinein. Ich mache meinen ehrlichen Schmäh und hier und da einen trockenen. Das taugt dem Gast. Man muss ein bisserl auf den Gast eingehen. Man muss ein gutes Gespür haben, man muss wissen, bei wem man sehr höflich sein soll und bei wem man mit einem guten Tiroler Schmäh punkten kann. Man muss wissen, mit wem man eine Gaudi machen kann und bei wem man auf Distanz bleiben muss."

Herrn Daniel, der zum perfekten Kellner und Menschenkenner wurde, ist es wichtig, jene Gäste zu erkennen, die die „Gaudi", also die heitere Abwechslung im manchmal grauen Alltag, brauchen. Er und die Gäste haben ihre Freude daran.

Ein ähnliches Interesse hat auch Herr Engelbert vom Café Landtmann. Dies ersehe ich an seinen Reaktionen auf ungewöhnliches Verhalten seiner Gäste.

Wenn ich einen heißen Tee im Café Landtmann bestelle, erhalte ich zu diesem meist noch einen kleinen Krug mit heißem Wasser, um den Tee strecken zu können. Dieses heiße Wasser wird mir nicht berechnet. Als ich wieder einmal mit einem Freund im „Landtmann" saß und Herr Engelbert mir das zusätzliche Wasser kredenzte, meinte mein Freund, dass dies eine noble Geste des Kellners wäre. Herr Engelbert, der diesen Kommentar hörte, lachte und meinte, dass die Erfüllung meines Wunsches „volkswirtschaftlich eine Katastrophe!" sei. Mein Freund erheiterte diese Feststellung des Kellners und meinte, dass die Kellner in diesem Kaffeehaus „super" wären. Den Kellnern hier gefällt es, gewissen Gästen, die ihre Sympathie genießen, Freude zu bereiten.

Auf diese Freude geht auch Harry ein, er ist um die 30 und Kellner im Gasthaus meines Freundes Willi Kerbl in Windischgarsten. Auch Harry geht es um den Schmäh, aber auch um die gebildete Unterhaltung, schließlich hat er eine abgeschlossene Mittelschulausbildung hinter sich. Er erzählt:

„Das Wichtigste am Kellnerberuf ist, dass er dem Kellner Freude bereitet. Man muss mit ganzem Herzen dabei sein. Man braucht einen guten Schmäh. Irgendwie ist der Kellnerberuf eine Art Berufung. Da ich eine gute Allgemeinbildung habe, kann ich mit den Leuten ganz anders reden und diskutieren als andere Kellner. Ich habe da einen

Vorteil gegenüber denen, die diese Bildung nicht haben. Reden tut man mit den Gästen über alles, das sich so ergibt. Interessant war das Bar-Geschäft, das wir in Tirol hatten. Ich bin im Zillertal in einer Hotelbar hinter der Bar gestanden. Später war ich in Lech vier Jahre Oberkellner, da war ich für alles zuständig. Dies alles war nur in der Wintersaison. Die interessantere Arbeit war in der Bar. Man ist da als Kellner Psychologe und Unterhalter. Ich habe immer gesagt, vier Jahre hinter einer Hotelbar ist der erste Studienabschluss in Psychologie. Wenn die Gäste etwas betrunken sind, dann rutscht ihnen alles heraus. Lachen musste ich immer, wenn die biederen Familienväter mit ihrer ganzen Familie gekommen sind. Dieselben waren in der Vorwoche mit Freunden da und haben jeden Tag einen Hasen (eine Frau, Anm.) abgeschleppt. Man sagt dann lächelnd zu dem Mann, der sich nun ohne fremde Frau vergnügt: ‚Servas, grüß dich, es freut mich, dass du wieder da bist, wir haben uns schon lange nicht mehr gesehen.' Bei dem Geschäft muss man viel lügen."

Der Kellner in einer Bar scherzt nicht nur mit dem Gast, sondern er bietet ihm in aller Noblesse ein Alibi, um die Ehefrau nicht gegen ihn aufzubringen.

Eine besonders charmante und witzige Art mit Gästen umzugehen, hat Herr Rudi vom Café Landtmann. Ich betrete mit Frau Dr. Fuchsjäger, einer früheren Studentin von mir, das Café. Herr Rudi weist mir einen Tisch bei einem Fenster zu. Dieser Tisch gehört zu seinem Rayon. Hier ist er der Herr, hier nimmt er die Bestellung auf, serviert und kassiert. Als ich „Wuchteln", wie der Wiener die sogenannten Buchteln bezeichnet, bestelle, meint Herr Rudi mit gespielter Ernsthaftigkeit: „Es heißt Buchtl, so steht es in der Speisekarte. Man kann eine Wucht scheiben, aber die Buchtl wird serviert." Der Hinweis auf die Wienerische Redewendung „eine Wuchtel scheiben" erheitert die mich begleitende Dame, in deren vornehmem Lächeln Herr Rudi sich sonnt. Als

ich Rudi erkläre, dass ich in der Speisekarte das „B" im Wort Buchtel
durch den Buchstaben „W" ausgebessert habe, lacht er herzhaft. Tatsächlich gibt es beide Bezeichnungen im Wienerischen für eine typische Mehlspeise der böhmischen Küche. In klassischer Weise sind die
Buchteln oder Wuchteln mit Powidlmarmelade, also mit Zwetschken-
marmelade, gefüllt. Ich halte noch einmal fest, dass die Österreicher
grundsätzlich die Wuchtel der Buchtel vorziehen würden. Er müsse
das wissen, denn die Kellner sollten immer die Wahrheit sagen. Rudi
lacht und meint: „Natürlich sage ich immer die Wahrheit." Und als
ich sage: „Der Gast ist der König", erwidert er mit dem bekannten
Spruch: „Der Gast ist der König, aber ich bin der Kaiser." Nun spreche
ich Herrn Rudi mit „Kaiserliche Hoheit" an. Rudi lacht schallend. Als
er sieht, dass ich das Gespräch mit ihm auf einer kleinen Kassette auf-
nehme, meint er heiter und mit gespieltem Ernst: „Sie schneiden alles
mit. Innerhalb von 24 Stunden müssen die Bänder zerstört werden."

Frau Dr. Fuchsjäger lacht, auch ich lache. Sie lädt mich auf meinen Tee ein. Darauf scherzt Herr Rudi: „Ich bin sprachlos." Ich frage,
warum dies so sei. Er antwortet mit spitzem Lächeln: „Wir sind hier
ein altes Kaffeehaus, in dem ist es nicht üblich, dass die Dame für den
Herrn bezahlt. Mir fehlen die Worte. Das kommt selten vor." Ich
werfe scherzend ein, dass diese Situation für mich nun sehr unangenehm wäre.

Darauf Herr Rudi: „Nein, überhaupt nicht. Sie genießen und
schweigen!" Und als ich meine, dass ich als Klosterschüler im Kloster
den Spruch gelernt habe: „Der Kavalier genießt und schweigt", lacht
Herr Rudi herzlich. Darauf sagt meine Begleiterin: „Du genießt nun
meine Anwesenheit und schweigst."

Ich bedanke mich und frage Rudi, was er zu dem Spruch sage: Der
Kavalier genießt und schweigt. Er antwortet lächelnd: „Da sieht man,
dass die Mönche es faustdick hinter den Ohren hatten." Er kassiert
und geht mit den Worten: „Ich wünsche einen schönen Freitag!"

Der Witz des Herrn Rudi, mit dem er seine Gäste unterhält, hat seinen Charme. Als ich wieder einmal im Café Landtmann mit derselben Dame bin, mache ich ihm, da er uns freundlich bedient, dieses Kompliment: „Sie sind eine Seele von einem guten Menschen." Herr Rudi lacht heiter und sagt: „Die Seele habe ich schon lange verkauft." Er stellt den Kaffee für Edith und den Tee vor mich auf den Tisch und sagt trocken: „Das wäre es." Ich erwidere laut: „Danke schön."

Die Kunst des Kellners ist es schließlich, mit Gästen, die mit nichts zufrieden sind oder die zum Nörgeln neigen, in heiterer, unterhaltsamer – zumindest für die anderen Gäste – Weise umzugehen.

Darüber spreche ich auch mit Herrn Martin Kierlinger, dem Wirt eines Heurigenlokals in Wien-Nußdorf. Er erzählt mir, während wir bei einem Wein in seinem Lokal sitzen: „Einmal sitzen an einem Sommertag drei Damen im Gastgarten. Die eine beschwert sich beim Kellner, dass ihr der Wein, den er gebracht hat, zu warm sei. Der Kellner bemüht sich um einen neuen, kälteren Wein. Die andere Dame bittet um einen Gespritzten, den sie in die Sonne stellen will, damit er wärmer wird. Ihr ist der Gespritzte zu kalt. Was soll der Kellner da machen? Da gehört ein guter Schmäh dazu. Unsere Kellnerin, die Carola, hat diesen Schmäh. Sie macht ein paar Scherze und lächelt. Das gefällt den Leuten. Ohne Schmäh geht nichts." Die erwähnte Carola ist eine liebenswürdige Dame, die auf der rechten Schulter eine kunstvolle Tätowierung hat. Auf meinen Wunsch zeigt sie bisweilen diese Tätowierung meinen Studenten und Freunden. Sie gibt sich dabei, wenn sie ihr Kleid an der Schulter zur Seite schiebt, etwas schamhaft, aber sie lächelt fröhlich. Meine Begleiter zeigen ihre Bewunderung. Jedenfalls Frau Carola zeigt sich dabei charmant und witzig. Sie weiß, sie kann ihre Gäste mit diesen Tätowierungen und ihrem Charme gut unterhalten.

Herr Martin, der Wirt, ergänzt dazu: „In jedem anderen Geschäft geht man hinein, kauft etwas und geht wieder. Ein Kellner muss, im

Gegensatz zu einem Verkäufer, oft stundenlang mit seinem Kunden beisammen sein. Der Alkohol macht auch etwas aus. Man weiß ja nicht, wie der Gast auf Alkohol reagiert. Wenn der Gast zu viel getrunken hat, kann es auch blöd werden. Man muss als Kellner flexibel sein. Er muss immer freundlich sein, denn er ist der Dienende. Im Kaffeehaus ist es etwas anders. Dort rennt es anders. Die Arbeit beim Heurigen ist schwerer. Wir haben einmal als Aushilfe einen Kaffeehauskellner gehabt. Am Anfang hat er die Tabletts mit den Gläsern mit drei Fingern getragen. Am Abend, es war neun Uhr geworden, am Tag war viel zu tun, ist er zu mir gekommen und hat gesagt: ‚Herr Chef, zahlen Sie mich aus, ich kann nicht mehr.' Um neun Uhr auf d'Nacht ist er heimgegangen, weil er nicht mehr konnte. Man muss die Arbeit beim Heurigen gewohnt sein. Es ist ein wesentlicher Unterschied, ob ich ein Kaffeehauskellner bin oder ob ich einen großen Garten als Kellner zu betreuen habe und herumlaufe." Trotz dieser schweren Arbeit muss der Kellner sich einen gewissen Humor bewahren. Darin besteht seine Kunst.

Ähnliches meint auch Herr Willi, der Wirt des Gasthauses Steyrerbrücke, bei dem unser „Wilderermuseum" untergebracht ist. Auch in einem Gasthaus ist es mitunter härter als in einem Kaffeehaus. Der Kellner – oder der Wirt, der selbst bedient – darf seinen Schmäh nicht verlieren. In diesem Sinn führt Willi aus: „Man braucht einen Schmäh, man muss sogar seine Gäste anlügen, um sie bei Laune zu halten. Oft fragen mich die Leute im Gasthaus etwas über die Gegend und Berge. Alles weiß ich natürlich nicht, ich kann nicht auf jedem Berg gewesen sein. Dennoch erwartet man von mir eine glaubhafte Antwort. Man muss glaubhaft lügen können. Annähernd muss es stimmen. Ich kann nicht immer bestätigen, ob das alles stimmt, was ich sage. Aber wenn ich nichts sage und nichts weiß, ist das nicht gut. Man muss als Wirt und Kellner kompetent erscheinen und vor allem vertrauenswürdig." Der Herr Wirt weiß auch eine Begebenheit dazu: „Da habe ich eine ernst-lustige Geschichte: ein Großindustrieller aus der Region, ich will keinen Namen nennen, es ist eine heikle Sache. Er ist heute nicht mehr Chef, es gibt schon einen Nachfolger. Die Firma hat sich verändert. Er hatte oft Geschäftsbesuche aus der ganzen Welt, einmal sogar aus Japan. Er hatte schon zwei Tage mit den Japanern verhandelt, er hat dies gerne bei Tisch und einem Glas Wein gemacht. Diesmal ist er nicht weiter gekommen. Dann hat er zu mir gesagt, ich habe ein Riesenproblem, einen Riesenauftrag könnte ich bekommen, aber ich schaff' es nicht. Es fehlt nicht mehr viel zum Abschluss des Vertrages. Heute müssen wir zusammenhelfen. Sage ich, ich helfe dir, wenn du willst. Wir haben ein gutes Verhältnis zueinander gehabt. Ich war jetzt besonders freundlich und habe mich von der besten Seite gezeigt. Das hat den Japanern gefallen. Wir haben die Japaner so weit hingebracht, bis sie gefügig waren. Es war eine nette Stimmung. Das Essen hat gepasst, die Getränke haben gepasst. Er ist nüchtern geblieben, aber die Japaner waren etwas betrunken. Es ging da um einen Millionenbetrag. Der Vertrag wurde abgeschlossen. Der Mann ist am nächsten Tag gekommen und hat sich herzlich bedankt und gesagt, das war so wichtig für die Firma, du hast etwas Wesentliches dazu beigetragen. Der hat das Vertrauen in mich gehabt. Von da an war er mein Stammgast."

Wirt und Kellner vermögen also mit ihrem Witz und ihrem Schmäh die Gäste zu unterhalten und sie sogar zu beeinflussen. Sie schaffen eine Stimmung, in der es Freude macht, zum Beispiel schwierige Sachen zu verhandeln.

Diese Kunst, dem Gast eine angenehme Stimmung zu bieten und ihn zu hofieren, um dessen Begleiter zu beeindrucken, verstehen auch die Kellner des Café Landtmann. Wenn ich mit Gästen, die in Wien auf Besuch sind, das Café Landtmann betrete, werde ich von den Herrn Kellnern in besonders liebenswürdiger Weise begrüßt und zu einem Tisch geleitet. Meine Freunde sind von derartigen Höflichkeitsbezeugungen jedes Mal sehr angetan. Ich steige ob der Hofierun-

gen der Kellner in ihrer Achtung. Eine solche freundliche Behandlung meiner Person erlebte ich einmal, als ich mit Freunden im Café
Landtmann saß. Der Kellner Herr Gottfried mischte sich in ein Gespräch über die mir sympathische „Kronenzeitung" ein und sagte, er
würde diese Zeitung am Sonntag vor allem darum lesen, weil meine
Geschichten in dieser wären. Ich lache über diese mir schmeichelnde
Bemerkung. Auch meine Freunde zeigten sich angetan von der freundlichen Bemerkung des Herrn Gottfried, der mir auf diese Weise gegenüber den anderen offensichtlich Respekt zollen wollte.

Herr Gottfried bleibt noch kurz bei unserem Tisch stehen. Ich sage
ihm, dass ein guter Kellner auch so etwas ist wie ein Seelentröster. Daher gelte, wie ich im vorigen Kapitel schon angedeutet habe, auch für
ein gutes Kaffeehaus der arabische Spruch: „Wenn du unglücklich bist,
gehe auf einen Markt." Ich würde sagen: „Wenn du unglücklich bist,
gehe ins Kaffeehaus." Herr Gottfried, dem ich diese meine Gedanken
dartue, gibt mir recht. Als Herr Gottfried meint, dass einige Leute sagen, er gebe sich eher grantig und schlecht gelaunt, erwidere ich ihm,
dass er nur einen mürrischen Kellner spiele, tatsächlich sei er freundlich. Darauf antwortet Herr Gottfried trocken: „Ich bin freundlich,
nur weil ich freundlich sein muss."

Kellner benötigen also, dies wollte ich hier zeigen, einen guten
Schmäh, zu dem die feine Lüge gehört, wie ich am Beginn dieses Kapitels dargetan habe.

In meinem Gespräch mit Herrn Gerhard vom „Schweizerhaus" im
Wiener Prater wurde mir öfters klar, dass der gute Kellner bisweilen
zu einer menschenfreundlichen Lüge bereit sein muss, um dem Gast
Vergnügen zu bieten. Einmal, so erzählte Herr Gerhard, habe er sogar seinem früheren Chef, dem Wirt des „Schweizerhauses", durch
Schwindeleien geholfen: „Die alte Chefin hat, als der Chef schon im
fortgeschrittenen Alter war, ihm verboten, dass er ein Budweiser Bier

bekommt. Er musste nach dem Willen seiner Frau ein angewärmtes alkoholfreies Bier trinken. Die Wirtin hat auf seine Gesundheit geschaut. Wir Kellner mussten ihm also warmes alkoholfreies Bier servieren, also kein Budweiserbier, das er so gerne getrunken hat. Einmal ist er mit einem bekannten Politiker im Schweizergarten gesessen. Die beiden haben sich unterhalten. Während des Redens hat der Chef sein Bier mit dem des Politikers ausgetauscht. Dem Politiker hat er das alkoholfreie Bier hingeschoben. Der Politiker hat aber sein Gesicht ein bisserl verzogen, er hat gemerkt, das ist nichts Frisches. Ich habe diese Sache beobachtet, aber nichts davon der Wirtin erzählt."

Über einen anderen Gast erzählt Herr Ernst: „Man trifft die eigenartigsten Leute, es ist ein gemischtes Publikum bei uns. Unter ihnen war ein Baumeister, der betrunken mit seiner Zigarette am Klosett bei uns eingeschlafen ist. Es hat zu brennen angefangen. Die Klofrau hat einen Kübel Wasser hineingeschüttet. Er war schwer zuckerkrank. Das war sein Problem. Er hatte einen Insulinschock. Man brachte ihn ins Krankenhaus. Wir Kellner haben ihn, da er ein guter Gast war, im Krankenhaus besucht. Eigentlich hat er Alkoholverbot gehabt. Früher hat er immer ein gemischtes Bier getrunken. Wegen seiner Krankheit durfte er ein solches nicht mehr trinken. Um ihm eine Freude zu machen, haben wir ihm in einer Coca-Cola-Flasche ein gemischtes Bier gereicht. Wie ich ihm die Cola-Flasche gegeben habe, hat er gesagt: ‚Was machst du da? Ich sauf doch nie ein Cola?' Ich habe dann zu ihm gesagt: ‚Koste einmal, Baumeister.' Er hat dann gekostet und das Bier bemerkt. ‚Ihr seid super', hat er gesagt, ‚ihr schaut auf mich.' Das war lustig. Zuerst hat er geschimpft, wie er das Colaflascherl gesehen hat, dann hat er sich aber gefreut."

Auch hier beruft der Kellner sich auf einen Schmäh, auf scherzhaftes Lügen, um den Gast zu erfreuen, ihn also zu unterhalten.

In einer anderen Geschichte ist es wiederum der Schmäh in einer feinen Art, der dem Kellner hilft, Gäste zu beruhigen und ihnen das

Gefühl zu geben, sie werden geachtet. Herr Gerhard erzählt: „Wir haben ein altes Ehepaar gehabt, er war Polizist, sie war eine strenge Frau. Sie hat viel zu nörgeln gehabt. Einmal war ihr der Wein zu wenig kalt, das andere Mal zu warm. Sie war immer unzufrieden. Solche Leute muss man mit dem Schmäh packen. Solche Leute können lästig sein. Manche sind schlecht gelaunt, weil sie zum Beispiel keinen Parkplatz finden, weil sie Ärger zu Hause oder in der Firma haben. Sie alle kommen in das ‚Schweizerhaus‘, um sich zu entspannen. Wenn der Gast gereizt ist, darf man es nicht persönlich nehmen. Sie alle gehen später lächelnd hinaus oder sind lustig.“

Der gute Kellner achtet seinen Gast und versucht auch, ihm Freude zu bereiten. Eine solche Freude erlebte mein Schwager Wolfram, ein gütiger Zahnarzt in Augsburg.

Ich sitze mit Wolfram, seiner Frau Heydi und seiner Tochter Karoline im Wiener Café Landtmann. Heimlich bitte ich Herrn Engelbert, eine kleine Torte mit einer kleinen Kerze vom Mehlspeisenbuffet an unseren Tisch zu bringen, da mein Schwager Wolfram Geburtstag hat. Kurze Zeit später, wir sitzen gemütlich am Tisch, erscheint Engelbert mit dem Törtchen, er serviert es nobel auf einem Teller, eine kleine Kerze brennt auf der kleinen Torte. Er verneigt sich und stellt das Kunstwerk auf den Tisch. Dabei gratuliert er Wolfram zum Geburtstag. Wolfram ist überrascht und erfreut. Ich gratuliere ihm zu seinem Geburtstag. Mit lachenden Augen folgt Engelbert der kleinen Feier. Er freut sich, er ist ein vornehmer Herr, ein Kaiser – wir sind die Könige.

Der klassische Kellner vermag also dazu beizutragen, dem Gast den Aufenthalt im Gasthaus angenehm zu gestalten. Er bietet Unterhaltung und Freude an.

15. Die sieben Typen des Gastes und die Menschenkenntnis des Kellners

Auf meinen Radtouren pflege ich in noblen Hotels abzusteigen und in noblen Restaurants zu speisen. Ich gönne mir diesen Luxus nach den Mühen des Tages im Sattel des Fahrrades. Dabei pflege ich mit Kellnern zu sprechen und mit ihnen zu scherzen. Allerdings irren sich Kellner mitunter in meiner Person und stufen mich eher als einen Vagabunden ein als einen seriösen Gast. Dies macht mir grundsätzlich nichts aus. Ihre Höflichkeit mir gegenüber aber steigt, wenn die Kellner schließlich dahinterkommen, dass ich auch gut zahlen kann.

Der Kellner eignet sich im Laufe seiner Dienstzeit ein gewisses Maß an Menschenkenntnis an. Um seine Gäste entsprechend einstufen zu können, bedarf es allerdings einiger Erfahrung, aber auch der Beschäftigung mit Menschen. Wenn ein Gast ein Lokal betritt, unterliegt er grundsätzlich bereits der Obsorge des Kellners, der seine Kunst einsetzt, um dem Gast den Aufenthalt angenehm zu gestalten. Allerdings hängt seine Kunst vom Typ des Gastes ab. Im Folgenden werde ich zeigen, wie Kellner Gäste aufgrund von deren Verhalten einstufen. Es gibt mehrere Typen von Gästen. Diese Typen sind das Resultat meiner Gespräche und Beobachtungen. Allerdings versteht sich diese Typisierung auch als eine Art Ergänzung zu anderen Kapiteln, wie zu dem über den lästigen Gast oder über den Stammgast.

Herr Elmar vom Café Landtmann meint auf meine Frage nach den Typen von Gästen weise: „Es gibt alle möglichen – es gibt die lustigen, die griesgrämigen. Es gibt die, die Schmäh führen wollen, dann solche, die ihre Besprechungen abhalten wollen. Die anderen wollen ihre Ruhe haben."

Auch mit Frau Astrid, der Kellnerin vom Café Kemetmüller in Spital am Pyhrn spreche ich über Typen von Gästen. Allerdings handelt es sich dabei um Gäste, wie sie charakteristisch für ein Kaffeehaus im Dorf sind. Frau Astrid überlegt: „Es gibt da einmal die Neugierigen. Die gehen ins Kaffeehaus, um etwas zu erfahren. Sie wollen wissen, wer da ist, was los war, wie die Leute angezogen sind und solche Sachen.

Dann gibt es die Eiligen. Ein solcher eiliger Gast, er ist Vertreter, kommt alle paar Tage. Er kommt in das Kaffeehaus, grüßt freundlich und will, dass sein Kaffee schon da steht. Der Kaffee wird auch gleich serviert. Er trinkt diesen schnell, zahlt und geht freundlich grüßend. Dann gibt es die Gäste, die eine Ruhe haben wollen, die sich in das Kaffeehaus setzen und bloß die Zeitung lesen wollen. Von solchen gibt es bei uns hier immer weniger. Bei uns im Kaffeehaus treffen sich alle paar Tage Verwandte, eine Familienrunde. Die rufen sich zusammen und dann treffen sie sich hier. Sie erzählen sich ihre Geschichten und ihre Probleme.

Es gibt auch eine Runde von Müttern, die zweimal in der Woche mit den Babys kommen. Diese sind nette Leute. Ältere Herren treffen sich jeden Freitag um elf Uhr zu einem Stammtisch. Sie nennen das Treffen hier die ‚Elfermesse‘. Bis zwölf Uhr sind sie da, dann gehen sie zum Essen nach Hause. Eine Damenrunde, es sind ältere Damen, kommt am Dienstag am Vormittag um halb zehn Uhr, sie scherzen und erzählen sich ihre Geschichten. Auch eine Turnerrunde trifft sich hier, auch hier sind es Damen, die sich treffen. Es sind zwischen zehn und 15 Leute. Sie trinken Obstsäfte. Sie feiern hier ihre Geburtstage – an einem solchen aber trinken sie Martini. Die Leute, die sich hier an den Stammtischen treffen, bereden ihren Alltag, den Ärger mit der Familie und Ähnliches. Sie fühlen sich für kurze Zeit hier wohl.“

Im Wesentlichen sind es sieben Grundtypen von Gästen, mit denen die Kellner zu tun haben. Für gewöhnlich sind die meisten

Gäste Mischtypen. So ist der beschauliche Gast meist auch ein höflicher Gast und der arrogante ein unhöflicher.

1. Zunächst sind jene Gäste zu nennen, die das Gastlokal aufsuchen, um Kaffee, Tee und Speisen zu genießen. Sie erfreuen sich am Leben im Lokal und der Höflichkeit der Kellner. Sie sind dem Typ des „genießenden und großzügigen Gastes" zuzuordnen. Charakteristisch für diesen Typ sind eine gewisse Höflichkeit und Großzügigkeit gerade hinsichtlich des Trinkgeldes. Für gewöhnlich ist auch der „Stammgast", den ich in einem eigenen Kapitel betrachten werde, hierher zu rechnen.

2. Verwandt mit diesem Gast sind jene Gäste, die ein Gastlokal als Treffpunkt aufsuchen, um Kontakte zu Freunden oder Bekannten aufzunehmen, entweder um sich zu unterhalten oder um berufliche und ähnliche Gespräche zu führen. Zu diesen Gästen gehören auch Herren und Damen von Stammtischrunden. Als einen solchen Gast sehe auch ich mich, der ich mich im Kaffeehaus regelmäßig mit Studenten treffe, um mich mit ihnen zu besprechen oder um sie in Form eines Kolloquiums zu prüfen. Ein solcher Gast ist als „geselliger Gast" zu bezeichnen.

3. Ein klassischer Typ ist jener Gast, der das Gastlokal aufsucht, um in Ruhe seine Zeitung zu lesen oder um sonst für sich alleine zu sein. Professoren, die ihre Vorlesungen vorbereiten, oder Studenten, die für ihre Prüfungen lernen, kann man diesem Typ zuordnen. Sie wollen nicht belästigt und in Ruhe gelassen werden. Diesen Typ will ich als den „beschaulichen Gast" bezeichnen.

4. Ein eigener Typ ist jener Gast, der höflich ist und der mit dem Kellner zu scherzen beliebt. Er sucht die Abwechslung und ist dankbar für heitere Worte des Kellners. Dieser Typ ist als der „Ablenkung suchende Gast" zu bezeichnen.

5. Dem nächsten Typ von Gästen sind jene Gäste zuzuordnen, die in

großer Bescheidenheit verharren und die auch nicht den Mut haben, den Kellner durch unnötige Fragen und Bitten zu belästigen. Ein gewisses Maß an Unsicherheit ist typisch für diese Gäste, die offensichtlich keine Regeln kennen, um sich entsprechend und sicher zu verhalten. Diesen Typ nenne ich den „bescheidenen Gast".

6. Es gibt Gäste, die es für selbstverständlich erachten, dass sie der Kellner bedient, und die den Kellner mit einer gewissen Überheblichkeit behandeln. Ich will diesen Typ als „unhöflichen Gast" oder „arroganten Gast" bezeichnen. Unhöfliche Gäste sind mitunter auch jene, die lange Zeit in einem Lokal sitzen, ohne viel zu bestellen. Der Wirt macht mit ihm kaum ein Geschäft, er nimmt ihm in Zeiten großen Andranges einen Platz weg.

7. Schließlich gibt es jenen Gast, dem man anmerkt, dass er schlechter Laune ist. Er kann zum Ärgernis werden, wenn er den Kellner schikaniert. Mitunter heitert ihn ein guter Kellner auf. Ich bezeichne diesen Typ als den „schikanösen" oder „griesgrämigen Gast". Zu diesem Typ gehören die „lästigen" Gäste, auf die ich aber in einem eigenen Kapitel eingehe.

In meinen folgenden Betrachtungen werde ich auf einige dieser Typen näher eingehen und mit meinen Beobachtungen und Gesprächen verbinden.

Während der Sommer 2006 und 2007 fuhr ich mit dem Fahrrad durch Südtirol, Süddeutschland, einen Teil der Schweiz und entlang der Tiroler Grenze zu Bayern hin. Bei diesen Radtouren beobachtete ich Kellner und Kellnerinnen und sprach mit ihnen. Mir ging es bei meinen Forschungen vor allem auch darum herauszufinden, wie die Damen und Herren im Kellnerdienst von den Gästen behandelt werden und wie sie ihre Gäste einstufen. Im Hotel Laurin in Bozen zum Beispiel, in dem ich abgestiegen war, wurde ich nobel bedient. Die Kellner wussten, wie der Gast, der im „Laurin" absteigt, behandelt werden will. Unter den Gästen waren reiche Amerikaner und viele Deutsche, denen man ansah, dass sie gutes Geld hatten. Die Kellner warteten in steter Distanz auf Wünsche der Gäste, die ich als **höfliche,** aber auch als zum Teil **arrogante** bezeichnen will. Die Kellnerinnen und Kellner brachten schweigend und mit kurzen Sätzen die Speisen und hielten sich vornehm im Hintergrund. Ich merkte ihnen aber an, sie machen sich Gedanken über ihre Gäste.

Spannend dazu ist ein Beobachtungsprotokoll, das ich im Hotel Bayerischer Hof in Lindau am Bodensee beim Frühstück verfasst habe. Am Abend des Vortags bin ich im Hotel angekommen. Man war offensichtlich überrascht, dass ein Radfahrer in diesem noblen Hotel absteigt. Ein Angestellter des Hauses begleitete mich und mein Fahrrad in die Autogarage. In dieser durfte ich mein Fahrrad neben feinen Autos abstellen. Beim Frühstück am nächsten Tag erlebte ich freundliche Kellnerinnen und Gäste:

„Die Kellnerinnen sind sehr höflich, sie tragen einheitliches Gewand in Blau und Weiß, sie servieren also in den bayerischen Farben. Eine fesche größere Kellnerin geht zu den Tischen und räumt das Geschirr ab, wenn sie meint, dieses würde nicht mehr benötigt. Sie deutet so wohl an, dass sie sich um die Gäste kümmert.

Sie bringt auf Wunsch Tee oder Kaffee in Kannen und schenkt in die bereitstehenden Tassen ein. Sie schenkt auch nach, wenn sie sieht, es ist nicht mehr viel Kaffee oder Tee in der Tasse. Die Gäste reagieren darauf verschieden. Eine Dame, die zunächst nicht wollte, dass ihr nachgeschenkt wird, sagt dann doch, eher befehlerisch, zu der Kellnerin: ‚Schenken Sie doch nach!' Das Wort ‚Bitte' fehlt zunächst. Die Kellnerin schenkt freundlich und ergeben nach. Als sie nachgeschenkt hat, sagte die Dame mit einem Zug von Arroganz immerhin: ‚Danke!'

Andere Gäste sind erfreut über das Handeln der Kellnerin, sie sagen freundlich ‚Bitte' und ‚Danke'. Andere wieder sehen die Arbeit der Kellnerin als selbstverständlich an, schließlich haben sie gezahlt. ‚Danke' und ‚Bitte' erübrigt sich offensichtlich bei ihnen.

Ein Herr um die 40 mit muskulösen Schultern und Armen, ich merke, er ist ein reicher Russe, angetan ist er mit kurzen Hosen und einem roten T-Shirt, sagt der Kellnerin etwas gebieterisch, was er will. Der Mann hat Geld, das merkt man, er gibt sich wie jemand, der sich alles leisten kann, auch den Aufenthalt in diesem teuren Hotel. Als die Kellnerin ihm das Gewünschte bringt, dankt er freundlich in Englisch: ‚Thank you very much!' Bei diesem Gast verbindet sich ein gewisses Maß an Höflichkeit mit Arroganz. Bei den anderen Gästen mischen sich die Typen."

Ich spreche mit Herrn Engelbert vom Café Landtmann über die Menschenkenntnis der Kellner. Seine Überlegung ist interessant: „Ja sicher haben die Kellner eine große Menschenkenntnis, weil sie ja mit vielen Leuten zu tun haben.

Man kann die Leute einstufen, aber man soll sich nichts anmaßen, denn man kann sich auch täuschen. Man lernt die Schwächen der Menschen kennen. Je länger man die Leute bedient, umso mehr kommen ihre Eitelkeiten und anderes heraus. Jeder Kellner sagt über gewisse Gäste: ‚Ah, der schon wieder.' Der hat das Problem und der das. Einstufen kann man einen Gast schon. Aufgrund der äußeren Erscheinung kann man ihn einschätzen. Man kann sich aber auch täuschen. Wenn Gäste nett angezogen hereinkommen, zu zweit oder zu dritt, und sagen: ‚Herr Ober, wir wollen eine Kleinigkeit essen.' Dann zeigen wir ihnen einen Tisch. Alles, was wir machen wollen, ist ein Geschäft. So ist es auch in einem Wirtshaus. Der Wirt will ja auch die Gäste, so lange sie bei ihm sitzen, nett bedienen. Wenn sie aber nichts trinken, sollen sie wieder gehen."

Ein guter Gast zeichnet sich nicht nur durch Höflichkeit aus, sondern auch dadurch, dass er bestellt. Gäste, die nur wenig konsumieren, können für Wirt und Kellner zum Problem werden, da sie, wenn viel Betrieb ist, einen Platz besetzen. Besonders scheint mir diese Taktik, wenig zu bestellen, um lange sitzen bleiben zu können, für Gäste typisch zu sein, die in den Speisewägen der Eisenbahnen unterwegs sind.

So verhält es sich auch mit jenen Gästen in den klassischen Kaffeehäusern, die diese lediglich aufsuchen, um mit Freunden Karten oder Schach zu spielen. Diese Kaffeehäuser scheinen – zumindest in Wien – heute jedoch allmählich zu verschwinden.

Herr Engelbert erzählt dazu: „Die Spieler sind kein Geschäft für einen Kaffeesieder. Wenn sie Karten spielen, trinken sie meist schon ein paar Achtel Wein. Die Schachspieler wollen nur Schach spielen. Die besetzen einen ganzen Tisch. So ist es auch im Speisewagen. Ich würde mich als Kellner ärgern. Das geht aber nur, weil der Speisesaal nicht ausgelastet ist. Wäre er ausgelastet, würde der Kellner zu einem solchen Gast sagen: ‚Ich brauche den Platz zum Essen.‘ Der hat eine Fahrkarte gelöst, aber keinen Sitzplatz im Speisewagen. Früher war es so, wie ich als junger Bursch das erste Mal auf Saison in die Schweiz gefahren bin, wir sind mit dem Transalpin gefahren. In diesem gab es auch einen Speisewagen, in diesem musste man reservieren. Nach ein, zwei Stunden ist die nächste Partie gekommen."

Noch etwas fügt Herr Engelbert an: „Grundsätzlich soll man in einem Wirtshaus nicht stundenlang herumhocken. Im Kaffeehaus ist das möglich. In meiner Jugend war es außerdem in meinem Heimatdorf so, dass die Leute von einem Wirtshaus zum anderen gegangen sind. Wenn jemand in einem Wirtshaus acht oder zehn Achteln getrunken hat, das wäre schlecht wegen der anderen gewesen. Man hätte vielleicht gesagt: ‚Bist deppert, zehn Achteln hat der schon wieder gesoffen.‘ So hat er, wenn er das Gasthaus gewechselt hat, zwei Achteln in dem einen, zwei Achteln beim nächsten und so weiter gesoffen. Im Endeffekt ist er auch auf zehn Achteln gekommen, aber er war nobel,

weil er jeweils nur zwei getrunken hat. Daher sind die Herren, speziell zum Wochenende, wenn am Freitag die Arbeit zu Ende war, von
Wirtshaus zu Wirtshaus marschiert. Man hat jemanden in dem einen
Wirtshaus getroffen, hat zwei Achteln getrunken und ist weitergegangen – das ist heute auch noch so."

Grundsätzlich überlegt Herr Engelbert, der selbst, wie schon erwähnt, in einem Gasthaus aufgewachsen ist, noch: „Ich kann mich
nicht einfach in ein Wirtshaus hineinsetzen und in zwei Stunden nur
ein Achtel Wein trinken. Irgendwann wird der Wirt oder der Kellner
mich einmal anreden: ‚Hörst, was ist?'

Im Kaffeehaus ist es allerdings so angelegt, dass der Gast nicht schief
vom Kellner angeschaut wird, wenn er zwei Stunden bei einem kleinen
Braunen sitzt. Wenn in einem großen Kaffeehaus 20 Prozent der Tische mit Leuten besetzt sind, die lange sitzen, aber wenig konsumieren, ist das verkraftbar. Ein Wirt, der aber nur zehn Tische hat, der
verkraftet das nicht. Wenn auf fünf Tischen welche herumlehnen und
nur wenig trinken, macht der Wirt kein Geschäft. Wie wir Kinder waren, sind wir daher angehalten worden, sobald jemand ausgetrunken
hat, zu seinem Tisch hinzulaufen und zu fragen: ‚Noch ein Krügel?'
Der Gast war sogar beleidigt, wenn man ihn nicht gefragt hat. Bei uns
sind die guten Bürger gesessen. Ich habe die Bürgerzeit noch erlebt, als
die Bürger, die wir im Ort hatten, gerne ins Wirtshaus gegangen sind.
Heute versteckt sich jeder vor dem Fernseher.

Damals war es enorm wichtig, dass man den Herrn Feuerwehrhauptmann, den Herrn Gärtner, den Herrn Schuster, den Herrn
Schneider, den Herrn, der das Kleidergeschäft hatte, und andere Herren zu Gast hatte. Wenn der sein Glas ausgetrunken hat, hat man
schon gefragt: ‚Noch ein Achterl …?'. Wenn nicht, hat er gesagt:
‚Nein, ich zahl schon.' Er hat vielleicht noch fünf Minuten ausgeredet
und ist dann mit seinem Freund oder alleine zum nächsten Wirt gegangen. Bei einem leeren Glas ist da keiner länger gesessen."

Engelbert schildert jenen Gast, mit dem der Kellner eine Freude hat und um den er sich auch gerne kümmert. Der Kellner weiß, wie er mit ihm umzugehen hat.

Wirt und Kellner machen sich Gedanken über ihre Strategien, jene Gäste anzulocken, die ihnen wichtig erscheinen. Meho, der Herr aus Bosnien, der es vom Kellner zum Wirt gebracht hat, geht darauf ein, wobei er auch Allgemeines über seinen Beruf einbringt: „Mein Beruf als Wirt ist ein sehr schwerer Beruf. Es kommt auf das Management an. Wenn ich nicht genug Gäste für eine bestimmte Speise habe, bin ich am falschen Platz. In einer Großstadt, wo viele Einwohner sind, kann ich jonglieren, aber am Land ist dies nicht so. Es kommt auf die Qualität der Küche, auf die Beleuchtung und anderes an. Das ‚Capuccino‘ habe ich vom Hans M. gekauft. Er hat mich gebeten, es ‚Pub-Caffee‘ zu nennen. Pub ist so etwas wie eine Bar für bestimmte Gäste. Ich habe gesagt: nein. Ich wollte alle Gäste haben, von jeder Gruppe ein paar. Wenn ich mit Kindern durch Windischgarsten gehe und Pub lese, interessiert mich das nicht. Wenn dort steht ‚Kaffeehaus‘, würde ich mich auf dieses einlassen. Ich kann später noch immer entscheiden, ob ich bleibe oder nicht. Als Zweites habe ich gesagt: ich möchte mehr Licht haben. Am Abend soviel wie am Tag. Die Leute, die am Tag kommen, sollen auch die Möglichkeit haben, am Abend zu kommen. Wir würden von überall Gäste bekommen. Im Moment ist es so, dass das ‚Capuccino‘ eines der besten Lokale in Windischgarsten ist. Laute Musik will ich nicht. Ich will, dass die Leute sich unterhalten können. Wir sind in Richtung italienisches Kaffeehaus, es muss ruhig sein, es muss gemütlich sein, dass man auch Zeitung lesen kann. Am Abend sind dort alle Tische besetzt mit jungen Leuten, die sich die Hände halten, die wollen keine Discomusik.

Im Laufe der Jahre habe ich dies alles gelernt. Ich bräuche alle Gäste, weil ich in einem kleinen Ort bin. In der Großstadt kann ich

sagen, ich will diese oder diese Gäste. Ohne Vorbereitung gibt es keinen Verkauf."

Der Wirt sucht Gäste, die vom Typ her dem des höflichen Gastes
entsprechen, der in die Gaststätte geht, um sich zu erfreuen.

Dem unhöflichen Gast entspricht das, was mir Frau Daniela, eine
Praktikantin im Kaffeehaus erzählt: „Wichtig ist als Kellnerin, sich
nicht stressen zu lassen. Man muss gegenüber den Gästen immer ruhig
bleiben. Es gibt Gäste, mit denen man besser umgehen kann. Und es
gibt solche, die dummes Zeug reden, die muss man einfach ignorieren.
Eine Dame hat sich letztens nicht bedienen lassen von mir. Sie hat
gemeint, sie lässt sich nicht von mir bedienen. Ich habe sie einfach
ignoriert. Nachher wollte sie etwas von mir. Ich bin nicht mehr zu ihr
gegangen. Letztes Jahr, als ich in einem Restaurant gearbeitet habe,
waren in diesem arabische Gäste. Es waren mehrere Frauen und Mädchen unter ihnen. Diese haben sich von keiner Frau bedienen lassen.
Ich musste extra einen Ober holen." Daniela nimmt es gelassen, dass
man sie nicht akzeptiert oder ihr mit Unhöflichkeit begegnet.

Von höflichen Gästen im Kaffeehaus ist die andere Praktikantin,
Stefanie, die einmal Hotelmanagerin werden will, angetan: „Einmal
war eine Dame mit einem Herrn hier. Dieser ist zu mir gekommen
und hat mit mir zwei Euro zugesteckt. Ich habe mir gedacht, er hätte
mir gleich bei Tisch etwas zahlen können. Er wollte vielleicht nicht,
dass seine Frau dies sieht. Man muss als Kellnerin immer freundlich
sein, immer lächeln." Ich frage sie, wie sie die Gäste im Café Landtmann findet. Sie antwortet lächelnd: „Sie sind alle nett." Sie fügt noch
lächelnd hinzu: „Vor allem Sie." Ich fühle mich geehrt.

Der lästige und schlechte Gast

Der Kellner, der für den Gast da ist und ihn zu bedienen hat, will, dass dieser ihn als Person entsprechend respektiert und die Regeln des Anstandes im Gasthaus einhält.

Es gehört zu den Pflichten des Kellners, den Gast, dessen Benehmen stört, zurechtzuweisen. Grundsätzlich jedoch versucht der Kellner, kleine Attacken gegen seine Person oder gegen die Ruhe im Lokal zu ignorieren.

Es gibt jedoch Gäste, deren Verhalten gefährlich und provozierend sein kann. Dem Wirt oder dem Kellner bleibt oft nichts anderes übrig, als mit entsprechender Grobheit zu erwidern. Darüber sprach ich mit Herrn Boris vom Café Landtmann. Ich fragte ihn, einen noblen Herrn, der in Serbien aufgewachsen ist und dessen Vater im 5. Wiener Gemeindebezirk ein Gasthaus geführt hat, wie sein Vater schwierige Gäste behandelt hat. Boris erzählt dazu etwas Drastisches: „Da kann ich Ihnen eine lustige Geschichte erzählen von meinen Eltern. Ich war auch dabei, ich war ein kleiner Bub. Das Lokal war leer, ein Gast kommt herein, setzt sich hin und bestellt ein Krügerl Bier. Der Vater bringt es zum Tisch. Der Gast trinkt es aus und haut das Glas auf den Boden. Der Vater kommt zum Tisch, der Gast sagt: ‚Mir ist das Glas heruntergefallen. Der Vater sagt, das ist kein Problem und kehrt das zerbrochene Glas zusammen. Der Gast will dann noch ein Krügerl Bier. Der Vater bringt es, und der Gast trinkt es aus und haut dieses auch auf den Boden. Das Glas zersplittert. Der Gast sagt: ‚Entschuldigung, mir ist es heruntergefallen, bitte noch ein Krügerl Bier.‘ Der Vater bringt ihm das dritte Krügerl. Der Gast trinkt es wieder ‚auf ex‘ aus und haut das Glas auf den Boden. Mein Vater ärgert sich darauf sehr und gibt ihm eine Serie von Boxhieben. Der Gast fällt auf den Boden. Er liegt dort und rührt sich nicht mehr. Wahrscheinlich aus Angst, dass ihn mein Vater noch einmal schlägt. Mein Vater will ihn hinaushauen, aber das ging schwer, denn das Lokal war im Keller. Er müsste den Gast die Stufen hinaufschleppen. Der Gast aber liegt am Boden wie ein Sack und rührt sich nicht. Mein Vater will in nur hinaushaben. Meine Mutter steht hinter der Schank. Mein Vater sagt zur Mutter: ‚Geh, bring mir das große Messer aus der Küche und ein paar Plastiksäcke. Ich glaube, ich habe den Mann getötet, wir müssen ihn in Stücke schneiden und ihn entsorgen.‘ Wie der Gast das gehört hat, ist er wie von der Tarantel gestochen aufgesprungen und über die Stufen hinausgerannt. Er war nie wieder gesehen.“

Wohl ist die Methode von Boris' Vater, diesen unangenehmen Gast zu entfernen, etwas verwegen, doch zeigt sie das Problem von Wirten und Kellnern, mit schwierigen Gästen umgehen zu müssen.

Ich spreche darüber mit Wirt Willi vom Gasthof Steyrerbrücke bei St. Pankraz. Als ich meine, man könne einen Gast, der lästig ist, der also den Kellner oder den Wirt verärgert, dadurch strafen, dass man ihn mit dem Essen warten lässt, antwortet Willi: „Das tut man nicht, das bringt nur Frust. Ich will aber dem Gast dennoch zeigen, wenn er einen Fehltritt gemacht hat. Er soll das schon merken, weil ich nicht sein Fußabstreifer bin. Wenn der Gast bei der Bestellung arrogant tut, er also von oben herab sich benimmt, dann kann es sein, dass ich ihn ärgere. Wenn ich zum Beispiel merke, dass dieser arrogante Gast einen Blödsinn bestellt hat, weil er meint, dass er alles besser weiß, dann bring ich ihm das so, wie er es wollte. Und sage ihm, wenn er sich aufregt: ‚Sie haben es ja so wollen.‘ Ich zeige ihm schon, dass er dumm war. Ich mache dies verständlich, aber ich will ihn nicht beleidigen, das darf nicht sein. Das ist eine Gratwanderung. Man muss ihn mit seinen Mitteln bekämpfen. Ich kann schon auch böse werden, wenn er schimpft. Ich muss ihn da auf Distanz halten. Meistens ist es Arroganz. Der Kellner ist für manchen Gast sowieso der Dumme. Dann muss ich diesem zeigen, dass er der Dumme ist. Wenn er zum Beispiel einen eigenartigen Sonderwunsch hat und man merkt, das wird ein Blödsinn. Dann sage ich in der Küche, das ist der Wunsch des Gastes. Den Blödsinn serviere ich dann. Wenn es ihm nicht passt, sage ich ihm, dass er es so wollte. Der Gast traut sich dann nichts mehr zu kritisieren, er sagt dann nichts mehr. So gibt es Verschiedenes." Meine liebe Frau Birgitt, die selbst im Salzkammergut Kellnerin war, unterbricht den Wirt und merkt an, dass die Kontakte zwischen Kellnern und Gästen sich in den vergangenen Jahrzehnten geändert haben: „Damals in den Fünfziger- und Sechzigerjahren war noch das Denken von Ober- und Unterschicht größer als heute." Herr Willi bestätigt: „So ist es. Es ist heute viel angenehmer geworden. Die Akzeptanz ist ja viel größer geworden." Frau Birgitt ergänzt: „Früher hat man mehr auf die Kellner hinuntergeschaut. In Aussee, wo ich Kellnerin war, war die Distanz damals viel größer. Der sogenannte bessere Gast, der damals in den Fünfzigerjahren sich eine Sommerfrische leisten konnte, hat auf den Kellner heruntergeschaut. Es war ein anderes Verhältnis zwischen Gästen und Kellnern. Heute ist dies in meinen Augen nicht mehr so." Herr Willi nickt und meint: „Heute ist der Kellner kein Diener mehr. Aber es gibt noch immer welche, die sind nicht zum Aushalten, das sind die berühmten Neureichen. Solche schmeiße ich hinaus, wenn sie sich schlecht aufführen. Oder ich verärgere solche Leute derart, dass sie nicht mehr kommen. Ich haue sie nicht direkt aus dem Lokal, aber ich zeige ihnen, was ich von ihnen halte. Dazu sind wir nicht da, dass wir uns von einem Snob durch den Dreck ziehen lassen. Dazu sind wir nicht da. Den Mitarbeitern sage ich auch: ‚Das haben wir nicht notwendig.' Da stehe ich hinter ihnen. Das lassen wir uns nicht gefallen, wenn wir beleidigt werden. Nur weil einer glaubt, weil er Geld eingesteckt hat, kann er machen, was er will."

Wirt Willi weiß, wie er mit Gästen umzugehen hat, die ihm als Wirt und den Kellnern Schwierigkeiten machen und ihnen mit Arroganz begegnen.

Zum Thema der Arroganz des Gastes spreche ich auch mit Wolfgang, den ich vom „Himmel" beim Cobenzl in Wien kenne. Er war schon in den USA als Kellner tätig. Er erzählt mir: „Wenn ein Gast sich arrogant verhält, also von oben herab kommt, so muss man improvisieren. Da muss man zum Beispiel die Sprache ändern, man ist zum Beispiel kurz angebunden und man schaut, dass man nicht zu viel Kontakt zu ihm hat. Wenn jemand gern reden will und er freundlich ist, dann redet man mit ihm kurz. Wenn er zum Beispiel fragt, wie geht es Ihnen oder dass das Wetter schön ist, dann sagt man halt, dass es einem gut geht oder dass das Wetter schön ist. Wenn jemand aber arrogant ist, dann redet man mit ihm nicht viel. Man ist kühl und höflich. Wenn einer schimpft, so stellt man sich nicht auf die gleiche Stufe. Immer korrekt bleiben, das lernt man im Lauf der Zeit. Man darf nicht sensibel sein in diesem Beruf." Als ich Wolfgang frage, ob der Kellner auch das Recht hat, den Gast hinauszuwerfen, antwortet er: „Ein solches Recht hat der Kellner nicht. Wenn der Gast einen Wirbel macht, holt man den Chef oder die Oberaufsicht. Der ruft dann, wenn der Gast nicht zu randalieren aufhört, die Polizei oder den Türsteher, die werfen ihn dann hinaus. Wenn jemand sagt: ‚Ich habe kein Geld, ich kann nicht zahlen', so teilt man dies auch dem Chef oder der Oberaufsicht mit. Die setzen den Gast dann vor die Tür. Selbst darf man niemanden hinauswerfen." Der noble Keller behält Ruhe und Distanz, auch wenn der Gast sich schlecht benimmt.

Interessant ist auch, was mir Herr Meho, der Herr aus Bosnien, der es im oberösterreichischen Gebirge vom Kellner zum Wirt gebracht hat, erzählt.

In seinen Erlebnissen, die er in einem Gasthaus in Hinterstoder im Toten Gebirge, im sogenannten Dietlgut hatte, geht es um den vornehmen Umgang mit lästigen Gästen und mit solchen, die an den vorgesetzten Speisen etwas auszusetzen haben. Meho erzählt: „Einmal war ein ganzer Bus mit Pensionisten da, ich habe selbst bedient. Das war noch im ‚Dietlgut'. An einem Tisch waren die Gäste besonders schlecht aufgelegt und lästig. Von denen war immer einer grantig. Sie waren wie Kinder. Sie haben in kurzer Zeit vergessen, was sie bestellt haben. Das sind solche Gäste, die meinen, der Kellner muss wissen, was sie bestellt haben. Oder sie schreien, sie wollen einen Kaffee, obwohl ich gerade einen anderen Gast bediene. Ich muss erklären: ‚Ich bin gleich bei ihnen.' Das ist Spiel." Ich unterbreche Meho und sage ihm, dass ich oft das Gefühl habe, Kellner würden absichtlich so tun, als ob sie den Gast, der etwas will, nicht gehört haben. Meho antwortet: „Solche Kellner sind fehl am Platz. Man muss dem Gast zeigen, dass man ihn gesehen hat, auch wenn man nicht gleich zu ihm laufen kann. Wenn ich gerade dabei bin, in die Küche zu gehen, weil ich dort etwas zu tun habe, und mich jemand stoppen will, so sage ich: ‚Ich komme gleich.' Aber ich laufe trotzdem meinen Weg. Ich habe aber demjenigen das Gefühl gegeben: O.K., ich habe dich gesehen, ich bin da, aber ich muss jetzt etwas anderes machen."

Über einen Gast, der sich beschwert, erzählt Meho weiter: „In diesem Bus war eine Dame, die hat sich beschwert, weil das Schnitzel ihrer Freundin kleiner war als das ihre. In der Schnelligkeit habe ich mir im Kopf überlegt zu erklären, dass in der Küche keine Maschine ist, die darauf schaut, dass alle Schnitzel gleich sind. Das hätte mich Kraft gekostet. Daher habe ich nur gesagt: ‚Ich bin gleich wieder da.' Ich bin nun in die Küche gegangen und habe gesagt: ‚Noch ein Schnitzel schnell!' Das habe ich ihr gebracht und gefragt: ‚Ist das o.k.?' Ja, hat sie gesagt. Nach einer Zeit bat mich die gleiche Dame um ein Papier, denn ihre Freundin wollte den Rest ihres Schnitzels einpacken, weil es ihr zu groß war. Ich antwortete drauf: ‚Das ist kein Problem, darf ich das Schnitzerl zum Einpacken in die Küche mitnehmen?' Sie meinte nun: ‚Mein Schnitzel darf nicht jeder angreifen.' Lachend antwortete ich: ‚Entschuldigung, in der Küche haben sie das Schnitzel schon ein

paar Mal in der Hand gehabt.' So etwas sage ich immer mit Lachen.
Ich bin nun in die Küche mit dem Schnitzel, packte es ein und brachte
es zurück. Dann habe ich kassiert. In der Zwischenzeit sind neue Gäste
gekommen. Die anderen Damen und Herren sind aufgestanden. Jeder
hat mir seitlich etwas gegeben, etwas Trinkgeld. Und einer hat gesagt:
,Bleib so, junger Mann! Wenn du es schafft mit deiner Kraft und Intelligenz, dann wirst du ohnehin belohnt.' Die betreffende Frau, die mit
dem Schnitzel, ist als Letzte gekommen, sie schaut mich so an und sagt:
„Junger Mann, junger Mann, ich weiß, dass du Chef bist, aber jeder
hat dir etwas gegeben, weil du so freundlich bist, daher bekommst du
auch von mir etwas.' Ich bin verblüfft dagestanden und die Gäste haben gelacht." Seine Höflichkeit und sein Charme gegenüber den Gästen helfen dem jungen Wirt, den Ärger mancher Gäste zu beseitigen.
Zu seinem Umgang mit den Gästen meint er noch: „Sicherlich haben
wir Stress, aber den Stress mit den Leuten machen wir uns oft selber."
Als ich ihn frage, was wäre, wenn ein Gast zum Beispiel wegen eines
Schnitzels, das ihm nicht schmeckt, zur Lebensmittelpolizei ginge, antwortet er: „Das ist mir noch nicht passiert. Wenn jemand mich mit so
etwas belästigen will, versuche ich, ihn mit etwas Schmäh zu beruhigen. Ich werde ihm vielleicht einen Schnaps gratis geben oder ich werde
mich entschuldigen. Ich darf aber nicht mit ihm diskutieren, ob das
Schnitzel schlecht oder gut ist. Ich antworte ihm einfach: ,O.K., das tut
mir leid.' Vielleicht ist wirklich etwas nicht in Ordnung. Ich nehme daher das Schnitzel mit. Es zahlt sich nicht aus wegen des Schnitzels eine
Diskussion zu führen. Das nimmt dir Zeit und bringt ein schlechtes
Image. Wenn es eine solche Konfrontation gibt, nimmt es kein Ende.
Man kann nur mit Höflichkeit erwidern, man muss im Gast, der sich
aufregt, ein schlechtes Gewissen erzeugen. Wenn ich aber auf meinen
Gast losgehe und ihm sage: ,Mein Herr verlassen Sie das Lokal, solche
Leute brauche ich nicht in meinem Lokal!', das wäre schlecht. Jeder
von den Gästen hat gehört, was der Gast gemacht hat, jeder weiß viel-

leicht, dass es nicht fair von dem Gast ist. In diesem Moment schauen sie aber auch auf mich und sehen vielleicht in mir einen bösartigen Herrn. Wenn ich mich aber tausendmal entschuldige und der Gast geht wütend hinaus, so sagen die Gäste: ‚Der Wirt, der arme Kerl, ist so gut, dass er diesen Trottel von einem Gast überhaupt bedient. Der Gast ist es gar nicht wert, dass man ihn bedient.' Das ist so ein Spielchen."

Ich erzähle Meho, dass der frühere Wirt Hradetzky vom „Spatzennest" bei der Ulrichskirche im 7. Bezirk in Wien ein besonderes Rezept hatte, mit einem Gast, der ihn ärgert, umzugehen: Er, der gewöhnlich im Wienerischen Dialekt sprach, redete ihn einfach Hochdeutsch an. Der Gast wusste nun, was los ist und dass es Zeit ist, zu gehen. Meho überlegt nun, unter welchen Voraussetzungen er einen Gast aus dem Lokal weise: „Ich würde einen Gast noch nicht hinauswerfen, wenn er unhöflich zu mir ist. Ich würde diplomatisch und mit Schmäh vorgehen. Den Gast schmeiße ich hinaus, wenn er jemanden beleidigt. Er bezahlt seinen Kaffee, unsere Höflichkeit, unsere Bedienung. Er darf aber auch nicht mein Kind oder meine Frau belästigen." Meho fügt noch hinzu: „Wenn ich eine Kellnerin habe und der Gast wird sexuell aufdringlich, wenn er ihr auf den Hintern klopft, dann genießt er keine Höflichkeit mehr. Es gibt keine Diplomatie mehr. Der Gast gehört dann vor die Tür. Der Gast kann sich so etwas nicht erkaufen. Der Kellner oder die Kellnerin kann den Gast sofort hinaushauen, er muss nicht zuerst den Wirt fragen. Ich muss als Wirt Vertrauen haben. Wenn unser Lokal ein vornehmes Lokal ist, würden wir die Polizei holen, der Gast belästigt ja die Öffentlichkeit, wir sind keine Raufer."

Meho macht sich in diesem Zusammenhang Gedanken über seine Gäste:

„Es kommt darauf an, welche Gäste ich in meinem Lokal haben will. Will ich Studenten haben, dann orientiere ich mich an diesen, dafür habe ich die anderen Gäste nicht. Die Gastronomie ist ein freier Markt. Ich als Wirt kann entscheiden, wen ich will, zum Beispiel wenn ich nur Jugendliche will, werde ich eine entsprechende Musik machen."

Ich erzähle ihm, dass ich als Student mein Geld als Hilfsarbeiter in einer Firma im 9. Bezirk in Wien verdient habe. Mit mir war ein Schwarzafrikaner beschäftigt. Wir beide gingen nach unserer Arbeit am Abend in ein Restaurant, in dem vor allem ältere Bürger zu Abend aßen. Wir setzten uns an einen Tisch in der Mitte des Lokals und bestellten uns Bier und eine Kleinigkeit zu essen. Während wir auf unser Bier warteten, zeigte ich meinem Begleiter Kunststücke mit den Bieruntersätzen, wie ich sie als junger Bursche in den Gasthäusern erlernt hatte. Der Wirt, ein Mann von circa zwei Metern Größe, sah dies und befahl uns, sein Lokal zu verlassen. Da wir nicht sofort Anstalten machten, dies zu tun, packte er uns mit seinen großen Händen und brachte uns zur Türe. Sein Kellner unterstützte ihn dabei. Dem Wirt waren wir beide offensichtlich zuwider. Wahrscheinlich sah er in mir einen üblen Burschen und in meinem dunkelhäutigen Arbeitskollegen einen Gast, der nicht zu den anderen braven Bürgern passte. Um mich an diesem Wirt zu rächen, rief ich ihn am selben Abend noch von einer Telefonzelle an und meldete mich als Polizeikommandant, bei dem zwei Herren gewesen wären, die ihn wegen seines unmöglichen Verhaltens ihnen gegenüber bei ihm angezeigt hätten. Als der Wirt dies hörte, begann er über uns beide zu schimpfen. Ich bezeichnete ihn darauf als sehr üblen Zeitgenossen. Ich fügte noch einige Schimpfwörter hinzu, die ich hier nicht wiedergeben will. Dann hängte ich den Telefonhörer auf. Am nächsten Tag rief ich den Wirt wieder an und teilte ihm mit, dass ich der Sekretär des Botschafters eines afrikanischen Landes sei. Der Sohn des Herrn Botschafters sei gestern bei ihm gewesen und von ihm sehr schlecht behandelt worden. Der Herr Botschafter werde daher Schritte gegen ihn, den Wirt, unternehmen. Darauf begann der Wirt furchtbar über uns beide zu schimpfen, schließlich meinte er, ich hätte ihn gestern angerufen und ihn als Verbrecher und Ähnliches bezeichnet. Ich unterbrach den Wirt und sagte ruhig zu ihm, dass er tatsächlich ein fürchterlicher Mensch sei. Dann beendete ich das Gespräch. Ich hatte also die Genugtuung, den Herrn Wirt, der uns aus dem Lokal geworfen hat, einigermaßen verärgert zu haben.

Herr Meho, dem ich diese Geschichte erzähle, versteht diesen Wirt, den er für einen Rassisten hält, nicht. Er antwortet: „Das ist traurig, wie der Wirt sich aufgeführt hat. Bei mir würde so etwas wegen einer solchen Sache nicht passieren. Ein solcher rassistischer Wirt ist ein Jammer. Wer sein Kind lehrt, Rassist zu sein, der tut dem Kind nichts Gutes."

Noch einmal verweist Meho auf Gäste, die andere beleidigen. Gäste, die sich gut verhalten, stehen unter seinem Schutz, er lässt sie nicht beleidigen:

„Wenn ein Gast in mein Lokal kommt, seinen Kaffee trinkt und für diesen zahlt, so hat niemand das Recht, diesen zu belästigen. Wenn ich es zulasse, dass ein Gast durch einen anderen beleidigt wird, wird sich der Beleidigte sagen: ‚In dieses Lokal kann ich nicht mehr hineingehen.' Daher gehe ich zu dem belästigenden Gast und sage ihm: ‚Bitte, können Sie sich zurückhalten!' Wenn ich aber merke, dass der wieder seinen Mund aufmacht, sage ich ihm: ‚Wenn Sie das noch einmal sagen oder tun, bin ich gezwungen, Sie vor die Tür zu setzen.' Tut er es dann noch einmal, so setze ich ihn vor die Tür, auch wenn er der eigene Bruder ist. Wenn der eigene Bruder die Gäste belästigt, gehört er hinaus. Geht er nicht, so tue ich es aus eigener Kraft oder ich hole die Polizei. Der Gast, der beleidigt wurde, sagt sich dann, dieses Lokal ist ein gescheites Lokal, denn es hat gute Gäste, ich habe nur einen Trottel in diesem kennengelernt, aber dieser ist hinausgeflogen. Der Gast steht also unter meinem Schutz. Am besten ist es, dass man, wenn man einen schlechten Gast hat, der randaliert, die Polizei anruft, denn diese wird dafür bezahlt, dass sie solche Gäste aus dem Lokal entfernt. Die Gäste werden dafür Verständnis haben. Dies ist vor allem in guten Restaurants so."

Meho geht schließlich auf jene Gäste ein, die das Gasthaus als Tribüne für ihre Streitigkeiten und sogar Raufereien benutzen: „In einem kleinen Lokal, in einem Beisl, ist es anders. Dort hat man täglich mit Leuten zu tun, die trinken und streiten. Sie müssen Respekt vor dem Wirt oder dem Kellner haben. Die beiden Streitparteien erwarten, dass sich jemand zwischen sie stellt. Sie freuen sich vielleicht, wenn jemand sagt: ‚Jetzt ist aber Schluss!‘ Für das Lokal kann es ein Problem sein, wenn es wegen einer Rauferei zu einer Gerichtsverhandlung kommt. Daher darf ich Raufereien und Ähnliches nicht zulassen. Wenn jemand mir Probleme macht, so bekommt er Lokalverbot. Daher sagt sich so ein Raufer, das zahlt sich nicht aus und gibt eine Ruhe. Wenn jemand von den Gästen auf den anderen greift, ist er schon vor der Tür. Es gibt Leute, die sagen, mische dich bei solchen Streitigkeiten nicht ein, wir gehen vor die Tür. Ich sage darauf, wenn du vor die Tür gehst und ich höre, dass du den anderen angegriffen hast, so kommst du nicht mehr herein. Ich muss meine Gäste schützen. Morgen vielleicht sagt sich der: ‚Warum habe ich das gemacht, habe ich das nötig gehabt?‘ Er kommt dann nicht mehr und die Gastronomie hat einen guten Gast verloren. Der Gast soll keine Probleme mit nach Hause nehmen. Daher war ich immer strikt gegen Streitigkeiten. Ich habe meine Aufgabe darin gesehen, mich dazwischen zu stellen. Oft raufen Leute, die kein Potenzial im Hirn haben. Der Alkohol spielt dabei eine Rolle, man streitet über Politik und darüber, dass jemand politisch anders denkt. Dabei besteht die Gefahr, dass es zu Streitigkeiten und persönlichen Beleidigungen kommt. Nun muss sich der Wirt oder der Kellner einmischen, bevor es zu gefährlich wird. Wichtig ist, dass es zu keiner Belästigung für andere Gäste kommt. Gehen politische Diskussionen in eine Belästigung der anderen Gäste über, muss man als Wirt dies stoppen.

Sonst verliert man Gäste. Habe ich zum Beispiel einen Streithansel, den Roland, beruhigt, so sagen sich die anderen Gäste, man kann in dieses Lokal hineingehen. Wenn ich selbst in ein Lokal gehe und in diesem von einem Gast beleidigt werde, weil ich aus Bosnien stamme, und der Wirt steht dabei und tut nichts, so gehe ich in dieses Lokal nicht mehr. Der Wirt muss immer den Gast schützen, der sich gut benimmt. Es ist egal, ob er Wasser trinkt und einen Euro da lässt oder für 20 Euro konsumiert. Wenn du Leute aus allen Schichten bei dir zu Gast haben willst, vom Kind bis zum Pensionisten, so darf man als Wirt nicht den Fehler machen, jemandem nur darum alles zu gestatten, weil er viel Geld da lässt."

Wirt und Kellner setzen also alles daran, ihre Gäste, die sich wohl verhalten, vor jenen zu schützen, denen es offensichtlich Freude macht, sich im Gasthaus wild zu gebärden, zu streiten und sogar zu raufen.

Über Strategien, mit schwierigen Gästen umzugehen, sprach ich auch mit Herrn Wolfgang, dem früheren Kellner vom Oktogon „Am Himmel" bei Wien. Er bezieht sich vor allem auf jene Gäste, deren Arroganz und Überheblichkeit dem Kellner als unangenehm erscheinen: „Es gibt Gäste, die sich über alles mokieren. Es gibt welche, die sind noch bei der Tür und wollen schon etwas bestellen. Da sagt man: ‚O.K., ich komme gleich.' Manchmal muss man absichtlich Gäste ignorieren, denn man kann nicht bei fünf, sechs Tischen gleichzeitig sein. Wenn an jedem Tisch drei oder vier Leute sitzen, sind es ungefähr 20 Leute, die gleichzeitig schreien und bestellen wollen. Man kann in einem solchen Fall nur eines nach dem anderen machen. Man sagt dann: ‚Moment, ich komme gleich zu Ihnen – oder Ähnliches. Es bringt ja auch nichts, wenn man wahllos Bestellungen aufnimmt. Sonst verliert man den Überblick und weiß nicht mehr, wer was bekommt. Dann regen sich die Leute aufs Neue auf. Eine gewisse Kritik gibt es immer. Du kannst als Kellner nicht Liebling der Massen sein. Du kannst nie jedem alles recht machen. Im Oktogon ‚Am Himmel' wollen während des Sommers, wenn alles voll ist, die Gäste gleich bedient werden. Bis auf wenige, die sagen, ich habe eh Zeit. Dann gibt es Leute, die sagen: ‚Wenn ich nicht gleich etwas bekomme, gehe ich wieder.' Da muss man sagen: ‚Dann gehen Sie, dahinten stehen die Nächsten.' Das kann man nicht ändern, dann geht er halt. Es gibt Leute, die schimpfen: ‚Hierher komme ich nie wieder, es ist hier zu teuer!' Der ist morgen aber wieder da, weil er das Lokal gern hat, weil er gerne auf Wien herunterschaut. In einem Lokal in der Innenstadt oder in Grinzing muss man extrem freundlich auftreten, denn die Konkurrenz ist dort groß. Wenn man den Gast dort verärgert, so geht er bei der Tür raus und bei der nächsten hinein. Steht das Gasthaus alleine, wie das Oktogon ‚Am Himmel', so ist man etwas freier."

Für Herrn Wolfgang ist die Souveränität des Kellners wichtig, um unangenehme und fordernde Gäste in Schach zu halten.

Herrn Harry, dem Kellner im „Schwarzen Rössl", geht es um einen heiteren Umgang mit Gästen, deren Überheblichkeit ihn ärgert: „Mich hat sehr der Besitzer eines Hotels in Seewalchen geprägt. Ein Jahr habe ich dort gearbeitet. Seine Frau, die Wirtin, ist eine bekannte Hauben-köchin, die früher die Werbung in einer Zeitung gemacht hat. Er, der Wirt, konnte mit den Gästen gut umgehen. Bei ihm haben sich viele Prominente der Salzburger Festspiele getroffen. Einmal kommt ein Mann in das Restaurant und geht zum Wirt und sagt zu ihm: ‚Ich bin der neue Generaldirektor von der Firma L., geben Sie mir den bes-ten Tisch, den Sie haben.' Der Wirt geht darauf zu ihm hin und haut ihm auf die Schulter und sagt: ‚Servas, grieß di, ich bin der Hans, jetzt schaun wir, ob wir etwas für dich finden.' Der Gast war verwundert. Wenn ihm jemand so gekommen ist, von oben herab, so hat der Hans so reagiert. Oder hat ihn jemand in vornehmer Weise gefragt: ‚Was ist das für ein Fisch auf der Speisekarte?' So hat der Hans geantwor-tet: ‚Das ist so ein Fisch, der lebt im Wasser, wenn er schläft, so ist er unten bei den Steinen. Wenn nicht, dann schwimmt er herum.' Solche Scherze konnte sich der Wirt nur leisten, weil er eine sehr gute Küche hatte. Dennoch hat er finanzielle Probleme gehabt. Von ihm habe ich gelernt, jemandem, der sich arrogant verhält, mit Lockerheit und mit einer geschliffenen Klinge zu begegnen. Wenn ein Gast sich wichtig vorkommt, so ist man besonders elegant. Das sind Improvisationen auf die Minute. Zu mir ist auch einmal einer gekommen und hat gesagt: ‚Wissen Sie nicht, wer ich bin?‘ Sage ich: ‚Es tut mir leid, wissen Sie, wer ich bin? Aber irgendwie werden wir schon zusammenkommen. Jetzt schauen wir einmal!‘ Ich bin draufgekommen, je mehr die Leute zu sagen haben, desto angenehmer sind sie. Es ist meistens die B-Prominenz, die einen Geltungsdrang hat und das Bedürfnis nach Anerkennung hat. Gefährlich ist die zweite Liga, so wie Patrick Lindner. Die sind gefährlich."

Wirt Willi vom Gasthof Steyrerbrücke in St. Pankraz meint, wie sein Kellner Harry auch, dass man geschickte Strategien einsetzen muss, um mit problematischen Gästen fertig zu werden. Er erzählt: „Streiten Leute im Lokal, hat man es als Dorfwirt oder Dorfkellner leichter, man kennt ja seine Leute aus dem Dorf. Ich habe bei uns ein paar heikle Situationen gehabt, die sind aber gut ausgegangen. Ich kenne nur meine Leute und nicht die, die von der Straße hereinkommen. Ich weiß ja nicht, wie die reagieren. Leute einer österreichischen Tageszeitung habe ich einmal geschlossen hinausgeschmissen. Die sind betrunken nach dem Schifahren zu mir gekommen. Sie haben geglaubt, das Haus gehört ihnen und ich muss alles so tun, wie sie es sich vorstellen. Ich habe zu ihnen gesagt: ‚So nicht!‘ Gewisse Richtlinien gibt es überall. Die wollten das aber nicht glauben. Sie haben auch ein Radio mitgehabt, mit dem sie laut Musik gespielt haben. Zuerst habe ich ihnen den Stecker vom Radio herausgezogen, damit im Raum Ruhe ist. Das war von mir das Verkehrte, denn sie sind noch lauter geworden. Ich habe geglaubt, sie zerlegen das Wirtshaus. Nun habe ich sie hinausgeschmissen, 75 Leute waren sie. Sie sind mir aber gefolgt und sind verschwunden. Dies war eine meiner schlimmsten Erfahrungen mit Gästen. Für gewöhnlich versuche ich mit den Störenfrieden vernünftig zu argumentieren. Man muss schauen, dass man die Betrunkenen halbwegs in den Griff bekommt. Ich habe denen von der Zeitung gesagt, bevor ich sie hinausgeworfen habe, dass es nicht nur diese eine Zeitung gibt, bei der sie arbeiten, sondern auch andere. Denen werde ich Informationen über sie zukommen lassen. Darauf sind sie knieweich geworden. Vor solchen Sachen haben sie wegen der Konkurrenz doch Angst. Man lernt aus solchen Situationen." Während mir Herr Willi dies erzählt, sitze ich in seinem Gasthaus, esse und trinke auf sein Wohl. Ich bin angetan von seiner Kellnerin, die mit höflicher Noblesse mir als Vegetarier Spinat und Erdäpfel serviert.

Herr Kellner Daniel aus Tirol erzählt mir spannend über einen Gast, der mit allem unzufrieden war, was man ihm bot: „Der schlimmste Gast, den ich je hatte, war der Herr Unger. Das werde ich nie vergessen. Das war im Hotel T., einem Fünfsternehotel, im letzten Jahr im Winter. Der Herr Unger war mit nichts zufriedenzustellen. Das Essen kam zu langsam, der Salat war zu sauer. Ich habe ihn zufällig auf meiner Station sitzen gehabt. Es lag nun an mir, mit meiner Art ihn dazu zu bringen, dass er wieder mit allem zufrieden ist. Die ganze Woche, die er da war, war er unzufrieden. Das Zimmer hat ihm nicht gepasst, es sei die fünf Sterne nicht wert, meinte er. Es passte das Fondue nicht, das Essen ging zu langsam, dann ging es wieder zu schnell. Ich bin ehrlich auf ihn zugegangen und habe eine ganz normale Diskussion mit ihm geführt. Ich habe ihn gefragt, was nicht in Ordnung ist und worin das Problem liegt – wie schauen wir aus, was kann man ändern. Das ist ja nicht schwer. Wenn ich aber einen Sturkopf mache und mich umdrehe und mir denke, leck mich am Arsch, dann wird nicht viel herauskommen."

Für Herrn Daniel ist es die Kunst des guten Kellners, Gäste zu beruhigen oder sie dazu zu bewegen, sich im Sinne des Restaurants zu verhalten.

Zu den unangenehmen Gästen gehören Betrunkene oder Leute, die sich in einem noblen Lokal unangepasst verhalten. Ich kannte einmal einen Wiener Sandler, Hans hieß er, er war ein gebildeter Herr, er hatte sogar die Matura, doch er wurde zum Alkoholiker und landete auf der Straße. Bei meiner Studie über die Vagabunden der Großstadt konnte er mir interessante Einblicke verschaffen. Wir verstanden uns gut, was ihn aber nicht hinderte, mein Fahrrad zu stehlen. Unter den anderen Wiener Sandlern genoss er hohes Ansehen, da er ein Gesetzbuch besaß, das er, wie er erzählte, während einer Gerichtsverhandlung der Richterin gestohlen hatte. Mit diesem Herrn, der mir nicht unsympathisch war, besuchte ich einmal ein gutes bürgerliches Gasthaus gegenüber dem Wiener Volkstheater. Ich lud Hans zu einem Essen und einigen Gläsern Bier ein. Er langte kräftig zu und erfreute sich am Biergenuss. Bald unterhielt er sich lautstark mit mir und machte seine Scherze mit der Kellnerin. Sämtliche Gäste im Lokal blickten auf uns und die Kellnerin zeigte sich über diesen heruntergekommenen Herrn verärgert. Ich versuchte nun, Hans zur beruhigen, doch dies gelang mir nicht. Ich hatte die Kontrolle über ihn verloren. Ich zahlte und machte mich auf, um zu gehen und Ruhe von ihm zu haben. Dieser jedoch machte keine Anstalten zu gehen. Ich wollte ihn daher alleine in dem Lokal zurücklassen. Die Kellnerin merkte, dass ich mich ohne Hans zurückziehen wollte. Dies entsetzte sie und sie versuchte mich daher am Gehen zu hindern. Sie meinte zu mir, ohne diesen lauten Herrn dürfe ich mich nicht aus diesem Restaurant entfernen. Sie befürchtete also das Ärgste. Nun setzte ich alle meine Überredungskunst ein, um Hans zu bewegen, mit mir zu gehen, doch dieser weigerte sich, ihm gefalle es hier gut und vielleicht finde sich noch jemand, der ihn auf ein Bier einlädt. Nach langem Sträuben und meiner Versicherung, ihn demnächst wieder in ein gutes Gasthaus auf Speis und Trank einzuladen, verließ er gemeinsam mit mir das Lokal. Die Kellnerin, ich merkte es ihr an, war erleichtert.

Jedenfalls ihre Strategie, auf mich einzuwirken, um diesen unangenehmen und störenden Gast aus dem Gasthaus wegzuschaffen, hatte Erfolg. Kellner und Wirte achten also darauf, wie ich gezeigt habe, dass Gäste in einer Sphäre der Ruhe bewirtet werden können. Leute, die stören, müssen damit rechnen, aufgefordert zu werden, das Restaurant zu verlassen.

Zum Thema der betrunkenen Gäste sprach ich speziell noch mit dem schon zitierten Wirt Willi. Meine Frau, die bei diesem Gespräch anwesend war, fragt ihn: „Wie ist es mit den Betrunkenen? Gibt man ihnen noch zu trinken, wenn man weiß, dass sie betrunken sind?" Herr Willi führt aus: „Einem Betrunkenen kann man nicht erklären, dass man ihm nichts mehr geben darf. Am nächsten Tag wäre er froh… Aber erkläre einem Betrunkenen, dass er nichts mehr trinken soll. Mit solchen Problemen haben wir im Allgemeinen nicht zu viel zu tun. Die typischen ‚Trankler' gehen nicht in unser Gasthaus, die gehen woanders hin. Mit solchen Säufern habe ich meistens ein Problem. Mit mir kann man über alles reden, aber im vernünftigen Bereich. Aber diese Leute sind so grenzenlose Stänkerer, wenn sie trinken. Ich ziehe schnell die Konsequenzen. Stänkerer brauche ich nicht. Sie stänkern bewusst. Sie machen sich über die Gäste und den Wirt und die Kellner lustig. In der Gruppe sind sie stark, alleine sind sie eh ‚Waserln'." Ich erzähle, dass der frühere Wirt vom „Spatzennest", Karl Hradetzky, mit jemandem nur dann Hochdeutsch gesprochen hat, wenn er sich schlecht aufgeführt hat. Der Betreffende wusste dann, dass er sich zurückhalten müsse oder zu gehen habe. Wirt Willi lacht dazu und meint: „Das ist auch eine Methode. Zwischen Trankler und Trankler ist aber ein großer Unterschied. Wenn ein Betrunkener nur dasitzt und niemandem etwas tut, ist er ja harmlos."

Ein interessantes Gespräch führe ich mit Frau Renate Spanring, die Wirtin in einem Bauerngasthaus bei Windischgarsten, in der soge- nannten Schaffelmühle, gewesen ist. Sie war zuerst Kellnerin in einem Kaffeehaus in Linz am Schillerpark. Mit ihrem Mann übernahm sie die „Schaffelmühle". Sie erzählt: „In der ‚Schaffelmühle' waren die erste Zeit nur wilde Holzknechte und Raufer dort. Das Gegenteil vom Schillerpark. So ähnlich ist der Unterschied zwischen Hofdame und Verbrecherin, kann man fast sagen. Zuerst war ich fast wie eine Hof- dame und nun beinahe wie eine Kumpanin von wilden Burschen. Ein- mal sind Holzknechte vom Hengstpass gekommen. Unter ihnen war ein Großer, mit großen Händen. Man hat mich nicht so recht akzep- tiert. Ich war so schmächtig. Plötzlich nimmt einer einen Hunderter- nagel, also einen großen Nagel, und haut ihn mit der bloßen Hand in die Holztür. Man muss darauf achten, dass man nun die Ruhe be- wahrt, sonst kommt einer mit der Motorsäge und schneidet ein Stück aus der Tür heraus. Ganz ruhig habe ich zu dem Burschen gesagt: ‚Sie, beruhigen Sie sich!' So beruhigt man sich auch selbst. Der Bursche hat sich mit seinen Freunden niedergesetzt und noch viele Biere getrun- ken. Damals haben wir einen Nagelstock in der Gaststube gehabt, also einen Holzpflock. Man muss mit einem Hammer mit einem Schlag einen Nagel bis zum Kopf hineinschlagen, dann hat man gewonnen. Dabei geht es meist um Getränke. Es waren dort oft lange Nächte. Man nimmt für einen solchen Stock meist ein hartes Holz, damit der Nagel schwer hineingeschlagen werden kann. Wir haben damals einen Lärchenstock gehabt. Der ist in der Mitte des Gastzimmers gestanden. Es wurde viel genagelt. Einmal um vier Uhr in der Früh war der Stock vollgenagelt. Es ging kein Nagel mehr hinein. Das war um 1983. Was sollen wir tun, die Burschen wollten weiternageln. Jetzt ist der Peter,

mein Mann, um vier Uhr in der Früh hinausgegangen und hat die
Motorsäge genommen und hat ein Stück, etwas länger als die Nägel,
von dem Holzstock heruntergeschnitten. Die Motorsäge hat in diesem
kleinen Gastraum furchtbar geraucht. Das hat den Burschen gefallen,
das war für sie eine tolle Aktion des Wirtes. Dann ist das Nageln wieder weitergegangen. Seit damals waren wir hoch angesehen, das hat
ihnen derart gefallen! Ein anderer schmeißt solche Leute vielleicht hinaus. Man muss schauen, dass man solche Leute ermuntern kann und
mit ihnen gut auskommt." Ich sitze mit Frau Renate, während sie dies
erzählt, im Kaffeehaus Kemetmüller in Spital am Pyhrn. Ich will sie auf
eine Topfengolatsche einladen, doch sie lehnt ab und fährt in ihrer Erzählung fort: „Eine Aktion muss ich noch erzählen. Die werde ich nie
vergessen. Ein gewisser Hermann war bei uns in der ,Schaffelmühle', er
war etwas verrückt. Es war an einem Sonntag am Nachmittag, ich war
da gerade 21 Jahre alt. Wir hatten die ,Schaffelmühle' erst zwei oder
drei Monate. Wie gesagt, viele Raufer gab es unter den Gästen. Das
Gute war, dass ich als Kind mit meinem Bruder oft gerauft habe, daher
bin ich nicht hysterisch geworden, wenn es zu einer Konfrontation
bei uns gekommen ist. Einmal sitzt also der Hermann bei uns, schön
provokant. Er hat schon viel getrunken gehabt. Ich habe gewusst, dass
er oft nur wegen des Raufens gekommen ist. Daher habe ich zu ihm
gesagt: ,Weißt du was, Hermann, ich gebe dir nichts mehr zu trinken.' Darauf wird er sich gedacht haben, dieses blöde Rotzmensch, die
spinnt ja. Nun hat er gedroht: ,Wenn du mir nichts mehr gibst, dann
schmier ich dir eine.' Er wollte mir also eine Ohrfeige geben. Meine
Mutter ist in der Küche gestanden und hat dies gehört, sie hat gezit-
tert. Ich habe mich nun vor ihn hingestellt und habe gesagt: ,Wenn
es dir einen Spaß macht, dann tue es!' Ich habe mir gedacht, er wird
mir schon keine herunterhauen. Und wenn er dennoch auf mich haut,
habe ich den Vorteil, dass meine eigene Reaktion besser ist als seine,
denn er war schon betrunken.

Man muss sich immer so stellen, dass man rückenfrei steht. Aber weil ich zu ihm gesagt habe, er kann mir eine herunterhauen, wenn es ihm einen Spaß mache, hat er mich respektiert. Es hat keinen Krieg mehr mit ihm gegeben und ich habe meine Ruhe gehabt. Der hat sich seit damals anständig benommen. Wenn recht viel los war und er lästig geworden ist, habe ich zu ihm gesagt: ‚Bitte Hermann, das kannst du machen, wenn du alleine bist.‘ Auch habe ich zu ihm gesagt: ‚Tu es mir zuliebe, dass ich keinen Ärger habe.‘ Und gut war es, er hat sich daran gehalten.

Es ist mir noch eine Geschichte vom Gössweiner eingefallen. Dieses Geschichterl muss ich noch erzählen. Einmal sind Jäger gekommen. Unter ihnen war auch der Mausmaier Franz. Es war an einem Nachmittag. Kommt der Franz herein und schneidet auf, was er nicht für einen Hirsch geschossen hat, einen ungraden Zwölfer. Da mein Vater Jäger war, war ich auch nicht ganz blöd. Ich gehe hinaus zu seinem Auto und schaue in den Kofferraum und schaue mir den Hirsch an. Ich gehe hinein und sage: ‚Lüge nicht, weißt was, es ist ein ungrader Zehner, den du geschossen hast und kein ungrader Zwölfer.‘ Da hat mich der erstaunt angeschaut. Und seit dem Zeitpunkt habe ich nie wieder Ärger mit ihm gehabt. Die Jäger tun gerne etwas dazudichten.“

Frau Renate ist eine intelligente Dame, die weiß, wie sie mit Menschen umgeht, mit denen sie Dispute führt. Sie gibt auch mir Ratschläge und erzählt: „Man kann das gut bei Tieren lernen. Schau einmal so ein Wolfsrudel an. Der Rudelsführer ist ein kluger Wolf. Er muss mit den Jüngeren und den Älteren Kontakt haben. Man darf nie argumentieren, wenn man aufgebracht ist. Schlafe einen Tag drüber und argumentiere dann. Wenn es zu einer Konfrontation kommt, halte dich zurück und argumentiere erst einen Tag später. Ignorieren tut oft viel mehr weh. Man muss ehrlich sein bei einer Auseinandersetzung, aber nicht unterwürfig. Sobald man sich primitiv ausdrückt, ist es schlecht." Frau Renate kommt es offensichtlich darauf an, sich intellektuell mit unbesonnenen Gästen zu beschäftigen. Die Kellnerin oder die Wirtin hat eine gewisse Gelassenheit zu zeigen, um den aufgebrachten Gast zu besänftigen.

Raufereien, wie sie früher für übel beleumundete Lokale typisch waren, sind eher selten zu beobachten, außer nach Fußballmatches. Darüber spreche ich mit Herrn Gerhard vom „Schweizerhaus" im Wiener Prater, denn der Prater wird von Fußballfans nach Spielen im Stadion häufig aufgesucht. Dabei kann es zu Handgreiflichkeiten kommen. Herr Gerhard erzählt: „Auf das ,Schweizerhaus' kann man stolz sein, es ist selten, dass hier gerauft wird. Das Schlimmste, an das ich mich erinnern kann, war eine Schlägerei nach einem Fußballmatch, dabei sind die Glasln geflogen. So etwas ist Gott sei Dank ganz selten. Heute, wenn gerauft wird, kommt gleich die Polizei. Früher kam keine Polizei, da musste ich selbst mitraufen. Das war schon schlimm."

Über einen interessanten Gast, der als Messerstecher und Ganove einige Berühmtheit erlangt hat und der in Gasthäusern Kellnern und Wirten stets Schwierigkeiten gemacht hat, sprach ich mit Herrn Kadi, dem Kellner am Cobenzl in Wien. Während unseres Gesprächs wurde mir bewusst, dass dieser gefährliche Herr jener gewisse Pepi Taschner ist, über den ich das bereits erwähnte Buch „Der Adler und die drei Punkte" geschrieben habe. Er war mir ganz sympathisch, jedoch hatte ich auch meine Schwierigkeiten mit ihm. Herr Kadi erzählt mir seine Geschichte mit dem zunächst als gefährlich beschriebenen Gast Pepi Taschner: „Ich hatte damals eine Bar in der Schleifmühlgasse bei der Operngasse. Wie ich den Pepi Taschner kennengelernt habe, hatte ich zu Silvester ein Buffet für geladene Gäste arrangiert.

Damals kam er zu mir mit einem Kollegen, einem Kellner aus der Gegend. Es war noch nicht aufgesperrt, wir waren noch dabei, für Silvester einiges vorzubereiten. Mein Kollege ist mit Pepi am Buffet ge-

standen. Ich begrüße ihn genauso wie die anderen Gäste. Ich habe zu
ihm gesagt, es freut mich, dass er auch gekommen ist. Ich habe ihn
noch nicht gekannt und habe daher nicht gewusst, dass er ein großer
Ganove gewesen ist. Ich hatte noch zu tun mit der Vorbereitung. Das
Lokal war schon voll. Da sehe ich, wie der Pepi ein Schnitzel nimmt
und es in seine Tasche steckt. Ich sage zu ihm: ‚Entschuldigen Sie bitte,
sie können das essen, aber Sie sollen es nicht einstecken.' Der Kollege sagte nun zu mir: ‚Weißt du nicht, wer das ist?' Sage ich: ‚Ist mir
wurscht, wer der ist, ob er Taschner heißt oder nicht, aber er soll das
Schnitzel nicht in die Tasche stecken.' Der Taschner hat das gehört
und hat darauf zu mir gesagt: ‚Hörst, du bist ein Mann, weil du keine
Angst hast vor mir.' Dann hat er mir ein Bussi auf die Wange gegeben.
Darauf hat er mir die Hand gereicht. Seit damals war er fast jeden Tag
bei mir – vom Aufsperren bis zum Zusperren.

Er war immer gut angezogen. Ich habe ihm auch Anzüge geschenkt.
Ich habe ihn mit nach Hause in den 6. Bezirk genommen. Er hat bei
mir geduscht und gebadet. Ich habe zu ihm gesagt: ‚Ich habe noch ein
paar schöne Anzüge. Wenn dir einer gefällt, so nimm ihn.' Das ist gut,
hat er gesagt. Er ist rausgegangen mit einem braunen Anzug, der hat
ihm sehr gut gefallen. Einmal hatte ich einen Gast, der Angst vor dem
Pepi Taschner hatte. Er war selbst Lokalbesitzer, er hat ausgesehen wie
ein Strizzi (Krimineller, Anm.), er war aber keiner. Er ist oft mit seinen
Angestellten, wenn er sein Lokal zugesperrt hat, zu mir gekommen.
Er ist wieder einmal bei der Bar gestanden, meine Bar war elf Meter
lang, und hat laut geredet. Ich habe zu ihm gesagt: ‚Carlos, bitte, sei
nicht so laut, es sind noch andere Gäste hier, du sollst dich hier besser benehmen, du bist ja auch Lokalbesitzer, du musst Verständnis für
mich haben, ich kann auch nicht zu dir kommen und mich aufspielen
so wie du es hier tust.' Das hat ihm wenig ausgemacht. Einmal ging
er auf die Toilette. Er kam sofort zurück und sagte zu mir: ‚Kadi, ich
muss aufs Klo.' Sage ich lachend: ‚Na bitte, geh. Geh doch, ich halte

dich nicht auf, du kannst doch auf die Toilette gehen.' Darauf meinte er: ‚Auf der Toilette ist der Pepi Taschner.' Sage ich: ‚Der beißt doch nicht. Hast du Angst vor ihm?' Darauf er wieder: ‚Geh bitte mit mir aufs Clo.' Nun musste ich mit ihm auf das Klo gehen. Dann hat er sich beruhigt. Er hatte Angst vor Pepi Taschner, wahrscheinlich hatte er früher Schwierigkeiten mit ihm in einem seiner Lokale.“

Kadi lächelt, während er diese Geschichte von seinem Gast Pepi Taschner, der auch mit mir befreundet war, erzählt. Ihn freute es aber auch, dass er den Respekt dieses für manche unangenehmen Gastes, vor dem andere Lokalbesitzer sich offensichtlich fürchteten, genoss.

Eine mir sympathische Kellnerin war Frau Mitzi, mit der ich über ihr Leben in der Stiftsschank von Kremsmünster gesprochen habe. Frau Mitzi liebte ihre Gäste. Sie war, wie schon erwähnt, eine angelernte Kellnerin, aber eine im besten Sinn. Aber auch sie hatte einen unangenehmen Gast, nämlich unseren Physikprofessor Pater Ansgar. Unter diesem Herrn hatte auch ich zu leiden, er machte mir, weil ich angeblich einmal irgendwelche Frechheiten zu ihm gesagt hatte, das Leben schwer. Dieser Pater Ansgar war ein überheblicher Herr, der nicht meine Sympathien genoss. Auch für Frau Mitzi war dieser Pater ein unangenehmer Zeitgenosse und ein arroganter Gast. Über diesen geistlichen Gast erzählt mir weise lächelnd Frau Mitzi im Pfarrhof zu Adlwang: „Als der Pater Ansgar Gymnasialdirektor geworden ist, hat die Frau Türk, die Wirtin, zu uns gesagt: Wenn der Pater Ansgar kommt, müsst Ihr ‚Herr Direktor' zu ihm sagen. Wie er wieder einmal in die Schank gekommen ist, ist er mir als der Erste über den Weg gelaufen. Ich habe ihn, wie die Frau Türk es wollte, mit: ‚Grüß Gott, Herr Direktor' begrüßt. Darauf hat er bös geantwortet: ‚Für Sie bin ich noch immer der Herr Professor. Ein Direktor kann auch einer vom Flohzirkus sein.' Darauf habe ich zu ihm gesagt: ‚Zu Ihnen sage ich in Zukunft nur mehr Grüß Gott!' Und habe mich umgedreht und bin gegangen. Das war der Ansgar. Er hat gespürt, dass ich ihn nicht mag. Wir haben uns gegenseitig nicht mögen."

Kellner und Kellnerinnen stehen ständig vor dem Problem, mit Gästen zu tun zu haben, die ihnen in überheblicher oder in bewusst herrischer Weise begegnen. Kellner und Kellnerin lernen im Laufe ihrer Arbeit jedoch Strategien, um mit diesen Leuten fertig zu werden, vor allem ist es eine noble Distanz, die ihnen hilft, ihr Selbstbewusstsein als Kellner oder Kellnerin zu bewahren.

Diese noble Distanz ist wichtig. Dies meint auch Herr Gottfried vom Café Landtmann: „Es gibt angenehme und schlechte Gäste. Auch zu einem schlechten Gast muss man höflich sein, das ist unser Geschäft." Dennoch lässt der erfahrene Kellner und die erfahrene Kellnerin den unangenehmen Gast merken, dass sein Benehmen nicht angebracht und vielleicht sogar beleidigend ist.

Hiezu passen auch Erzählungen meiner Nichte Johanna, einer angehenden Medizinerin, die als Studentin im Sommer ihr Geld als Kellnerin in einem Tiroler Fremdenverkehrsort verdient hat. Sie erzählte: „Einmal ist ein ‚feines' deutsches Ehepaar gekommen und hat ‚Forelle Blau' bestellt. In unserem Restaurant wird die Forelle erst, kurz bevor sie in den Kochtopf kommt, getötet. Das heißt, es ist noch keine Leichenstarre eingetreten, daher bricht der Fisch beim Herausnehmen in der Mitte. Dies schaut etwas ungewohnt aus, ist aber das Zeichen dafür, dass der Fisch ganz frisch ist. Ich servierte dem Ehepaar also diesen Fisch. Der Mann dieses Ehepaares hat sich furchtbar aufgeregt und gemeint, welche Frechheit das doch ist, so etwas Ekelhaftes zu servieren. Ich habe die Chefin geholt und die hat ihnen genau erklärt, wie das mit einer solchen Forelle ist und wollte die Gäste beschwichtigen. Das war aber nicht mehr möglich. Der Fisch wurde sofort in die Küche zurückgeschickt und das Ehepaar hat das Lokal verlassen. Das ist ärgerlich, aber was soll man machen?"

Aber noch eine andere Geschichte mit unangenehmen Gästen weiß meine Nichte zu erzählen: „Ärger gibt es auch manchmal mit unseren lieben Nachbarn, den Italienern. Mitte August ist in Italien auch Feiertag, Ferragosto, und zu dieser Zeit haben viele italienische Firmen Betriebsurlaub. Tirol ist, so glaube ich, ein beliebtes Reiseziel der Italiener. Wenn eine größere Gruppe zum Essen kommt, herrscht meist Chaos. Beginnend bei sehr lauter, temperamentvoller Unterhaltung, werden Tische verschoben und das ganze Lokal in Aufruhr versetzt. Die Kinder beschmieren Tischtücher, schlimmstenfalls auch die Holzvertäfelung, mit Ketchup. Die Hälfte des Essens liegt am Boden. Wenn dann das Essen beendet ist und die Gruppe das Restaurant wieder verlassen hat, beginnen die Aufräumarbeiten. Man muss dem Essbereich mit Wischlappen und Staubsauger den Kampf ansagen. Aber so sind temperamentvolle Südländer." Wirt und Kellner nehmen es offensichtlich gelassen hin, wenn unangenehme Besucher, die Geld bringen, zu Gast sind.

Die Strategien von Kellnern und Kellnerinnen können, wie wir gesehen haben, vielfältige sein, um mit lästigen Gästen fertig zu werden.

Die furchtlose Kellnerin und die „Grabscher"

Zu den schlechten und lästigen Gästen gehören die sogenannten Grabscher, jene Herren, denen es offensichtlich Freude macht, Kellnerinnen, vor allem jene, deren körperliche Formen sie zu reizen scheinen, zu betasten. Zu diesen Körperteilen gehören der verlängerte Rücken und der Busen. In einer von Wilhelm Buschs Zeichengeschichten wird vom Hang des Gastes zum Küchenpersonal geschrieben und ein Gast gezeigt, der einer drallen Kellnerin auf die hintere Auswölbung greift.

Für Kellnerinnen sind derartige Belästigungen grundsätzlich ärgerlich und stören sie bei ihrer Arbeit.

Herr Willi, der Wirt vom Gasthaus Steyrerbrücke in St. Pankraz meinte auf meine Frage, wie denn er und seine Kellnerinnen reagieren, wenn ein Gast zudringlich wird und einer der Damen sich im Sinne Wilhelm Buschs unsittlich nähert: „Das lasse ich nicht zu, ein solcher Gast wird freundlich verabschiedet. Bei der Barbara und der Lisi muss man sich keine Sorgen machen, die brauchen mich nicht. Da braucht keiner auf den Hintern zu hauen. Das soll er nicht tun. Die brauchen keine Hilfe. Die wissen, wie sie sich verhalten sollen. Die hauen ihm gleich eine herunter."

Ich sprach darüber auch mit einer früheren freundlichen Kellnerin, Anni ist ihr Name. Sie ist um die 35 und nicht mehr berufstätig. Ich habe sie kennengelernt, als ich im Innviertel einen Vortrag gehalten habe. Sie bewohnt mit ihrem Mann und ihren Kindern ein schmuckes, von einem schönen Garten umgebenes Haus, das sie liebevoll einge- richtet hat. Ich hatte die Ehre, in diesem zu nächtigen. Beim Früh- stück kam das Gespräch auf ihre Arbeit als Kellnerin und jene Herren, die ihr bei ihrer Tätigkeit des Servierens zu nahe gekommen sind. Sie erzählt: „Ich war in einem Fernfahrerlokal Kellnerin. Ich war damals noch sehr jung, 18 oder 19 Jahre alt. Kellnerin wurde ich, weil ich einen Job gesucht habe. Ich bin eine Pongauerin, eine gelernte Verkäuferin. Als Kellnerin bin ich nur angelernt. Wegen meines Mannes bin ich Kellnerin geworden. Mein Mann, den ich damals schon kannte, war in der Stadt tätig. Als Kellnerin habe ich in der Stadt einen Job bekom- men, und zwar in einem Fernfahrerlokal. In diesem habe ich schlafen können, habe mein Essen gehabt und war da Kellnerin. Ich war also schon in festen Händen, ich war resolut auf diesem Gebiet, dass mir keiner zuwi (zu nahe, Anm.) kommt. Einige Fernfahrer, nicht viele davon, die anderen muss ich in Schutz nehmen, haben geglaubt, eine Kellnerin ist Allgemeingut. Mit so etwas war ich nicht einverstanden. Mit Schmäh kann ich gut leben, damit habe ich kein Problem, aber man muss auf Distanz bleiben. Ich habe ein gutes Mundwerk, deswegen war ich auch sehr beliebt. Das kann aber auch missverstanden werden. Insgesamt habe ich nur zwei Watschen wegen Grabschens ausgeteilt. Einer, der eine von mir bekam, war ein besonderes Erlebnis. Der war berüchtigt, weil er gerne jede Kellnerin vernascht hätte. Der hat jeder auf den Hintern gegrabscht. Mir genauso. Ich habe ihm gesagt: Wenn er das noch einmal macht, dann bekommt er so eine Tetschen (Ohrfeige, Anm.), dass er sich nicht mehr kennt. Ich habe schon gewusst, dass er so ein Typ ist. Er hat es bei mir auch probiert. Ich habe ihn schon verwarnt. Ich habe ihm gesagt: ‚Helli, wenn du das noch einmal machst, schmier ich dir eine solche, dass du dich nicht mehr kennst.‘ (Sie lacht) Er hat nur gelacht. Das Lokal war gesteckt voll mit Fernfahrern. Es war ein Tag, an dem viel los war. Er hat es dann wieder probiert, nachdem ich ihn schon verwarnt gehabt habe. Ich habe mich umgedreht und habe ihm, richtig reflexartig, eine geschmiert. Das war zu fest, das war nicht beabsichtigt, das muss ich schon sagen. Ich habe ihm alle fünf Finger in das Gesicht gedrückt. Meine ganze Hand hat er eine Woche im Gesicht herumgetragen. Er war furchtbar böse auf mich. Er hat sich bei der Wirtin, meiner Chefin, beschwert. Die hat mich zu sich zitiert. Er hat vielleicht geglaubt, er kann ein Essen und ein Bier bekommen, weil er von mir so misshandelt wurde. Der Mann war damals sicher schon 40 Jahre alt, Helli hat er geheißen. Ich war damals ein Dirndl. Ich habe auch nicht gewusst, wie die Chefin reagiert. Ich habe keine Angst gehabt, denn die Chefin war super auf diesem Gebiet. Wie mich die Chefin zu sich geholt hat, habe ich mir gedacht: ‚Was ist denn jetzt los?‘ Ich habe mich nicht gefürchtet, weil ich wusste, ich war im Recht. Ich hätte mein Handeln verteidigt, denn ich habe es ihm vorher gesagt und ihn gewarnt. Die Chefin hat eh gewusst, was er für einer ist. Sie hat dann zu mir gesagt: ‚Schmierst ihm noch eine, dann passt es wieder.‘ Man hat ja sein Gesicht gesehen, das war dementsprechend. Die Sache hat noch ein Nachspiel gehabt,

etwas Lustiges, das mir gefällt. Es ist die Geschichte mit den beiden
Holländern. Die Kommunikation hat nämlich gut funktioniert. Viele
Fernfahrer haben gesehen, dass der verschriene Helli eine Fotze (Ohrfeige) bekommen hat. Das ist durch die ganzen Lokale zwischen Salzburg und Holland gegangen. Nach zwei Wochen sitzen zwei Holländer
da und sagen zu mir: ‚Du bist die Anni. Wir sind extra einen Umweg
gefahren, um dich zu sehen. Hast du dem Helli die Watsche verpasst?'
Sie haben die fünf Finger im Gesicht vom Helli gesehen. Sie wollten
die Frau sehen, die das gemacht hat. Das ist die ganze Geschichte. Sie
gefällt mir."

Mir auch, meine ich. Für mich ist Frau Anni eine klassische Kellnerin, die ihr Gewerbe an Ort und Stelle erlernt hat. Lediglich eine
Woche lang hat sie im Wirtschaftsförderungsinstitut einen Servierkurs
absolviert.

Frau Anni, die durch ihr Handeln Anerkennung bei den Fernfahrern erfahren hat, erzählt noch: „Was mir später noch aufgefallen ist:
Ich habe eine Kollegin gehabt, die war ein bisserl feiner als ich. Ich war
ja keine feine. Ich habe trotzdem im Monat immer 1.000 Schilling
mehr Trinkgeld gehabt als sie, vielleicht, weil ich so frech war und weil
ich mir keinen zu nahe kommen ließ. Die Fernfahrer haben das sehr
geachtet. Die Chefin hat immer gesagt: ‚Die Anni ist ein Naturmädel.'
Die Leute sind gerne zu mir gegangen, weil ich so ein Naturmädel war.
Ich bin eine Bauerntochter. Ich bin mit Buben aufgewachsen. Und
habe dadurch eine große Goschen, ich bin also nicht auf den Mund
gefallen. Das hat den Leuten gefallen und ist auch entsprechend ho-
noriert worden. Die Kollegin aber, die sich angetragen hat und etwas
schöner getan hat als ich, die hat weniger Trinkgeld bekommen als
ich."

Frau Anni hatte vier Kolleginnen in diesem Lokal. Über eine der
Kolleginnen erzählt sie noch, da diese keinen guten Kontakt zu den
Fernfahrern hatte, dies: „Diese Kollegin haben die Fernfahrer nicht

mögen. Sie war eher so eine gehobene. Sie hat sich nie alleine die
Sperrstunde machen getraut. Immer hat eine von uns bis zum Schluss
im Lokal bleiben müssen, bis ein Uhr oder halb zwei. Die Sperrstunde
war um ein Uhr. Die Kollegin hat mich gebeten, wenn sie Sperrstunde
gehabt hat, sie also bleiben musste, ich soll mit ihr bis zum Schluss
warten. Dann habe ich eben mit ihr gewartet. Sie war zwei Jahre älter
als ich. Sie hat mit den Fernfahrern nichts anzufangen gewusst. Und
die Fernfahrer mit ihr auch nicht. Sie hat wenig Trinkgeld von ihnen
bekommen. Einmal steht sie vor dem Lokal bei einem Auto, sie hatte
nur Sandalen an. Auf einmal hat sie gefragt: ‚Was ist denn da so nass?
Hat es geregnet?‘ Nein, es hat nicht geregnet. Es war nass hier, weil
ein Fernfahrer hier sein kleines Geschäft verrichtet hat, also hierher
uriniert hat. Die Flüssigkeit, es ging etwas bergab, rann in ihren Schuh
hinein. Das war eine komische Situation, denn sie mochte die Fernfahrer eigentlich nicht. Und genau sie hat es erwischt.

Ich war damals 18, 19 Jahre alt, ich war nicht geschreckt. Ich war
ja alleine in diesem Haus. Man hätte mit mir machen können, was
man wollte. Ich hatte schon alles zugesperrt, ich stehe da und wasche
die letzten Aschenbecher aus. Auf einmal klopft mir jemand auf die
Schulter. Ich war so erschrocken, war das ein Mann, den ich irrtümlich
eingesperrt hatte, denn er war am Klo eingeschlafen. Der wollte nichts
von mir, er wollte nur hinaus. Ab diesem Zeitpunkt bin ich, bevor
ich zugesperrt habe, mit einem großen Messer auf das Klo gegangen.
Mir ist damals erst zu Bewusstsein gekommen, was mir passieren hätte
können.“

Interessant ist, was mir Sissy, die frühere Kellnerin und jetzige Bä-
ckerin, die ich in anderen Kapiteln auch erwähne, zu diesem Thema
erzählt. Sie weiß von wilden australischen Lastwagenfahrern zu berichten. Zunächst meint sie über lästige Gäste: „Wenn ein Gast sich
schlecht aufführt, bin ich übertrieben freundlich. Dann kommt er sich

blöd vor. Wenn ein Gast zudringlich ist, wird er des Lokals verwiesen, normalerweise." Ich spreche Frau Sissy auf die LKW-Fahrer an, die wohl die wildesten Gäste sind. Dazu fällt ihr ein: „Sie sind die wildesten, ich kenne sie aus Australien. Diese Männer fahren lange durch die Wüste und kommen dann nach Brisbane. Ich habe dort in einer Wohngemeinschaft mit einer irischen Reporterin und einer Aroma-Therapeutin gelebt. Mit diesen beiden Frauen war ich öfter in einem Irish Pub. Ich habe mich zunächst gewundert, dass bei diesem so ein großer Parkplatz ist. Die eine Frau sagte mir, das ist der Parkplatz der Truckfahrer, die kommen alle Monate hierher. In der Woche, in der ich dort war, war die Stadt voll beleuchtet, man hat ein dauerndes Tüten gehört. Es stammte von den Truckfahrern, sie sind von der Wüste herein gekommen. Auf der Hauptstraße schreien sie aus den Fenstern: ‚Hey maids, show me your tits!' Diese Männer fallen in das Pub ein. Die LKW-Fahrer bestellen Zweiliterkrüge Bier. Diese Männer sind gefährlich, sie schlafen in den Trucks, sie können kaum gehen, wenn sie aus dem Pub kommen. Sie sind ja Monate auf den sandigen Straßen unterwegs. Die australischen Frauen sind, was das Anbandeln dieser Truckfahrer anbelangt, sehr locker. Mit diesen Typen hat man eine Urgaudi. Diese Männer sind ein derbes Volk, aber anscheinend interessant."

Offensichtlich gehört es zum Leben der Truckfahrer, dass sie schnell Kontakte zu Frauen suchen und diese in den Gasthäusern anscheinend auch finden. Auch die Kellnerinnen dürften, soweit ich Frau Sissy verstehe, den Annäherungsversuchen dieser Herrn eher offen begegnen.

Über die erotischen Übergriffe von Männern sprach ich auch mit der singenden Kellnerin Michaela. Sie schrieb mir dazu: „Am unangenehmsten und unhöflichsten finde ich Grabschereien von Männern, die glauben, die Damenwelt ist von ihnen so begeistert, dass sie dies will. Im ersten Moment bin ich, wenn jemand dies bei mir versucht, sehr angefressen. Sofort zeige ich das nicht, schließlich ist der Gast König. Hört sich die Grabscherei nicht auf, setzte ich klare Grenzen, indem ich es offen anspreche – mit Erfolg bis zum heutigen Zeitpunkt. Methoden, mit unangenehmen Gästen fertig zu werden, sehen bei mir so aus, dass ich extrem freundlich bin – so freundlich, dass sich die Gäste ihrer unfreundlichen Art bewusst werden und ein schlechtes Gewissen bekommen."

Eine schlechte Erfahrung als Grabscher machte auch ein liebenswürdiger Kellner, mit dem ich mich oft über mein Buch unterhielt, dessen Namen ich aber aus Gründen der Diskretion hier nicht nennen will. Er erzählt mir: „Ich war im Zillertal in einem Gasthof auf Saison. Einmal musste ich mit der Zahlkellnerin, der Resi, sie war eine sehr fesche Frau, in den Keller gehen, um einen Wein zu holen. Ich war damals 17 Jahre alt, sie war bei 30. Sie hat mir gut gefallen. Wie ich mit ihr im Keller war, ist mir die Sicherung durchgebrannt, denn ich habe ihr von hinten, wie sie sich nach dem Wein gebückt hat, auf den Bobsch gegriffen. Ich habe mir gedacht, eine solche Gelegenheit kommt nie wieder. Sie hat sich umgedreht und mir eine geflackt, mir also eine ordentliche Ohrfeige gegeben. Dann sind wir aber gute Freunde geworden." Scherzend fügt Herr E. noch hinzu: „Bitte, erwähne keinen Namen, denn, wenn ihr Mann das liest, lässt er sich womöglich scheiden. Sie wird heute bei 70 sein."

Über Zudringlichkeiten spreche ich auch mit Frau Renate, die Wirtin und Kellnerin in einem Bauernwirtshaus bei Windischgarsten gewesen ist: Ich frage sie: „Was hast du gemacht, wenn zum Beispiel ein Betrunkener bei dir aufdringlich geworden ist. Hast du ihm eine Watsche gegeben?" Sie antwortet: „Das funktioniert nicht immer. Ich glaube, wenn man ein gutes Gespür hat, kann man das abschätzen. Ich habe so etwas einmal erlebt, dass mich jemand angegriffen hat. Da habe ich zu ihm gesagt: ‚Weißt du was? So, wie du dich benimmst, würde ich das, wenn ich deine Freundin wäre, nicht akzeptieren. Versetz dich einmal in die Situation des Mädchens, das du angreifst, sie würde dich ablehnen, wenn du dich so benimmst.' Das hat gut funktioniert. Wenn ich in den Jahren, in denen ich Wirtin war, solche Gäste gehabt habe, die mit mir anbandeln wollten, und wenn ich mir nicht mehr zu helfen gewusst habe, so habe ich gesagt, jetzt gehen wir ins Gasthaus Mayer – in diesem sind um Mitternacht meist noch viele Gäste gewesen – dort lade ich euch noch auf ein Getränk ein. Das habe ich gesagt, damit ich nicht mit ihnen alleine bin, ich habe sie bewogen, dorthin zu gehen mit mir, weil dort viele Leute sind. Das war Selbstschutz. Solche Anbandeleien kommen meist zur Sperrstunde vor. Die haben geglaubt, weil sie schon betrunken waren, dass wir uns woanders treffen. Man muss solche Situationen psychologisch ausnützen. Je aggressiver man ist, desto aggressiver ist der andere. Immer mit Ruhe muss man reagieren. Der andere muss die Ruhe spüren. Er muss das Gefühl haben, hier fühle ich mich wohl. Wenn man sich nicht unter Kontrolle hat und nicht die Ruhe, umso schlimmer wird die Situation. Ich habe viele solche Sachen erlebt, aber immer wieder konnte ich sie ins Positive lenken. Diese Sachen passieren aber nur, wenn die Burschen rauschig, also betrunken sind. Sonst weniger. Man muss aber auch mutig sein, wenn es zur Konfrontation kommt. Man muss als Erster hinhauen."

Ich frage sie, ob sie tatsächlich schon jemandem eine Ohrfeige gegeben habe. Sie antwortet: „Ja!! Einmal ziemlich. Der hat schlecht reagiert, er wollte zurückschlagen, aber ich habe die Glastür zugehauen und dabei hat er sich die Ader aufgeschnitten. Er musste dann ins Krankenhaus. Ich habe als Erster den Schlag abgegeben, damit ich ihn weghabe von mir. Gott sei Dank habe ich einen Zeugen gehabt. Heute bin ich nicht mehr so. Das Schöne an unserem Beruf ist, man lernt jeden Tag etwas. Man erfährt von den Leuten etwas, man lernt aber auch, mit Konfrontationen umzugehen. Heute würde ich, wenn mich jemand ordinär beschimpft, sagen: ‚Ich stelle mich mit Ihnen nicht auf dieselbe Stufe.' Da nimmt man ihm die Schneid. Ich würde heute keine Ohrfeige mehr geben. Die Watsche damals war eine Notlösung. Der, den ich erwischt habe, war übrigens wegen Rauferei schon ein paar Mal vorbestraft. Es war eine verzwickte Situation."

Kellnerinnen sind mit Männern, die ihnen zu nahe kommen wollen, bisweilen konfrontiert, allerdings mehr in den alten Gasthäusern und gemütlichen Bars als in den großen und noblen Restaurants.

16. Der Stammgast – die Gaststätte als Heimat

Die alte Geschichte des Stammtisches – das Symposion

Stammgast und Stammtisch gehören zur alten Geschichte der Gasthäuser. Diese Geschichte reicht weit in die Antike zurück. Der fröhliche Genuss von Wein, Bier oder einem anderen Getränk im Kreis von Freunden, mit denen nicht nur gezecht, sondern auch Weises gesprochen wurde, wird schon bei antiken Autoren beschrieben. Ich denke hier an das klassische griechische Symposion, bei dem noble Freunde sich trafen und in eleganter Geselligkeit Wein tranken und Weises von sich gaben. Das Wort Symposion heißt nichts anderes als „Gemeinsames Trinken" beziehungsweise „Trinkgelage".

Das Symposion der Antike hat also etwas mit dem Genuss von Alkohol zu tun, aber auch mit weisen Gesprächen jeglicher Art.

Die alten Griechen, die eine noble Distanz zur körperlichen Arbeit hatten, liebten es, im Kreise von Freunden freudig zu zechen und dabei zu philosophieren, einander Geschichten zu erzählen und Rebellisches gegen Staat und Würdenträger auszuhecken – ganz ähnlich wie die Besucher der heutigen Stammtische.

Es ist verwunderlich, dass man heute – dies entspricht der völligen Unkenntnis des griechischen kulturellen Lebens – für gewöhnlich mit dem wohlklingenden Terminus „Symposion" so etwas wie wissenschaftliche Unterhaltung oder ein Treffen von Wissenschaftlern und anderen gescheiten Leuten verbindet.

Es ist wohl reizvoll, sich der ursprünglichen griechischen Bedeutung dieses heute oft verwendeten Begriffes zu erinnern.

Auch das berühmte „Symposion", das der griechische Philosoph Plato festgehalten hat und bei dem über die wahre Schönheit gesprochen wurde, hat mit Trinken zu tun. Ich musste als Schüler des Klostergymnasiums zu Kremsmünster – wir hatten damals sechs Jahre Altgriechisch – dieses im Originaltext lesen. Am Beginn seiner Abhandlung erzählt Plato über die Teilnehmer am Symposion, zu denen Sokrates gehört, und wie sie zu diesem marschieren.

Einige der Zechgenossen sind noch vom Vortag betrunken. So meint Pausanias, ein Konkneipant: „Nun gut, Männer, auf welche Weise werden wir am leichtesten trinken? Ich selbst muss gestehen, dass mir vom gestrigen Trinkgelage noch sehr übel ist und dass ich Erholung benötige. Ich kann mir vorstellen, dass es auch den meisten von euch so geht." Pausanias hatte also vom Trinkgelage des Vortages so etwas wie einen Kater, wie man das körperliche Befinden nach zu viel Alkoholgenuss heute im Volksmund bezeichnet. Auch die Mitzecher Aristophanes und Agathon müssen zugeben, dass sie sich noch nicht vom jüngsten Zechgelage erholt haben. Agathon fügt noch hinzu, dass Sokrates wohl der Einzige ist, dem das gestrige Trinken nichts anhaben konnte, denn er sei ein tüchtiger Trinker. Aber dennoch sei zu empfehlen, bei dem nun beginnenden Zechgelage, dem Symposion also, mäßig zu trinken, eben weil man noch vom Tage vorher berauscht ist.

Das alte Symposion, wie es bei Plato beschrieben wird, war in der Antike ein angenehmes Trinkgelage einer Männergesellschaft, das an die heutigen Stammtische erinnert und bei dem Frauen höchstens als Flötenspielerinnen zur Unterhaltung der Männer zugelassen waren. Aber es hat sich heute – Zeus sei gedankt! – wohl einiges geändert, denn auch Damen belieben es vermehrt, mit freundlichen Herren auf Stammtischen zu zechen, zu scherzen und zu fabulieren.

Interessant ist übrigens, dass bei den Etruskern, die in der Toskana siedelten und die von den Römern besiegt wurden, die Frauen am

Gastmahl teilnehmen durften. Sie zechten, wie man aus den Darstellungen in den etruskischen Gräbern weiß, gemeinsam mit den Männern. Dies dürfte jedoch die Römer geärgert haben, die daher meinten, die Frauen der Etrusker wären unanständig. Tatsächlich waren die Frauen der Etrusker freie Damen, die sich in aller Öffentlichkeit keinen Zwängen hingaben.

Es ist gut so, dass sich diese Tradition der Etrusker heute wieder findet, wenn Damen mit Herren gemeinsam an Stammtischen zechen und disputieren. Die Frauen erobern die Stammtische.

Der Wilderer-Stammtisch in St. Pankraz

An den Stammtischen ist man auf der Suche nach Abwechslung im täglichen Einerlei. In geselliger Runde geschieht dies wohl leichter. Stammtische sind heute bei uns in kleineren Gasthäusern meist durch ein Schild gekennzeichnet, auf dem das stolze Wort „Stammtisch" prangt.

Stammtische können vielfältig sein. Erfolgreiche und weniger erfolgreiche Literaten treffen sich ebenso an Stammtischen wie müde Arbeiter, die auf der Suche nach Erholung sind. Aber auch für Politiker und Revolutionäre sind Stammtische wichtig. An Stammtischen können umstürzlerische Ideen entstehen. Darauf mag hindeuten, dass der Kommandant der Tiroler Aufständischen gegen Napoleon der Wirt Andreas Hofer gewesen ist. In einem Gasthaus ist übrigens auch die österreichische Sozialistische Partei gegründet worden.

Im Gasthof zur Steyrerbrücke in St. Pankraz gibt es einen Stammtisch nicht weit von der Theke. An der Wand über diesem Stammtisch ist eingerahmt in schönen Lettern dies zu lesen: „Girtlers Wilderer-Stammtisch". Dieser Stammtisch wurde vom Wirt Willi Kerbl so benannt, denn man wollte mir, der ich die Ehre habe, das „Wilderermuseum" wissenschaftlich zu betreuen, eine Freude machen. Ich bin sehr geehrt. Die Bezeichnung „Wilderer-Stammtisch" verweist auch darauf, dass in den früheren Bauernwirtshäusern in den Zeiten der Armut an den Stammtischen so manches über die verbotene Jagd erzählt worden ist.

Zur speziellen Ehre des Stammgastes am Stammtisch gehört, dass stets ein Platz an diesem Tisch für ihn reserviert ist. Der Wirt oder der Kellner gestatten es, auch wenn das Lokal voll besetzt ist, den „gewöhnlichen" Gästen nicht, am Stammtisch Platz zu nehmen. Der Stammtischbenutzer wird auf diese Weise geehrt. Ich selbst besuchte in meiner Studentenzeit regelmäßig ein Wiener Wirtshaus, in dem ein Stammtisch existierte. Ich beneidete jene Studenten, die das Recht hatten, an diesem Ehrentisch Platz zu nehmen. Einige Male fragte ich den Kellner, den Herrn Josef, ob ich, da die Tische des Lokales besetzt waren und am Stammtisch niemand saß, an diesem „heiligen Tisch" Platz nehmen dürfe. Der Herr Josef gestattete mir es nicht. Ich sah mich als einen minderwertigen Besucher dieses Gasthauses. Erst als ich jene Herren näher kennenlernte, die das Recht hatten, am Stammtisch zu sitzen, und die mir schließlich erlaubten, mich zu ihnen zu setzen, stieg ich in der Hierarchie der Gäste. Fortan wurde ich von Herrn Josef, dem Kellner, ehrenvoll als ein Gast gesehen, der am Stammtisch zechen darf. Ich fühlte mich geehrt.

Die Ehre des Stammgastes

Aber es gibt nicht nur den Stammtisch, sondern auch den Stammgast, der allerdings grundsätzlich nicht an einen Stammtisch gebunden ist. Der Stammgast kommt auch ohne Stammtisch aus.

Der Stammgast gehört zu einem guten Gast- und Kaffeehaus. Interessant ist, dass in Tankstellen, in denen Getränke und Speisen angeboten werden, neue Formen von Stammtischen mit dazugehörenden

Stammgästen entstanden sind. Nicht nur die Ritter der Landstraße treffen sich hier, sondern auch junge Männer aus den nahe gelegenen Ortschaften, die hier über ihre Autos und Motorräder und andere Dinge des Alltags reden.

Der Stammgast sieht in „seinem" Gastlokal, aber auch in seiner Tankstelle, so etwas wie eine zweite Heimat, hierher kann er sich zurückziehen, er weiß, hier wird er von Wirt und Kellner akzeptiert. Aber auch der Stammgast hat seine Pflicht, sich entsprechend höflich und ehrerbietig dem Kellner und auch dem Wirt oder der Wirtin gegenüber zu verhalten, um diesen das Gefühl zu geben, dass auch er sie achtet. Es besteht ein Grundsatz der Gegenseitigkeit. Der Höflichkeit des Kellners und des Wirtes steht die Höflichkeit des Stammgastes gegenüber. Sollte der Stammgast diese Höflichkeit verletzen, so kann er mit Missachtung durch den Herrn Kellner rechnen.

Von einem ehrbaren Stammgast erzählte mir Martin Kierlinger, der Heurigenwirt in Nußdorf. Dieser Stammgast war der frühere Pfarrer von Nußdorf, Eduard Mitschke. Er war 56 Jahre lang Pfarrer, er starb 1978. Pfarrer Mitschke war ein hoch achtbarer Herr, der sich um das Seelenheil der Nußdorfer direkt gekümmert hat. Er kannte seine Leute. Schließlich hatte er die meisten von ihnen getauft und bis zur Hochzeit begleitet. Nach dem letzten Krieg versuchte er, jene Leute, die während der Zeit des Nationalsozialismus aus der katholischen Kirche ausgetreten waren, dazu zu bewegen, wieder in die Kirche zurück zu kehren. Pfarrer Mitschke sprach daher die Leute beim Heurigen deswegen auch an. Die Kellner waren ihm bei einer solchen Kontaktaufnahme behilflich. Manchmal haben die Kellner zum Pfarrer gesagt: „Herr Pfarrer bitte, der Herr Maier traut sich nicht, mit ihnen zu sprechen. Vielleicht setzen sie sich einmal zu ihm und sprechen mit ihm."

Der Kellner kennt die Gewohnheiten seiner Stammgäste und stellt sich auf diese ein. Wohl die meisten Gast- und Kaffeehäuser rechnen mit ihren Stammgästen, denn sie wissen, ohne diese Stammgäste wäre es nicht leicht zu überleben. Dies meint auch der freundliche Kellner Herr Gerli Schwaighofer: „Drei Monate war ich in Wien im Hotel A. Das war dort nicht so ideal. Es war zu wenig los, es war zu wenig Dauergeschäft, zu wenig Stammpublikum. Das macht viel aus. Wenn das Stammpublikum fehlt, dann ist es schwierig. Der Stammgast ist mit Sicherheit der wichtigste Gast. Auf den kann man sich verlassen. Beim berühmten P. in Nußdorf, bei dem ich auch Kellner war, haben wir sicher mindestens einen Stammgastanteil gehabt von 60 Prozent. Dadurch war dort immer Betrieb."

Es muss allerdings nicht bloß eine gastliche Stätte sein, in der der Stammgast sich wohlfühlt. Es können mehrere Lokale sein, in denen der Gast gerne einkehrt, in denen man ihn kennt und in denen man sich über sein Erscheinen freut.

Begrüßung und Behandlung des Stammgastes haben meist etwas Rituelles an sich, denn der gute Kellner weiß, was der Stammgast wünscht und wie er bedient werden will. Ohne viele Worte werden jene Getränke oder Speisen gebracht, die der Stammgast bevorzugt.

Ich selbst fühle mich in vier Gast- oder Kaffeehäusern als Stammgast.

Zunächst bin ich Stammgast im „Spatzennest" gegenüber der Ulrichskirche im 7. Wiener Gemeindebezirk. Herr Klaus, der Wirt und frühere Kellner, ein liebenswürdiger Herr, bringt mir das Bier, wenn ich ein solches bestelle, stets in einem Glas mit einem Henkel, da er weiß, ich ziehe Biergläser mit Henkel den henkellosen vor. Herr Klaus ist mir gegenüber von liebenswürdiger Großzügigkeit, die ich auch sehr schätze, ich fühle mich geehrt.

Stammgast bin ich auch im Café Landtmann gegenüber der Wiener Universität. Wenn mich die Herren Kellner sehen, rufen sie: „Ah, der Herr Professor" oder „Grüß Gott, Herr Professor!" Die Herren Kellner drücken mir gegenüber so ihre Wertschätzung aus. Man scherzt. Auch der Titel ist wichtig. Das hörbare Betonen des Titels wie Professor, Doktor, Hofrat oder Botschafter dient nicht nur zur Ehrung des Stammgastes, sondern ist auch ein Hinweis für die anderen Gäste, dass in dem betreffenden gastlichen Lokal hochachtbare Leute verkehren. Es gibt einen Witz dazu, er stammt, so glaube ich, aus einem Hans-Moser-Film. Der Kellner, ihn spielte wohl Hans Moser, begrüßt seine Gäste mit Hofrat, Kommerzialrat, Direktor, Doktor und so weiter. Ein Gast, der offensichtlich neu und kein Stammgast ist, fragt den Kellner, wie er wisse, welche Titel seine Gäste haben. Der Kellner antwortet: „Wenn jemand älter ist und Brillen hat, sage ich ,Herr Hofrat' zu ihm. Wenn jemand aussieht, als ob er Geld hat, den spreche ich mit ,Herr Direktor' an. Wenn jemand einen Steireranzug anhat, dann sage ich ,Herr Kommerzialrat', und wenn jemand nach gar nichts ausschaut, dann rede ich ihn mit ,Herr Doktor' an." Als der fragende Gast sich verabschiedet und sich daran macht, das Lokal zu verlassen, ruft der Kellner ihm nach: „Auf Wiedersehen, Herr Doktor!" Der Witz besteht wohl darin, dass der Kellner sich über den fragenden Gast, der nicht zu den Stammgästen gehört, belustigt.

Die Kellner im Café Landtmann treiben solche Scherze nicht. Wenn Sie von jemandem wissen, dass er Professor ist, dann wird dieser Titel auch entsprechend eingesetzt, aber meist verbunden mit einem höflichen Lächeln. Diesem merkt man allerdings an, dass die Titulierung nicht ganz ernst gemeint ist. Das gefällt auch dem echten Stammgast.

Ich genieße meine Rolle als Stammgast im Café Landtmann, denn die Herrn Kellner wissen, auf welche Weise der Tee, den ich zu trinken wünsche, serviert werden soll. Ich werde auch gefragt, ob ich ein Kipferl zu mir nehmen wolle, denn bisweilen habe ich Gelüste nach einem solchen. Der Kontakt zum Stammgast ist von beinahe freundschaftlicher Reserviertheit.

Als Stammgast werde ich auch im sogenannten Oktogon „Am Himmel" beim Cobenzl in Wien betrachtet. Diese gastliche Stätte

suche ich bei meinen Radtouren in den Wienerwald auf. Auch hier
gibt es einen Stammtisch, auf diesem ist auf einer kleinen Tafel das
Wort: „Reserviert" zu lesen, das heißt, an diesem zu sitzen, ist nur den
Stammgästen, den Wirtsleuten und deren Begleitern erlaubt. Wenn
ich erscheine, setze ich mich, nachdem ich die Kellner freundlich gegrüßt habe, an den Stammtisch und werde sofort von Herrn Rönni,
dem Oberkellner, oder auch von Herrn Franz mit Tee mit Milch und
einem Stück Kuchen bedient. Man weiß, dass mich dies erfreut. Herr
Gerhard Heilingbrunner, der Betreiber dieser Gaststätte am Rande des
Wienerwaldes, hatte vor einiger Zeit in einem Moment der freundlichen Großzügigkeit, dies habe ich eingangs schon angedeutet, zu mir
gesagt, er habe etwas von mir gelesen, was ich über den Wandel der
alten Bauernkultur geschrieben habe. Dies habe ihm gefallen, daher
würde ich bei jedem meiner Besuche im Oktogon entweder ein Seidel
Bier oder eine Tasse Tee mit Milch gratis serviert erhalten. Dies sei ein
Deputat auf Lebenszeit. Allerdings ziehe ich einen Tee dem Bier vor.
An manchen Abenden während der Woche, an denen hier wenig Betrieb ist, sitze ich oft alleine am Stammtisch, trinke meinen Tee, esse
den Kuchen, den die Köchin Frau Regina spendet, und lese dabei ein
mitgebrachtes Buch.

Stammgast bin ich auch im Restaurant Cobenzl, das dem Herrn
Kommerzialrat Olaf Auer gehört. Die Herrn Kellner Kadi, Peter und
Kurti freuen sich, wenn ich müde nach einer Radtour erscheine. Ich
werde höflichst begrüßt und nach meinem Befinden befragt. Den Tee
bringen sie mir in einer extra großen Tasse.

Ebenso werde ich als Stammgast im Kaffeehaus Kemetmüller in
Spital am Pyhrn, in dem Ort, in dem ich aufgewachsen bin, behandelt.
Die freundliche Kellnerin bringt mir zum Tee – es genügt, wenn ich
meinen Wunsch bloß andeute – auch eine Topfengolatsche.

Der Stammgast weiß sich respektiert und gut aufgehoben.

Einen solchen Stammgast treffe ich, es war knapp vor Weihnachten, im vollbesetzten Café Landtmann. Dieser Herr sitzt alleine an einem kleinen Tisch. Herr Engelbert meint, da kein Tisch frei ist, ich solle mich zu ihm setzen, da heute vor Weihnachten alles besetzt ist. Er fragt daher diesen Herrn, ob er nichts dagegen hat, wenn ich mich zu ihm setze. Dieser Herr, er ist um die 55, nickt freundlichst. Er liest gerade die Zeitung und freut sich vielleicht, jemandem zum Reden zu haben. Ich komme mit ihm ins Gespräch, er gibt mir nach einer Zeit seine Visitenkarte. Ich lese, dass er ein mächtiger Mann der Wirtschaft ist, der in einem Haus am Ring sein Büro hat. Er erzählt, er sei hier Stammgast. Sehr blumig führt er aus: „Ich setze mich gerne ins Kaffeehaus zum Entspannen, schaue mich um und erlebe auch interessante Geschichten. So habe ich eben Ungarn am Nebentisch erlebt, die haben ein österreichisches Handy. Sie haben jemandem zum 50. Geburtsgag gratuliert, in gutem Deutsch mit ungarischem Akzent. Auch schreiben sie Weihnachtskarten, die sie hier in Wien aufgeben wollen. Zur Zeit des Eisernen Vorhanges war es nicht möglich, dass Ungarn hierherkommen. Jetzt fahren die Ungarn gerne her und gehen ins Kaffeehaus, so wie wir es in Ungarn machen. Der Herr Ober ist hier auch ein Ungar, der Herr Lajos." Mir fällt an der ungarischen Dame am Nebentisch auf, dass sie ihr Handy in eine goldene Hülle steckt. Es sind offensichtlich reichere Ungarn, die hierher nach Wien den Weg gefunden haben und sich hier entspannen. Dies meint auch mein Tischnachbar: „Das Kaffeehaus ist entspannend. Man sitzt alleine hier und trotzdem ist man nicht alleine. Man bekommt etwas zum Essen und zum Trinken." Ich erwähne, es wird auch ein Schauspiel geboten, zu den Akteuren gehören auch die Kellner. Einige Gäste inszenieren sich bereits beim Hereinkommen, andere wieder nicht. Der noble Stammgast erzählt weiter: „Ich habe hier schon mehrere Rendezvous gehabt. Solche, die hier entstanden sind. Durch das Herumblödeln. Das ist wirklich schön hier. Ich bin jetzt seit 14 Jahren beinahe täglich hier im ‚Landtmann'. Entweder zum Frühstück oder zum Mittagessen.

Manchmal sogar zum Abendessen. Wenn ich hier im Haus das Büro habe, gehört dies zwangsläufig dazu. Ich gehe nur hinunter und bin hier im Kaffeehaus. Das ist sehr angenehm. Das ist wie eine Heimat für mich. Die Ober kennen mich, sie grüßen freundlich. Ich bekomme auch leichter einen Tisch als andere."

Ich füge hinzu, dass es eine Auszeichnung ist, von den Herrn Kellnern einen reservierten Tisch, wenn sonst nichts mehr frei ist, angeboten zu bekommen. Besonders die Tische an den Fenstern haben für die Stammgäste einen besonderen Reiz, denn sie bieten nicht nur eine exklusive Abgeschiedenheit, sondern auch einen schönen Blick auf die Wiener Ringstraße. Der Kellner Herr Rudi spricht von jenen Stammgästen, die einen Fensterplatz wünschen, heiter als von den „Fenstergeiern".

Zum Thema der Reservierung von Plätzen spreche ich auch mit Herrn Engelbert, der das schöne Wort „abreservieren" verwendet und Folgendes dazu einflicht: „Die schöneren Plätze hier im Kaffeehaus, zum Beispiel die am Fenster, werden von uns abreserviert, damit sich an diese nicht irgendwer, der gerade hereinkommt, setzt. Wir haben sehr empfindliche Stammgäste aus allen möglichen beruflichen Schichten, zum Beispiel aus der Wirtschaft, die darauf Wert legen, weil sie oft oder fast täglich zu uns kommen, bevorzugt behandelt zu werden. Man soll wegen solcher unvorhergesehenen Gäste immer ein oder zwei Tische sich in Reserve halten, aber auch für gewisse prominente Gäste. Man braucht da eine gewisse Flexibilität und einen Schmäh, um niemanden zu verärgern. Es soll ja niemand verärgert werden. Der Gast soll nicht das Gefühl haben, er sei nicht gut genug, dass er nicht beim Fenster sitzen darf. Das ist ja das Interessante bei uns, ein jeder will am Fenster sitzen. Dies ist wahrscheinlich darum, weil das Lokal so lang ist. Im Sommer ist die Situation eine ganz andere, durch die Terrasse, den Gastgarten, da wollen alle im Gastgarten sitzen. In der kalten Jahreszeit sind aber die Tische drinnen am Fenster wichtig."

Der Kellner achtet also sehr wohl darauf, dass Stammgäste schöne Plätze im Kaffeehaus oder im Wirtshaus einnehmen können. Um zu sichern, dass solche vorhanden sind, werden gewisse Tische mit dem Taferl „Reserviert" versehen, obwohl kein echter Wunsch nach Reservierung vorliegt. Man geht hier sehr flexibel um. Es ist Sache des Herrn Oberkellners, diese für unbestimmte Stammgäste reservierten Plätze an diese zu vergeben. Herr Erich meinte einmal zu mir, wenn ich mit Studenten oder Freunden käme und ein Fensterplatz in seinem Revier sei „reserviert", so könne ich mich ohne lange zu fragen, auf diesen setzen. Dieses Privileg ehrt mich als Stammgast außerordentlich.

Eine besondere Ehre widerfährt dem Stammgast, wenn der Kellner von seiner Abwesenheit Notiz nimmt. Mein Tischnachbar hier im „Landtmann" meint dazu: „Mein früherer Präsident und Generaldirektor der Nationalbank, Kienzl, hat zu mir einmal gesagt: ‚Jetzt hast du es geschafft; jetzt fragen die Ober schon, ob du auf Urlaub bist, weil du dich nicht abgemeldet hast. Jetzt bist du eine Persönlichkeit.'"

Tatsächlich ist es auch so, wenn ich auf Urlaub gehe, melde ich mich hier im Kaffeehaus ab. Ich sage dem Herrn Lajos, dem Herrn Michael oder einem anderen Herrn Ober, dass ich nun für eine gewisse Zeit verreise. Lächelnd nickt man zu meiner Abmeldung. Wenn ich längere Zeit ohne Wissen der Herren des Kaffeehauses abwesend bin, werde ich bei meinem ersten Besuch höflich gefragt, wo ich denn gewesen sei. Mein Tischgenosse, dem ich dies erzähle, nickt und fügt hinzu, dass für ihn das Kaffeehaus schon so etwas wie ein Wohnzimmer ist. In diesem Sinn meint er: „Zu Hause bin ich nicht so lange wie im Büro und eben hier im Kaffeehaus."

Als Stammgast treffe ich einmal mit meiner liebenswürdigen Kollegin, Frau Dr. Edith Fuchsjäger, im Café Landtmann ein. Der Raum ist voll von Besuchern. Ein freier und nicht reservierter Tisch ist nicht zu erblicken. Herr Erich, der charmante Oberkellner, bittet uns zu einem reservierten Tisch beim Fenster. Für Stammgäste haben die Herrn

Kellner also meist einen Tisch bereit. Herr Rudi kommt zu uns, er lächelt und wir bestellen Tee und Kaffee. Mit Grazie bringt er auf einem Tablett kunstvoll balancierend die Tasse mit Kaffee für meine Kollegin und meine Kanne Tee, zu dem eine kleine blecherne Kanne mit Milch und eine etwas größere metallene Kanne mit heißem Wasser gehören. Das heiße Wasser dient dem Strecken des Tees. Ich kann somit einen guten Tee länger genießen. Jemand, der kein Stammgast ist, erhält mit Sicherheit kein zusätzliches Wasser, das gratis beigesteuert wird. Wichtig ist bei meinem Tee, dass der Teebeutel separat neben der Teekanne liegt. So kann ich je nach Geschmack die Stärke des Tees selbst bestimmen, indem ich den Teebeutel kurz oder länger in der Tasse lasse. Der gute Kellner sucht also, ohne danach zu fragen, bestimmte Wünsche des Stammgastes zu erfüllen.

Auf die Wichtigkeit der Stammgäste, auf die er sich verlassen kann, und ihre Buntheit verweist auch Herr Franzi Reich, der Wirt vom Bahnhofsgasthof in Wolkersdorf unweit von Wien. Herr Reich, der auch die Funktion des Kellners ausübt, wie er sagt, erzählt: „Ich habe ein sehr großes Stammpublikum. Früher hatte ich auch viele Gäste, die durchfuhren und hier stehen blieben. Jetzt gibt es nur mehr wenig Durchzugsverkehr, weil die Brünner Straße, die bei uns vorbeiführt, seit vier Jahren umfahren wird. Seit damals ist das Geschäft um 40 Prozent zurückgegangen. Das war fürchterlich. Früher hatte ich die Speisekarte in sieben Sprachen, weil ich so viele Touristen gehabt habe. Jetzt brauche ich nur mehr die deutsche. Jetzt kommt fast kein Tourist mehr. Die fahren alle vorbei. Früher hatten wir einen Kellner oder eine Kellnerin, seit der Umfahrung habe ich zuerst einen nur halbtags gehabt. Jetzt, seit wir vom Urlaub zurück sind, haben wir keinen mehr, der Kellner war krank, jetzt mache ich es mit dem Mädchen, dem Lehrling, selber. Der typische Gast bei uns ist der Stammgast.

Um acht Uhr in der Früh sperren wir auf. Das ist das Frühstücksgeschäft, das geht bis halb zehn Uhr. Es kommen die Geschäftsleute,

Baumeister. Am Vormittag auf einen Kaffee kann nur der gehen, der Zeit hat. Ein Arbeiter muss arbeiten. Es kommen also die, die ein Geschäft haben, die es sich erlauben können, am Vormittag auf einen Kaffee zu gehen, ein bisserl zu plaudern, Kollegen zu treffen, oder den Bürgermeister. Die sitzen am Stammtisch. Jeder hat seinen angestammten Platz. Am Abend sitzen hier andere Leute, die haben auch ihre festen Sitze. Der alte Dreher ist gekommen mit dem Stock, hat auf den Tisch gehauen und gesagt: ‚Das ist mein Platz da.' Wir haben da einen schönen Stammtisch mit 20 Leuten. Im Sommer im Garten – meist nach der Kirche. Die Pfarrjugend kommt mit dem Pfarrer. Sie ist jeden Sonntag am Vormittag mit dem Pfarrer da, 15, 20 Leute sind es. Denen gefällt es hier auch. Im Sommer und im Winter. Da kann der Stammtisch am Sonntag Vormittag oder Samstag Vormittag voll sein. Wenn der alte Erkl Willi erscheint, da kann der Stammtisch noch so voll sein, da machen die Leute ihm Platz, er muss gar nichts sagen. Er hat seinen Platz. Das ist heute noch so. Die Leute stehen auf, ohne dass der Erkl etwas sagt. Das ist so eingeführt. Seit 30 Jahren. Die Jugend, die nachkommt, die respektiert das. Drei Generationen habe ich am Stammtisch gehabt. Mancher Stammtisch ist abgeflaut, bis wieder eine jüngere Partie nachgekommen ist. Einen Stammgast habe ich gehabt, er war von der älteren Generation, der hat gesagt zu mir: ‚Franz, jetzt kann ich nicht mehr zum Stammtisch kommen.' Frage ich: ‚Warum?' ‚Jetzt bin ich der Älteste, und ich möchte nicht in der Hierarchie als der nächste sterben.' Damit hat sich ein Stammtisch aufgelöst.

Im Sommer habe ich draußen im Gastgarten einen Stammtisch, da sitzen sie in der Veranda. Ich habe ein Fenster, das direkt zum Stammtisch hinausgeht und das man als Durchreiche benützen kann. Eines Tages ist der alte Haselböck, der Bestatter, bei uns gewesen. Er hört etwas schlecht. Wie er in der Nähe des Fensters ist, sage ich: ‚Na, Herr Haselböck, was hätten Sie denn gerne?' Er hat darauf nicht reagiert. Ein anderer hat zu ihm gesagt: ‚Hörst, der Herr Reich hat dich gefragt, was

du willst.' Da hat der Herr Haselböck gesagt: ‚Wenn er ein Geschäft machen will, soll er herauskommen.' Er wollte also nicht durch das Fenster
bedient werden." Der Stammgast beruft sich hier auf seine Würde, die
er durch die Ehrerbietung durch den Kellner oder Wirt gewahrt wissen will. Dazu gehört eben, dass der Wirt persönlich zum Stammgast
kommt und ihn begrüßt. Eine bloße Begrüßung durch das Servierfens-
ter findet der Herr Bestatter als Stammgast wenig höflich. Der Stammgast wünscht also, mit Höflichkeit begrüßt und bedient zu werden,
schließlich ist er es, der wesentlich zum Leben im Wirtshaus gehört.

In aller Höflichkeit und mit freundlichen Worten begegnet Herr
Waggerl, der Kellner in einem „Wienerwald"-Lokal in Wien, seinen
Stammgästen. Ihre Buntheit schildert er so: „Wenn ein großer Wirbel
ist und jemand etwas von mir will, ich aber noch anderes zu tun habe,
sage ich freundlich: ‚Ich bin gleich bei Ihnen.' Ich habe fast 80 Prozent
Stammgäste. Wenn ich sechs Tische habe, weiß ich bald von jedem,
was er zu trinken bekommt. Schaun Sie, ich habe einen Doktor, der
will ein Achtel Apfelsaft, Wasser, ein Viertel Hühnerhaxl mit Reis, zwei
Semmerln und einen kleinen Mokka. Wenn es zum Zahlen kommt,
liegt das Geld auf dem Tisch. Das macht er seit sechs Jahren so. Der
isst sonst nichts anderes. Oder ich habe eine ältere Frau, zu der sage
ich: ‚Grüß Sie, Frau Professor, Sie sind ja heute rüstig.' Sagt Sie: ‚Heute
nur ein Glas Wasser, mir ist im Magen nicht gut.' Sage ich: ‚Selbstverständlich bringe ich Ihnen das.' So weiß man schon, was die Leute
wollen, denn durch die Jahre hat man viele Stammgäste."

Der gute Kellner achtet Stammgäste und ehrt sie durch Aufmerksamkeit.

Interessant ist auch, was Herr Gerhard vom „Schweizerhaus" im
Wiener Prater über seine Stammgäste erzählt; unter ihnen gibt es nicht
wenige Fußballfans. Bevor wir auf die Fußballfans näher eingehen, reden wir allgemein über Wiener Fußballvereine wie über Rapid und
Austria. Ich schildere Herrn Gerhard, was mir beim Begräbnis meines

alten Onkels Heinz, eines begeisterten Fußballfans, passiert ist. Ich hatte fest gedacht, er sei ein Rapid-Anhänger und hatte bei einem Blumenstand vor dem Wiener Zentralfriedhof einen Blumenstrauß in den Rapidfarben Grün und Weiß gekauft. Diesen grünweißen Blumenstrauß warf ich dann beim Begräbnis in das offene Grab auf den Sarg meines Onkels. Nach dem Begräbnis fragte ich meine Tante Hanni, ob dies so richtig war mit dem Blumenstrauß in den Rapidfarben. Sie antwortete traurig lächelnd, dass mein Onkel – Austria-Anhänger gewesen sei, deren Vereinsfarbe jedoch Violett ist.

Mir war es peinlich, dass mir dieser Irrtum unterlaufen ist, mein guter Onkel wird es mir verziehen haben. Herrn Gerhard gefällt diese Geschichte, obwohl er selbst Austria-Anhänger ist. Über seine Stammgäste, die aus dem Umfeld der Fußballspiele kommen, erzählt schließlich Herr Gerhard: „Ich habe einige Stammgäste, die sind Fußballfans. Ich wette manchmal mit ihnen, ich wette für die Austria und die anderen gegen die Austria. Wir wetten da höchstens um ein oder zwei Bier. Gewinnt die Austria, so wird mir ein Bier gezahlt, sonst zahle ich eines. Das macht Spaß, es soll ja eine Hetz sein. Mit einem Stammgast habe ich einmal sogar um zehn Bier gewettet, dass Austria Meister wird. Es kommt selten vor, dass Austria Meister wird, aber damals ist Austria Meister geworden. Dieser Stammgast, mit dem ich gewettet habe, ist bis dahin jeden Tag gekommen, wenn er mit seinem Hund im Prater spazieren gegangen ist. Er war immer einer der ersten Gäste. Am Vormittag hat er schon zwei Bier getrunken. Und ein Salzstangerl hat er dazu gegessen. Dieser Gast hat also zehn Krügerln Bier verloren, der ist dann ein paar Wochen nicht mehr gekommen. Die Leute haben ihn schon gekannt. Er ist weiter im Prater mit seinem Hund spazieren gegangen, aber ist nicht zu uns hereingekommen. Seine Freunde haben ihn dann wieder ins ‚Schweizerhaus‘ gebracht. Ich wette ja um kein Geld, ich wette nur um ein paar Biere, damit ich eine Gesprächsbasis habe mit den Leuten, vor allem mit meinen Stammgästen." Der Kellner erfreut sich sogar an seinen Stammgästen, überhaupt wenn er mit ihnen seine Scherze machen und sich auf spielerische Wetten einlassen kann.

Für Stammgäste braucht man Gefühl. Manche Stammgäste werden, wie ich im Kapitel über den Kellner als Psychologen schon ausgeführt habe, vom Kellner geradezu psychologisch betreut.

Darüber erzählt mir die liebenswürdige Studentin Joanna Mokrycka, die ihr Geld für ihr Studium als Kellnerin in einem Wiener Gasthaus, in dem es spanische Spezialitäten gibt, verdient. Sie erwähnt sogar den Stammtisch und den Gesprächsstoff: „So wie jedes Lokal haben wir auch Stammgäste, das heißt Gäste, die immer wieder zu uns kommen und sogar das Gleiche immer essen. Stammgäste haben auch ‚ihre‘ Tische, also Tische, wo sie meistens sitzen. Mit den Stammgästen spricht man anders als mit den Gästen, die wir als Kellner noch nicht kennen. Mit Stammgästen habe ich mehr oder weniger bestimmte Themen, worüber ich mit ihnen rede. Man fragt die Gäste, wie es ihnen geht, man kennt ja ihre Gewohnheiten und Wünsche." Allerdings kann der Stammgast dann zum Problem werden, wenn er sich in die Kellnerin verliebt. Frau Joanna Mokrycka schildert dazu weiter: „Um 22 Uhr ungefähr kommt seit ein paar Wochen ein Mann zu uns, er trinkt nur ein Achtel Wein, raucht ein paar Zigaretten und liest eine mitgebrachte Zeitung. Er sitzt immer auf demselben Platz. Wie er das letzte Mal hier war, bin ich sofort zu ihm mit einer Speise- und Getränkekarte, was ich sonst nicht mache. Eigentlich wusste ich, dass er immer den gleichen Wein trinkt, aber dennoch habe ich versucht, sein ‚Ritual‘ zu ändern. Und wie ich es mir hätte denken können, ist er bei dem gleichen Wein geblieben. Bevor er diesen bestellte, habe ich zu ihm gesagt, er soll mich raten lassen, welchen Wein er sich wünscht. Natürlich habe ich richtig geraten, nämlich den Wein, den er immer trinkt. Dieser Mann lächelt so gut wie nie.

Als ich ihm einmal ein Achtel Wein bringe, fragt er mich, ob ich irgendwann auch frei habe, denn er hat das Gefühl, dass ich immer arbeite. Auf seine Frage hin habe ich ihm mit viel Humor geantwortet, dass ich nicht immer arbeite, aber er soll sich doch glücklich schätzen, dass ICH hier arbeite. Da hat er mich wohl zum ersten Mal im Leben ganz leicht angelächelt. Er wollte sich weiter mit mir unterhalten, aber ich hatte nicht viel Zeit, weil ich noch andere Gäste hatte.

Ein paar Minuten später, als ich von der Schank Getränke holen musste, hat mich der Mann gefragt, was ich studiere und dazu sagte er gleich, dass ich sicher nicht auf der Wirtschaftsuniversität studiere, weil ich witzig und lebenslustig bin. Er kennt sich ziemlich gut mit den Studenten und Studentinnen der Wirtschaftsuniversität aus, weil er dort unterrichtet. Darauf habe ich ihm gesagt, dass er Recht hat, weil ich Soziologie an der Wiener Hauptuniversität studiere. Nach ein paar Minuten hat er mich zu sich gerufen, um zu fragen, was ich davon halte, wenn ich mit ihm ausgehe. Ich könnte ihm dabei erzählen, was Soziologie eigentlich bedeutet. Als ich seine Frage gehört hatte, war mein meine erster Gedanke: ‚Nein, bitte nicht!‘ Ich mag nicht, wenn ältere Männer, die über vierzig Jahre alt sind und meine Gäste, mit mir ausgehen möchten. Ich habe kein Interesse daran. Höflich, aber sehr deutlich habe ich ihn abserviert. Leider hat er weiter versucht, mich zu überreden, mit ihm auszugehen. Das hat die Sache noch schlimmer gemacht, er ist mir immer unsympathischer geworden. Über diese ‚Aufreißversuche‘ unseres Stammgastes habe ich mich später mit dem Koch unterhalten. Ich finde solche ‚Aufreißversuche‘ natürlich schmeichelhaft, aber es ist mir unangenehm, weil ich doch in der Arbeit bin und von meinem Prinzip her gehe ich mit Gästen nicht aus.

Der Koch hat mich dann darauf aufmerksam gemacht, dass einige der Leute, die hierherkommen, eigentlich sehr einsam sind. Daher wollen sie meistens die Kellnerin, die sie anspricht und ihnen ein bisschen Aufmerksamkeit schenkt, auch zu etwas einladen, um ihre Aufmerksamkeit nicht zu verlieren. Wahrscheinlich hat der Koch Recht, weil in Osteuropa oder Südamerika es ganz normal ist, wenn fremde Menschen sich miteinander unterhalten, weil sie einfach neugierig auf andere sind. Und falls sich etwas ergibt, dann ist es gut, und wenn sich nichts ergibt, dann ist auch alles bestens."

Der Kellnerin, einer Studentin, ist es also wichtig, Distanz zu ihren Stammgästen zu wahren. Sie scherzt mit ihnen, aber der Kontakt zu den Stammgästen ist für sie auf das Lokal beschränkt, da sie befürchtet, der Gast wolle mit ihr anbandeln, sie zur Freundin haben. Allerdings, unverbindliche Kontakte sind durchaus möglich.

So war es für mich eine Freude, mit Herrn Engelbert vom Café Landtmann gemeinsam einen Heurigen aufzusuchen.

Einen freundlichen und zufälligen Kontakt zu einem Stammgast außerhalb des „Schweizerhauses", in dem er als Kellner bereits sehr lange tätig ist, hatte auch Herr Gerhard. Zufällig traf er diesen Stammgast, der ihm nie erzählt hatte, welchen Beruf er eigentlich ausübe, irgendwo ihn Wien. Man begrüßte sich freundlich. Der Stammgast lud seinen Kellner darauf in ein Kaffeehaus ein, das zu einer Kette berühmter Kaffeehäuser mit dem Namen „Aida" gehört. Der Herr Kellner freute sich über die Einladung, war aber sehr überrascht, als sich herausstellte, dass sein Stammgast der Chef dieses renommierten Kaffeehauses ist. Herr Gerhard war angetan von der Bescheidenheit des Mannes, der als Stammgast offensichtlich zufrieden mit seinem Kellner ist.

Herr Gerhard kennt seine Stammgäste und kümmert sich auch mitunter um deren Probleme. Er führt dazu aus: „Die Leute kommen mit ihren Sorgen. Man hat eh selten Zeit, um zuzuhören, weil viel zu tun ist. Aber ab und zu an einem Nachmittag, wenn nicht zu viel zu tun ist, hört man zu und erfährt dabei viel. Wenn man lange im Geschäft ist, erfährt man oft Schicksalsschläge. Was die Leute so erzählen! Man baut ja zu manchen Gästen, wenn man sie lange kennt, eine Beziehung auf. Nicht nur wenn der Gast traurig ist, sondern auch, wenn er ‚happy', glücklich, ist, erfährt man als Kellner. Nach drei, vier Bieren fängt der Gast zu erzählen an. Ab und zu findest du Zeit, ihm zuzuhören. Ich habe einen alten Stammgast, dem ist die Frau gestorben. Der isst immer Hendln, der fragt mich: ‚Willst du das Flügerl oder das Haxerl?' Er schneidet mir dann etwas herunter, das ess ich dann. Ich stelle das meistens hinten im Gastgarten wohin, wenn ich im Moment keine Zeit habe, mich hinzusetzen und es zu essen." Frau Lydia, die Wirtstochter vom „Schweizerhaus" und Chefin des Herrn Gerhard, die bei unserem Gespräch anwesend ist, fügt hinzu: „So etwas kann man schon annehmen, wenn man eingeladen ist."

Der Kellner freut sich über seine Stammgäste, denn deren Erscheinen ist auch ein Kompliment für ihn. Den Stammgästen ähnlich sind für Herrn Gerhard auch jene Gäste, die in langen Abständen regelmäßig im Gastgarten erscheinen: „Auch Südafrikaner kommen zu uns, jedes Jahr, immer zur selben Zeit, die wissen vom ‚Schweizerhaus'. Man freut sich darüber als Kellner. Es ist ja auch schön, wenn man in eine andere Stadt kommt und man hat eine Bezugsperson. Ich bin auch viel auf Urlaub gefahren. Man freut sich immer wieder, wenn man in ein Restaurant kommt und derselbe Kellner ist dort, der einen erkennt."

Es freut den Gast, meine ich, wenn der Kellner ihn kennt und ihn entsprechend freudig begrüßt. Der Gast fühlt sich im Wirtshaus heimatlich und geborgen, wenn er mit offenem Herzen empfangen wird. Diese Gastlichkeit hat auch etwas mit Heimat zu tun. Frau Lydia bemerkt dazu: „Ja, das stimmt, manche sagen, das ‚Schweizerhaus' ist für sie das Wohnzimmer oder der Garten."

Zu seinen Stammgästen, die im Gastgarten des ‚Schweizerhauses' ihre Heimat haben, weiß Herr Gerhard noch zu erzählen: „Wir sperren jeden Tag um elf Uhr auf. Die ersten Gäste kommen gleich nach dem Aufsperren. Es gibt Gäste, die nie ein Wort sagen. Wir haben einen solchen gehabt, der hat nie etwas geredet, er ist immer mit seiner Frau gekommen. Die redeten auch miteinander nichts. Die sind gemeinsam mindestens 25 Jahre zu uns gekommen, und zwar aus dem 10. Bezirk, sind aber Deutsche. Er hat das erste Mal geredet, als seine Frau gestorben ist. Im Sommer war das. Ich habe mich nicht zu fragen getraut, an was sie gestorben ist. Nun kommt er allein und trinkt seine paar Bier, schaut sich das alles an und geht wieder."

Über Stammgäste, die sich samt Hund im Wirtshaus heimisch fühlen, schreibt mir auch meine Nichte Johanna: „Natürlich gibt es auch sehr nette Stammgäste, die jedes Jahr wiederkommen. Man bringt sie zum Lächeln, wenn man schon weiß, was sie gerne essen oder was sie beim gemischten Salat nicht dabei haben wollen.

Ein sehr nettes, älteres Ehepaar kam immer mit ihrem Hund, einem schon alten Beagle. Nach dem Essen haben sie einen Cappuccino getrunken. Beim Kaffee ist ein kleines Stück Schokolade dabei. Wenn ich zum Tisch gegangen bin und laut: „Ihr Cappuccino bitte!" gesagt hab, dann kam der Beagle unter dem Tisch hervor und hat Männchen gemacht. Er kannte die Gewohnheiten seiner Besitzer schon, denn er wusste, wenn er ein Männchen macht, dass er die Schokolade vom Kaffee bekommt." Die Kellnerin Johanna weiß ihre Stammgäste freundlich zu behandeln, sogar der Hund, eine Art Stammhund, hat seine Freude.

Noch ein besonderes Privileg erfährt der Stammgast bisweilen in manchen Wirtshäusern, nämlich das Recht, die Zeche, wenn er kein Geld bei sich hat, später zahlen zu können. Wirt und Kellner stunden gerne Geld für die Zeche, da sie so ihr Vertrauen gegenüber ihrem Stammgast demonstrieren können.

Zu diesem Thema und überhaupt zum Thema „Stammgast" schrieb mir der freundliche Student Herr Michael Jost, ein Gastwirtssohn aus Kärnten, auf meine Bitte hin dies:

„Als Kellner und Gastwirt genießt man das Vertrauen seiner Gäste und auch umgekehrt. Das zeigt sich schon darin, dass man bei gewissen Stammgästen die Zeche aufschreibt und vielleicht erst am Ende des Monats oder wann auch immer, wenn der Stammkunde wieder Geld hat, kassiert."

Der Stammgast erfreut sich also eines gewissen Vertrauens durch den Wirt und den Kellner.

Geradezu schwärmerisch erzählt Frau Mitzi, die frühere Kellnerin in der Stiftsschank zu Kremsmünster, über ihre Stammgäste. Zu diesen gehörten nicht nur die Patres des Stiftes, sondern auch die Eltern von Schülern des Gymnasiums: „Wir haben so viele liebenswerte Gäste gehabt. Die Doktor Hartmanns von Ried sind jede Woche gekommen. Die Mayerhofers von der Apotheke in Linz waren jede Woche hier. Es war schön, man hat gewusst, die kommen. Denen hat man ihr Tischerl frei gehalten. Hat ihnen das Getränk gebracht, das sie wollten. Das sind nur so Kleinigkeiten. Der Pater Rupert hat gern ein Viertel Rotwein getrunken, aber er wollte den Wein in einem Viertel-Krügerl, aus dem er den Wein in ein Glas leeren konnte. Die anderen Kellnerinnen haben ihm den Wein in einem Viertel-Römer gebracht, das hat er aber nicht mögen. Er wollte ein Glas zum Wein-Krügerl, um nachschenken zu können. Die anderen Kellnerinnen haben ihm das nicht gebracht. Es ist klar, dass er mich verlangt hat." Der fromme Stammgast, der Benediktinerpater Rupert – er war mein Lehrer in den Fächern Latein und Griechisch –, erfreute sich an den Höflichkeiten einer Kellnerin, die seine Vorlieben kannte und seinen Wünschen entgegenkam. Die schuf dem guten Pater auf diese Weise eine kleine Welt, in der er sich wohl fühlen konnte.

Es gibt Stammgäste, die alleine stundenlang in einem Gasthaus bei ein paar Bieren oder bei einigen Gläsern Wein sitzen und einigermaßen zufrieden ihre Umwelt beobachten. Für Gäste dieser Art ist das Gast- oder Kaffeehaus ein Rückzugsgebiet, in dem sie sich von den Qualen und Wirrnissen des Alltags erholen können. Einen solchen Herrn beobachte ich regelmäßig im Gasthaus Spatzennest in Wien. Er wird vom Wirt Klaus unter die ruhigen Stammgäste eingeordnet.

Herr Klaus, mit dem ich über den ruhigen Gast spreche, meint, dieser wäre kein „Trankler", also kein Alkoholiker. Wäre er ein solcher, würde er ihn bitten, das Lokal zu verlassen. Bei diesem Stammgast handelt es sich, wie ich erfahren konnte, um einen in Ehren ergrauten früheren Studenten der Arabistik, der offensichtlich im „Spatzennest" auch so etwas wie eine Heimat gefunden hat. Hier und da mischt er sich in ein Gespräch und spricht ein paar kluge Wörter, die auf seine Bildung hinweisen.

In manchen Lokalen ist es üblich, den Stammgast einmal im Jahr, meist gegen Jahresende, mit einem Geschenk zu erfreuen. Im Café Landtmann erhält der brave Gast meist ein schön eingepacktes Stück Torte. In anderen Lokalen ist es eine Flasche Wein oder etwas Ähnliches, womit der Stammgast erfreut wird. Frau Lydia, die Wirtstochter vom „Schweizerhaus", überreichte mir zu Ende des Gastbetriebes im Herbst einen schönen dunklen Schal mit der grünen Aufschrift „Schweizerhaus" und eine dunkle Kappe mit demselben Hinweis auf das „Schweizerhaus".

Es entspricht dem „Schweizerhaus", dass es während der Wintermonate geschlossen hält, denn es ist vor allem der prächtige Garten, der das „Schweizerhaus" umgibt und der die Gäste anzieht. Das „Schweizerhaus" begibt sich also im Herbst in einen Winterschlaf, aus dem es im Frühjahr in Frische und mit gutem Bier erwacht.

Der Schal, den mir Frau Lydia verehrte, bringt mich als Ehren-Stammgast des „Schweizerhauses" über den Winter.

Stammgäste und Stammtisch, dies wollte ich hier zeigen, gehören zur Kultur der Gast- und Kaffeehäuser. Gespräche am Stammtisch bringen Menschen einander näher, um Abwechslung im Alltag zu finden, revolutionäre und andere Ideen zu spinnen, Literatur zu besprechen, sich von sportlichen Aktivitäten zu erholen oder sich bloß zu unterhalten.

Die Stammgäste, sie kommen auch ohne Stammtisch aus, erfahren nicht nur Ehrerbietung und Bevorzugung durch die Kellner, sie haben auch ihre speziellen Pflichten. Zu den Pflichten zählen: eine gewisse Höflichkeit gegenüber Kellner und Wirt, ein manierliches Benehmen, ein kontrollierter Alkoholgenuss, also „Rauschdisziplin", das mehr oder weniger vornehme Austragen von Streitigkeiten und eine noble Distanz zu den anderen Gästen.

Stammgäste in der „Sitzküche" des Hermann Strasser

Zum Thema „Kellner und Stammgäste" sprach ich mehr zufällig im Café Landtmann auch mit dem freundlichen Herrn Professor Dr. Hermann Strasser. Er ist ein angesehener Professor für Soziologie an der Universität Duisburg. Während unseres Gespräches zeigte Herr Strasser großes Interesse an meiner Arbeit und erzählte mir schließlich, dass seine Eltern seit 1930 ein Gasthaus, nämlich die Bahnhofsrestauration in Altenmarkt im Pongau, Land Salzburg, betrieben haben.

Charakteristisch für dieses Gasthaus war, wie Hermann Strasser ausführte, eine sogenannte Sitzküche, in der sich die Stammgäste trafen und in der die Funktion des Kellners vor allem durch seinen Vater, den Wirt, ausgeübt wurde. Auf meine Bitte hin schrieb mir Hermann Strasser einiges über die Bedeutung dieser „Sitzküche". Ich lasse ihn selbst erzählen: „Diese ,Sitzküche' war ein Raum mit einem großen Herd, einer Anrichte, einem Geschirrschrank und drei Tischen für die Gäste, aber auch für meine Eltern und mich. Wir saßen lieber in dieser ,Sitzküche' als in dem großen Gastzimmer mit einem Salettl oder im Gastgarten mit seinen riesigen Lindenbäumen. In dieser ,Sitzküche' nahm die Familie auch die Mahlzeiten zu sich, und das musste vor allem schnell gehen – nach Mutters Devise: ,Wie zum Essen, so zur Arbeit!' Dort wurde die Morgen- und Abendtoilette ebenso erledigt wie Gäste bewirtet, auf Züge und Glück gewartet, Karten gespielt, das

Christkind empfangen und die Schulaufgaben gemacht. Es war eine
eigene Lebenswelt, an der nie ein Schild ‚Heute geschlossen' hing. Für
mich entpuppten sich die Gäste nicht selten als Ersatz für gleichaltrige
Spielkameraden und als hilfreiche Geister in Rechnen, Deutsch und
Erdkunde, die – im Gegensatz zu meinen Eltern – auch nicht mit Lob
geizten.

Manchen Gästen kam ich sehr nahe, auch weil mein Vater, der bei
Gott kein auffallend fröhlicher Mensch war, es verstand, die Gäste
für sich und die Restauration, in der sie sich befanden, einzunehmen.
Leute, die er nicht kannte, sprach er im Stile klassischer Wirte und
Kellner mit ‚Herr Direktor' an. Die meist jüngeren Gäste ärgerte er
gerne. Wenn zum Beispiel ein solcher ein Seidel Bier bestellte, pflegte
er zu sagen: ‚Das haben wir nicht, warte bis du eine Halbe trinken
willst.' Damals, am Ende der Fünfzigerjahre, gab es nämlich bei uns
kein offenes Bier mehr, sondern nur mehr Halbe-Liter-Flaschen. Ein
Seidel konnte man also nicht bestellen. Auf die Feststellung des Vaters
herrschte meist großes Gelächter. Der junge Bursche bestellte sich nun
eine Flasche Bier.

Einer der Stammgäste in der Bahnhofsgastwirtschaft war ein Hand-
werker aus Radstadt, der immer in blauer Latzhose erschien und mir
sehr sympathisch war, weil er sich mit mir unterhielt und mir auch
beim Aufgabenmachen hin und wieder zur Seite stand. Eines Tages
fragte ich ihn, den klein gedrungenen, mindestens Fünfzigjährigen,
wie alt er sei. Prompt kam seine Antwort: ‚18 vorbei' – mir verschlug
es die Sprache. Ich konnte darauf nicht antworten, nur nachdenken,
weil ich überzeugt war, dass er mich nicht anlog. Seine Antwort, die
er mit todernstem Gesicht präsentiert hatte, sollte mich noch lange
beschäftigen. Was meinte er damit? Fühlte er sich wie 18 oder bedeutete die 18 eine besondere Zäsur in seinem Leben? Ich hörte nicht auf
zu überlegen, was er gemeint haben könnte. Wie ich mich überhaupt
von den Stimmen und Stimmungen, die aus der ‚Sitzküche', dem Flur

und dem anschließenden Pissoir drangen, auch in der Nacht nicht frei machen konnte. Mein Schlafzimmer lag nämlich im ersten Stock über dem Eingang zum Gasthaus und da hörte man bis tief in die Nacht hinein nicht nur das Kommen und Gehen, sondern auch die auf den Tisch geschmetterten Karten, die lauten Rufe nach dem Wirt und das mit zunehmendem Alkoholkonsum lauter werdende Gelächter oder die Streitgespräche.

Und nicht selten war der letzte Gast, der unser Gasthaus beim Bahnhof verließ, der Bäckermeister des Dorfes. Er brachte mit Fahrrad und großer Ledertasche am Morgen gegen halb neun das frisch gebackene Brot ins Haus. Und da sich die Bahnhofsgastwirtschaft am Ende des Ortes befand, waren wir auch seine letzte Lieferstation, so dass er sich nach getaner Arbeit seinem obligaten Tee mit Rum oder Schnaps widmen konnte. Aber aus den obligaten zwei Tassen wurden gewöhnlich zehn oder gar zwanzig, bis es dunkel wurde, die meisten Gäste gegangen waren und mein Vater dann Zeit hatte, mit ihm in eine Kartenpartie einzusteigen. Nur war der Bäckermeister kein guter Kartenspieler, verlor meistens und regte sich auf, wurde lauter, vor allem angeregt durch den Schnapstee. Und irgendwann nach Mitternacht machte er sich auf den Weg nach Hause, stieg allerdings – der angerauschten Vernunft gehorchend – nicht mehr aufs Rad, sondern schob es und unterhielt sich mit sich selbst lautstark und das durch den ganzen Ort. Auch diesen Abgesang hörte ich gewöhnlich, bis er sich in der Stille der nächtlichen Straße in Richtung Ennsbrücke wieder verlor. Bis zum nächsten Morgen, denn um halb neun mussten die frischen Semmel da sein und ich in der Schule. Der Bäckermeister wurde zur Institution im Gastbetrieb meiner Eltern und später zum Freund meiner eigenen Kinder, als es meinen Vater und die Bahnhofsgastwirtschaft schon nicht mehr gab, aber seine Besuche deshalb nicht aufhörten.

Der Pfarrer, der am Stammtisch die Beichte abnahm

Einen ähnlich starken Eindruck hinterließ eine Begebenheit, als ich eines Tages meinen Vater mit dem Pfarrer, Dechant Johann Fink, in der Küche an unserem Esstisch sitzen sah. Die beiden saßen sich gegenüber und tuschelten, als ich die ‚Sitzküche' betrat. Nachher erfuhr ich, dass der Pfarrer meinem Vater gerade die Beichte am Küchentisch abgenommen hatte. Das war schon Mitte der Sechzigerjahre und ich war bereits Mitte 20. Diese ungewöhnliche Beichte kam zustande, weil mein Vater nicht zur Kirche ging, aber sich als chronischer Asthmatiker in diesen Jahren gesundheitlich angeschlagen fühlte, so etwas wie erste Ahnungen vom nahenden Ende gespürt hatte und daher den Pfarrer fragte, ob er ihm nicht die Beichte abnehmen könnte. Der war nicht zimperlich und als Freund meines Vaters – er kam jeden Mittwoch auch zur Tarock-Runde ins Haus – schlug er selbst vor, das in der ‚Sitzküche' vor oder nach der Tarock-Runde zu erledigen.

Die Beichte hatte allerdings ein Nachspiel, als wenige Jahre später mein Vater starb und Dechant Fink nicht mehr im Amt war. Sein Nachfolger, der spätere Erzbischof von Salzburg, kritisierte dieses Geschehen, das sich in Altenmarkt herumgesprochen hatte, als wenig vorbildhaft – ausgerechnet bei der Predigt anlässlich des Begräbnisses meines Vaters. Wenn es nicht diese letzte Ehre für meinen Vater gewesen wäre, ich wäre aufgestanden und hätte demonstrativ die Kirche verlassen, in die ich ohnehin immer seltener ging. Ich tat es nicht, beschwerte mich aber bei seinem Vorgesetzten, dem damaligen Erzbischof Berg, was mit dem ‚Beklagten' eine Korrespondenz auslöste und bis zur heutigen Freundschaft und fortgesetztem Austausch sogar über E-Mail führte.

So bekam ich über die ‚Sitzküche' ständig eine Auswahl interessanter Menschentypen serviert, die man näher kennenlernen wollte oder denen man lieber aus dem Weg gehen sollte: Die Restauration ent-

puppte sich für viele Gäste, auch für manche Stammgäste als Treffpunkt, als unersetzliches Asyl, als ein Zuhause, wo man doch nicht
daheim war und nicht selten seine Heldenrolle spielen konnte. Ich sah
und spürte, wie sehr der Stammtisch als Heimat für ein paar Stunden
fungierte, das Kartenspiel der Befreiung aus dem Alltagstrott diente
und die Einkehr am Sonntag zwischen Kirchgang im Ort und Mittagessen zu Hause den krönenden Abschluss der Woche mit Hilfe von
Neuigkeiten im Festtagsgewand bedeutete.

Die ‚Sitzküche' war die ideale Bühne, auf der alle Beteiligten ihr
Theater, ihre Rollen des Lebens spielen und bei Bedarf ihre Masken
wechseln konnten. Das Pissoir, das man meistens nie allein aufsuchte,
jedenfalls nicht, wenn Karten gespielt wurde, diente dann als Hinterbühne, wo man seinen Ärger oder sehr persönliche Bemerkungen los
werden konnte. Und da gab es auch keine Ausnahmen, auch nicht der
Pfarrer, auch wenn sich der mit der Kutte im Pissoir zu fortgeschritte-
ner Stunde schon schwer tat. Wie das Pissoir für die Gäste, war meine
Hinterbühne der Garten und die riesige Holzhütte, in der sich nicht
nur der Hühnerstall befand, sondern zeitweise auch Ziegen gehalten,
Holz gelagert, Bretter geschnitten und Gartengeräte aufbewahrt wurden. Wenn ich mich dort nicht mit meiner Oma – Rosa Zillinger, früher stolze Besitzerin eines Standes am Grünmarkt in Salzburg zwischen
Mozarts Geburtshaus und Kollegienkirche – unterhalten konnte, dann
tat ich das mit den Hühnern, die bis heute meine Lieblingstiere geblieben sind. Das ging so weit, dass ich ihnen – jedenfalls solange ich
nicht zur Schule ging – das Mittagessen servierte, und zwar in der Ge-
stalt des Abfallreindls, dessen Inhalt gewöhnlich noch so gut roch, dass
ich mich nicht zurückhalten konnte und die Speise mit Hühnern und
Hahn einnahm. Schließlich war der Platz vorm Hühnerstall tagsüber
meine Hinterbühne, wo man so manches tun konnte, was die Vorder-
bühne der ‚Sitzküche' nicht erlaubte.

In der ‚Sitzküche' lernte ich auch Menschen kennen, die zeitweilig zum Elternersatz avancierten, besonders nach dem Tod meiner Großmutter im Jahre 1949, die mit mir nicht nur viele Spaziergänge unternahm, sondern auch eine besondere Art des Strafens praktizierte: Wenn es einmal nicht mehr ohne Strafe ging (und das kam sehr selten vor, nicht weil ich so brav, sondern weil Oma so großzügig war), dann tat sie das ganz sanft und im Verborgenen, vornehmlich in der Holzhütte. Und sie war nahe dran, sich dann auch noch bei mir zu entschuldigen. Aber Strafe musste, wenn auch ausnahmsweise, sein.

Von den Eltern lernte ich Sparsamkeit, Zurückhaltung und Fleiß.

Die Zeiten änderten sich, ich durfte, da ich gute schulische Leistungen erbringen konnte, auf die Handelsakademie gehen, an der ich schließlich maturierte.

Für meine spätere Profession als Soziologe habe ich viel in der ‚Sitzküche' von den dortigen Stammgästen und dem Kellner, meinem Vater, gelernt. Denn in der Tat war die ‚Sitzküche' eine Bühne, auf der alle Theater spielten, die Gäste, Einheimische und Fremde ebenso wie Wirt und Wirtin, und auch der Pfarrer, der dort die Beichte abnahm."

17. Hierarchie der Kellner –
Oberkellner, Kellner und Lehrling

In anderen Kapiteln bin ich bereits auf Typen von Kellnern und ihre Hierarchien eingegangen. Dieses Kapitel versteht sich also als ein ergänzendes zu anderen Betrachtungen.

In Kaffee- und Gasthäusern gibt es, wenn mehrere Kellner arbeiten, unter ihnen so etwas wie eine Hierarchie, also eine heilige Ordnung, der der Herr Oberkellner, wie er in Österreich genannt wird, voransteht. Er trägt den stolzen verkürzten Titel „Ober", der allerdings, genauso wie der Titel „Inspektor" bei der Polizei, auch auf „gewöhnliche" Kellner angewendet wird.

Zum Oberkellner wird im Allgemeinen jener Kellner von den Wirtsleuten ernannt, der nicht nur ausgezeichnete Kenntnisse im fachgerechten Servieren von Speisen und Getränken besitzt, sondern der auch gute Umgangsformen, verbunden mit einem freundlichen Auftreten, besitzt. Der gute Oberkellner muss die Fähigkeit haben, mit Beschwerden der Gäste und Ähnlichem souverän umzugehen. Er muss den Überblick über das Restaurant, die Gäste und seine Kollegen behalten. Sprachkenntnisse und Freude, mit Menschen in Kontakt zu treten, machen den guten Oberkellner aus. Er benötigt einen guten Schmäh. Auf diesen bin ich in einem anderen Kapitel bereits eingegangen. Man bezeichnet den Oberkellner mitunter in vornehmer Weise auch als Mâitre d'Hôtel oder Chef de Rang. Der Oberkellner leitet somit das gesamte Servierpersonal einer Station oder des ganzen Hauses an. Er ist es auch, der den eintretenden Gästen ihre Plätze zuweist oder ihnen solche empfiehlt. Ihm sind je nach Gastbetrieb der Stellvertreter, der die schöne Bezeichnung Demichef de Rang trägt, der

Barmixer, auch Chef de Bar genannt, der Weinkellner, den man auch als Sommelier zu bezeichnen pflegt, und die Jungkellner, die Commis de Rang, anvertraut. Es gibt in Deutschland für den Oberkellner den wenig schönen Titel ‚Restaurantfachmann' und für die Oberkellnerin ‚Restaurantfachfrau'. Die Gesamtheit der im Dienst um den Gast bemühten Personen wird an manchen Orten als Servicebrigade bezeichnet.

Gerufen wird der Kellner allgemein als „Herr Ober" und die Kellnerin als „Frau" – zum Beispiel als Frau „Mitzi" oder als „Fräulein", was manche als despektierlich ansehen mögen. Heitere Leute sprechen die Frau Oberkellnerin auch mit „Schwester Oberin" an.

Es gibt auch Spitznamen für Kellner. So wird Herr Gerhard vom „Schweizerhaus" auch „Steirer", er kommt aus der Steiermark, oder „Schneckerl", wie der Fußballer Prohaska, gerufen, da er in jungen Jahren „geschneckelte Haare" hatte.

Spitznamen können auch unter dem Personal erfunden und verwendet werden. Mir erzählte Frau Joanna Mokrycka, die studierende Kellnerin in einem spanischen Lokal, dass der Koch des Lokals, ein Österreicher, der mehr als 30 Jahre in Venezuela gelebt hat, die Kellner und Kellnerinnen mit Spitznamen erfreute. So erhielt eine Kellnerin den Namen „Maria", obwohl sie ganz anders hieß, ein Kellner wurde zum „Sepperl" und Frau Joanna zu „Juanita" oder „Junani".

Die wohl persönlichste und höflichste Anrede des Kellners und der Kellnerin ist die mit ihrem echten Vornamen. Diese sind in noblen Gaststätten für gewöhnlich an Täfelchen, die das Sakko oder die Bluse zieren, zu lesen. Wichtig ist dabei, dass bei der Anrede des Kellners die Bezeichnung „Herr" und der Kellnerin die Bezeichnung „Frau" vorangestellt wird, aber auch „Fräulein" wird verwendet, ohne dass dies als Demütigung gesehen wird.

Man ruft als Gast also nicht nach dem Michael oder Engelbert, sondern nach dem Herrn Michael und dem Herrn Engelbert. Der Titel

„Herr" hat etwas mit Würde zu tun, aber auch die Titel „Frau" und „Fräulein".

Wenn ich im Café Landtmann nach dem Herrn Engelbert rufe, um einen Kräutertee zu bestellen, so nähert dieser sich nicht wie ein Lakai früherer Grafen, sondern wie ein Herr, der weiß, dass es ihm zusteht, mit Respekt behandelt zu werden. Insofern ähnelt der klassische Kellner dem englischen Butler, der sich in nobler Distanz gegenüber seinem Herrn verhält. Die Bezeichnung Butler, wie man in englischen Adelshäusern den Haushofmeister oder den obersten Diener nennt, leitet sich vom altfranzösischen Wort „bouteillier" für Kellermeister ab. Dieser schöne Ausdruck geht wohl auf das mittellateinische Wort „buticularius" zurück. In diesem steckt wieder das Wort „buticula", was soviel wie Krug oder Fässchen bedeutet.

Im Café Landtmann regiert über den einen Teil der Vormittagsgruppe, die sich bis in die Nachmittagsstunden um die Gäste kümmert, für gewöhnlich Herr Erich und über den anderen der Herr Lajos. Am Nachmittag sind es andere Herren, die das Regiment führen.

Die Hierarchie unter den Kellnern erinnert etwas an die Hierarchie der Knechte auf großen Bauernhöfen. Unter diesen war der sogenannte Moarknecht (Maierknecht) der Chef, der die vom Bauern erteilten Befehle weitergab und als eine Art Vorarbeiter darauf achtete, dass die betreffende Arbeit auch gemacht wurde. Dem Moarknecht ähnelt der klassische Oberkellner, der im Namen des Wirtes über das Personal gebietet.

Prächtig zeigt diese Thematik Herr Daniel, der als Student den Zugang zur Welt der Kellner gefunden hat und es zum Oberkellner brachte, in einem Gespräch mit mir auf: „Wenn der Ober gut ist, hat er seine Leute super unter Kontrolle. Er ist einfach eine Person, zu der die anderen aufschauen. Für mich ist ein guter Oberkellner mehr als ein Vorarbeiter. Er ist wirklich ein Leittier. Ein gutes Leittier. Wenn er gut ist, hat man automatisch Respekt vor ihm. Die meisten Ober haben außerdem auch ein großes Wissen. Für mich sind die Oberkellner Genies im Allgemeinwissen. Ich kenne ein paar gute Ober in Innsbruck, die lesen fünf, sechs Zeitungen am Tag. Die wissen über Politik und anderes Bescheid. Dazwischen trinken sie auch hier und da ein Glaserl. So ab vier Kellnern wird einer vom Wirt zum Oberkellner bestimmt. Er sagt: ,Das ist euer Chef, euer Vorgesetzter.' Die große Kunst des Kellners ist die Einteilung der Kellner, er muss ein Auge für alles haben, er muss alles sehen. Ich habe in meinem letzten Restaurant vier Kellner unter mir gehabt. Diese bestehen aus Jungkellnern und Lehrlingen." Auf meine Frage, ob es schwierig ist für einen jungen Menschen, Kellner zu werden, antwortet Daniel: „Überhaupt nicht. Man bekommt genügend Jobs als Lehrling. Ich habe vor Kurzem gelesen, in Österreich stehen 2.000 Lehrstellen in der Gastronomie offen. In der Berufsschule sind auch schon die Hälfte. Bei mir war es noch nicht so extrem." Damit deutet mein Gesprächspartner wohl auch an, dass der Beruf als echter Kellner kein leichter ist, dass zu einem guten Kellner Selbstdisziplin und Fleiß gehören, Prinzipien, die manchen abzuschrecken vermögen.

Im Café Landtmann sind es die Lehrlinge oder Praktikantinnen einer Hotelfachschule, die sich unter anderem um die Ordnung auf den Tischen zu kümmern haben. Die junge Praktikantin Stefanie erzählt: „Um sieben Uhr in der Früh ist Arbeitsbeginn. Wir müssen die Tische wischen und uns um ähnliche Sachen kümmern. So etwas ist Aufgabe der Praktikantinnen, die Kellner richten die Station, dort, wo die Servietten, der Computer usw. sind, her. Dann werden wir den Kellnern zugeteilt. Das machen die Oberkellner Lajos und Erich. Vorher kümmern sich die Kellner um die Station." Mit Station wird hier nicht eine Abteilung o.ä. bezeichnet, sondern ein kleiner Bereich, in der der Computer für das Bonieren der Bestellungen, die so an die Küche weitergegeben werden, sich befindet und die Servietten sowie auch Besteck liegen.

Über die Aufgabe der Lehrlinge erzählt Herr Engelbert: „Beim ‚Landtmann' machen die Lehrlinge am Vormittag die generellen Arbeiten, dazu gehören Reinigung und Instandhaltung. Dann rennen sie mit einem Kellner mit, wie man so schön sagt. Dem, der den Lehrling mitrennen lässt, wird die Arbeit dadurch erleichtert. Wenn der Lehrling etwas vifer (gescheiter) ist, kann er dem Kellner sehr helfen, so dass diesem mehr Umsatz entsteht. Da ist dann auch sein Anteil am Trinkgeld höher. Ein netter Lehrling ist zum Beispiel der Akuz, ein netter junger Türke, der sehr höflich ist. Seine Mutter arbeitet bei uns als Abwäscherin, der Vater ist irgendwo Koch. Lehrlinge mit solchen Eltern haben eine andere Einstellung, eben weil die Mutter im eigenen Betrieb arbeitet. Der ist ein ganz ein braver Bub. Daher hat ihn die Chefin vielleicht auch genommen."

Die Wichtigkeit einer guten Ausbildung für einen Kellner oder eine Kellnerin sieht auch Fräulein Katja, der Lehrling vom Café-Restaurant Cobenzl. Sie erzählt mir, sie sei Lehrling im dritten Jahr und wenn sie die Schule demnächst abgeschlossen habe, habe sie die Berufsbezeichnung „Restaurantfachfrau.". Einmal in der Woche ist sie in der Berufsschule, wo man ihr auch die Grundbegriffe im Englischen und Französischen beibringt, die notwendig sind, um mit Gästen aus fremden Ländern reden zu können.

An ihrem Beruf gefällt ihr der Umgang mit Gästen, er ist kein eintöniger Beruf, denn es gäbe durch die Vielfalt an Persönlichkeiten, die hier auftauchen, stets Abwechslung. Sie freut sich, Gästen etwas Gutes tun zu können. Das gefällt ihr.

Die Schule ist von Vorteil, denn in dieser lernt sie Sachen, die man sonst nicht so ohne weiteres lernt, wie Flambieren und Tranchieren vor dem Gast. Ohne Schule würde sie dies nicht erfahren. Daher ist die Schule gut für sie.

Die Anrede mit „Fräulein" für die Kellnerin findet Katja in Ordnung, diese gehört zur alten Geschichte der Gasthäuser.

Zur Bedeutung des Lehrlings fügt Herr Engelbert noch etwas Interessantes hinzu: „Es gibt Lehrlinge, die sind ein bisserl frech, sie sind ein bisserl ‚Krätzen' (Lausbuben). Es ist nicht leicht, einen Lehrling wegzubringen. Die Chefin hätte einen schon am liebsten weggegeben. Man schafft einem solchen etwas an und er sagt ja und macht es trotzdem nicht. Das erzürnt sie. Darum sagen viele Cafetiers, sie wollen keine Lehrlinge nehmen, wegen der Lehrlingsverträge. Die Lehrlinge gehen in den Krankenstand, wenn sie wollen. Sie ‚zahn obe' (arbeiten wenig, Anm.), wenn sie wollen. Früher war das anders. Früher hat sich ein Lehrling nicht das getraut, was sich heute einer traut. Wenn früher einer Maurer gelernt hat und der hat ‚nicht anzaht' (nichts gearbeitet, Anm.), so hat er vom Gesellen eine Watsche bekommen. Heute steht der Geselle wahrscheinlich vor dem Richter, wenn er das tut. Früher hatte man einen anderen Umgang miteinander."

Jedenfalls sind Kellner über Lehrlinge erfreut, die ihre Sache ernst nehmen und von denen zu erwarten ist, dass sie in ihrem Beruf Tüchtiges leisten.

Zwei tüchtige Lehrmädchen hatte der Wirt vom Gasthaus Steyrerbrücke, Willi Kerbl. Sie sind nun bei ihm als Kellnerinnen eingestellt, er ist auf sie stolz. Bei den beiden handelt es sich um junge Albanerinnen, um hübsche Schwestern, deren Eltern nach Österreich emigriert sind. Sie sprechen eine schöne Sprache, eine der beiden freut sich, wenn ich ihr auf Albanisch „Danke" sage. Willi führt aus: „Ich hoffe, die bleiben in der Branche, sie sind mit der Lehre schon fertig. Jetzt müssen sie Erfahrung sammeln. Es sind zwei Albanerinnen, sie sind Zwillingsschwestern. Die haben mit Albanien nichts mehr zu tun. Sie fühlen sich als Albanerinnen, haben aber alle Gepflogenheiten der Österreicher übernommen. Wenn ich in Österreich lebe, muss ich die österreichische Kultur annehmen. Sie sind keine strengen Moslems, sie gehen zu Hause nicht verschleiert. Sie sind brave Kellnerinnen, mit denen die Gäste eine Freude haben."

Herr Engelbert führt zu der Einteilung der Kellner etwas genauer aus: „Wir haben beim ‚Landtmann' zwei Oberkellner, die sind der Erich und der Lajos. Sie haben in erster Linie die Verfügungsgewalt über die Tische. Bei der Nachmittagsbrigade, zu der gehören die Kellner, die ab ungefähr 15 Uhr bis zur Sperrstunde arbeiten, ist es der Toni, der in erster Linie der Abendchef ist. Wer Oberkellner sein soll, das machen sich die Kollegen selbst aus. Die Chefin will niemanden zum Oberkellner titulieren, weil nach dem Kollektivvertrag sind wir Kellner alle gleich. Sie müsste sonst einem Oberkellner, wenn sie ihn selbst bestimmt, mehr bezahlen. Um dem wahrscheinlich auszuweichen, vergibt sie solche Titel ungern. Den Erich hat noch der alte Chef zum Oberkellner gemacht. Der Erich hat dann noch den Lajos hinzugezogen. Der Erich ist ein schlauer Fuchs, er will lieber seine Ruhe haben. Der Lajos hat so die Station des Herrn Robert, der in Pension gegangen ist, bekommen. Das war ein Aufstieg für den Lajos, er freut sich darüber sehr. Die Oberkellner verdienen dasselbe wie wir, ich weiß aber nicht, ob ihnen die Chefin etwas zusteckt. Ich kann mir aber das nicht vorstellen. Die Chefin ist beliebt bei uns, denn sie hat eine gewisse Gerechtigkeit. In erster Linie beklagt sie sich wegen der Sauberkeit. Sie hat Recht, es ist wichtig, dass alles sauber ist."

Ich frage den würdigen Herrn Engelbert, warum es im Café Landtmann nur Kellner gibt, aber keine Kellnerinnen. Er antwortet: „Im Wiener Kaffeehaus gibt es wenige Frauen, die dies machen. Beim Heurigen – hier gibt es nette Kellnerinnen, die einen guten Schmäh haben, die bekommen ja auch ein gescheites Trinkgeld."

Die Reviere der Kellner

Für den Betrieb von größeren Gastlokalen mit mehreren Kellnerinnen und Kellnern ist es wichtig, die Tische, um die sich die einzelnen

Damen und Herren zu kümmern haben, unter diesen aufzuteilen. In diesem Sinn meint Herr Engelbert: „Beim ‚Landtmann‘ gibt es das Reviersystem: Jeder Kellner hat seine Tische. Er bringt Getränke und Speisen und kassiert auch. Der Oberkellner hat hier nur die Funktion, dass er die Reviere verteilt. Früher war dies der Robert, heute ist dies der Herr Erich. Zusätzlich entscheidet er, wie es bei uns ist, über die Reservierungen der Tische für die Gäste.“

Herr Waggerl erzählt Ähnliches von seinem Restaurant: „Ich habe meinen Rayon zum Kassieren. Ich habe zehn Tische. Ein Serviermadel haben wir auch, die abräumt.“

Die Tische sind im ‚Landtmann‘ und in ähnlichen Lokalen nach Nummern eingeteilt. Wenn der Kellner eine Bestellung aufnimmt, so wird das Bestellte mit der Tischnummer in der Kassa boniert. Mit den Bons geht der Kellner zum Gast, wenn dieser „zahlen“ ruft, und kassiert. Jeder Kellner hat seinen eigenen Schlüssel für die Kassa. Zu Dienstschluss ist klar zu sehen, was der jeweilige Kollege boniert und welchen Umsatz er gemacht hat. Diesen muss er dann vorlegen. Bei diesem System ist der Kellner genau kontrolliert.

Ein interessantes Reviersystem gibt es im Gastgarten des ‚Schweizerhauses‘ im Wiener Prater. Darüber erzählt mir Herr Gerhard: „Unsere Reviere, um die sich die Kellner zu kümmern haben, sind nach Bezirken Wiens benannt. Mein Revier liegt in der Nähe der Bierausschank und ist der Franz-Josefs-Bahnhof. Dieses heißt darum so, weil früher das Bier auf dem Franz-Josefs-Bahnhof aus Budweis angekommen ist. Dort war auch das ehemalige Bierlager. Auf die Idee gekommen, die Reviere nach den Bezirken zu benennen, sind wir erst vor ein paar Jahren. Vorher teilten wir den Garten nach den Schirmen, unter denen die Leute sitzen, ein: 1. Schirm, 2. Schirm und so weiter. Die Gäste haben sich nicht ausgekannt, wohin sie gehen sollen. In Wien gibt es 23 Bezirke, wir haben aber nur 19 Rayons. Jedes Revier ist mit einem Bezirksschild versehen, zum Beispiel mit ‚Simmering‘. Leider mussten

wir ein paar Bezirke auslassen. Daher sind die Bezirksvorsteher von
diesen ausgelassenen Bezirken gekommen und haben gesagt, sie zahlen
eine solche Tafel, aber sie wollen unbedingt ihren Bezirk vertreten haben. Aber so viele Bezirke haben wir eben nicht. Bei uns kümmern sich
jeweils zwei Kellner um einen Bezirk, die sind schon fast wie Ehepaare.
Einer von den beiden ist der Kassierer. Es gibt eigene Stammtische in
diesen Revieren. In der Leopoldstadt sind sehr viele Sportler, vor allem
die Fußballspieler." Reviere oder Rayons gehören zur Kultur der klassischen größeren Kaffeehäuser und Restaurants. Sie ermöglichen eine
schnelle und höfliche Bedienung der Gäste, die allerdings auch ihre
Pflichten haben und von denen man erwartet, dass sie „Danke" sagen.

18. Das Trinkgeld – Freude und Auszeichnung

Zum Beruf des Kellners gehört das Trinkgeld, es ist Teil seines Verdienstes. Für gewöhnlich wird in unseren Gegenden zehn Prozent der Zeche dem Kellner dafür gegeben, dass man mit Speis und Trank zufrieden war. Kassieren mehrere Kellner, so gebührt das Trinkgeld jenem Kellner, der sich um die Bedienung gekümmert hat und der auch kassiert. So ist es im Café Landtmann. Das Trinkgeld, das der Kellner kassiert, gehört nur ihm. Der Koch erhält, wie mir erzählt wurde, eine Pauschale vom eingehobenen Trinkgeld. Es gibt jedoch Lokale, in denen es einen eigenen Zahlkellner gibt. Dort wird das Geld nach einem gewissen Schlüssel unter Kellnern und Speiseträgern aufgeteilt.

Nicht viel Trinkgeld haben für gewöhnlich jene Kellner zu erwarten, die in sogenannten Schwemmen arbeiten. Eine Schwemme ist eine Bierhalle, in der Bier in großen Mengen meist in großen Krügen auf einer großen Theke oder einer Schank ausgeschenkt wird. Das Bier wird entweder von den Gästen selbst, die auch an Stehtischen ihr Bier trinken, geholt oder von Kellnern, die den auf vielen Tischen und Bänken Dürstenden die Bierkrüge bringen. Das Wort Schwemme bezieht sich wohl auf „trinken". In diesem Sinn ist auch die Pferdeschwemme in Salzburg zu verstehen, zu der die Pferde zum Trinken gebracht wurden. Eine andere Erklärung des Wortes Schwemme bezieht sich angeblich darauf, dass betrunkene Gäste unter dem Tisch auf den Boden der Schwemme urinierten. Um den Gestank zu vertreiben, wurde regelmäßig Wasser auf den Boden geleert, also geschwemmt.

In der Schwemme im Hofbräuhaus arbeitete Wolfgang, den ich im Oktogon „Am Himmel" bei Wien kennengelernt habe. Er erzählt mir: „Die Arbeit in der Schwemme ist stressiger. Man lebt dort weniger vom Trinkgeld, sondern mehr vom Umsatz. Die Leute geben dort nur wenig Trinkgeld her. Man bekommt einen bestimmten Prozentsatz von dem, was man umsetzt.“

Vor allem Kellnern, die als Gelegenheitsarbeiter, also als Taglöhner in Gaststätten eingestellt werden, wie es auch bei mir war, wird vom Wirt ein eher geringes fixes Gehalt zugesagt, aber ein entsprechendes Trinkgeld in Aussicht gestellt. Als ich während meiner Studentenzeit als Kellner in einem kleinen Gasthaus, einem sogenannten Beisl, in der Lerchenfelderstraße im 8. Wiener Gemeindebezirk eingestellt wurde, erhielt ich für meine Tätigkeit während der Abendstunden 30 Schilling. Dieser Betrag war auch damals nicht viel, aber ich kam durch das Trinkgeld doch zu einigem Geld, mit dem ich zufrieden sein konnte. Die Wirtsleute, meine Chefs, hießen Heigel, sie waren nicht gerade freundlich zu mir. Oft wurde ich vor den Gästen, wie ich im Eingangs-kapitel schon angedeutet habe, wegen irgendwelcher Kleinigkeiten zurechtgewiesen. Herr Heigel, der Wirt, schliff, während er mit mir schimpfte, meist ein großes Messer. Bei den Gästen erweckte ich offen-sichtlich Mitleid, denn sie waren mit dem Trinkgeld äußerst großzü-gig. Ich jedenfalls fühlte mich durch das generöse Trinkgeld als Kellner bestätigt. Es zeigte mir auch an, dass ich meine Arbeit gut gemacht habe. Nach einer Zeit allerdings verzichtete nach einem Streit Herr Heigel auf eine weitere Mitarbeit von mir als Kellner.

Das Trinkgeld als freiwillige Gabe des Gastes für den Kellner soll diesem anzeigen, dass man mit ihm und seiner Arbeit zufrieden ist. Kellner, die kein oder nur wenig Trinkgeld bekommen, müssen dies als Zeichen dafür ansehen, dass ihre Tätigkeit vom Gast nicht geschätzt wird.

Darüber sprach ich mit dem noblen Kellner, Herrn Waggerl. Ich meine, dass es Kellner gibt, bei denen habe ich das Gefühl, dass sie mich ignorieren. Dazu führt Herr Waggerl aus: „Das kommt vor, dass Kellner einen Gast bewusst ignorieren. Die bekommen auch kein

Trinkgeld oder nur wenig. Wenn ein solcher sagt, der Gast hat mir keine Maut, also kein Trinkgeld, gegeben, dann sage ich zu ihm: ‚In welcher Art du zum Gast gegangen bist, würde ich dir auch keine Maut geben. Du musst freundlich hingehen und zum Beispiel sagen: ‚Heute haben wir als Tagessuppe eine Griesnockerlsuppe oder eine Leberknödelsuppe.' Sagt dann der Gast: ‚Na gut, geben Sie mir eine Leberknödelsuppe.' Er isst zwar kein Supperl, aber bei Ihnen isst er eines. So ist das."

Die Freundlichkeit des Kellners wirkt sich also auf das Trinkgeld aus. Das Trinkgeld ist also ein Symbol für die Tüchtigkeit des guten Kellners.

Frau Joanna Mokrycka, eine liebenswürdige Studentin von mir, teilt mir zum Thema „Trinkgeld" mit:

„Das Trinkgeld ist ein wichtiger Teil des Gehalts jedes Kellners und jeder Kellnerin in Österreich. Aus meinen Beobachtungen habe ich festgestellt, dass die Höhe des Trinkgeldes von einigen Faktoren abhängt. Und zwar von der guten Laune des Kellners oder der Kellnerin. Dann vom Lächeln, denn je breiter das Lächeln ist, desto höher ist das Trinkgeld. Und von der Zeit, die der Kellner sich für den Gast nimmt, dazu gehören Witze, die man macht und die Empfehlungen, vor allem für einen guten Wein.

Ich habe ziemlich rasch festgestellt, dass meine Meinung bei verschiedenen Empfehlungen – vor allem Weinempfehlungen – für Gäste sehr wichtig ist, weil wir im Lokal ungefähr 30 Arten von Wein haben, darunter viele Rotweine, ein paar Arten von Weißweinen und vier Arten von Roséweinen. Die meisten Gäste kennen sich mit Weinen nicht wirklich aus. Ich trinke gerne selber viel Wein – aber natürlich nicht bei der Arbeit –, daher spreche ich auch gerne mit den Gästen über Wein – vor allen über spanische Weine. Es ist mir noch nie passiert, dass Gäste mit meinen Empfehlungen nicht zufrieden waren. Daher wage ich zu sagen, dass ich mich mit spanischen Weinen ganz gut auskenne, aber ich werde mich selbst nicht als eine Expertin auf dem Gebiet bezeichnen.

Es kann sein, dass die Gäste so höflich sind und mir nicht sagen, wenn ihnen der von mir empfohlene Wein geschmacklich nicht passt. Trinkgeld gibt es auch, wenn man Fremdsprachen ein bisserl kann.

Gäste freuen sich, wenn man ihre Muttersprache spricht – auch wenn das nur ein paar Worte oder Sätze sind. Alle Kellner und Kellnerinnen bei uns im Restaurant sprechen in der Arbeit Deutsch, das ist ja selbstverständlich. Es ist auch gut, dass ich Spanisch spreche, weil ich in einem spanischen Restaurant arbeite. Ich kann nicht behaupten, dass ich Spanisch gut kann, aber ich habe keine Probleme, mich in Spanisch auszudrücken – das ist für unsere Gäste mehr oder weniger klar. Außer Deutsch und Spanisch spreche ich noch Polnisch, ich komme ja aus Polen und habe Verwandte in Südamerika. Mehr oder weniger Russisch kann ich auch. Wenn es sein muss, kann ich ein paar Sätze auf Italienisch und Englisch sagen. Ich kenne auch ein paar Worte auf Französisch, aber mein ‚Hit‘ ist Japanisch. Mit Japanisch verbinde ich eine lustige Geschichte, und zwar: Vor ungefähr zwei Monaten waren bei uns sechs ältere Japaner, drei Paare, essen. Deutsch konnten nur zwei Männer von ihnen sprechen, diese haben die Getränke und das Essen für alle bestellt. Aber eine Japanerin wollte noch etwas bei mir bestellen. Sie hat daher versucht, mit mir Deutsch zu sprechen, aber ich habe sie leider nicht verstanden. Daher habe ich zu ihr scherzend ‚Nihongo shabari nasaj‘ gesagt, was auf Japanisch heißt: ‚Sprich Japanisch!‘ Als ich diesen Satz auf Japanisch gesagt habe, waren alle sechs Japaner sehr überrascht. Sie haben sich gefreut, dass ich etwas Japanisch spreche oder zumindest ein paar Sätze auf Japanisch sagen kann. Sicherlich deswegen haben sie mir 15 Euro Trinkgeld gegeben, also ganz schön viel.

Das höchste Trinkgeld bekomme ich von Nordamerikanern und Russen. Aber auch von Männern, die über 40 Jahre alt sind. Das we-

nigste Trinkgeld geben mir Frauen, besonders Frauen, welche unge-
fähr 40 Jahre alt sind und mit anderen Frauen zu uns kommen. Wenig
Trinkgeld oder gar nichts bekomme ich von Spaniern, Italienern und
Franzosen.

Vor ein paar Monaten ist mir eine ziemlich unangenehme Situation
passiert. Ein Ehepaar wollte zahlen, die Rechnung war in der Höhe
von ungefähr 65 Euro.

Ich habe die Rechnung, wie immer, auf den Tisch gelegt und bin
zu anderen Gästen gegangen, die auch etwas von mir wollten. Als ich
zu dem Ehepaar, welches zahlen wollte, wieder gekommen bin, sind
auf dem Tisch neben dem Betrag, der auf der Rechnung stand, noch
10 Euro in zweimal 5-Euro-Scheinen gelegen. Der Mann sagte zu mir:
‚Vielen Dank! Es ist so gut!‘ Ich habe mich bedankt, wie ich es immer
tue. Nun hat die Frau des Gastes bemerkt, dass ihr Mann mir 10 Euro
Trinkgeld gegeben hat und plötzlich, ohne irgendetwas zu sagen, hat
sie mir einen 5-Euro-Schein weggenommen und ganz grantig zu ihrem
Mann gesagt, dass 10 Euro Trinkgeld zu viel sind.

Mich hat sie dabei nicht angeschaut. Ich habe mich aber noch einmal bedankt.

Es hat nur kurz gedauert, ich war noch nicht weg von dem Tisch,
als das Paar sich wegen der 5 Euro, welche die Frau weggenommen hat,
zu streiten begonnen hat. Der Mann wollte unbedingt, dass seine Frau
mir die 5 Euro wiedergibt, weil er gemeint hat, dass 5 Euro Trinkgeld
für mich zu wenig sind.“

Kellner freuen sich über gutes Trinkgeld, denn es ist nicht nur ein
Kompliment für den Kellner, sondern es bessert auch sein Gehalt auf.
Vor diesem Hintergrund ist auch zu verstehen, was Kellner Engelbert vom ‚Landtmann‘ mir erzählt: „Wenn ein guter Gast neu auf-
taucht, gut bestellt und ein fürstliches Trinkgeld gibt, so erzählt das ein
schlauer Kellner nicht weiter. Wenn dieser Gast wiederkommt, versucht dieser Kellner, ihn in sein Revier zu ziehen. Das geht solange gut,

bis dieser Gast von einem anderen Kellner bedient wird und diesem auch 5 Euro Trinkgeld gibt. Nun denkt sich dieser Kellner: ‚Jetzt weiß ich, warum der immer beim Kollegen sitzt.' Dadurch entsteht eine gewisse Konkurrenz.

Wenn vier Kellner sind und der großzügige Gast kommt bei der Tür herein, so zeigt jeder der Kellner auf, wenn sie nicht gerade etwas anderes zu tun haben. Wenn aber einer hereinkommt, von dem man weiß, dass er nur wenig konsumiert und kein Trinkgeld gibt, so drehen sich die vier einfach um und denken sich: ‚Hoffentlich setzt sich der nicht zu mir.' Der Gast merkt so vielleicht, dass er nicht sehr erwünscht ist."

Einen Gast zu haben, der gutes Trinkgeld gibt, ist eine Freude für jeden Kellner. Er muss aber mitunter auch einiges dafür tun. Dies geht auch aus einer weiteren Erzählung Herrn Engelberts hervor. Auf einer Kreuzfahrt hat er als Steward einem Gast gute Ratschläge erteilt, damit dieser sich auch gut erhole: „Er hat mir einen Schein zugesteckt, das war auf einer Kreuzfahrt von Kopenhagen nach Leningrad, in der Ostsee. Ich habe mir diesen Schein nicht gleich angeschaut. Ich habe gesehen, es war ein Kronenschein. Ich habe mir gedacht, der Gast ist ein Amerikaner, der mich mit 100 Dänischen Kronen abspeisen will. 100 Kronen waren damals so etwas wie 200 Schilling. Für ein Trinkgeld zu wenig. Erst im Nachhinein habe ich gesehen, dass dieser Schein kein Hunderter war, sondern ein Tausender. Vom Schmäh alleine kann man nicht leben. Dann war er für mich eingestellt und hat mir zusätzlich immer etwas gegeben.

Er wollte unbedingt ein Fernglas, damit er diese schönen Landschaften an der Ostsee besser sehen kann. Er hat mich gefragt, ob er sich ein solches ausborgen kann. Sage ich: ‚Was heißt ausborgen? Sie sind ein reicher Mann, sie gehen in ein Geschäft und kaufen sich ein solches.' So habe ich ihn belehrt. Er hat mich wieder angeschaut und gesagt: ‚You are right!' Er ist dann sofort an Land gegangen und hat sich ein langes Fernrohr gekauft. In Schweden hat er mir 1000 Kronen gegeben, in Finnland 1000 Mark. Wie die Reise zu Ende war, hat er mir noch 400 Dollar gegeben und das Fernglas hat er mir auch geschenkt, so sympathisch dürfte ich ihm gewesen sein. Das Schönste war: Er hat mich umarmt und hat mir eine Karte gegeben und gesagt, wenn ich in New York bin, ich soll nicht ‚hesitate' also zögen, ihn anzurufen. Das war eine schöne Begebenheit!" Engelbert ist begeistert von dem spendierfreudigen Gast.

Über die Typen von Gästen und ihre Lust, ein Trinkgeld zu geben, spreche ich auch mit Herrn Gerhard vom ‚Schweizerhaus' im Wiener Prater. Er führt aus – auch zu den Tricks von Kellnern – wie man den Gast zum Geben von Trinkgeld animiert: „Das Trinkgeld wird bei uns unter den Kellnern aufgeteilt. Die ‚Gscherten', die vom Land kommen, essen ein Wiener Schnitzel und trinken ein Bier, die geben meist das Trinkgeld genau. Die sind kleinlich. Ich bin ja leider selber ein ‚Gscherter'. Der Wiener ist der beste Gast, der ist sehr großzügig. Auch manche Amerikaner sind großzügig, die sind es gewohnt von Amerika, dort gibt man zwischen 15 und 20 Prozent Trinkgeld. Das ist dort der Lohn für den Kellner. Der Kellner in Amerika wird, so glaube ich, so bezahlt. Wenn der Amerikaner kommt und unsere Gepflogenheiten nicht kennt, gibt er wahrscheinlich das Trinkgeld auch wie in den USA. Der Italiener und der Schweizer geben überhaupt nichts. Früher, als es in Italien noch die Lire gegeben hat, war das Hartgeld nicht viel wert, da hat man das Hartgeld als Trinkgeld gegeben. Man hat daher geschaut bei uns, wenn zum Beispiel die Rechnung 79 Schilling ausgemacht hat, hat man von 100 die 21 Schilling in Münzen gegeben. Die hat der Gast meist als Hartgeld liegen lassen. Man hat dem Italiener also keinen Zwanziger in Papier herausgegeben. Einen 20-Schilling-Schein hätte er sich eingesteckt. Es ist ganz verschieden, wer großzügig Trinkgeld gibt. Es war einmal ein berühmter Geschäftsmann bei uns,

er war aus dem 1. Bezirk, ich will keinen Namen nennen, der hat seine
Brieftasche verloren mit Ausweisen und mit 30.000 Schilling. Ich habe
sie gefunden. Er ist am nächsten Tag gekommen, um sie zu holen. Er
hat mir nicht einmal ein Bier gezahlt, so kleinlich war er. Das ist schon
langer her. Dieser Mann hat im 1. Bezirk selbst ein Gasthaus gehabt.
Ein ganz einfacher Mann ist oft großzügiger als ein reicher. Es gibt
dafür keine Richtlinie. Oft erwartet man sich Trinkgeld von dem, von
dem man meint, er hat viel Geld. Und der gibt nichts." Ich unterbreche und meine, dass manche, eher arme Leute, viel Trinkgeld geben,
um zu zeigen, wie großartig sie sind und dass sie sich viel leisten können. Der verschwenderische Mensch genießt meist mehr Ansehen als
der kleinliche. Herr Gerhard antwortet: „Das stimmt. Aber die meisten geben Trinkgeld, um zu zeigen, dass sie zufrieden sind. Am groß-
zügigsten sind oft Gauner. Seinerzeit, wie die ‚Pülcher' (wienerisch für
Gauner) noch Geld gehabt haben, wenn sie zum Beispiel beim ‚Stoss',
dem Glückspiel der Unterwelt, gewonnen haben, haben sie ordentlich
Trinkgeld gegeben. Einmal ist einer gekommen, es war gerade Oster-
sonntag, ich weiß das noch genau, er hat mich gefragt, wie viel Kinder ich habe. Ich habe gesagt: ‚Zwei habe ich.' Da hat er gesagt: ‚Da
hast 3.000 Schilling, für jedes Kind ein Tausender und einer für dich.
Vorher hat der beim ‚Stoss' viel Geld gewonnen. Diese Gauner haben
entweder viel Geld im Sack oder gar nichts." Herr Gerhard stimmt
mir zu, als ich festhalte, der noble Mensch hat eine Distanz zum Geld,
er zeigt an, dass ihn Geldprobleme nicht berühren. Dies zeigt sich vor
allem auch, dass es der Noblesse entspricht, großzügig mit Trinkgeld
umzugehen. Herr Gerhard meint in diesem Sinn, dass jene Leute arm
dran sind, die geizig sind. Der gute Kellner geht für gewöhnlich auf
Distanz zu jenen Gästen, die sparsam sind und jeden Groschen um-
drehen, bevor sie ihn ausgeben.

Der Kellner profitiert allerdings von der Kunst des Koches, wenn der
Gast ihm entsprechend Trinkgeld gibt mit dem Hinweis, dass ihm die

gebrachten Speisen besonderes gemundet haben. Darüber spreche ich mit Herrn Engelbert. Ich sage ihm, dass ein Kellner einen großen Vorteil hinsichtlich des Trinkgeldes durch einen exzellenten, guten Koch habe. Es müsse doch so etwas wie eine Rivalität zwischen Kellner und Koch geben. Es wäre doch gerecht, wenn der Kellner dem Koch von dem Trinkgeld etwas abgebe. Engelbert geht darauf ein: „Eine Rivalität zwischen Kellner und Koch hat es immer schon gegeben. Es kann sein, dass einer der beiden unglücklich ist und sie immer streiten. Es gibt zum Beispiel Köche, die sagen, warum soll ich die Speisen schön machen, nur dass der Kellner eine ordentliche ‚Maut‘ (Trinkgeld) bekommt. Eine solche Einstellung des Kochs ist falsch. Wenn der Koch mit seinem Gehalt nicht zufrieden ist, soll er seine Schürze ablegen. Es ist nicht vorgesehen, dass der Koch etwas von dem Trinkgeld bekommt. Es gibt Lokale, in denen die Kellner Trinkgeld für die Köche abliefern, aber so etwas ist selten. Es entstehen dabei Gaunereien, das weiß jeder Kellner. Wenn ich dem Koch etwas abgeben soll, dann sage ich zu ihm: ‚Gib mir gratis ein Schnitzerl heraus, damit du dir dein Trinkgeld verdienst.‘ Jetzt bekommt der Koch zwar Trinkgeld, aber letzten Endes bezahlt das der Chef. Ein gescheiter ‚Koberer‘ (Wirt) macht es nicht, dass er die Küche am Trinkgeld mitnaschen lässt. Der P. zum Beispiel ist so ein dummer Wirt, der haben will, dass die Kellner vom Trinkgeld dem Koch etwas abgeben. Er will nämlich den Köchen weniger zahlen. In Wirklichkeit wird dabei viel gestohlen. Die Kellner lassen sich das nicht bieten und holen sich aus der Küche eine gestohlene Ware, um das auszugleichen. Letztendlich zahlt der Chef drauf.

Es ist schon richtig, dass der Koch nichts vom Trinkgeld erhält. Der Koch ist nämlich vom Entlohnungssystem her ein Fixlöhner, da er vom Chef einen festen Lohn zugesprochen bekommt. Der Kellner erhält ja nur seinen garantierten Mindestlohn, der ist in der Regel viel niedriger als der vom Koch. Der Kellner braucht das Trinkgeld, um dazuzuverdienen, damit er so viel wie der Koch verdient.“

Engelbert erzählt weiter zum „Thema" Trinkgeld. Dabei erinnert er sich auch an seine Zeit als Kellner auf einem Schiff. „Es gibt verschiedene Trinkgeldentlohnungen. Da gibt es welche, die am Geld herumreiten und nicht viel geben. Der Wiener ist im Grunde ohnehin ein guter Trinkgeldgeber. Es kassiert nur der Kellner, nicht der Lehrling. Jeder Kellner kassiert an seinen Tischen selber. In Restaurants ist es oft so, dass nur ein Oberkellner kassiert. Da gibt es eine Restaurantkasse, da kassieren die Kellner auf eine Kasse und teilen sich dann das Trinkgeld auf. Je nach Zugehörigkeit zur Brigade wird es nach Punkten verteilt. Der Lehrling bekommt weniger. Bei uns im Kaffeehaus ist es anders, der Lehrling bekommt von uns Kellnern etwas ‚Schmattes' (Trinkgeld, Anm.). Wenn wir etwas mehr bekommen, geben wir ihm mehr. Wenn kein Geschäft ist, bekommt er nichts. Wenn man auf Trinkgeld arbeitet, macht es sich bezahlt, wenn man zu den Leuten nett ist. Das war auch so auf dem Kreuzfahrtschiff, auf dem ich war. Auf dem Schiff gab es einen fixen Trinkgeldbetrag. Man bekommt aber statt der ausgemachten 100 Dollar vielleicht 200 Dollar, wenn der Gast zufrieden ist. Dort sind Leute, die viel Geld haben."

Der Kellner weiß, dass es seine Freundlichkeit ist, die den Gast bewegt, ihm etwas Trinkgeld zu geben. Darauf verweist Herr Franz Reich, der Wirt von Wolkersdorf, als ich mit ihm im Café Landtmann sitze und mit ihm über sein Leben als Kellner und Wirt spreche. Bevor ich mit Franz ins Gespräch komme, frage ich Herrn Engelbert, ob ich mich mit meinem Gast an einen Tisch beim Fenster, der für gewöhnlich für Stammgäste reserviert ist, setzen dürfe. Herr Engelbert verneint. Der Tisch sei bereits reserviert, meint er. Es ist Vormittag, also eine Zeit, in der viele Gäste im Kaffeehaus erwartet werden. Es erscheinen vier Japaner, die vermögend zu sein scheinen. Sie fragen nach einem Platz. Herr Engelbert weist ihnen den Tisch, an den ich mich gerne gesetzt hätte, zu. Ich bin mir sicher, dass diese Herrn keinen Tisch im Voraus für sich reservieren ließen. Ich ärgere mich etwas über

Herrn Engelbert und frage Franzl Reich, was man in einem solchen Fall macht. Er antwortet: „Eigentlich sollte ich es nicht sagen, sonst ist der Herr Engelbert böse. Man sollte ihm das Trinkgeld schneiden. Auch der Gast, überhaupt der Stammgast, hat seine Rechte, er darf sich nicht für blöd verkaufen lassen. Man muss aber auch diplomatisch sein und sich wieder gut stellen, er wird sich bemühen, das nächste Mal einen anderen Fensterplatz frei zu halten." Ich unterbreche Franzl und erwähne heiter, dass sich in meinem Wohn- und Arbeitszimmer über den Büchern ein Spruch befindet mit dem Wortlaut „Ist der Gast auch noch so schlecht, so hat er doch das erste Recht." Franzl lacht und meint: „Einen solchen Spruch dürfte ich nicht in meiner Gaststube hängen haben. Ich habe dafür über der Schank zwei Paragraphen hängen: ‚Paragraph 1 ist: Der Wirt hat immer Recht. Paragraph 2: Sollte der Wirt einmal nicht Recht haben, tritt automatisch Paragraph 1 ein.'" Mit diesem scherzhaften Spruch will Franz als Wirt und ehemaliger Kellner heiter festhalten, dass auch der Gast sich an Regeln zu halten hat und sich nicht willkürlich benehmen dürfe. Ist der Gast ein Freund des Hauses, so hofiert ihn der Kellner.

Herr Waggerl erzählt dazu etwas, das gut zum Thema „Höflichkeit, Reservieren und Trinkgeld" passt: „Ich habe einen Gast gehabt, einen älteren Herrn. Er war etwas gehbehindert und sehr mürrisch. Er hat ein halbes Jahr nicht einen Schilling Trinkgeld gegeben. Ich bin darauf nicht eingegangen und habe ihn immer höflich bedient. Wenn er gesagt hat, nächste Woche am Sonntag will ich diesen Tisch, so habe ich ihm diesen Tisch reserviert. Das habe ich mir beim zweiten Mal gemerkt und habe immer am Sonntag für ihn das Reserviertaferl auf den Tisch gegeben. Das Tischerl war schön gedeckt. Er war schon ein älterer Herr, schon in Pension. Ein halbes Jahr habe ich von diesem Gast also nichts bekommen. Ich bin keiner, der sagt, von dem bekomme ich nichts, der bekommt daher von mir auch keinen Tisch reserviert. Ich war immer freundlich. Ich habe gesagt: ‚Grüß Sie, wie geht's?' Er war mein Stammgast. Später hat er mir dann immer mehr Geld gegeben als wie die Zeche ausgemacht hat. Jedes Mal hat er mir 25 Euro gegeben, das war mehr als die Zeche. Er hat mir das Geld gegeben und gesagt: ‚Für Sie‘.“

Wie wichtig ihm das Trinkgeld als junger Bursche war, erzählt ein Kellner, mit dem die freundliche Frau Patricia Geyer sprach. Dafür sei ihr auch hier gedankt.

Spannend an diesem Gespräch ist der Hinweis, dass der Mann auf einer Berghütte sein Geld verdient hat: „Ich habe schon als Kind als Kellner gearbeitet, so im Alter von 13 bis 17 Jahren. Damals haben meine Eltern mit Freunden eine Hütte des ‚Österreichischen Touristenklubs‘ am Wochenende und zu Feiertagen mitbewirtschaftet, so bis zu sechs Mal im Jahr. Das hat mir immer sehr viel Spaß gemacht und ich habe auch immer viel Trinkgeld gemacht. Nebenbei habe ich auch in der Küche mitgeholfen, aber auch beim Her- und Wegräumen habe ich geholfen. Mir hat es immer schon gefallen mit Leuten zu arbeiten. Außerdem war es immer lustig und wir hatten viel Spaß. Da hat mir auch das zeitige Aufstehen nichts gemacht. Anstrengend war es damals schon, denn am Montag musste ich ja wieder in die Schule gehen. Es gab auch immer wieder Feiern, wie zum Beispiel eine Bergmesse, bei der ich auch ausgeholfen habe. Vor allem im Sommer war es sehr anstrengend, ich habe alles gemacht. Aufgenommen, Essen und Getränke hinausgetragen, Getränke nachgeschlichtet. Nur kassiert habe ich nicht, aber ich habe trotzdem immer Trinkgeld bekommen. Es waren viele Stammgäste, die mich schon gekannt haben, da ist immer etwas herausgesprungen für mich. Ich habe da in Summe am Wochenende immer so 500 Schilling Trinkgeld gemacht. Später, als ich dann schon richtig mitgearbeitet habe und sehr viele Gäste bedient habe, habe ich dann auch immer etwas vom Gewinn bekommen und habe am Wochenende bis zu 1.000 Schilling verdient, und das als 16-jähriger Schüler, der sonst höchstens ein paar 100 Schilling Taschengeld im

Monat bekommen hat. Ich war natürlich sehr motiviert. Mit 18 Jahren habe ich dann aufgehört. Dann habe ich lange nicht mehr als Kellner gearbeitet. Mein Vater wollte immer, dass ich Koch und Kellner lerne, aber ich bin in die Handelsakademie gegangen."

Die Tricks der Kellner

Wenn das Trinkgeld mager ist oder ausbleibt, so gibt es Tricks von Kellnern, um doch noch zusätzlich zu etwas Geld zu kommen. Darüber schildert mir ein Student von mir, Michael Jost heißt er, dies: „Auch Registrierkassen bieten keine vollkommene Sicherheit (um Kellner zu kontrollieren, dass sie korrekt abrechnen, Anm.). Eine einfache Methode das Kassensystem zu umgehen, habe ich als Aushilfskellner im Café E. beobachtet. Es hat mir auch dort ein Kellner erzählt, wahrscheinlich wollte er mich beeindrucken. Der Trick ist einfach: Man boniert weniger, als bestellt wurde. Wenn zum Beispiel zwei Personen fünf Bier trinken, wird ein Bier nicht boniert. Wenn die Herrschaften dann zahlen, bekommt man fünf Bier gezahlt und hat somit den Preis eines Bieres als Trinkgeld erhalten. Dies ist bei neuen Kassensystemen schwer möglich, da das Bier und auch alle anderen Getränke nur nach dem Bonieren gezapft werden können. Oft ist bei dieser Art eine Person für die Ausschank zuständig. Das heißt, die Kellner bonieren und der Schankangestellte sieht, welche Getränke er vorzubereiten hat. Somit hat der Kellner keinen Zugang zu den Getränken mehr und er bekommt nur, was er auch bestellt hat. Auch das kann man umgehen. Ich habe in der Stadthalle bei der Seniorenmesse gearbeitet und gesehen, wie gerissene Kellner auch bei diesem System zu Gratisgetränken kommen. Es wird einfach beim Bonieren so viel Verwirrung gestiftet, dass sich das Schankpersonal nicht mehr auskennt. So werden zum Beispiel Bestellungen boniert und nach einiger Zeit wieder storniert.

Die Bestellung, die vermeintlich niemand braucht, steht dann an der Schank und wird leicht übersehen. Und ehe sich das Schankpersonal versieht, hat die Sachen ein Kellner genommen und verkauft. Dies ist natürlich ein sehr bösartiges Vorgehen, da am Schluss das Schankpersonal für die zu viel ausgegebenen Getränke verantwortlich ist. Da jedoch sehr viele Gastronomen bei so großen Veranstaltungen immer wieder mit wechselnden Kellnern und Kellnerinnen arbeiten, und die sich auch oft untereinander nicht kennen, kann so etwas schon vorkommen."

Herr Jost kennt noch andere Tricks: „Ein alter Trick im Gastgewerbe ist das Mitbringen eigener Getränke oder auch von Zigaretten. Ich habe einen Kellner gekannt, der hat immer eine Flasche Whiskey, eine Flasche Wodka oder eine Flasche Schnaps von zu Hause mit in die Arbeit genommen. Jeden zweiten Schnaps, der bestellt wurde, schenkte er aus seiner eigenen Flasche ein und erwirtschaftete sich so ein nettes Trinkgeld. Ebenfalls ist mir einmal beim Arbeiten während eines Konzerts in der Wiener Stadthalle aufgefallen, wie zwei junge Kellnerinnen einen Trick der besonderen Art anwandten. Während eines Konzertes gibt es in der Stadthalle nur Getränke in Plastikflaschen, diese werden vor der Veranstaltung in die Kühlschränke bei den Theken eingeräumt und genau gezählt. Die Kellner müssen also sehr gewissenhaft arbeiten, sie dürfen sich beim Kassieren keine Fehler erlauben, denn ansonsten kann es teuer werden. Ich habe gesehen wie die zwei jungen Kellnerinnen die leeren Plastikmineralwasserflaschen mit Mineralwasser ohne Kohlensäure einsammelten und mit Leitungswasser wiederbefüllten. Jedes dieser verkauften Wasser brachte ein nettes Trinkgeld.

Bei den Catering-Veranstaltungen ist es meistens so, dass es keine Zigaretten gibt. Die Catering-Firma ist nur für das Essen und die Getränke zuständig und bietet keine Zigaretten zum Verkauf an. Wenn es bei solchen Veranstaltungen Rauchwaren gibt, sind diese vom Veranstalter eigens bestellt, meistens sind dies Zigarren, welche bei einem eigenen Zigarrenstand angeboten werden. Schlaue Kellner kümmern sich um die Zigaretten. Für große Veranstaltungen kaufen sie eine oder zwei Stangen Zigaretten und verkaufen ein Päckchen um fünf Euro an die Gäste. Somit verdienen sie sich ein bisserl dazu.

Einen besonderen Trick, um das Trinkgeld etwas aufzubessern oder um selbst etwas zu konsumieren, ohne dafür bezahlen zu müssen, habe ich erst unlängst in einem Gasthaus in der Nähe des Praters bei einem Kellnerkollegen beobachtet. Bei der Zubereitung eines Kaffees wird bei der Kaffeemaschine jede Portion, die entnommen wird, automatisch mitgezählt. Öffnet man jedoch den Deckel und entnimmt den gemahlenen Kaffee mit einem Löffel und nicht wie vorgesehen durch das Betätigen des Portionierers, wird die entnommene Menge Kaffee nicht mitgezählt und man kann sich sozusagen einen gratis Kaffee erschwindeln.

Ich muss hier erwähnen, dass gewisse Schwindeleien durchaus geduldet und toleriert sind, da häufig jene Kellner, die tricksen, auch jene sind, die am meisten Umsatz machen.

Ich kann mich erinnern, als ich einmal bei einer mehrtägigen Veranstaltung am Wiener Messegelände hinter der Cocktail-Bar arbeitete, ist es mir mit meinem Auftreten, mit meinem Schmäh, immer wieder gelungen, Personen bzw. eine kleine Gruppe, eine Runde wie man in Kärnten sagt, an die Theke zu binden. Als dies mein Chef bemerkte, hat er mich einmal gefragt, ob ich die Leute eingeladen hätte. Ich antwortete ihm: ‚Nein, das kann ich mir nicht leisten. Die zahlen ihre Sachen selbst.' Der Chef nahm mich auf die Seite und sagte mir, dass es bei so einer Runde kein Problem sei, wenn ich die eine oder andere Runde aufs Haus schreibe, weil dadurch die Leute zum Trinken animiert werden. Bringt man also einen guten Umsatz, so wird es toleriert, wenn man sich einfach etwas zu trinken nimmt und hin und wieder Leute oder Freunde einlädt. Hier hat jeder einen Gewinn."

Michael Jost, der selbst aus der Gastronomie kommt, kennt sich mit den Strategien von Kellnern, zu gutem Trinkgeld oder Ähnlichem zu gelangen, aus. Er besitzt darin große Erfahrung. Zum Thema „Betrug durch den Kellner" fügt er noch hinzu: „Natürlich gibt es immer wieder Kellner, die zu weit gehen und die Grenze zum Betrug überschreiten. Im Normalfall werden solche unehrenhaften Menschen schnell erkannt und entlassen. Es gibt auch immer wieder besonders entsetzliche Fälle des Vertrauensmissbrauchs. Ich kann mich an einen Vorfall erinnern, bei dem die Kellnerin, die früher einen guten Umsatz gebracht hat, über Jahre hinweg Geld aus der Kassa genommen hat. Das war allerdings zu einer Zeit, als es noch keine Registrierkassen gab und daher das Vertrauen zum Kellner ein viel größeres war, da man ihm die Kassa überlassen hat. Umso größer war dann die Enttäuschung beim Wirt, wenn er hintergangen wurde. Aber auch Wirte konnten zu Betrügern werden, vor allem wenn sie versucht haben, Steuern zu sparen und das Finanzamt zu hintergehen."

Michael Jost weiß noch von einer anderen Möglichkeit, sich als Kellner auf günstige und problemlose Weise zu bereichern: „Während meiner Studienzeit war ich viel im Bereich des Catering bei Großveranstaltungen tätig. Da man meistens bei solchen Veranstaltungen nicht kassiert und deshalb auch kein Trinkgeld bekommt, ist es schwer, das Gehalt aufzubessern. Aber man entwickelt ein Gefühl, um doch gut auszusteigen. Es kommt dabei auf die Sponsoren an. Bei der Eishockey-WM war zum Beispiel die Getränkefirma Pago ein Hauptsponsor, das bedeutete, dass Unmengen von Pago-Getränken zu Verfügung standen. Da die Getränke also nicht aus dem Lager der Catering-Firma kommen, ist es jedem egal, was mit der Ware passiert. Hauptsache ist, dass für die Veranstaltung genügend vorhanden ist. Wenn nach der Veranstaltung Sponsor-Ware übrig bleibt, nimmt sie die Catering-Firma mit ins Lager und verkauft sie bei einer anderen, nicht gesponserten Veranstaltung, wieder. Wenn man das als Kellner weiß, ist die Hemmschwelle, selbst etwas mit nach Hause zu nehmen, sehr gering. Es gibt viele Kellner, die nehmen soviel sie tragen können oder in ihren Rucksack passt, mit nach Hause. Ich habe beim Catering mit leitenden Angestellten zusammengearbeitet, die haben sich ein eigenes Lager anmieten müssen, weil sie sonst für die ganze mitgenommene Ware keinen Platz mehr gehabt hätten. Da die gesponserte Ware niemandem gehört, geht sie auch niemandem ab und die Firmen, also die Sponsoren, finden es anscheinend zu umständlich, oder es ist auch zu teuer, übrig gebliebene Ware wieder zurückzuholen. So haben alle etwas davon."

Kellner empfinden es, wie es auch bei mir war, als Glück, mit Gästen zu tun zu haben, die sich mit dem Trinkgeld nicht lumpen lassen, oder doch Möglichkeiten zu haben, um den Lohn aufzubessern.

19. Benehmen und Kleidung

Der Kellner ist ein Vermittler zwischen Küche und Gast, er repräsentiert geradezu die Gaststätte. Daher gehört zur Arbeit des guten Kellners ein entsprechendes Benehmen und vor allem Höflichkeit gegenüber dem Gast. Dieser will mit höflicher Noblesse bedient werden. Allerdings mit einer Noblesse, die nichts mit Erniedrigung zu hat, sondern mit Würde. Zur Höflichkeit gehören freundliche Wünsche, wenn das Essen serviert wird. Solche Wünsche können sein: „Ich hoffe, es schmeckt" oder „Ich wünsche guten Appetit". Hat der Gast gegessen und ist der Teller zum Abservieren bereitgestellt, so gehört es zum klassischen Kellner, wenn er den Teller wegträgt, den Gast zu fragen: „Hat es geschmeckt?" oder wie es in manchen Gegenden Österreichs üblich ist: „Hat es gepasst?". Fragen dieser Art haben meist bloß rhetorische Bedeutung, eine Antwort wird mitunter gar nicht registriert. Dennoch sind sie von psychischem Einfluss, da im Gast meist das Gefühl ausgelöst wird, dass die betreffende Speise nicht schlecht gewesen sein kann, da der Kellner sich persönlich um diese zu kümmern scheint. Der Gast jedenfalls sieht sich durch Fragen dieser Art vom Kellner umsorgt.

Würdige Kellner sind nicht nur in feinen Restaurants zu finden, sondern auch in kleinen Gasthäusern, den „Beisln", wie man sie in Wien in Anlehnung an die alte Gaunersprache nennt. Der Gast muss das Gefühl haben, geachtet zu werden. Darin besteht auch die Kunst des guten Kellners.

Zum Benehmen gehören ein gepflegtes Äußeres und eine noble Kleidung, die die Position des wahren Kellners unterstreichen. Das Gewand des Kellners hat eine hohe Symbolfunktion, da durch sie der Kellner vom übrigen Publikum unterscheidbar ist. Die klassische Kleidung des echten Kellners in den traditionellen Kaffeehäusern und Restaurants in Österreich ist der Smoking mit dem üblichen schwarzen Mascherl. Herr Boris vom Café Landtmann meint in diesem Sinn zum noblen Gewand des Kellners: „Es kommt auf das Niveau des Lokals an, wie man angezogen ist. Man vertritt als Kellner das Lokal. Unser schwarzer Anzug, der Smoking mit weißem Hemd und schwarzem Mascherl, ist der typische Wiener Kaffeehaus-Anzug. Im Casino in Baden in der Gastronomie haben sie auch den Smoking."

Einen solchen Smoking trägt auch der Herr Ober im Film „Im weißen Rössl am Wolfgangsee". Peter Alexander spielt ihn prächtig. An seiner Kleidung erkennen ihn die Gäste, seine Kleidung berechtigt ihn sogar, in höflicher Weise, den Gästen Frechheiten zu sagen.

Zum Thema „Kleidung" spreche ich mit Herrn Waggerl, dem Kellner aus dem Gasteinertal. Ihn lasse ich später zu Wort kommen.

Zunächst möchte ich einige Überlegungen zum gepflegten Äußeren und zum Benehmen des Kellners einbringen. Ich spreche dazu mit Meho, dem früheren Kellner aus Bosnien, der sich in Oberösterreich selbständig gemacht hat. Meho, der in Bosnien eine Schule für das Gastgewerbe besucht hat, geht auch auf die Vorbildwirkung des guten und erfahrenen Kellners ein: „In Bosnien hat mir der Direktor eines großen Restaurants, in dem ich gearbeitet habe, er war ein Doktor, gesagt, wenn ich und die anderen bei unserer Vorstellung schmutzige Hände gehabt hätten oder wir nicht rasiert gewesen wären oder unseren Ausweis vergessen hätten, hätte er uns vor die Tür gestellt. In diesem Restaurant waren 20-jährige Kellner, mit denen haben wir Junge Schmäh geführt. Es war aber auch ein 35-jähriger Kellner dort, mit dem haben wir nur ein bisserl Schmäh geführt. Ebenso haben wir einen 50-jährigen Kellner gehabt, der hat uns wie ein Vater gelehrt, wie wir uns im Restaurant benehmen müssen. Bei unserer Gastronomie heute in Österreich überwiegen die jungen Kellner. Wenn ein junger Kellner mehr schaffen und aus sich etwas machen will, dann geht er in einen anderen Beruf. Es gibt zu wenige Vorbilder. Ein Vorbild kann kein 20-jähriger Kellner sein. Er muss älter sein. Daher ist es kaum zu glauben, dass es bei uns für 50-jährige Kellner schwer ist, einen Job zu bekommen. Der Alte hat die Erfahrung, er kann durch das Restaurant gehen und schauen, ob alles in Ordnung ist, ob die Jungen es gut gemacht haben. Das Benehmen des erfahrenen älteren Kellners ist auch ein anderes. Ich habe als junger Bursch nicht nur einen Vater zu Hause gehabt, sondern auch einen im Restaurant. Der Chef ist zu wenig, um etwas zu lernen, man braucht geschulte Leute. Wenn der junge Kellner sieht, dass ein 50-jähriger keine Chance hat, bis zur Pension hier zu bleiben, so sieht er darin seine Chance. Wenn der alte Kellner in Pension geht, kann er vielleicht seinen Job übernehmen. Hier dreht sich alles um die Jugend. Jugend hat Energie, aber das Wissen fehlt. Wenn ich nicht tausend Kilometer habe, kann ich nicht Auto fahren. So ist es auch beim Kellnern." Meho meint also, dass ohne Erfahrung und ohne Lehrmeister man sich als junger Kellner schwer tut, gutes Benehmen zu erlernen. Er bringt schließlich auch eine Kritik an unserem Schulwesen ein: „Das Schulsystem hier konzentriert sich auf spezielle Sachen, aber nicht auf umfassendes Benehmen und allgemeines Wissen. Man braucht nicht nur gutes Benehmen, sondern auch ein Allgemeinwissen. So ist es auch in der Gastronomie. Wenn ein Junge keine Ahnung hat von Politik, wie kann er andere Menschen informieren, wie kann er ihnen helfen. Der junge Kellner muss informiert sein, auch wegen der anderen, gutes Benehmen ist wichtig. Meine Philosophie trifft allerdings nicht ganz Österreich, aber fast die Mehrheit."

Gutes Benehmen gepaart mit einem allgemeinen Grundwissen, dazu gehören auch Themen der Alltagspolitik. Es scheint also für einen Kellner – egal in welcher Form von Restaurant er arbeitet – wichtig zu sein. Erst so erfährt er auch den Respekt des Gastes.

Ähnliches meint auch die Kellnerin Anneliese: „Heute rennen viele Leute herum, die können nicht A und B sagen, die können nicht grüßen. Die Hände haben sie im Sack und sind unhöflich. So wie man auftritt, so wird man auch behandelt.

Wichtig ist im Leben, immer höflich und nett sagen: Bitte schön, könnte ich, bitte, danke. Das ist auch wichtig für den Kellnerberuf, überhaupt überall dort, wo man mit Kunden und Gästen zu tun hat. Dies gilt vor allem in der Gastronomie."

Höflichkeit ist auch wichtig für den erfahrenen und liebenswürdigen Kellner Waggerl, auf den ich in diesem Buch einige Male verweise. Mit Herrn Waggerl, für den die Kleidung eine hohe symbolische Bedeutung hat, spreche ich über die Kleidung des Kellners und der Kellnerin. Er führt dazu aus: „Je nach Veranstaltung kleide ich mich anders. Ich gehe in Smoking oder in Tracht. Bei rustikalen Veranstaltungen komme ich selbstverständlich als Kellner in Tracht. Leider findet man es immer weniger, dass Kellner sich entsprechend anziehen – außer beim ‚Landtmann' und ähnlichen Lokalen. Der Kellner muss sich unterscheiden vom Gast. Wenn er gleich wie die Gäste angezogen ist, ist nichts." Die Kellner tun dies in noblen Lokalen, wie im Café Landtmann – Damen servieren hier nicht –, durch den Smoking. Lehrlinge haben statt der schwarzen Smokingjacke eine weiße an. Sie sind als solche daher sofort erkennbar. Ähnlich ist es bei den Damen. Anstelle des Smokings sind sie meist mit dunklen Kleidern und weißen Schürzen angetan. Die Lehrmädchen tragen weiße Blusen zu dunklen Röcken. Aber auch in uniformen Trachtenanzügen und Dirndln sind Kellner und Kellnerinnen in den Gaststuben unterwegs.

Frau Waggerl, die bei diesem Gespräch mit ihrem Herrn Gemahl im ‚Landtmann' anwesend ist, fügt hinzu: „Wenn der Kellner Jeans oder Ähnliches anhat, weiß man nicht, wenn man ins Lokal kommt, wen man anreden soll, um den Kaffee zu bestellen." Ich füge hinzu, dass wohl in kleinen Beisln der Wirt und die Kellner auch ohne klassische Livreen aufgrund ihres Auftretens erkennbar seien. Herr Waggerl stimmt zu und erzählt dazu Passendes aus seinem Leben:

„Wie ich in das Hotel Europe in Bad Gastein gekommen bin, war ich 27 Jahre alt. Vorher war ich bei den Eltern. Wir sind drei Buben. Ich bin der älteste, der zweitälteste bekam das Kaffeehaus. Meine sehr geschätzte Frau hat mich ins Grand Hotel Europe gebracht. Sie hat mich gemanagt." Er zeigt mir nun Bilder aus seiner Zeit in dem großen Gasteiner Hotel, das er erwähnt hat. Die Bilder, sie stammen aus dem Jahre 1981, zeigen die Noblesse des Hotels und Herrn Waggerl in einem vornehmen, an einen Smoking erinnernden Trachtengewand samt Mascherl. Herr Waggerl weiß, sich als Kellner entsprechend zu kleiden. Feine Kleidung gesellt sich bei ihm zu großer Höflichkeit.

Wie wichtig Höflichkeit im Leben als Kellnerin ist, berichtet mir auch Frau Katharina Hörtnagl, eine liebenswürdige Tiroler Studentin, die ihr Geld für das Studium als Kellnerin verdient. Sie meint jedoch, die durch gutes Benehmen hergestellte Distanz würde durch die Tatsache gemildert, dass sie eine Tirolerin in Wien ist. Ich denke, dass sie ihren Tiroler Dialekt auch bewusst einsetzt:

„Was mir persönlich als Tirolerin sehr auffällt, ist, dass meine Herkunft immer wieder ein Gesprächsthema bei den Gästen ist. Man fragt bald, ob ich denn von Tirol bin und warum ich hier nach Wien gekommen bin und woher genau aus Tirol ich komme. Einige Gäste kennen Tirol, sind selbst von dort oder leben dort oder haben irgendeinen Bezug zu dem Land. So kommt man ziemlich schnell ins Gespräch. Die anfängliche höfliche Barriere ist somit ein bisschen abgeschwächt. Scheinbar ist es der Tiroler Dialekt, der bei den Menschen hier gut ankommt."

Frau Hörtnagl erzählt schließlich über ihre Strategien der Höflichkeit gegenüber ihren Gästen: „Bei guten Gästen, die gut konsumieren, und Stammgästen wird auch immer wieder einmal eine Runde Schnaps auf Kosten des Hauses ausgegeben, wie zum Beispiel ein Grappa oder ein Nussana. Das ist nun oft der Moment, dass die Gäste sagen: ‚Wir trinken das gerne, aber Sie müssen mittrinken', oder: ‚Du

musst mittrinken!' Dieser freundlichen, aber bestimmenden Auffor-
derung des Gastes muss man höflich zustimmen. Wenn dies ein oder
zwei Mal an einem Arbeitstag der Fall ist, spricht nichts dagegen, auch
sich selbst ‚reinen Schnaps' einzuschenken. Wird es aber mehr, so wird
es für mich zum Problem. Man kann nicht jedes Mal eine Runde mittrinken, denn schließlich soll man ja noch ordentlich seine Arbeit ver-
richten. So gibt es einige Tricks, mit denen man sich behilft – ohne
dass die Gäste es merken –, um sie zu täuschen. So wird zum Beispiel
anstatt eines Wodkas Wasser in das Glas des Kellners gefüllt oder anstatt eines Proseccos kommt Hollersirup mit Soda in das Glas und statt
des Bacardis nimmt man bloß Coca Cola. Dabei sollte es aber nicht
passieren, dass der Gast an dem für die Kellnerin oder den Kellner bestimmten Glas riecht, was äußerst unangenehm wäre!!!"

Katharina erzählt auch über die höfliche Großzügigkeit des Wirtes,
die jedoch nicht uneigennützig ist: „An manchen Tagen, wenn zum
Beispiel in der Küche ein neues Rezept für ein Dessert ausprobiert
wird, kommt es vor, dass der Chef bei uns nachfragt, ob zum Beispiel
die drei jungen Damen an einem bestimmten Tisch gerne eine Dessert
konsumieren würden. Wenn dies so ist, lädt sie dann der Chef auf das
neue Dessert zum Kosten ein. Das freut die Damen.

Sollten andererseits Gäste mit dem Essen oder dem Service unzufrieden oder enttäuscht sein, werden sie als Entschädigung auf eine
Runde Schnaps nach Wahl eingeladen. Einmal war ein Gast mit dem
‚Überraschungsmenü', das bei uns angeboten wird, nicht sehr zufrieden, er ‚hätte sich für diesen Preis was anderes erwartet', meinte er.
Ich ging darauf in die Küche und meldete ihnen die Unzufriedenheit
des Gastes mit dem Überraschungsmenü. Darauf gab sich der Koch
eine besondere Mühe mit dem Dessert, das auch zum Menü gehörte.
Gerade bei einem solchen Überraschungsmenü ist es schwierig, den
Geschmack des Gastes zu treffen!" Katharina ist als Kellnerin eine echtes Bindeglied zwischen Küche und Gast. Als solches versteht sie es

perfekt, dem Gast das Gefühl zu geben, von ihr in aller Höflichkeit bedient zu werden.

Gutes Benehmen, das durch Höflichkeit und mitunter durch höflichen Witz bestimmt ist, macht den klassischen Kellner aus. Die Symbolik in seiner Kleidung zeigt seine Würde, aber auch die des Lokals, in dem er arbeitet. Der Kellner verdient sich durch seine Höflichkeit die Wertschätzung des Gastes.

In diesem Sinn ist wohl diese Äußerung des Herrn Engelbert zu verstehen: „Der Gast ist König, aber ich, der Kellner, bin der Kaiser." Der Kellner hat also auch Würde. Und zu dieser gehört gutes Benehmen und eine noble Kleidung.

20. Gute und schlechte Kellner

Im Wesentlichen gibt es bloß zwei Grundtypen von Kellnern: den guten und den schlechten Kellner. Auf diese beiden Typen werde ich mich nun in Gesprächen mit Kellnerinnen und Kellnern beziehen. Allerdings ist eine klare Definition des guten oder schlechten Kellners nicht so einfach, aber ich werde es versuchen. Damit tritt dieses Kapitel ergänzend zu meinen anderen Ausführungen.

Herr Gerli Schwaighofer, der Kellner aus St. Gilgen, macht sich Gedanken zu seinem Beruf, die gut hierher passen. Er hält fest, dass ein guter Kellner Bildung benötigt: „Viele sagen, beim Kellner geht es nur um das Tragen von Speisen und Getränken. Man muss etwas lernen. Der Beruf ist eine Kombination – man muss ein Psychologe sein, du musst die Leute kennen, du musst ein Gefühl haben dafür, wie man etwas serviert, wie man ein Tablett trägt. Man muss alles im Griff haben, man muss alles überblicken. Ein bisserl Bildung sollte man auch haben, vor allem auf politischem Gebiet." Allerdings meint er, ein guter Kellner muss darauf achten, dies ist er dem Wirt schuldig, dass der Gast für seine Zeche auch zahlt. Er verweist dabei auf eine heitere, wahrscheinlich erfundene Geschichte, die sich auf die Begleichung der Rechnung bezieht: „Beim Zahlen muss der Kellner genau sein. Einmal soll ein Gast, vielleicht war dies ohnehin beim ‚Landtmann‘, nachdem er getrunken und gegessen hat, einen Herzanfall gehabt haben. Die Rettung wird verständigt, sie kommt und holt den leidenden Gast ab. Während er weggetragen wird, fragt der Oberkellner: ‚Hat er auch gezahlt?‘" In dem Film „Im Weißen Rössl" mit Peter Alexander ist es der Oberkellner Leopold, der sich mit viel sportlichem Einsatz um die nicht zahlenden Gäste bemüht. Er verfolgt sie bis zum Reiseautobus und überreicht im Sinne der Wirtin charmant die Rechnung. Frau Astrid vom Café Kemetmüller in Spital am Pyhrn, mit der ich über den typischen guten Kellner spreche, meint dies: „Der gute Kellner weiß, wie er sich gegenüber dem Gast verhalten soll, ob dieser in Ruhe gelassen werden oder ob er etwas sagen will. Man hört dem Gast zu, keinesfalls darf man belehrend sein, außer er fragt etwas."

Für den guten Kellner spricht ein freundlicher und höflicher Kontakt zum Gast, aber auch ein Mitfühlen mit seinen Problemen und Schwierigkeiten. Ein guter Kellner ist ein guter Menschenkenner. Auf die Fähigkeit der Menschenkenntnis gehe ich im Kapitel über die Typen der Gäste ein.

Als einen guten Kellner sehe ich Herrn Erwin vom Café Landtmann an, er hat gute Menschenkenntnis, aber auch ein Herz für seine Stammgäste. Nach einer Radtour, die mich in die Berge geführt hat und bei der ich am Rücken einen schweren Rucksack trug, der mich gewaltig zum Schwitzen brachte, erlitt ich gewaltige Rückenschmerzen. Diese machten mir das Gehen schwer. Irgendwie gelangte ich in das Café Landtmann. Ich erzählte Erwin von meinen Beschwerden. Er verschwand und erschien kurz darauf mit einer Heilsalbe. Herr Erwin meinte, diese Salbe sei etwas Besonderes, sie werde mir helfen. Er schenkte mir die Salbe und ich rieb etwas von dieser in meinen Rücken. Tatsächlich spürte ich eine Linderung. Dafür sei Herrn Erwin, dem Kellner, gedankt. Herr Erwin, ein freundlicher Herr, bedient nicht nur die Gäste, sondern er kümmert sich auch um sie.

Ein guter Kellner weiß, wie er sich dem Gast gegenüber höflich verhalten soll. Herr Gerli aus St. Gilgen schildert dies so: „An gewissen Griffen kann man erkennen, ob ein Kellner gut ist oder nicht. Zum Beispiel: Die Gäste haben gezahlt und jeder hat noch ein leeres Glas vor sich stehen. Der schlechte Kellner geht hin und serviert das leere Glas ab. Das ist sehr unhöflich, das heißt, lieber Gast, du musst jetzt gehen. Das ist ein Riesenfehler. Auf keinen Fall darf man das leere Glas nehmen. Man lässt es noch stehen. Außerdem kommt es in einem guten Lokal auch auf ein schönes Tischbild an, auf ein solches hat der gute Kellner zu achten. Wenn mehrere Glasln dastehen und der Gast sich schon für ein Getränk entschieden hat, so nehme ich die Gläser weg, die nicht mehr gebraucht werden. Dann fühlt sich der Gast wohl und betreut."

Auch Herr Engelbert ist ein guter Kellner, der seinen Gästen mit Witz und Charme begegnet. Er meint zum guten Kellner, dass dieser den Gast „ein bisserl" hofieren soll, er darf „nicht deppert sein" und er darf „niemandem auf den Schlips treten". Auch „verarschen" darf der Kellner den Gast nicht, mit seinen Komplimenten muss er daher vorsichtig sein. Ich füge ein, dass er zu einer alten Dame zum Beispiel nicht sagen dürfe, sie schaue „wie ein junges Pupperl" aus. Engelbert nickt.

Eine gute Beschreibung des guten Kellners gibt Herr Waggerl, der Kellner aus dem Gasteinertal: „Der Beruf muss dem Kellner eine Freude machen. Als Kellner darf man nie darüber nachdenken, was man bezahlt bekommt. Das Geld ist im Hintergrund, die Person im Vordergrund. Der gute Kellner ist sehr höflich. Wenn ein Gast kommt, wird er zunächst begrüßt, dann wird ihm ein Platz zugewiesen, je nachdem ob er Raucher oder Nichtraucher ist. Der Gast sagt dann vielleicht: ‚Herr Ober, Sie sind sehr freundlich.' Dann sagt der Kellner: ‚Nehmen Sie hier Platz. Ich sage Ihnen: Als Tagessuppe habe ich heute eine Altwiener Leberknödelsuppe oder eine Griesnockerlsuppe.' Einen Touristen habe ich erlebt, der war nur drei Tage in Wien und war drei Tage mein Stammgast. Vom ersten Tag weg. Er hat zu mir gesagt: ‚Wissen Sie, meine Frau ist ein bisserl behindert, zu Ihr haben Sie gesagt: Gnädige Frau, gehen Sie etwas nach vorne, dort haben wir einen Behindertenlift. Mir haben Sie gezeigt, auf welchen Knopf man in dem Lift drückt.'" Dazwischen zeigt mir Herr Waggerl Bilder, die ihn als noblen Kellner in verschiedenen angesehenen Hotels zeigen. Er sagt zu mir mit Stolz: „Auf dass Sie sehen, wo ich überall war."

Ich frage Herrn Waggerl, wie er sich einen „schlechten Kellner" vorstelle. Er antwortet: „Eines muss ich sagen. Ich habe einmal gesehen, wie ein Oberkellner einen Lehrbuben erniedrigt hat neben dem Gast! So etwas darf nicht sein. Der Lehrling kann einmal einen Fehler machen. Wenn er einen macht, gehe ich mit ihm in die Küche und sage dort zu ihm, so dass es niemand sieht: ‚Mach das nicht mehr!' So etwas darf man nie vor dem Gast machen, das ist nicht stark, das ist schwach. Der Gast soll so etwas nicht mitbekommen, er soll sich als Gast fühlen. Für den Gast soll jeden Tag Weihnachten sein. Daher fährt er ja fort, um Gast zu sein. Das ist ja das Schöne. Ab und zu ein Blick des Kellners auf ihn, aber nicht zu aufdringlich. Nicht immer gleich fragen: ‚Darf es noch ein Kaffee sein?', bevor er das Schnitzel unten hat. Da hängt ihm noch die Frittatensuppe aus dem Mund heraus und auch das Schnitzel – und da fragt der Kellner schon, ob er einen Mokka servieren soll. Das geht nicht, denn der Magen braucht Ruhe. Es vergeht Zeit, die Zeitung haben wir da. Nach einer Zeit, dafür hat man Gefühl, fragt man: ‚Wollen Sie noch ein Kaffeetscherl?' Oder der Gast hat es eilig. Dann sage ich: ‚Ein Kaffee ist heute nicht mehr drinnen.' ‚Nein, nein, aber morgen.' Der Gast muss sich sagen: ‚Hier fühle ich mich wohl, hier bin ich Gast. Da habe ich meine Ruhe.' Ab und zu macht der Oberkellner einen Blick auf ihn, ob alles in Ordnung ist. So soll es sein. Das macht den guten Kellner aus."

Der Gast ist also für den guten Kellner wie ein König zu behandeln.

Darüber macht sich meine liebenswürdige Studentin Katharina Hörtnagl, die selbst Kellnerin war, Gedanken: „Der Gast ist König. Ein Spruch, den man im Gastgewerbe sehr oft hört und den man sich vor allem als Kellnerin oder Kellner regelmäßig ins Gedächtnis rufen muss. Es ist nämlich nicht immer einfach, sich demgemäß zu verhalten und zu handeln, vor allem, wenn sich der Gast nicht wie ein ‚König' verhält. Die Arbeit in der Gastronomie wird, so wie überall anders auch, von verschiedenen Faktoren beeinflusst. Als Kellner oder Kellnerin ist man sozusagen Mittelsmann oder Mittelsfrau zwischen Gast und Küche. Wenn das Essen nicht passt, ist es immer der Kellner, der die Küche damit konfrontieren muss – außer, der Fehler liegt bei ihm selbst, wenn er zum Beispiel auf ein Essen vergessen hat oder einen Extrawunsch nicht an die Küche weitergeleitet hat. Weiters ist das Arbeitsklima untereinander im gesamten Team, vor allem zwischen Service und Küche, sehr wichtig. Es wirkt sich auf den gesamten Ablauf im Restaurant oder im Gasthaus aus. Wenn das Arbeitsklima gut ist, macht die Arbeit auch Freude. Und es ist immer der Gast, der es zu spüren bekommt, wenn sich die Kellner und Köche nicht vertragen. Leider sind Konflikte nicht zu vermeiden und es ist deshalb auch oft unumgänglich, dem Gast gegenüber gute Mine zum bösen Spiel zu machen.

Im Laufe meiner bisherigen Arbeit als Kellnerin, seit meinem 15. Lebensjahr bin ich dies, durfte ich in unterschiedlichen Betrieben meine Erfahrungen sammeln. So zum Beispiel in der Raststätte Wipptalerhof an der Brennerautobahn bei Steinach am Brenner, im Bierheurigen Eder in Salzburg, in der Festspielkantine in Salzburg und bei diversen Caterings zu unterschiedlichen Anlässen. Zurzeit habe ich das große Vergnügen, mir mein Geld im Restaurant Horvath in Wien 7 zu verdienen und arbeite ehrenamtlich als Kellnerin im ‚Häferl‘, einer Selbsthilfegruppe für Haftentlassene und Freigänger in Wien 6. Ich habe zwar mit verschiedenen Gästen zu tun, aber im Wesentlichen ist der Umgang mit den Gästen meist derselbe." Frau Katharina bemüht sich redlich, im Sinne der Gäste zu arbeiten. Ihre liebenswürdige und freundliche Art, die auch ich genießen durfte, bewirkt wohl, dass sie als eine hervorragende, also als gute Kellnerin von Gästen und Wirten geschätzt wird. Sie berichtet von ihrer Tätigkeit weiter, sie macht sich dabei Gedanken über Fehler, die ihr unterlaufen, und über eventuelle Konflikte mit der Küche: „Es kann auch mal passieren, dass man sich mit der Küche nicht abgesprochen hat oder vergessen hat nachzufragen, ob etwas an Speisen aus ist. So ist es mir schon passiert, dass ich einem Gast unsere tolle Rindssuppe mit Frittaten als Tageseinlage empfohlen hatte. Damit die Bestellung in die Küche gelangt, muss es an der Kassa eingetippt werden – die Küche erhält einen Bon mit der Angabe ‚Rindssuppe'. Die Tageseinlage ist immer unterschiedlich, meist aber gibt es vor allem Frittaten, und man muss sich in der Regel deshalb auch mit der Küche absprechen. Nun war es aber in diesem Fall so, dass ich auch der Küche nicht Bescheid gegeben hatte, dass der Gast Frittaten wollte, und so bekam ich nun Schöberln. Um einen Konflikt mit der Küche zu vermeiden, welcher oft schlimmer sein kann als einer mit dem Gast, brachte ich dem Gast nun die Rindssuppe mit den Schöberln, entschuldigte mich vielmals höflich, dass die Frittaten leider aus wären, ich hätte das verabsäumt, und ob das mit dieser Einlage auch recht ist, es täte mir sehr leid. Dem Gast machte dies nichts aus, er nahm die Suppe auch so.

Man muss bei Falschbestellungen oft schnell handeln und sich überlegen, welche Entscheidung die geringsten Konsequenzen haben kann – ob man das Problem mit der Küche oder mit dem Gast abklären soll."

Zur guten Kellnerin gehört auch der Humor. Frau Katharina dürfte einen solchen haben, wie aus ihren weiteren Erzählungen hervorgeht: „Während der Arbeit, vor allem während Stresszeiten, ist es sehr wichtig, seinen Humor nicht zu verlieren und mit den Gästen ein bisschen ‚Hoangascht' zu führen, wie man bei uns in Tirol sagt, also Schmäh zu führen. Natürlich gibt es Grenzen, wo sich der Spaß aufhört und man als Kellnerin ein gewisses Maß an Feingefühl braucht. Denn mancher Gast mag sich bei Aussagen von mir zum Narren gehalten vorkommen, bei denen ein anderer lachen kann. Es ist also nicht einfach. Da ich selbst sehr direkt bin und früher in weniger noblen Gasthäusern gearbeitet habe, musste ich mich in dem vornehmen Restaurant im

7. Bezirk in Wien ein bisserl umstellen. Die Sprache und der Umgang mit den Gästen bei einem Bierheurigen sind eben anders als in einem Restaurant. Von Grabschereien bin ich Gott sei Dank verschont geblieben. Allerdings beim Bierheurigen gibt es schon hier und da Probleme, wenn sexistische Bemerkungen zu irgendwelchen Körperteilen gemacht werden. So etwas muss man sofort unterbinden. So etwas nervt unheimlich und beeinflusst auch die Arbeitsmotivation. Natürlich gibt es dann auch solche lästige Männer unter den Gästen, die mich das eine oder andere Mal bei der Hand nehmen und meinen, dass ich eine sehr ‚liebe Tirolerin‘ bin und ich solle mich doch mal hersetzen und was mittrinken. Sicher, man sagt dann nicht forsch: ‚He! Finger weg!‘, sondern spielt ein bisschen mit, lacht und vertröstet den Gast, denn ich muss ja arbeiten. Einmal habe ich einem solchen Gast, der mir keine Ruhe gegeben hat, es direkt gesagt, er soll mich in Ruhe lassen. Ich habe dies höflich, aber bestimmt gesagt. Der Mann war ein Stammgast, aber deswegen hat er auch keine Privilegien. So etwas ist mir nur beim Bierheurigen passiert, nicht in einem Restaurant, dort herrscht ein anderer Umgangston."

Der gute Kellner oder die gute Kellnerin hält den Gast auf noble Distanz. Frau Katharina kommt noch einmal auf die Zusammenarbeit mit der Küche zu sprechen: „Eine gute Zusammenarbeit mit der Küche ist sehr wichtig, denn nur so ist ein schneller, reibungsloser Ablauf möglich und nur so wird der Gast zufrieden gestellt. Bei Spezialwünschen wird von Vornherein dem Gast mitgeteilt, dass etwas zum Beispiel nicht in der Karte steht oder die gewünschte Speise etwas dauern wird, um die Küche nicht zu sehr zu stressen und den Gast auf die längere Wartezeit vorzubereiten. So werden unangenehme Überraschungen vermieden. An guten Tagen wird dann auch schon mal gegen Feierabend eine Runde für das Küchenpersonal als Dankeschön für das gute Teamwork ausgegeben. Auch das Trinkgeld wird zu einem gewissen Prozentsatz mit dem Küchenpersonal geteilt.

Was sehr gut ankommt ist auch, wenn der Chefkoch persönlich zum Gast kommt, ihm das Essen bringt oder nach dem Essen nach dem Befinden fragt."

Ein guter Kellner oder eine gute Kellnerin benötigt aber auch eine gute Atmosphäre, in der er oder sie agieren kann. Auf das verweist Katharina, wenn sie zum zweiten Mal betont: „Das Teamwork ist sehr wichtig für die Freude an der Arbeit des Kellners und der Kellnerin. Im Restaurant Horvath, in dem ich im Moment arbeite, hilft unser Chef mit, wo immer es geht – sowohl beim Kochen als auch beim Abwaschen in der Küche, oder an der Bar oder bei der Schank. In dieser Art habe ich es noch nie in einem ähnlichen Betrieb erlebt, dass ein Chef derart aktiv mitarbeitet. Um das Team bei Laune zu halten, versucht der Chef permanent, eine solche gute Laune zu vermitteln. Daher gibt er auch manchmal eine Runde Schnaps aus. Auch wird jeder Geburtstag bei uns gefeiert mit kleinen Geschenken, zu denen wir alle zusammenlegen, um einem Kollegen oder einer Kollegin eine Freude zu bereiten. Das stärkt das Teamgefühl."

Frau Katharina wird von ihrem Chef als eine hervorragende Kellnerin gesehen, die mit ihrer liebenswürdigen Art auch die Gäste gut im Griff hat.

Spannend ist auch, was Frau Lydia, die Wirtstochter vom „Schweizerhaus" im Wiener Prater, und Herr Gerhard, der im „Schweizerhaus" einer der Kellner ist, zu diesem Thema des guten Kellners zu sagen haben. Ich spreche mit beiden in einem Wiener Kaffeehaus. Herr Gerhard meint zunächst, dass er die meiste Zeit während seiner Arbeit steht, höchstens am Abend gegen Schluss würde er sich niedersetzen können. Er will dadurch andeuten, dass er den ganzen Tag im Sinne der Gäste unterwegs ist, denn der Gastgarten des „Schweizerhauses" ist an schönen Tagen stets voll von braven Biertrinkern. Herr Gerhard ist also als guter Kellner zu sehen, der seinen Beruf ernst nimmt und die Gäste nicht enttäuschen will. Frau Lydia sieht ihn ähnlich und führt

aus: „Der Gerhard hat immer Augenkontakt zu den Gästen, das macht
den guten Kellner aus." Herr Gerhard bestätigt dies: „Ich sage immer,
man ist wie der Schiedsrichter beim Fußball. Das sage ich nicht nur,
weil ich Fußballfan bin. Der Schiedsrichter muss immer auf Ballhöhe
sein und die Übersicht haben. Das soll ein Kellner auch haben. Der
soll nie unsichtbar sein. Er soll in Sichtweite sein. Man lernt dies von
der Pike auf, nämlich den Umgang mit den Gästen und den Schmäh.
Ich bin ja im Gasthaus aufgewachsen. Ich habe früher schnapsen, also
Karten spielen können als zählen."

Ein guter Kellner muss auch diskret sein. Darüber spreche ich mit
Michael Jost, einem freundlichen Studenten von mir, der in einem
Gasthaus, genauso wie Herr Gerhard, aufgewachsen ist. Herr Jost erzählt: „Es kommt zum Beispiel vor, dass jemand, meistens die Frau,
anruft und nach einer Person, meistens nach dem Mann, verlangt. Bei
langjährigen Gästen kommt es schon auch vor, dass man, bevor man
eine Auskunft erteilt, fragen geht, was man zu sagen hat. Die häufigste
Ausrede im elterlichen Betrieb war damals wohl: ‚Er ist gerade gegangen oder er ist schon am Weg nach Hause.' Es kam aber auch vor,
dass man einen Bauern, der schon bei seinem fünften Bier saß, nach
Hause schicken musste, weil man wusste, dass er die Tiere im Stall zu
versorgen hat. Auch das Abnehmen der Autoschlüssel gehörte bei uns
im Wirtshaus zu den Aufgaben einer guten, besorgten Wirtin. Wobei
ich aus heutiger Sicht sagen muss, dass so etwas äußerst selten vorgekommen ist und ein schweres Unterfangen darstellte, da Betrunkene
immer glauben, bis nach Hause können sie schon noch fahren."

Zur Diskretion kommt noch etwas sehr Wichtiges für den guten
Kellner, nämlich die Besänftigung des Gastes, wenn man etwas übersehen oder vergessen hat. Der gute Kellner hat die Situation zu beherrschen.

Der frühere Kellner vom Oktogon, Wolfgang, erzählt in diesem
Sinn, für ihn ist der gute Kellner auch ein guter Psychologe:

„Ein Kellner muss auch Konflikte lösen, er muss einen Schmäh haben. Man hat zum Beispiel einen Kaffee und ein Cola. Wenn ich nun das Cola vergessen habe, so sage ich: ‚Um Gottes Willen, das ist ein schwerer Fehler von mir. Verzeihen Sie mir noch einmal.' Darauf antwortet der: ‚Sie brauchen sich keine Sorgen machen.' Oder ähnlich. Du musst dem Gast vermitteln, dass du ihn achtest: ‚Um Gottes Willen, ich habe vergessen, es tut mir leid. Ich werde es sofort gut machen.' So etwas kommt immer gut an. Die Aggression ist weg und der Gast sagt: ‚Ist schon gut, bringen Sie es mir, es ist kein Problem.' Das ist der Schmäh, das wirkt sich aufs Trinkgeld aus. Wenn man unfreundlich ist und einfach hingeht und sich denkt: ‚Da hast du das Gulasch oder etwas anderes', dann kann man auch kein Trinkgeld erwarten. Es gibt Kellner, die von ihrer Mentalität her nicht freundlich sein können, oder Kellner, die gerade an diesem Tag angefressen (schlecht aufgelegt, Anm.) sind, oder solche, die den Job nicht mit Freude machen, ihn aber machen müssen, die werden als Kellner Probleme haben. Natürlich bleibt so etwas am Gasthaus hängen, und du bekommst kein Trinkgeld. Wenn ich als Gast unhöflich behandelt werde, gehe ich auch nicht mehr dorthin. Man muss als Kellner für den Gast ein paar Minuten Zeit haben. Ein Gasthaus ist keine Kantine. Da kann ich als Gast gleich in einen Selbstbedienungsladen gehen. Ein guter Kellner hört dem Gast zu, wenn er Zeit hat. Vor Kurzem hat mir ein Gast seine Probleme mit Tochter und Schwiegersohn erzählt. Ich habe ihm gesagt, das ist Bildungssache. Man muss sich verstehen und andere Leute akzeptieren. Das sollte ein Kellner auch können. Das hängt mit der Kindheitserziehung zusammen. So hat meine Mutter mir tausendmal gesagt, wenn ich wo hineingehe, so muss ich grüßen. Mir ist dies heute noch selbstverständlich, dass ich grüße. So wie du auftrittst, so wirst du auch behandelt. Immer Bitte und Danke sagen. Das ist auch wichtig für den Kellnerberuf, überall dort, wo man mit Kunden und Gästen zu tun hat, muss man höflich sein." Diese Hinweise von Wolfgang auf die psychologischen Qualitäten und höfliches Verhalten des guten Kellners sind wichtig, sie ergänzen das Kapitel über den Kellner als Psychologen.

Auch Meho, der frühere Kellner aus Bosnien, zeigt spannend auf, auf was es beim guten Kellner ankommt. Dieser hat, wie er meint, sogar die Aufgabe, auf Gäste einzuwirken, damit sich diese wohlfühlen. Er führt aus: „Wenn zum Beispiel drei Leute beisammensitzen und keiner unterhält sich mit dem anderen, so ist es manchmal meine Aufgabe, die Verbindung zwischen den drei Leuten herzustellen. Das heißt: Ich muss ein Thema stellen, das alle drei interessiert. Dann kann ich mich zurückziehen, denn sie brauchen mich nicht mehr. Ich habe ihnen eine Aufgabe für die Unterhaltung gestellt. Die brauchen das, aber keiner traut sich, mit dem Gespräch zu beginnen. Das kann zum Beispiel sein in den Bars, wo sie nebeneinander sitzen und sie reden nicht miteinander. Das alles hat mir mein Lehrer damals in Bosnien erzählt, das ist es, was mir hier fehlt, nämlich ein allgemeines Wissen! Man sagt, Kellner kann jeder sein. Das stimmt überhaupt nicht. Wir können sagen: Mindestens 60 Prozent unserer Gastronomie sind Kleinbetriebe. Wenn jemand zum Beispiel Kinder in einem Lokal alleine lässt, trägt der Kellner die Gesamtverantwortung im Haus. Er ist nicht nur jemand, der Cola bringt. Er präsentiert das Haus. Er muss sauber sein, er muss gut angezogen sein, er muss sich präsentieren können. Wenn ich als Wirt einen falschen Kellner habe und ich eine Woche auf Urlaub bin, so kann ich, wenn ich zurückkomme, vielleicht das Lokal zusperren. Er hat in der Zeit soviel Schaden gemacht, da haben wir vielleicht einen Verlust von 100.000 Euro, er kann mir alle meine Gäste verjagen. Man sagt, es genügt, wenn man als Kellner freundlich ist. Das stimmt überhaupt nicht. In einer schlechten Situation muss der Kellner improvisieren können. Die Kellner müssen intelligente Leute sein. Kellner zu sein, heißt also nicht, bloß Coca Cola zu tragen, sondern es ist viel mehr.“

Meho, der im Alter von 19 Jahren nach Österreich gekommen ist, hat bereits in der Mittelschule Kenntnisse auf dem Gebiet der Gastronomie erworben, und zwar in den beiden letzten Klassen, in denen er auch praktische Sachen wie das Zusammenlegen von Servietten gelernt hat. Meho fährt fort: „In der Gastronomie ist es aber zu wenig, wenn man glaubt, man muss nur lernen, wie man den Tisch deckt, die Serviette zusammenlegt und Ähnliches. Das ist zu wenig, das ist eine Praxissache, das lernt man in kurzer Zeit.

Vor dem Jugoslawienkrieg bin ich nach Österreich, das war damals um 1990, damals hat man ausländische Arbeitskräfte in Österreich gesucht. Mein Vater hat für mich für sechs Monate, für eine Saison, eine Stelle als Kellner gesucht, damit ich die Sprache lerne. Diese Stelle habe ich am ‚Linzerhaus‘ auf der Wurzeralm bei Spital am Pyhrn gefunden. Hier habe ich gelernt, wie man Österreicher bedient, das habe ich schnell begriffen.“ Meho will damit sagen, dass die Künste des Bedienens und Servierens relativ bald zu erlernen sind. Viel wichtiger jedoch, folgt man Meho, ist es, als guter Kellner gute Kontakte zu den Gästen zu bekommen.

Interessant ist auch, was Joanna Mokrycka, die Kellnerin in einem spanischen Restaurant in Wien, über die ich schon erzählt habe, zu den Anforderungen an einen guten Kellner oder an eine gute Kellnerin schreibt. Sie hat dazu ein aufregendes Beobachtungsprotokoll verfasst, aus dem ich hier zitiere. Es zeigt anschaulich auf, mit welchen Aufgaben, Problemen und Erwartungen die gute Kellnerin konfrontiert ist: „Um 17 Uhr 15 bin ich schon vor dem spanischen Lokal im 1. Bezirk in Wien, wo ich arbeite, gewesen. Das Lokal war noch zugesperrt, weil wir erst um 18 Uhr öffnen. Ich habe an die Tür geklopft und die Tür hat mir unser Koch aufgemacht. Der Koch hat mich mit folgenden Worten gegrüßt: ‚Hola Juanita‘ (span. ‚Hallo Juanita‘). Ich habe geantwortet: ‚Buenas Tardes R.‘ (span. ‚Guten Abend‘ – das sagt man auf Spanisch am späten Nachmittag) und haben wir uns mit zwei Wan-

genküssen begrüßt. Dann hat er mich gefragt: „Como estas mi bella?!"
(span. ‚Wie geht es dir, meine Schöne?!') und so haben wir wie immer
das Gespräch angefangen. Immerhin haben wir uns vier Tage nicht
gesehen. Dann haben wir über die Arbeit gesprochen: ob viel in den
letzten Tagen los war, ob etwas Besonderes passiert ist und Ähnliches.

Nach dem Gespräch, ungefähr eine Viertelstunde hat es gedauert,
habe ich begonnen, die Schank vorzubereiten, dass heißt ich habe die
Spülmaschine eingeschaltet, die Getränke kontrolliert und mir eine
Liste gemacht, was ich für Getränke aus dem Keller holen muss. Es
waren nicht viele Getränke zu holen, weil meine Arbeitskollegin mehr
als genug Getränke gestern aus dem Keller geholt hat.

Dann, bevor es mit der Arbeit anging, habe ich mich hingesetzt und
eine Zigarette geraucht, dabei habe ich mit dem Koch geplaudert. Ich
musste mir von ihm anhören, wie ungesund Zigaretten sind, ich soll
mit dem Rauchen aufhören. Ich nehme mir vor, nicht mehr mit dem
Koch über Rauchen und Zigaretten zu diskutieren. Solche Diskussionen dauern lange und bringen nichts, weil der Koch – genauso wie ich
– eine ziemlich dominante Person ist. Ich muss aber sagen, dass ich
mich mit dem Koch gut verstehe, weil ich glaube, dass wir im Prinzip viel gemeinsam haben: Wir sind dominant, aber tolerant, wollen
meistens Recht haben, aber wir können auch zugeben, wenn wir etwas
nicht wissen oder uns geirrt haben.

Nach der Zigarette habe ich noch die Tische in Ordnung gebracht,
ich habe frische Servietten, neue Kerzen und saubere Aschenbecher
auf diese gestellt, die Kasse kontrolliert, also das Geld in der Kasse gezählt. Dann bin ich in den Umziehraum gegangen, um mich umzu-
ziehen. Die Kellner tragen bei uns in der Arbeit ein weißes Hemd, eine
schwarze Hose und eine rote Schürze. Die Kellnerinnen tragen Ähnliches. Um genau 18 Uhr hat der Koch die Tür des Restaurants aufgesperrt und die Musik eingeschaltet, Kerzen an der Bar angezündet und
in unserem Kalender nachgeschaut, ob wir irgendwelche Reservierun-

gen für den heutigen Abend haben, tatsächlich hatten wir eine. Es ist zu lesen: ,19.30 Uhr; 12 PAX; Tisch 1 und 2; Frau H.; Tel. 01.....' – PAX steht für Personen. Also: Für zwölf Personen sind Tisch eins und zwei zu reservieren. Der Auftrag kam von Frau H.

Kurz nach 18 Uhr kamen die ersten Gäste. Als ich gesehen habe, dass erste Gäste reinkommen, bin ich in ihre Richtung mit einem Lächeln und einer netten Begrüßung entgegengegangen. Ich habe meinen ersten Gästen heute, zwei älteren Damen, einen kleinen Tisch angeboten, eine Kerze auf dem Tisch angezündet und die Speisen- und Getränkekarte hingelegt.

Normalerweise lasse ich den Gästen Zeit, die Speisen- und Getränkekarte durchzuschauen, um dann erst die Entscheidung zu treffen. Aber diesmal haben mich die beiden Damen gleich gebeten, ihnen einen schönen Wein sowie Tapas-Variationen mit einem Korbbrot, ein Weißbrot, zu bringen. Das mit dem ,schönen' Wein ist ziemlich schwierig, da die Geschmäcker unterschiedlich sind. Daher frage ich meistens meine Gäste, was sie sich unter ,schönen Wein' vorstellen. Wenn sie es nicht genau wissen, zähle ich die Weine auf, die wir gerade haben, vor allem die, die den Vorstellungen des Gastes mehr oder weniger entsprechen. Da ich selber gerne spanische Weine trinke, habe ich Ahnung von dem, was ich den Gästen erzähle." Frau Joanna ist die klassische gute Kellnerin, die souverän im Restaurant agiert und auf die Gäste eingeht.

Ähnliches geht auch aus einem zweiten Beobachtungsprotokoll von ihr hervor. Frau Joanna schreibt: „Kurz nach 17 Uhr war ich schon in der Arbeit. Ich bin so früh, das heißt früher als gewöhnlich gekommen, weil ich wusste, dass ich viel zu tun habe, weil am Samstag viel los war und ich noch viele Gläser zum Waschen und Polieren habe, außerdem sind Getränke aus dem Keller zu holen. Gott sei Dank haben wir einen Aufzug, daher muss ich die Getränke nicht weit tragen.

Der Koch war bereits hier, er hatte ebenso viel vorzubereiten. Außerdem hatte der Kühlschrank in der Küche ‚den Geist abgegeben' – wie der Koch meinte, daher musste er sich ziemlich viel bewegen, weil der andere Kühlschrank sich im Keller befindet. Um Punkt 18 Uhr hat der Koch wieder die Tür aufsperrt. Sofort kamen zwei Damen herein, was auch den Koch ziemlich geärgert hat, weil er mit seinen Vorbereitungen in der Küche noch nicht ganz fertig war. Dazu muss ich sagen, dass der Koch sich nie vor den Gästen ärgert – zu ihnen ist er immer sehr freundlich. Wenn er alleine in der Küche ist, kann er unglaublich schimpfen, er tut dies fast immer auf Spanisch. Am Beginn meiner Arbeit in dem Lokal habe ich mir die erste Zeit Gedanken über seine Schimpfereien gemacht. Mittlerweile reagiere ich nicht auf das, was er sagt und wie er es sagt. Er selber sagt, dass er schimpft, weil er sich abreagieren muss. Er ist ein netter Choleriker.

Ein paar Minuten später war das Lokal fast voll. Dazu muss ich sagen, dass die Gäste heute sehr angenehm waren, sie waren nett und machten keine Probleme.

Heute habe ich alle Flaschen des ‚Weines der Woche' verkauft, daher war der Koch sehr stolz auf mich. Er freute sich, dass ich nur ein paar Tage gebraucht habe, um den ganzen ‚Wein der Woche' zu verkaufen. Eigentlich ist es sehr einfach, einen sogenannten Wein der Woche zu verkaufen, weil unsere Gäste – wie auch heute – nach Empfehlungen fragen. Bei so einen ‚Wein der Woche' ist natürlich auch der Preis wichtig, es ist einfacher, einen billigeren Wein um 3,10 Euro für ein Achterl zu verkaufen als einen um 4 Euro.

Es ist heute um ca. 19.30 Uhr einer von meinen zwei Chefs gekommen. Auf ihn hat schon sein bester Freund gewartet – der Freund ist sehr nett, er hält sich für einen etwas verrückten Künstler. Der Chef ist mit dem Freund an der Bar gesessen, die beiden haben etwas getrunken, was genau weiß ich nicht, weil ich ihnen nicht die Getränke gebracht habe – der Chef hat sich selbst die Getränke geholt. Er wollte mich wahrscheinlich nicht stören, weil ich viel Gäste zu bedienen hatte.

Um 23.45 Uhr habe ich meinen Gästen die letzte Runde angeboten – mittlerweile hatte ich nur mehr vier Gäste: zwei nette Männer um die 45 und ein verliebtes Pärchen, das zuletzt gekommen ist. Keiner von meinen Gästen hatte noch einen Wunsch, daher habe ich ihnen die Rechnungen gebracht und kassiert. Nachdem ich die letzte Runde meinen Gästen angeboten hatte, habe ich die Schank sauber gemacht, die letzten Gläser gewaschen und poliert, Kaffeemaschine ausgeschaltet, alles sauber gemacht und die Aschenbecher gewaschen.

Dann habe ich angefangen, die Abrechnung zu machen, also zuerst musste ich das ganze Bargeld zählen, den Umsatz von heute. Da ich jeden Tag meinen Gehalt kassiere, sehe ich gleich genau, wie viel ich heute Trinkgeld gemacht habe.

Heute haben wir ziemlich viel Umsatz gemacht, was auch für einen Montag eher ungewöhnlich ist. Es überrascht mich, dass ich heute viel Trinkgeld gemacht habe, es sind ungefähr elf Prozent des Umsatzes, das ist viel, denn normalerweise sind es nur ungefähr acht Prozent."

Joanna, der ich sehr für ihre beiden Beobachtungsprotokolle danke, zeigt gut in ihren Protokollen ihre Arbeit, ihre Mühen, aber auch ihre Kontakte zu den Gästen, denen sie wohl ob Ihrer Weinkenntnisse imponiert.

Herr Daniel, der frühere Student, weist schließlich noch auf eine spezifische Verantwortung des guten Kellners gegenüber Alkoholisierten hin. Ich meine, dass durch Alkohol viele Unfälle passieren. Daniel antwortet: „Leider stimmt das. Als Kellner kann man da nichts machen, die Leute werden oft aggressiv. Es gibt zwar oft Schilder in den Gasthäusern, auf denen steht, dass an Alkoholisierte kein Alkohol ausgeschenkt wird, aber das ist meist nur pro forma. Wenn jemand ausfällig wird, entferne ich ihn gleich aus dem Lokal. Man muss ihn zuerst sehr diplomatisch nehmen. Es kommt auf die Person an, wie ich mit ihm rede. Ist er ein

Gemütlicher, ein Ruhiger, dann versuche ich, ihn einmal zu beruhigen. Vielleicht sage ich: ‚Trinken wir ein Glaserl Wasser zwischendurch.' Wenn das nichts nützt, muss man etwas härter werden. Wenn das alles nichts nützt, wenn es ganz schlimm wird, sagt man halt, man ruft die Polizei. Handgreiflich werde ich nicht. Ich bin auch nicht in der Lage."

Herr Daniel schneidet ebenso das Thema „Diskretion" an: „Da war einer da, das war eine Sensation. Er war Stammgast. Jedes Mal kam er mit einer anderen Frau. Eines Tages ist er wieder gekommen, diesmal war es die richtige Frau. Die Kellnerin hat ihn begrüßt mit: ‚Sind Sie schon wieder mit der Frau da?' Das hätte sie nicht sagen sollen. Das war ein wunderbares Desaster. Er ist ausgerastet und hat das ganze Hotel beschimpft und gesagt, er kommt nicht wieder. Diskretion ist das oberste Gebot – nichts sehen, nichts hören und nichts sagen."

Einen guten Kellner traf auch Herr Dr. Richard Voh, mit dem ich verwandtschaftlich verbunden bin. Richard, der mit seiner liebenswürdigen Frau Gertrud gerne reist, sprach für mich mit einem Kellner in Südtirol. Dafür sei ihm gedankt. Geri Fischer ist der Name dieses Kellners, der als Sohn der Wirtsleute in einem schönen Hotel-Gasthof in der Nähe von Brixen in Südtirol sich mit meist zwei Hilfskräften um das Service im Restaurant zu kümmern hat. Sein Bruder hat die Küche über und die Schwester die Rezeption. Aus dem früheren Dorfwirtshaus ist ein bekanntes Hotel-Restaurant mit Stammgästen aus Deutschland und Österreich geworden.

Das Restaurant der Fischers zieht auch die Dorfbewohner an. Ihre Hochzeiten, Geburtstage und Leichenschmäuse werden hier begossen und gefeiert.

Geri, der Kellner, liebt es, durch gute, persönliche und rasche Bedienung den Gästen Freude zu bereiten. Ihm gefällt es, als Kellner immer wieder neue und interessante Menschen kennen zu lernen.

Allerdings meint Geri, der Kellner ist gegenüber der Küche im Nachteil: „Die meisten Gäste loben sehr oft die gute Küche und die

Qualität der Speisen und Getränke, aber die Bedienung, das Service, wird viel seltener – wenn überhaupt – gelobt. Es wird als selbstverständlich angenommen. Aber der kleinste Fehler und das Warten auf Speisen oder Getränke werden oft sofort lautstark bekrittelt, obwohl die Schuld vielleicht bei der Küche liegt."

Der gute Kellner wird also bisweilen, wie Geri andeutet, gegenüber dem Koch benachteiligt, obwohl gerade die Vermittlerposition des Kellners sehr wesentlich ist, denn sie bietet dem Gast die Chance sich wohlzufühlen. Es sind nicht die Speisen alleine, die den Gast erfreuen. Für Geri ist der Beruf des Kellners ein schöner Beruf, aber ein harter, der auch Selbstdisziplin verlangt.

Darauf geht er in seinen weiteren Betrachtungen ein. Geri rät jungen Menschen, welche diesen Beruf nur wegen eines vielleicht guten Verdienstes ins Auge fassen, diesen erst gar nicht zu beginnen. Ohne innere Freude, Fleiß, aber auch ohne eine gewisse Opferbereitschaft ist man chancenlos und zum Scheitern verurteilt. Ganz besondere Flexibilität und Einsatzbereitschaft wird auf dem Sektor „Arbeitszeit" verlangt. Menschen im Urlaub oder die Bauern der Gegend sitzen abends gerne länger beisammen, um bei Speis und Trank den gut beendeten Tag ausklingen zu lassen oder Pläne zu schmieden. Oder ganz einfach, um sich mit geselligen Menschen gut zu unterhalten. Da kann es schon oft sehr spät werden.

Das ist dem alltäglichen Familienleben nicht immer sehr zuträglich. Unregelmäßige Arbeitszeiten und späte Abende verlangen von den Ehefrauen oder Ehemännern viel Verständnis. Ehekrisen können bei Leuten, die im Gastgewerbe arbeiten, vorkommen. Sie sind oft Anlass für einen Berufswechsel oder sogar für Trennungen.

Geri ist bereits seit 19 Jahren Kellner und glaubt, dass in den vergangenen Jahren die Gäste immer ungeduldiger werden. Früher haben die Gäste vor allem Wert auf die Qualität von Speisen und Getränken gelegt, ihnen war, meint Geri, das Gespräch mit dem Kellner und mit anderen Gästen wichtiger als ein möglichst rasches Service. Der zwischenmenschliche Kontakt ist etwas verloren gegangen.

Als sehr wichtig bezeichnet der stets gut gelaunte und fröhliche Geri den Ausgleich. Die physisch und psychisch sehr anstrengende Tätigkeit eines Kellners ermüdet ordentlich. Geri ist daher manchmal ganz gerne alleine, lange Spaziergänge und Bücher helfen ihm zu entspannen. Geri hat Freude an seinem Beruf, er braucht aber auch die Abwechslung.

Richard Voh sprach für mich auch mit der Kellnerin Frau Edeltraud vom Landhotel Grünberg am Ufer des Traunsees und am Fuße des Traunsteins. Ich kenne die Wirtsleute, Herrn und Frau Pernkopf. Ich war einmal von ihnen eingeladen worden, vor noblen Jägern der Gegend einen Vortrag über Wildschützen zu halten. Man war auf diese Idee wahrscheinlich über mein Wilderer-Buch und das von mir wissenschaftlich betreute „Wilderermuseum" in St. Pankraz gekommen. Schließlich stammen die Pernkopfs aus Windischgarsten, dem Nachbarort von Spital am Pyhrn, in dem ich aufgewachsen bin. Mein Vortrag, in dem ich über die edle Geschichte der Wildschützen in den Bergen sprach, dürfte auf keine gute Resonanz gestoßen sein, denn die dem Vortrag lauschenden feinen Jäger reagierten auf meine Darlegungen eher entsetzt. Meinen Vortrag begleiteten sie mit blasierten und gelangweilten Blicken. Die Pernkopfs haben mich nie wieder zu einem solchen Vortrag eingeladen. Die einzigen, die nach dem Vortrag zu mir freundlich waren und offensichtlich Sympathien für jene früheren jungen Bergbauern, die zu Wilderern wurden, hatten, waren die Kellnerinnen und Kellner. Die Wildschützen als die früheren Helden der kleinen Leute genießen zumindest die Sympathie der Angestellten der Pernkopfs. Übrigens soll dieses Landhotel einmal einen Schauplatz für die Fernsehserie „Schlosshotel Orth" abgegeben haben. Die Damen und Herrn Kellner agierten dabei als Komparsen. Frau Pernkopf ist eine ausgezeichnete Köchin, an deren Kochkunst auch die Schauspieler des „Schlosshotels Orth" sich angeblich erfreut haben. Ebenso ist Herr Richard Voh angetan von den gastronomischen Schöpfungen von Frau Pernkopf, die es auch als Kochbuchautorin zu einigem Ansehen gebracht hat. Frau Edeltraud, die Richard Voh als eine beliebte Kellnerin bezeichnet, spricht begeistert von ihrem Beruf: „Ich habe Menschen gerne, mit ihnen zu sprechen, ist mein Lebenselixier. Ich würde sofort und mit großer Begeisterung denselben Beruf nochmals aussuchen." Frau Edeltraud wuchs in der Nachkriegszeit als „Kriegskind" – der Vater kehrte erst lange nach Kriegsende heim – in einem kleinen Dorf des Salzkammergutes sehr bescheiden auf. Man nannte sie und ihre Geschwister, da sie in einem kleinen Haus außerhalb des Dorfes wohnten, abschätzig „Häuselkinder". Der Schulweg betrug übrigens eineinhalb Stunden. Vielleicht waren es die Demütigungen, die Frau Edeltraud als Kind erfahren hat, die sie bewogen haben, gute Beziehungen zu Menschen aufzubauen. Sie ist davon überzeugt, ihre heutige Offenheit und ihre Kontaktfreudigkeit zu anderen Menschen würden darauf zurückgehen. Für ihren Beruf sind diese Eigenschaften unerlässlich, wie sie meint. Frau Edeltraud ist gelernte Lederhandschuhmacherin. Allerdings gefiel ihr dieser Beruf nicht, da sie sich bei diesem isoliert fühlte, ihr fehlten die Menschen.

Sie ging nun in die Schweiz und fand in einem Landgasthof im Kanton Solothurn für dreieinhalb Jahre eine Anstellung als „Saaltochter" und als rechte Hand des Chefs. Starkes Heimweh bewirkte, dass sie nach Österreich zurückkehrte. Sie wurde nun Kellnerin in Gasthäusern in Wels und Gmunden. Als sie sich von einem Restaurant-Eigentümer ungerecht behandelt fühlte und sich um ihren Lohn betrogen sah, kündigte sie sofort und wurde, ohne viel zu überlegen, noch am selben Tage selbstständig. Sie pachtete die am halben Wege zum Traunsteingipfel wunderschön gelegene Berghütte „Moaristidl". Frau Edeltraud führte eine gute Küche, die Leute fühlten sich wohl bei ihr. Sie arbeitete als Hüttenwirtin hart, täglich von 10 Uhr vor-

mittags bis in die späten Abend- und oft auch Nachtstunden, aber mit
großer Begeisterung. Ihr Ehemann und ihr Sohn, die sie sehr liebt,
kamen dabei etwas zu kurz. Daher fragte ihr Gatte sie nach ungefähr
einem Jahr: „Der Betrieb oder unser Sohn und ich?" Frau Edeltraud
verließ die Berghütte und wurde wieder Kellnerin. Sie arbeitete nun
in Betriebsrestaurants großer Firmen, wo das Zusammentreffen mit
„feinen Herren", aber auch mit einfachen Arbeitern ganz ihrem Wun-
sche entsprach. Frau Edeltraud hat viel bei ihren Tätigkeiten gelernt.
Sie hat aber auch gelernt, mit ihren Chefs umzugehen und sich nicht
alles gefallen zu lassen. Als ihr damaliger Chef ihr über lange Zeit den
Lohn schuldete und sich ein beträchtlicher Betrag angesammelt hatte,
sie aber wegen ihrer Eheschließung Geld benötigte, kündigte sie sofort. Sie kaufte sich nun Möbel im Werte des ihr zustehenden Lohnes
und ließ die Rechnungen an ihren wenig freundlichen Chef senden.
Dieser zahlte die Rechnungen auch, sonst wäre publik geworden, dass
er finanzielle Probleme hat.

Frau Edeltraud ist eine Dame, die mit Menschen umzugehen weiß.
Diese Eigenschaft ist es auch, die den guten Kellner ausmacht. Es ist
das Spannende an diesem Beruf, so sieht es Frau Edeltraud, dass sie
immer wieder neue Menschen kennenlernt. „Wäre das nicht mehr so",
meint sie, „würde ich sofort den Beruf wechseln oder überhaupt aufhören." Ihre bejahende Einstellung gegenüber Menschen bringt es auch
mit sich, dass sie mit Gästen kaum Probleme hat. Allerdings wünscht
sie von den Wirtsleuten klare Anweisungen. Ärgerlich ist, wenn sich
mehrere Leute als ihre Chefs sehen und jeder etwas anderes von ihr
will.

Frau Edeltraud ist eine begeisterte Kellnerin, die meint, einen solchen Beruf wie den ihren könne man nicht bloß wegen des Geldver-
dienens aussuchen. Man muss Freude an den Menschen haben. Ihr
oberstes Gebot lautet: „Der Gast ist König, ich bin die Zweite". Egal
welcher sozialen Schicht die Gäste angehören, sie sind alle gleich zu be-

handeln. Ob sie in Arbeitskleidung oder im Smoking kommen, man hat sie zu achten. Immerhin zahlt der Gast dem Chef für die Leistung des Kellners, er ermöglicht so dem Chef, ihr ihren Lohn zu zahlen. Alle Gäste sind gleich höflich, zuvorkommend und rasch zu bedienen, meint Frau Edeltraud, die gute Kellnerin.

Herr Geri und Frau Edeltraud, wie sie mein Freund Richard Voh für mich darstellt, demonstrieren auf ihre Art ein klassisches Leben als Kellner oder Kellnerin. Sie erfreuen sich an den Gästen, denen sie ihren Alltag zu verschönern trachten.

Der gute Kellner bedarf auch des guten Gastes. Der klassische Kellner ist hoch erfreut, wenn er merkt, dass der Gast ihn akzeptiert und ihn nicht von oben herab behandelt. Im Kapitel über den „lästigen Gast" habe ich bereits darauf verwiesen. Hier will ich dartun, dass der gute Kellner geradezu zur Höchstform aufläuft, wenn er sieht, dass der Gast ihn als Mensch mit Geschichte und seinen besonderen Eigenheiten schätzt. Ich besuche mit meiner gütigen Frau Birgitt, meinem Sohn und unseren Verwandten Karoline und Heinz-Peter ein Fischrestaurant auf dem Wiener Naschmarkt. Das Lokal ist gesteckt voll, es ist ein Tisch für uns reserviert. Das Lokal gehört Türken. Es sind auch einige türkische Gäste hier. Der Kellner ist ein junger Türke, der in Wien bereits zur Schule ging, er ist um die zwanzig. Er erzählt, dass er als Kind in der Schule gelitten habe, weil er der einzige Türke war, man habe auf ihn gezeigt. Ich sage ihm, dass die Türken eines der stärksten Völker der Welt seien, sie seien auch ehrenwerte Leute. Ich erzähle, dass ich als junger Student per Autostopp und zu Fuß in der Türkei unterwegs gewesen bin. Ich erinnere mich gerne der großzügigen Gastfreundschaft von Türken. Die Türken haben also meine Sympathie. Der Kellner betont, dass Türken Leute mit einem guten Charakter seien. Er hat den Kellnerberuf erlernt, erzählt er. Er serviert formvollendet und schenkt den Wein mit eleganten Bewegungen ein. Ich frage ihn, was „Danke" auf Türkisch heißt. Er antwortet: „Tesch-

küderim". Da ich es mir nicht merke, schreibt er es auf. Ihm gefällt,
dass ich seine Handreichungen nun mit „Teschküderim" begleite. Er
lacht, ist freundlich, er hat ein ehrliches und offenes Gesicht. Da es ein
reines Fischrestaurant ist und ich als Vegetarier auch keinen Fisch esse,
bestelle ich nur die Beilagen, wie Bratkartoffeln, Spinat und Gemüse.
Er bringt sie auch selbstverständlich.

Die Rechnung ist hoch, dennoch gebe ich gutes Trinkgeld. Der
Herr Kellner hat sich um mich bemüht, er hat meine neugierigen
Fragen nach seiner Herkunft freundlich beantwortet, und ihm hat es
nichts ausgemacht, dass ich nur eine Kleinigkeit bestellt habe.

Der gute Kellner empfindet es als selbstverständlich, wenn ein Gast
nur mit Wenigem zufrieden ist und daher auch wenig Geld dalässt.
Ein schlechter Kellner reagiert dagegen unfreundlich. Einen solchen
schlechten Kellner erlebte ich, als ich in einem noblen Gasthaus im 8.
Bezirk Wiens, das früher ein „gewöhnliches" und freundliches Beisl gewesen ist, zu Gast war. Ich trank wie die anderen an meinem Tisch ein
Glas Rotwein. Als ich den Herrn Kellner bloß um ein Stück Brot bat,
erwiderte er ärgerlich, ein Brot habe er nicht. Er wollte offensichtlich,
dass ich, wie die anderen Gäste auch, eine teure Hauptspeise bestelle.
Doch auf eine solche hatte ich keine Lust. Ich werde dieses Lokal nicht
so schnell wieder aufsuchen, denn die Unhöflichkeit des Kellners mir
gegenüber als Gast erfreute mich nicht.

Eine interessante Diskussion zum Thema „guter Kellner" führte ich
im Café Landtmann mit Franzl Reich, dem Kellner des Bahnhofgast-
hauses in Wolkersdorf und Frau Hawelka, deren Eltern Eigentümer
des berühmten Cafés Hawelka im 1. Wiener Bezirk gewesen sind.

Über Herrn Engelbert, den Kellner, der auf Schiffen gedient hat,
meint zunächst Franzl Reich, dieser wäre ein „typischer lieber Ober".
Franzl selbst wollte als junger Bursche wie Herr Engelbert auf einem
Schiff als Kellner arbeiten, doch seine Mutter habe ihn nicht wegge-
lassen. Sie hat immer gesagt: „Bitte, lass mich nicht alleine mit dem

Vater." Frau Hawelka setzt sich zu uns. Ich bin erfreut, ich erzähle von ihrer Mutter. Frau Hawelka meint, als ich ihr vom „guten Kellner" erzähle: „Wir haben festgestellt, wenn jemand ungefähr sechs Jahre als Kellner arbeitet, macht er sich selbständig. Es gibt einen guten Kellner und einen guten Chef, beides ist aber miteinander nicht vereinbar." Franzl mischt sich ein: „Ein guter Kellner lässt sich vom Chef nichts sagen. Da gibt es immer wieder Streitigkeiten." Frau Hawelka stimmt zu: „Wenn einer ein guter Chef ist, dann hat er meist keinen guten Kellner." Franzl fährt fort: „Als Wirt muss man dem Kellner gewisse Freiheiten lassen. Dieser darf aber nicht so weit gehen, dass er den Chef spielt. Der Kellner darf nicht gescheiter als der Chef sein." Frau Hawelka sagt nun: „Ein Kellner braucht ja Geld, wenn er sich selbständig machen will. Er muss fest arbeiten in einem Betrieb, in dem er viel Geld verdienen kann. Als guter Chef dann hat er meist sechs Jahre als Kellner gearbeitet und viel Geld verdient, um sich selbständig zu machen. Wenn er zu lange Kellner gewesen wäre, wäre es mit dem Selbständigwerden nichts geworden." Franzl hält nun fest: „Das hört sich alles schön an, aber gerade in der heutigen Zeit ist das mit dem Selbständigwerden schwer, man braucht viel Grundkapital. Es ist ja fast nicht mehr möglich, Kredite zurückzuzahlen. So dick sind die Gewinne im Gastgewerbe heute nicht mehr."

Frau Hawelka und Herr Franzl stimmen darin überein, dass ein guter Kellner das Zeug in sich hat, durch Fleiß und gutes Gespür für die Gäste groß zu verdienen. Damit – mit Erfahrung und Geld – vermag er sich die Voraussetzung zu schaffen, selbst ein Restaurant oder Café aufzumachen. Allerdings gibt es Leute, wie Herr Engelbert erzählt, die sich „mit den Krediten übernommen haben", ihr Gasthaus wieder aufgegeben hätten und wieder Kellner geworden sind.

Ein guter Kellner im klassischen Sinn, wie ich ihn erlebe, ist Herr Boris vom Café Landtmann. Er ist ein intelligenter und nobler Herr, er stammt aus Serbien. Ich frage ihn, was einen guten Kellner ausmache. Er beginnt mit einer Frage: „Was wollen Sie hören, Herr Professor. Servieren ist ein dienender Umgang, eine nachtragende Arbeit. Meine Eltern haben ein Lokal gehabt, im 4. Bezirk, gegenüber vom Belvedere. Sie haben hier frisch mit der Gastronomie angefangen. Wir hatten Wiener Küche und Balkanspezialitäten. Ich bin in Wien zur Welt gekommen und habe von klein auf das Gastgewerbe kennengelernt. Ich habe schon als Kind bedient. Ich bin mit dem Gasthaus aufgewachsen. Man fängt an mit dem Aschenbecherputzen und Ähnlichem. Man bemüht sich, zum Gast freundlich zu sein. Der Kellner muss es in sich haben, gerne mit Leuten beisammen sein. Man muss kontaktfreudig sein. Wenn das so ist, dann kommt es von alleine, ein guter Kellner zu sein, der mit Gästen gut umgehen kann. Man muss zu diesem Beruf geboren sein, ich weiß nicht, ob man das lernen kann. Ich glaube, nicht jeder kann Kellner sein. Die Theorie lernt man in der Berufsschule. Man lernt, wie man das Tablett hält und Ähnliches, das ist eine Sache der Praxis." Ich unterbreche und frage, wie man das Servieren erlerne. Boris klärt mich auf: „Man fängt mit einem Glas an, dann werden es immer mehr. Genauso ist es mit den Tellern. In der Berufsschule gibt es auch Praxis, damit die Lehrlinge wissen, was sie können müssen. Die schickt man zuerst mit einem Tablett mit Aschenbecher, einem Glas und so etwas. Das steigert sich. Die leben sich hinein." Und über die Gäste meint Boris: „Es gibt Leute, die sich aufpudeln, auf nichts hinauf. Einem arroganten Gast begegnet man nicht mit Arroganz. Man muss flexibel sein. Man macht ihm das Service. Man serviert, man macht alles wie in der Schule, es kommt aber nicht vom Herzen. Dem arroganten Gast gegenüber ist man also nicht herzlich, man ist korrekt und bleibt auf Distanz. Vielleicht sieht er, wie man sich gegenüber einem Stammgast verhält. Diesem gegenüber ist man inniger. Vielleicht ist der arrogante Gast dann freundlicher, wenn er dies merkt. Ich habe viel von meinen Eltern gelernt. Jeder gute Kellner ist ein kleiner Psychologe. Er hat im Monat mit Hunderten Gästen zu tun. Und lernt so verschiedene Profile kennen. So lernt er zwingend durch den Beruf, welche Menschen es gibt und wie man mit ihnen umgeht. Er muss dies machen, damit er überlebt. Als Gäste gibt es alles, was es in der Menschheit gibt: arrogante und bescheidene. Im Lokal trifft man alles, hier gibt es keine Grenzen, keine Altersgrenze, keine sozialen Grenzen. Hier ist alles, vom Hilfsarbeiter bis zum Generaldirektor und Millionär, bis zum Filmstar."

Herr Boris ist stolz auf seinen Beruf als Kellner und sagt: „Ich sehe nichts Schlechtes in meinem Beruf. Kellner im ‚Landtmann' ist etwas, auf jeden Fall. Um hier zu arbeiten, braucht man einen guten Ruf, man muss in guten Lokalen gearbeitet haben, man braucht gute Referenzen. Ich habe in besseren Häusern gearbeitet. Nach der Hotelfachschule in Serbien bin ich nach Wien zurück und war kurz Kellner in einem Nobelrestaurant im 1. Bezirk, dann war ich Kellner im Casino in Baden, in einem Lokal auf der Mariahilfer Straße, dann in der Mahlerstraße. Sechs Jahre war ich beim ‚Stockerwirt' in Sulz im Wienerwald, dort war ich Oberkellner und Restaurantleiter. Es war ein Haubenlokal, ein Landgasthof. Damals habe ich in Gumpoldskirchen gewohnt. Seit letztem Jahr bin ich in Wien. Ich bin ein Stadtmensch. Das Grün ist recht schön, aber ich brauche die Stadt. Ich bin hier aufgewachsen. Ich wohne in der Neustiftgasse." Herr Boris bringt beste Voraussetzungen für eine Existenz als guter Kellner mit. Ich sage ihm dies auch. Er antwortet: „Für mich sind alle Gäste wichtig. Ich könnte den Leuten, auf gut Deutsch gesagt, in den Arsch kriechen. Ich bin aber nicht der Typ. Manche stehen aber auf das. Dafür bin ich aber der Falsche."

Herr Boris imponiert durch seine elegante Art und seinen höflichen, aber doch noblen Umgang mit den Gästen.

Ein guter Kellner ist auch der Rudi vom Café Landtmann. Ihn zeichnet ein bisweilen besonders trockener Witz aus, der den Gästen zu gefallen scheint. Bei einem meiner Besuche im Café Landtmann

bitte ich Herrn Rudi um ein paar Gedanken zu seinem Beruf als Kellner. Er antwortet trocken: „Wollen sie meine dunklen oder meine lich-
ten Gedanken?" Ich erwidere: „Beides!". Herr Rudi lächelt weise. Sein
Humor erfreut den Gast, der in ihm einen vortrefflichen Kellner sieht,
denn Herr Rudi scherzt nicht nur, sondern er versteht es auch, vor-
trefflich und rituell zu servieren.

Der gute Kellner als Darsteller und Akrobat

Um mehr über den guten Kellner schlechthin zu erfahren, spreche ich
auch mit Besuchern von Kaffeehäusern, so auch mit Herrn Magister
Konrad Belakowitsch. Er meint: „Ein guter Kellner muss höflich und
aufmerksam sein. Er muss den Gast höflich grüßen und auf ihn dann
eingehen. Zum Beispiel im G. in Ottakring beim Friedhof sind sie
überhaupt nicht höflich. Es liegt wahrscheinlich daran, weil der Chef
selbst nicht grüßt. Wenn ein Kellner höflich grüßt, hat er schon die
Hälfte gewonnen." Während Konrad spricht, kommt Kellner Rudi
mit einer heißen Schokolade für Konrad. Herr Rudi weist ausdrück-
lich darauf hin, dass die Schokolade heiß ist. Er will auf diese Weise offensichtlich andeuten, dass er den Gast vor Schaden bewahren müsse.
Der Gast muss das Gefühl haben, der Kellner kümmert sich um ihn.
Es ist ein „guter Schmäh" zu sagen: „Die Milch ist heiß, bitte aufpassen!" Auf diese Weise hat der Kellner die Chance, ein gutes Trinkgeld
zu bekommen. Konrad stimmt meinen Überlegungen zu.

Der Kellner wird zum Schauspieler, seine Bühne ist das Kaffeehaus.

Hat der Gast gezahlt, so ist der Kellner von ihm entlassen, denn
der Gast richtet keinen Wunsch mehr an ihn. Es kommen zwei neue
Gäste, zwei Herren. Ihnen bringt Kellner Rudi mit leichter Verneigung
die Speisekarte. Er fragt: „Was wünschen zum Trinken, die Herrn?" Er
nimmt die Bestellung auf und erscheint nach einiger Zeit mit einem

Tablett, auf dem eine Tasse Tee mit Milch, ein Kännchen mit heißem Wasser, ein Kaffee, zwei Gläser Wasser und zwei Kipferln liegen. Mit Eleganz trägt Herr Rudi das Tablett und serviert das Bestellte mit derselben Eleganz. Der gute Keller wird beim Tragen eines schweren Tabletts mit Teetassen, Kaffeehäferln, Mineralwasser und Ähnlichem zum Darsteller, er rückt in die Nähe des Zirkusakrobaten. Er kann seine Kunst des Balancierens zeigen. Und er ist stolz darauf. Man sieht dies Herrn Rudi an. Herrn Konrad imponiert ebenso die Kunst des Servierens, die Herr Rudi im Stile eines Filmschauspielers beherrscht.

Stolz auf ihre Servierkünste ist auch Frau Sissy, über deren Leben ich bereits in einem eigenen Kapitel erzählt habe. Sie hält zur Kunst des Servierens fest: „Dann bin ich nach Serfaus in Tirol gekommen. Dort habe ich noch Weiteres gelernt. Jetzt kann ich alles. Wenn man ein bisserl ein Gleichgewichtsgefühl hat, ist das Servieren mit Tellern und Gläsern nicht schwer. In Kalifornien in Los Angeles, wo ich später hinkam, schätzen sie unsere Art des Arbeitens. Als Kellnerin hatte ich dort keine Schwierigkeiten, denn ich hatte in Österreich viel gelernt: Das Essenservieren habe ich im Hotel gelernt, ich habe gelernt, wie man drei Teller trägt und wie man vorlegt. Beim Platzer im Café Lange in Wien habe ich vor allem gelernt, das Bier richtig einzuschenken. Aber es hat mir immer geholfen, dass ich gut servieren kann."

Frau Sissy hat gelernt, die Gäste mit ihren Servierkünsten zu erfreuen. Dies zeichnet sie als gute Kellnerin aus. Sie weiß aber auch mit Gästen umzugehen. Darauf geht sie im weiteren Gespräch ein: „Die Leute schätzen die Aufmerksamkeit, dass sie nicht zweimal sagen müssen, was sie wollen. Dass sie gut beraten werden und nicht über das Ohr gehauen werden, das ist das Allerwichtigste.

Das Angelernte, also die die Kunst des Servierens, ist mir in der Bäckerei meines Mannes zugute gekommen, als wir der Bäckerei ein Kaffeestüberl angeschlossen haben. Und in diesem konnte ich gleich servieren."

Höfliches „Mittrinken"

Eine gute Kellnerin ist auch Frau Michaela, eine liebenswürdige Studentin von mir.

Ihre Kunst besteht darin, freundlichen Gästen etwas vorzugaukeln, um als Kellnerin keine Probleme zu haben. Sie erzählt: „Ich werde sehr oft von Männern zu Getränken eingeladen. Da alkoholfreie Getränke von ihnen meist nicht akzeptiert werden, greife ich zu kleinen Tricks, um vorzutäuschen, dass ich genauso wie sie Alkoholisches trinke. Laden sie mich zu einem klaren Hausbrand ein, also zu einem Schnaps, so fülle ich in mein Glas heimlich Wasser statt des Schnapses. Bei weißen G'spritzn nehme ich für mich mehr Wasser als Wein oder Holundersirup statt des Weines. Oder bei Mischgetränken mit Cola und Alkohol, nehme ich für mich nur Cola. Vor Kurzem waren zwei nette Herren aus der Nähe von Lienz bei mir im Gasthaus. Sie hatten einen Tormann-Trainerkurs im Bundesheer-Sportzentrum Faak am See hinter sich, sie waren gut aufgelegt und waren so begeistert von meiner netten Art und meinem Fußballinteresse, dass sie mich sogleich auf ein Getränk einluden. Auch bei ihnen habe ich so getan, als ob ich Wein trinke, aber tatsächlich war es Holundersirup, den ich trank." Frau Michaela wird zu einer richtigen Zauberkünstlerin, die aus Wein Holundersirup oder aus Schnaps Wasser macht – anders als Christus, der aus Wasser Wein herstellte.

Das Prinzip Höflichkeit

Ein nobler Herr ist auch Herr Waggerl, der Kellner aus dem Gasteinertal. Gemeinsam mit Herrn Engelbert vom Café Landtmann war er in einem vornehmen Hotel in Hofgastein tätig. In seiner Erzählung schildert er die guten Kellner, wie er sie sieht: „Ich war im Hotel Europa in

Hofgastein für das Ritterstüberl zuständig. Ich war dort Ober mit vier Mädchen als Speiseträgerinnen. Es gab dort das Tronc System, dies ist ein Kellner-Abrechnungssystem, bei dem nach einem Schlüssel das Trinkgeld aufgeteilt wird, es kommt dabei auf das Vertrauen an. Wenn ein Mädchen tüchtig war, hat der Gast ihm extra Trinkgeld gegeben.

Der Engelbert war damals Kellner im Wiener Saal. Der Engelbert ist ein wunderbarer, ruhiger, sehr lieber Kerl mit einem trockenen Humor. Er hat einen guten Schmäh, daher kommt man auch gerne ins ‚Landtmann‘. Das ‚Landtmann‘ ist ein wunderbares Restaurant mit wunderbaren Fachkräften. Hier sind Oberkellner vom alten Schlag. Wenn man heute so herumschaut, ist es fürchterlich. Man bekommt hier im ‚Landtmann‘ bodenständige Küche, man bekommt einen Kaiserschmarrn. Einen guten Schmäh haben sie, der gehört dazu.“ Die Frau von Herrn Waggerl, die diesem Gespräch beiwohnt, fügt hinzu: „Ich versteh nicht die Gastwirte, dass die mit billigen Kräften arbeiten. Eine billige Kraft vertreibt den guten Gast. Wenn der gute Gast ausbleibt, dann ist es auch mit dem Betrieb schlecht.“ Herr Waggerl fährt fort: „Der Gast muss sich wohl fühlen. Wenn der Gast hereinkommt, muss er sehen, dass die Kellner in Ordnung sind. Das ist wichtig. Ich habe gelernt, man muss den Gast, wenn er das Lokal betritt, begrüßen: ‚Grüß Gott, darf ich behilflich sein, Raucher oder Nichtraucher. Hier bitte sehr ist ein Platz!‘ Grüßen, ‚Bitte‘ sagen, ‚Danke‘ sagen und ‚Auf Wiedersehen‘ sagen, das sind die wichtigsten Sachen. Wenn man das nicht kann, darf man nicht in der Gastronomie arbeiten. Auch wenn der Gast sagt: ‚Ich möchte nur einen kleinen Braunen‘, muss man trotzdem lächeln und ein Glas Wasser zum Kaffee bringen. Damals in den Siebzigerjahren hatten wir hauptsächlich ausländische Gäste. Man hat viele Deutsche gehabt. Hofgastein ist ein Kurort. Im Hotel Europa habe ich mich einmal als Krampus verkleiden müssen und der Shirley Bassey, einer berühmten Schauspielerin, Geschenke übergeben müssen. Und am nächsten Tag war ich wieder Oberkellner im Ritter-

stüberl. So hat mich der Chef für bestimmte Sachen eingespannt. Er
hat großes Vertrauen gehabt in mich. Der Umgang mit den Leuten
war für ihn sehr wichtig. Den Gast grüßen und ihn auf gewisse Sachen
hinweisen. Ich finde es nicht gut, wenn ein Kollege kommt, während
ich mit einem Gast rede, und sagt: ‚Komm schnell in die Küche.‘ Das
macht man nicht, man unterbricht den Dialog mit dem Gast nicht.
Man sagt höchstens: ‚Darf ich kurz stören? Ich hätte den Herrn Engelbert kurz gebraucht, er kommt dann wieder zu Ihnen an den Tisch.‘ "
Ich unterbreche und meine, dass auch der Gast den Kellner achten
müsse. Frau Waggerl nickt und sagt: „Wenn ein Gast nicht würdig ist,
Gast zu sein, er sich also schlecht aufführt, dann ignoriert ihn mein
Mann ordentlich." Über einen solchen nicht würdigen Gast erzählt
nun Herr Waggerl: „Es war ein schöner Tag, kommt der Sohn einer bekannten Schauspielerin herein. Die Dame war ein Stammgast. Für sie
habe ich immer mit Reserviertaferl reserviert und schön aufgedeckt mit
Stoffserviette. Die hat immer einen Suppentopf bekommen. Der Sohn
kommt also herein und hat geglaubt, weil er der Sohn dieser Dame ist,
kann er sich mit seiner Begleitung auf den für die Mutter reservierten
Tisch setzen. Ohne etwas zu sagen setzt er sich hin, schmeißt die Serviette um und sagt: ‚Können wir etwas zum Trinken haben!‘ Sage ich
zu ihm: ‚Darf ich Sie höflich bitten, sich woanders hinzusetzen, der
Tisch ist reserviert.‘ Sagt er: ‚Der Tisch ist doch leer‘. Darauf ich: ‚Darf
ich Ihnen ein anderes Tischerl geben?!‘ Sagt er zu seiner Freundin:
‚Komm, dann gehen wir!‘ Ich habe die Höflichkeit bewahrt."

Höflichkeit zeichnet den guten Kellner aus. Auch in einer anderen
Geschichte beweist dies Herr Waggerl:

„Einer Frau hat nichts gepasst, der Lampenschirm am Tisch nicht
und einiges andere nicht. Auch mit dem gebackenen Hendl (Huhn),
das ich ihr gebracht habe, war sie nicht zufrieden. Sage ich zu ihr:
‚Gnädige Frau, verzeihen Sie bitte: Ich glaube, es ist jetzt genug. Gnädige Frau, Sie haben von dem Hendl nur die Knochen übrig gelassen.

Sie hätten mir gleich sagen müssen, dass das Hendl nichts ist, dann hätte ich Ihnen ein anderes Hendl gebracht." Ich gehe als guter Kellner auf den Gast ein.

Man kann auch vom Gast viel lernen. Auf jeden Fall muss ich sagen: Mancher Gast ist ein guter Beobachter. Es kann auch sein, dass der Gast den Kellner testet.

Es gibt ja auch Testgäste. Solche kommen und sagen sich: ,Jetzt tun wir ihm etwas zu Fleiß.' Man will den Kellner also ärgern, zum Beispiel sich über eine Speise beklagen. Wenn der Oberkellner das spürt, sagt er: ,Das ist kein Problem. Darf ich Ihnen das austauschen. Sagen Sie mir, was hätten Sie gerne.' Wenn eine Frau sich zum Beispiel beklagt, weil das Teesackel in der Tasse ist, sie es aber gerne draußen hat, so sagt man: ,Kein Problem, geben sie mir den Tee, ich bringe Ihnen einen neuen.' So hat man die Dame schon beruhigt. Die Frage ist, wieweit geht man auf den Gast ein. Wenn es zu viel ist, was der Gast will, sagt man: ,Gnädige Frau, haben wir ein bisserl einen Wetterumschwung?' Bei jedem Gast muss man mit irgendetwas anderem kommen. Man darf auf dem Gast nicht seine Aggressionen auslassen."

Der gute Kellner als Anziehungspunkt der Gaststätte und Vertrauter des Gastes

Mitunter sind es die Kellner und Kellnerinnen, die die Gäste veranlassen, ein Kaffeehaus, ein nobles Restaurant oder ein gewöhnliches Wirtshaus, das in Wien auch als Beisl bezeichnet wird, aufzusuchen.

In einem Gasthaus im 7. Bezirk war ein Kellner angestellt, der bei den Gästen ob seines guten Schmähs und seiner perfekten Art des Servierens sehr beliebt war. „Herr Thomas" nannte man ihn. Ich kannte ihn gut. Er grüßte mich freundlich, wenn er mich von Weitem sah. Das Gasthaus war stets voll von Gästen. Bei einer von der Wiener

„Kronenzeitung" veranstalteten Umfrage wurde Herr Thomas zum beliebtesten Kellner von Wien gekürt. Ein großer Artikel in dieser Zeitung mit einem Bild von Herrn Thomas beschrieb ihn als einen wunderbaren Kellner, der für seine Gäste stets ein offenes Ohr hatte. Aus irgendeinem Grund zerstritt sich Herr Thomas mit der Wirtin. Er kündigte. Die Wirtin dachte, sie könne alleine das Gasthaus führen und Herrn Thomas ersetzen. Doch dem war nicht so. Sie hatte nicht den Schmäh des Herrn Thomas. Bald blieben die Gäste aus. Schließlich verkaufte die Wirtin das Lokal an einen Chinesen, der die alten schönen Wirtshausmöbel entfernte und sie durch irgendwelche langweiligen Sesseln und Tische aus China ersetzte.

Ein guter Kellner kann also zur Anziehungskraft eines Gasthauses wesentlich beitragen.

Darüber schrieb mir mein freundlicher Student Michael Jost, der Sohn von Gastwirten am Ossiachersee, der selbst während der Ferien als Gastwirt arbeitet. Er meint, dass aus seiner Sicht die Beziehung zwischen Wirt und Kellner gelitten habe: „Es gibt heute nur noch ganz selten eine enge Bindung zwischen Wirt und Kellner. Früher hat die ganze Familie in der Gastwirtschaft mitgeholfen und auch das Personal gehörte irgendwie mit zur Familie. Kellner und Kellnerinnen sind heute beliebig austauschbar geworden. Früher war eine ‚richtige' Kellnerin das Wichtigste in einem Gasthaus, ist eine Kellnerin zum Nachbarwirten gewechselt, hat sie ihre Stammgäste mitgenommen. Am Land in kleinen Dörfern und in kleinen Gasthäusern in der Stadt kann man so etwas heute noch beobachten. Wie ich von meiner Freundin, die über fünf Jahre im gleichen Gasthaus in Nötsch beschäftigt war, erfahren habe, hat der Wechsel der Besitzerin dazu geführt, dass ein Großteil der Stammgäste ausblieb. Die Stammgäste sind in andere Lokale ausgewichen. Durch den neuen Besitzer sind also die Kellner und Kellnerinnen gegangen, sie hatten alle ihr eigenes Stammpublikum, welches sie mitgenommen haben. Sein Stammpublikum hatte

zum Beispiel der ‚alte Hecher‘, der Wirt, der immer am Sonntag in
diesem Lokal hinter der Theke stand. Zu ihm kamen die Leute nach
der Kirche, vor allem die älteren Leute aus dem Dorf und die Jäger,
und tranken italienischen Wein, den der ‚alte Hecher‘ höchstpersönlich in Tarvis ausgesucht hatte. Dann gab es die Kellnerin Gabi, die
hatte immer am Vormittag Dienst bis 13 Uhr, zu ihr sind die Hausfrauen gekommen und haben Kaffee getrunken und sich beraten, was
sie zu Mittag kochen werden. Zur Mittagszeit sind dann die Arbeiter
gekommen und haben schnell ein paar Bier getrunken und ihre mitgebrachte Jause gegessen. In der Nachmittagszeit, in der eher weniger
los war, hat die etwas gemütliche Frau Fischer gearbeitet und nebenbei
Rätsel gelöst. Die Nachtschicht hat die Chefin Frau Gitti höchstpersönlich übernommen. Bei ihr trafen sich gewisse Stammtischrunden:
der Fußballverein, die Segler, die Motorradfahrer und ein Großteil der
anderen Leute des Dorfes. Bei ihr traf sich der Arbeiter mit dem Bürgermeister und auch der Bauer kam nach der Feldarbeit auf ein Bier
zur Gitti. Am Wochenende haben die jungen Kellnerinnen gearbeitet. Zu ihnen sind die Jugendlichen des Dorfes gekommen und haben Tischfußball gespielt, meine Freundin Rebecca ist heute noch eine
hervorragende Spielerin. Das änderte sich mit den neuen Besitzern,
denen fiel es schwer, wieder Kellner und Kellnerinnen zu finden, die
das Vertrauen zur Bevölkerung im Dorf aufbauten und neue Stammtischrunden in das Lokal zogen. Es gibt heute noch einige Menschen
in Nötsch, die seitdem die Gitti gegangen ist, nie mehr einen Fuß in
den ‚Hecher‘ setzten.“

Michael Jost meint schließlich, dass heutige Kellner und Kellnerinnen in den Kärntner Fremdenverkehrsorten nicht mehr so freundlich
wären wie die früheren Kellner und Kellnerinnen. Von Gastfreundschaft
sei heute nur mehr wenig zu bemerken. Michael beruft sich dabei auf
Gespräche, die er mit deutschen Gästen am Ossiachersee geführt hat.
Die Gäste glaubten, die Gastfreundschaft sei früher besser gewesen: „Als

ich heuer in den Sommerferien zu Hause bei meinen Eltern in Ossiach war, habe ich mit Gästen aus Deutschland gesprochen, die unser Bauernhäuschen, eines der ältesten Häuser im Ort Ossiach, gemietet haben, um ihren Urlaub am Ossiacher See zu verbringen. Von ihnen habe ich erfahren müssen, dass sie mit der Gastfreundschaft im Ort nicht sehr zufrieden waren, früher sei man freundlicher angenommen worden. Sie seien froh, bei uns wohnen zu dürfen, weil solch eine Gastfreundschaft wie unsere sei etwas ganz Besonderes. Natürlich fühlten wir uns geschmeichelt, aber meine Mutter, die ihr Leben lang Kellnerin und Gastwirtin war, und ich waren verwundert, dass unser gastfreundliches Verhalten in einem Tourismusort wie Ossiach nicht selbstverständlich ist."

Nach den Überlegungen von Michael Jost genießt jener Kellner Ansehen bei den Gästen, der sich auch einsetzt für diese. Ein solcher Kellner vermag Gäste anzuziehen.

Ungeeignete Kellner

Personen, die sich schwer tun, Kontakte zu Menschen herzustellen, und denen der nötige Schmäh fehlt, mit Gästen auf heitere Weise zu verkehren, werden es auch als Kellner schwer haben.

Darauf kommt auch Michael Jost zu sprechen: „Durch meine Erlebnisse kann ich mit Sicherheit sagen, dass nicht jeder Mensch für diesen Beruf geeignet ist. Als ich noch ein kleiner Bursch war, hat im elterlichen Betrieb eine Kellnerin angefangen, die Angst vor dem Kontakt mit Menschen hatte. Sobald meine Mutter, also ihre Chefin, nicht in der Nähe war, hat sie sich geweigert, zu den Gästen zu gehen. Ich oder meine damals erst sieben oder acht Jahre alte Schwester mussten dies für sie tun. Es dauerte nicht lange, bis auch meine Mutter diesen Umstand bemerkte und sie von ihrer Last, als Kellnerin zu arbeiten, befreite. Nun zeigte sich, dass diese Kellnerin, Angelika hieß sie, sich als eine hervorragende Hilfsköchin und als ein ordentliches Zimmermädchen betätigte. Sie konnte also weiter bei uns tätig sein. Es gibt Personen, die im Gastgewerbe versagen. Dazu gehören schüchterne Menschen. Gerade in Landgasthäusern, wo das Stammpublikum immer dasselbe ist, darf man nicht zu unsicher sein und nicht unsicher wirken, sonst machen einem die Stammgäste das Leben schwer. Es gibt auch das andere Extrem, nämlich Personen, die zu aufdringlich sind und glauben, immer Recht haben zu müssen. Auch sie werden in diesem Beruf nicht Fuß fassen können. Wird man als Kellner von den Gästen nicht respektiert, so kann es passieren, dass die Gäste über ihn schlecht beim Wirt reden. Auf Dauer wird diese Person also nicht nur den Betrieb wechseln, sondern die Gastronomie generell hinter sich lassen. Er wird sich etwas Neues suchen müssen. Das scheint mir ein echtes Problem in der Gastwirtschaft zu sein.

Viele werden für einen solchen Beruf ausgebildet, dafür wird viel Geld ausgegeben, aber sie halten es nicht lange in diesem Beruf aus. Die Fluktuation in der Gastronomie ist groß. Wegen der psychischen und physischen Belastung ist es schwer, gutes Personal zu finden. Als Kellner oder Barkeeper muss man speziellen Herausforderungen gewachsen sein, um es Jahre hindurch auszuhalten. Man muss eine Freude im Umgang mit Menschen haben. Private Probleme oder schlechte Laune müssen beiseite geschoben werden, da sich der Gast eine freundliche Bedienung erwartet. Außerdem ist man dem Gast gegenüber auch zur Verschwiegenheit verpflichtet. Kellner, die dies alles nicht können, haben es schwer." Michael Jost, der in den Ferien bei seinen Eltern als Kellner arbeitet, hat gelernt, worauf es im Beruf als Kellner ankommt. Für ihn ist jemand also ein schlechter Kellner, dem der Gast im Wesentlichen gleichgültig ist, für den seine Arbeit ein bloßer Broterwerb ist.

Diesen Gedanken des Herrn Michael schließt sich Herr Engelbert an: „Ein unfreundlicher Kellner ist fehl am Platz. Der Gast soll merken, dass man sich um ihn bemüht. Wenn jemand arrogant auftritt

als Kellner, ist es ganz schlecht. Wir im Kaffeehaus haben manchmal
auch so schnippische, die glauben, sie sind die Größten, wenn sie dem
Gast blöd zurückreden. Das ist nicht korrekt. Jeder hat seine persönliche Note, das ist auch gut so. Man ist selbst nicht immer gut drauf,
weil man im Stress ist, aber man soll sich als Kellner bemühen um den
Gast. Es gehört eine Ausgeglichenheit dazu, dass man manche Sachen
lockerer nimmt. Die Leute sind ja auch manchmal nicht einfach. Die
kommen in der Früh herein, haben eine Hektik und lassen sich gleich
beim Kellner aus. Der muss dies gelassen hinnehmen.

Es gibt Kellner, die auf die Gäste herunterschauen, das ist das
Schlimmste, was ein Kellner machen kann." Ich scherze mit Herrn
Engelbert über die noblen und gelassen wirkenden Kellner im ‚Landtmann‘, er erwidert, sich selbst ironisierend, lächelnd: „Wer nichts ist
und wer nichts kann, den stellt der ‚Landtmann‘ an." Dem ist allerdings nicht so, denn die Herren Kellner des ‚Landtmann‘ sind die klassischen Wiener Kaffeehauskellner.

Kellner, die nicht eine gewisse noble Distanz gegenüber Wirt oder
Wirtin und den Gästen zu bewahren vermögen, können Probleme bekommen, wie Herr H., ein mir äußerst sympathischer Kellner, meint.
Ihm erzählte ich, dass ich mit vier Bällen jonglieren könne, eine Kunst,
die nur wenige beherrschen. Ich zeigte ihm dies im Kaffeehaus zum
Erstaunen einiger Gäste. Meine Hochachtung vor ihm stieg, als ich
ihm meine Bälle gab und er sofort ebenso mit vier Bällen jonglierte.
Seitdem hatte ich mit Herrn H. während meiner Kaffeehausbesuche
einen stets beinahe freundschaftlichen Kontakt. Eines Tages war er
nicht mehr im Kaffeehaus. Mir wurde erklärt, er habe auf Wunsch
der Frau Wirtin die Stelle gewechselt. Als Grund wurde angegeben,
er würde mit den Gästen zu viel tratschen. Außerdem sei er zu laut für
ein Kaffeehaus gewesen. Dies habe der Wirtin nicht gefallen.

Ähnliches meint auch Frau Lydia, die Wirtstochter vom „Schweizerhaus", über einen ihrer Kellner. Auch ihr ist eine gewisse Distanz

zum Gast wichtig: „Nicht jeder ist als Kellner geeignet. Es gibt einen
Kellner bei uns, der setzt sich zu den Gästen hin und vergisst dabei
auf die anderen Gäste. Im Allgemeinen wollen wir das nicht so." Herr
Gerhard, der Kellner vom „Schweizerhaus", erwähnt dazu: „Wenn der
Kellner Zeit hat, kann er sich eventuell zu den Gästen setzen, sonst
aber nicht. Sonst finde ich das nicht gut. Wenn man sich hinsetzt und
im Sitzen die Rechnung schreibt, macht dies kein gutes Bild. Das tut
man nicht. Ich schreibe im Stehen und lege den Zettel hin." Frau Lydia
schränkt ein: „Das hat sein Für und Wider. Wenn es sehr laut ist, dann
kann sich der Kellner eventuell zum Gast setzen." Herr Gerhard fährt
fort: „Ich setze mich aus dem Grund schon nicht nieder, weil ich nicht
will, dass man mir beim Schreiben der Rechnung zusieht. Sicherlich,
die alten Wirte und Wirtinnen haben sich zum Gast gesetzt, wenn sie
die Rechnung geschrieben haben. Das tue ich aber nicht."

Auch Herr Klaus vom „Spatzennest" meint über seinen Kollegen
Helmut, der auch mich in freundlicher Weise bedient hat, er sei bisweilen etwas zu aufdringlich zu den Gästen gewesen. Tatsächlich
pflegte Herr Helmut, wenn jemand zum Beispiel eine Knoblauchsuppe bestellt hat, diesem heiter etwas zu sagen. Entweder riet er dem
Gast, wenn er an diesem Abend noch etwas „Größeres" vorhabe, etwas
anderes als eine Knoblauchsuppe – wegen des Geruches – zu essen.
Oder er meinte, wenn der Gast unbedingt eine Knoblauchsuppe essen
wolle, dann solle auch die Frau Gemahlin, falls er ihr nahe kommen
wolle, eine essen. Solche und ähnliche Scherze oder Debatten des Herren Helmut mit den Gästen würden diesen auf die Dauer nicht gefallen und wären nicht im Sinne des Wirtes. Aber auch ein anderer Kellner, der mit Herrn Klaus im „Spatzennest" tätig war, hatte Probleme.
Herr Klaus erzählt: „Der Chef, Herr Rieder, hat gemeint, wir würden noch einen Kellner brauchen, denn wenn ich krank werde, dann
würde es im ‚Spatzennest' nicht hinhauen. Suchen wir uns also einen
Kellner. Das hat er mir überlassen. Ich habe gesagt, ich weiß jemanden

aus Niederösterreich, der heißt Bernhard. Er ist ein guter Kellner. So ist dann der Bernhard ins Spiel gekommen. Der Herr Rieder hat ihn genommen. Der Bernhard hat aber seine Spinnereien gehabt. Seine privaten Probleme hat er nicht vor der Türe lassen können. Die hat er immer mit in das Gasthaus genommen. Wenn er mit seiner Frau einen ‚Kölch‘ (Streit) hatte, hat sich das Klima merkwürdigerweise verändert. Der ist hereingekommen und hatte einen ‚Grant‘ (Ärger), irgendwie hat das abgefärbt auf uns alle. Keiner von uns hat an einem solchen Tag einen Spaß gemacht, keiner hat viel geredet. Es war eine eigene Stimmung. Wir haben versucht, ihn irgendwie aufzuheitern, aber das ist nicht gegangen. Er hat seinen Grant gehabt und hat den ausgelebt.

Er hat sich scheiden lassen und hat dann Scherereien mit einer Rumänin als Freundin, die hat er freikaufen müssen, bekommen. Vielleicht hat er darum große Mengen Alkohol getrunken. Er ist ein Superkellner, jetzt arbeitet er auf der Schallaburg. Er hat dann eine neue Beziehung angefangen. Jetzt wohnt er draußen in der Wachau, es geht ihm jetzt bestens. Er hat seit zwei Jahren keinen Alkohol mehr angegriffen.“ Herr Bernhard litt unter seinen persönlichen Verhältnissen und vielleicht unter denen der Stadt. Er konnte unter diesen Umständen kein guter Kellner sein. Zu einem solchen wurde er, so scheint es, erst mit einer guten Partnerin in einer ländlichen Umgebung.

Ich frage schließlich Herrn Klaus, was einen schlechten Kellner ausmacht. Er antwortet: „Meiner Meinung nach ist typisch für den schlechten Kellner, dass er nicht freundlich und unaufmerksam ist. Unaufmerksamkeit, egal ob es um eine Bestellung geht oder um den Augenkontakt, darf sich kein Kellner leisten. Ein unaufmerksamer Kellner ist ein schlechter Kellner.“ Zur Unaufmerksamkeit gesellt sich das Ignorieren des Gastes, wenn er das Lokal betritt. Der gute Kellner grüßt den eintretenden Gast, er vermittelt diesem dadurch eine Atmosphäre des Willkommens.

21. Kellner und der Alkohol

Das Problem des Alkohols –
Versuche, um Gäste und Chef hineinzulegen

Ein altes Problem für Kellner ist die Nähe zum Alkohol. Die dauernde Präsenz von Wein, Schnaps, Bier oder einem anderen alkoholischen Getränk kann dazu führen, dass Kellner Geschmack an einem dieser Getränke finden und alkoholabhängig werden. Vor allem dürften Heurigenkellner, wie ich beobachten konnte, der besonderen Gefahr ausgeliefert sein, zu mehr oder weniger starken Alkoholikern zu werden. Bei meinen Forschungen konnte ich sehen, dass gewisse Kellner dazu neigen, wenn sie glauben, unbeobachtet zu sein, zu einem Weinglas zu greifen und aus diesem trinken. Das gefüllte Weinglas wird meist an einer Stelle deponiert, an der es nicht auffällt.

Wie bedeutungsvoll Alkohol für einen Kellner sein kann, weiß ich auch von dem wunderbaren Forscher Florian Spendlingwimmer. Er sprach für mich mit einem 26 Jahre alten Kellner, Frank heißt er, der in einem Gasthaus in Kitzbühel ständig mit starken Getränken konfrontiert wurde. Frank erzählt: „Der Alkoholkonsum ist während der Wintersaison, also der Hauptsaison, sehr hoch. Bevor ich nach Kitzbühel als Kellner gekommen bin, hatte ich neun Jahre nichts getrunken. Aber dafür in Kitzbühel sehr viel. Es gibt Nächte, da werden wir von den Gäste zu 25 ‚Kurzen' (jeweils kleine Mengen an Alkohol, Anm.) oder mehr eingeladen, oder wenn Nadia, die Freundin, da ist, werden ein paar Runden geschmissen. Da trinken alle mit. Das geht jeden Abend während der Hauptsaison so. Dazwischen werden während des Tages noch ein paar Biere getrunken. Es gibt Leute, die bringen es auf

20, 25 Cider (Apfelweine, Anm.) und dann noch auf 20 Shots (so etwas wie Stamperln, Anm.). Das ist schon heftig. Ich meine, der Sommer ist dafür da, um sich wieder zu entgiften. Der regelmäßige Alkoholkonsum ist es, der gefährlich ist. Jeden Tag drei, vier Biere und fünf, sechs Jägermeister. Das ist das Normale für mich. Das reicht mir. Wenn ich mir vornehme, nichts mehr zu trinken, kommt jemand und sagt: ‚He komm, ein bisserl kannst du trinken, ohne betrunken zu sein.' Wenn man dort steht und ist als Einziger nüchtern und sieht die anderen, die schon angeheitert sind, dann ist das auch Scheiße. Dann kippst du auch einen, damit die gute Laune wiederkommt. Es ist schwer, Nein zu sagen. Man hat mehr Spaß mit den Gästen, wenn man auch etwas trinkt. Wenn man nüchtern ist, ist alles viel schwieriger. Wenn man etwas trinkt, nimmt man die Sachen lockerer."

Auf dieses Thema geht auch Herr Jost, der Kärntner Gastwirtssohn, ein. Er sagt Ähnliches: „Ein Problem ist der ständige Umgang mit Alkohol. Viele Menschen, die in der Gastronomie tätig sind, trinken über den Tag verteilt zu viel alkoholische Getränke und bekommen dadurch auf Dauer ein Alkoholproblem. Leider geht es oft sehr schleichend und die betroffenen Personen bemerken gar nicht, wie sehr sie den Alkohol brauchen. Bei der Wohnmesse am Wiener Messegelände habe ich im Restaurant mit einem Barkeeper zusammengearbeitet, der schon in der Früh den Kaffee mit Wodka statt mit Milch getrunken hat. Er hat gesagt, das braucht er, um in Gang zu kommen. Mir ist aufgefallen, dass er über den Tag verteilt einiges getrunken hat. Dennoch hat er immer gute Arbeit geleistet. Mit seiner lockeren und lustigen Art hat er die Leute zum Trinken animiert. Andreas, so heißt dieser Kellner, hat es verstanden, während der Arbeit nicht allzu viel zu trinken, damit die Arbeit nicht leidet. Auf lange Zeit kann so etwas aber nicht gut gehen, denn der Alkoholkonsum steigt allmählich und die Arbeit kann nicht mehr erledigt werden."

Der Alkohol kann zum Niedergang der eigenen Person führen, dies sieht Freund Jost.

Ehrlich sieht diese Gefahr der Kellner Helmut aus Stockerau: „Den Zivildienst habe ich bei der Feuerwehr gemacht. Da waren auch vier Gemeindeangestellte – alles Alkoholiker – gesoffen haben wir jeden Tag…. Dann bin ich als Kellner auf Saison gegangen, wollte etwas anderes machen. … Ich war oft auf Saison, das erste Mal in Salzburg, ich habe super viel verdient – ich habe aber viel versoffen, übrig geblieben ist mir nichts. Immer nur Vollgas. Dann war ich arbeitslos, da es eine Wintersaison-Arbeitsstelle war. Im Sommer war ich dann in Tirol. Sommerstellen sind nicht so toll, im Winter verdient man mehr. Im Winter ist immer Vollgasstimmung, Als Kellner habe ich immer mitgetan. Wein, Weib und Gesang, es gab keine Rivalität unter den Kellnern bei den Damen, da genug zu holen war und übrig geblieben ist eh nicht viel." Sein steter Alkoholgenuss macht es Herrn Helmut auch leicht, während seiner Saisonarbeit die Gäste beim Kassieren hereinzulegen: „Als Kellner hat man in St. Anton entweder die Gäste beschissen oder den Chef. Ich habe immer bewusst um einen Euro mehr verrechnet, wenn ich kassiert habe. Oder ich habe mehr aufgeschrieben, als konsumiert worden war. Und natürlich habe ich auch den Chef beschissen. Ich habe Speisen einfach nicht boniert, dabei habe ich mit dem Koch zusammengearbeitet. Das Geld für das nicht bonierte Essen habe ich mit dem Koch geteilt. Oder ich habe Sachen selbst mitgenommen und sie dann verkauft. Da kann man viel verdienen bei den Preisen in Tirol. Bescheißen tut man leichter, wenn man betrunken ist. Ich habe immer mitgetrunken."

Herr Helmut führt ein heiteres Leben, bei dem der Alkohol ihn stets begleitet: „In St. Anton, aber auch in Ried in Tirol war es immer sehr lustig, da habe ich auch meine damalige Freundin, die war Gastgewerbeassistentin, kennengelernt. Sie hat im Tal unten gewohnt und ich bin oft zu ihr hinunter. Dabei war ich immer etwas betrunken. Dann sind wir in ihr Quartier, ich habe mich einmal dort etwas laut aufgeführt, da ist der Chef gekommen und hat sich aufgeregt. Daraufhin habe ich ihn geschimpft und wollte ihn aus seinem eigenen Hotel rauswerfen. Einmal bin ich auch im Rausch nackt durch St. Anton gerannt, weil mich die Vermieterin rausgeworfen hat, wo meine Freundin gewohnt hat."

Der Solidarität der Kellner untereinander wird durch gemeinsames Trinken gefördert: „Rivalitäten zwischen den Kellnern hat es keine gegeben, es hat nur geheißen: ‚Alle gegen den Chef.' Es ist ein sehr brutales Gewerbe, vor allem für den Chef. Untereinander haben wir Kellner uns verstanden, alle gehen gemeinsam saufen, alle Kellner im Bezirk und auch die auf Saison kennen sich. Wenn einer seine Arbeit beendet hat, geht er ins nächste Lokal, um sich irgendwann mit den anderen zu treffen. Frauen haben dabei immer eine Rolle gespielt, es ist auch immer etwas gegangen."

Für Herrn Helmut ist der stete Genuss von Alkohol offensichtlich wichtig für seine Arbeit als Kellner. Dieses heitere, mit Alkohol verbundene Leben, scheint vor allem für junge Kellner auf Saison typisch zu sein, wenn sie die Abwechslung in den Tourismusgebieten genießen.

Kellner mit Distanz zum Alkohol

Es gibt aber auch Kellner und vor allem Kellnerinnen, die sich von vorneherein davor hüten, während des Dienstes Alkohol zu sich zu nehmen. Dies ist nicht immer einfach, da manche Gäste darauf bestehen, den Kellner oder die Kellnerin auf ein Glas Wein oder ein „Stamperl" (Gläschen) Schnaps einzuladen. Es gibt nun Tricks von Kellnern, um solche Einladungen nicht ablehnen zu müssen, aber doch keinen Alkohol zu trinken.

Ich habe bereits erzählt von Herrn Franz Reich, der vor dem letzten Krieg Barmann in der Schweiz war. Sein Sohn Franzl Reich, der jetzige Wirt von Wolkersdorf, schildert den Trick seines Vaters, um den Einladungen zu einem alkoholischen Getränk durch Gäste zu begegnen: „Der Vater hat daher in einer Cognacflasche immer einen kalten Tee gehabt und in einer Ginfalsche ein einfaches Wasser. Er hat gesagt, wenn ihn jemand eingeladen hat, er trinkt nur Weinbrand oder nur Cognac. Sonst hätte er bis in die Früh einen Rausch gehabt. So hat er sich über die Runden gebracht."

Schlau machte es auch Frau Edith Walder aus Sillian, als sie noch als Kellnerin arbeitete. Sie erzählte mir, sie sei oft zu einem Stamperl Schnaps an der Bar, hinter der sie am Abend stand, eingeladen worden. Sie lehnte die Einladung nicht ab, sie tat aber bloß so, als ob sie trinken würde, tatsächlich nippte sie nur und stellte das Schnapsglas heimlich unter die Theke.

Echte Kellnerinnen und Kellner, denen ihre Arbeit wichtig ist, entwickeln Tricks, um der Versuchung des Alkohols nicht zu erliegen. Ihre Ideen dazu können höchst spannend sein.

22. Noble und prominente Gäste

Prominente Gäste, die man aus den Zeitungen, dem Film, aus der Politik, der Wissenschaft oder vom Sport her kennt, haben die Chance oder das Problem, anders behandelt zu werden als gewöhnliche Gäste. Manche Damen und Herren aus der Welt der Prominenz sind wohl erfreut, wenn ihnen eine entsprechende Ehrerbietung entgegengebracht wird. Andere wieder lieben die Anonymität, ihnen ist es lästig, erkannt zu werden. Sie nehmen sogar in Kauf, schlecht behandelt zu werden, wie Kaiser Josef II., von dem ich schon erzählt habe, der 1778 aus einem Gasthaus am Wiener Spittelberg, in dem er gerne inkognito war, angeblich hinausflog.

Der Kellner muss ein Gefühl dafür entwickeln, ob der prominente Gast besonders geehrt oder ob er in Ruhe gelassen werden will.

Eine interessante Geschichte erzählte mir dazu Frau Mitzi, die frühere Kellnerin in der alten Stiftsschank von Kremsmünster: „Man braucht ein Gespür, um Kellnerin zu sein. Ein Gespür muss man haben, wie man sich gegenüber bestimmten Personen benehmen muss. Das habe ich auch in der Schank gebraucht. Ich habe den Bundeskanzler bedient, ich habe den Herzog von Braunschweig bedient, ich habe die Königinmutter von Griechenland bedient, ich habe viele Persönlichkeiten bedient. Mir war es egal, wen ich bedient habe, ich kann nicht mehr als höflich sein. Da ist einmal der Pater Willibrord gekommen, er war der Gastmeister des Klosters. Er war Dozent an der Universität. Ich habe ihn auch immer mit ‚Herr Dozent‘ angesprochen. In seiner Begleitung war eine Dame, die beiden haben sich in das ‚Salettl‘ (Laube, Anm.) der Schank gesetzt. Ich gehe hinaus und sage: ‚Grüß Gott, bitte, was darf es sein?‘ Er hat gedeutet, ich soll die Dame zuerst

fragen. Ich habe gesagt: ‚Gnädige Frau, was darf es sein?‘ Da gibt er
mir einen ‚Renner‘ (einen Stoß in die Rippen, Anm.). Denke ich mir,
der spinnt ein wenig. Die beiden haben mir gesagt, was sie wollen.
Ich habe serviert und habe wieder gesagt: ‚Gnädige Frau‘ und ‚Herr
Dozent‘. Ich gehe dann in die Kuchl und sage zur Frau Türk, der Wirtin, gehen Sie hinaus und schauen Sie sich das an, wer ist denn das,
dauernd gibt er mir einen Renner, wenn ich sage ‚Gnädige Frau‘, wie
soll ich denn zu ihr sagen? Frau Türk geht hinaus, sie sagt auch ‚Grüß
Gott‘, kommt in die Küche zurück und sagt: ‚Ich weiß auch nicht, wer
diese Dame ist.‘ Wie die beiden gegangen sind, habe ich die Tür aufgemacht und wieder gesagt: ‚Auf Wiedersehen, gnädige Frau‘ und ‚Grüß
Gott Herr Dozent‘. Der Pater Willibrord ist dann zurück gekommen
und hat gesagt: ‚Mein Gott, Maria, du bist ein Rindvieh!‘ Frage ich:
‚Wieso?‘ Sagt er: ‚Die Frau, zu der du gnädige Frau gesagt hast, war
doch die Mutter des griechischen Königs Konstantin. Majestät hättest
du zu ihr sagen müssen.‘ Sage ich: ‚Herr Dozent, so geht das nicht. Das
müssen Sie mir vorher sagen, und Rindvieh bin ich auch keines. Wenn
jemand als Majestät anzureden ist, dann rede ich ihn oder sie als Majestät an. Ich muss es aber vorher wissen.‘ Und der Fall war erledigt.“
Frau Mitzi als klassische Kellnerin wusste, wie sie dem geistlichen Herren begegnet, um ihre Würde zu behalten.

Manche Kellner weisen nicht ohne Stolz darauf hin, dass sie bei
ihrer Arbeit mit berühmten Leuten zu tun hatten. Offensichtlich wollen sie dadurch auch zeigen, dass sie als Kellner eine besondere Qualität haben, die von prominenten Leuten geschätzt wird. Ein angesehener Kellner ist Herr Harry, der auf dem Arlberg auf Saison war und
dort mit Damen und Herren der Prominenz zu tun hatte. Er erzählt:
„Gut unterhalten habe ich mich mit dem Ion Tiriac, einem Rumä-
nen, Chef einer Bank, der den Boris Becker gemanagt hat. Er hatte
einen Schnauzbart. Er war drüben im Hotel Arlberg. Und wir waren
bei seinem Bruder im Hotel. Jeden Tag ist er auf einen Kaffee herü-

bergekommen, weil es bei uns so gemütlich war, drüben war alles so
steif. Bei uns war es lockerer, da konnte er normal reden. Auch mit
dem Norbert Haug, den Rennsportleiter von Mercedes, habe ich viel
gesprochen. Das sind Leute, mit denen man normal reden kann. Das
sind Leute, die über den anderen sind, die nicht glauben, dass sie wichtig tun müssen. Die sind froh, wenn sie wieder normal reden können.
Zu so einem bist du gegangen, wenn er an der Bar gesessen ist, und
hast gesagt: ‚Abgenommen hast.' Darauf er: ‚Ist dir das auch schon
aufgefallen?!' Sage ich: ‚Wie hast du das getan?' Darauf er: ‚Zu jedem
Viertel Wein trinke ich einen halben Liter Wasser dazu, dann geht es.'
Ich: ‚Das ist interessant!' Im Jahr darauf habe ich ihn wieder getroffen
und habe zu ihm scherzend gesagt: ‚Hast du wieder aufgehört mit dem
Wasser?!' Das waren so Scherze. Mit dem hat man so normal reden
und scherzen können. Beleidigt war er überhaupt nicht.

Zwei oder drei Jahre später bin ich wieder nach Lech gefahren und
sitze beim S. an der Bar als Gast. Kommt der Norbert Haug von Mercedes herein und sagt: ‚Was tust denn du da?' Sage ich: ‚Kennst du
mich noch?!' Sagt er: ‚Freilich.' In dem Moment bekommt er einen
Telefonanruf, hat den Bernd Neuländer am Telefon, den kennt er auch
sehr gut. Das ist der, der mit dem Sicherheitsauto bei der Formel 1
immer vorneweg fährt. Sagt er zu ihm: ‚Ich geb dir schnell jemanden.'
Er reicht mir den Telefonhörer, sage ich: ‚Ja.' Er: ‚Ich bin der Bernd
Neuländer.' Sage ich: ‚Ich bin der Harry.' Er: ‚Der von der Bar?' Sage
ich: ‚Ja, genau.' Er: ‚Ich bin gerade in Interlagos in Brasilien, bei uns ist
es gerade zum Aufstellen.' Drei oder vier Jahre hatte ich ihn nicht gesehen und er wusste noch alles von mir." Ich meine zu ihm, dies würde
für ihn als einen guten und gescheiten Kellner sprechen.

Mit viel Prominenz hatte Herr Engelbert, als er zur See fuhr, zu tun.
Er erzählt: „Einmal habe ich einen früheren amerikanischen Admiral
auf dem Schiff, auf dem ich als Ober war, zum Gast gehabt. Ich habe
ihn gefragt, – er war Kommandant eines Schiffes im Krieg gegen die

Japaner –, ob er den Oberbefehlshaber im Pazifik, MacArthur, gekannt habe. Er sagte, kennengelernt habe er ihn nicht, aber einmal habe er einen Funkbefehl von ihm ausführen dürfen. Das wäre die einzige Begegnung mit dem berühmten General gewesen. Er selbst ist als Admiral in Pension gegangen und hat nur in Hawaii gelebt.

Das Lustige bei dieser Kreuzfahrt war, dass ich zwei Monate auch den Baron Krupp gehabt habe, den Arndt von Bohlen, mit seinem thailändischen Boyfriend. Für diesen haben wir Kaviarpartys gemacht mit einem Eissockel, auf diesem war die Kaviardose. Aus diesem haben seine Gäste den Kaviar gelöffelt. Er hat von früh bis spät Champagner getrunken. Zum Kaviar haben sie Wodka getrunken. Was übrig geblieben ist vom Kaviar, ist zurückgebracht worden."

Herr Engelbert erzählt augenzwinkernd über seine prominenten Gäste auf dem Schiff. Ihm gefällt offensichtlich, dass diese auch ausgiebig zu feiern vermögen.

Über prominente Gäste erzählt auch Herr Gerhard vom „Schweizerhaus": „Bei uns ist jeder Gast, zu uns darf jeder kommen. Der einzige, der ausgeschlossen wurde, war der Russe Schirinowski, der russische Rassist, den wollte keiner bedienen. Der Schirinowski ist ein großer Gauner. Der Hans, ein Kollege im ‚Schweizerhaus', ist zu mir gekommen und hat gesagt: ‚Weißt du, wer das ist?' Sagt er: ‚… der Schirinowski, den bediene ich nicht.' Ich habe gar nicht gewusst, wer das ist. Ich habe erst zufällig erfahren, wer das ist. Der ist nicht bedient worden. Die Leute waren auch gegen ihn. Er war ja ein Rechtspopulist. Sonst bekommt jeder etwas bei uns. Wir haben so viele Prominente bei uns gehabt, dass man die gar nicht aufzählen kann. Einmal war sogar der russische Innenminister mit seiner Leibgarde da. Am meisten nervös war ich, wie die Filmhelden der amerikanischen Fernsehserie ‚Bonanza' gekommen sind. Ich war damals noch ziemlich jung. Der eine, der Dicke, war ja schon tot. Die anderen drei sind sehr spät zu uns gekommen. Wir wollten schon heimgehen, aber der Chef damals hat gesagt, wir müssen hierbleiben. Man hat uns vom Hotel angerufen, dass diese Wildwesthelden noch kommen werden. Endlich sind sie gekommen, aber sehr verspätet. Ich war damals sehr nervös, ich war ja noch jung."

Noble und prominente Gäste machen den Alltag der Kellner bunter, sie ermöglichen aber auch den Kellnern, über diese Gäste anregende Geschichten zu erzählen.

Lange Erfahrung mit noblen und prominenten Gästen umzugehen, hat Herr Helmut Waggerl, in dessen obiger Lebensgeschichte ich schon einiges dazu geschrieben habe, zum Beispiel dass er sich unter anderem mit Liza Minelli abzugeben hatte. Er erzählt: „Ich wurde und werde immer als Herr Helmut angesprochen. Auch wenn man nicht immer in guter Verfassung ist, muss man auf den Gast eingehen. Dadurch bin ich seit 20 Jahren bei der Schauspielerin Renate Holm privat als Kellner. Sie hat mich geholt vom Hotel Europa in ihre Mühle nach Niederösterreich. Sie macht private Veranstaltungen mit bis zu 50 Personen. Da arbeite ich als Kellner. Vor Kurzem war ich wieder bei ihr. Die Honneurs mache ich, ich schenke ein, ich biete die Aperitifs an und um vieles andere kümmere ich mich. Ich frage: ‚Ist alles in Ordnung?‘ Für die Speisen hat Frau Holm ein Catering, aber die Aufsicht darüber habe ich. Gekleidet bin ich dabei in Smoking oder Tracht, je nach Veranstaltung. Bei einer rustikalen Veranstaltung komme ich in Tracht.

Ein netter Gast im Restaurant ist der Schauspieler Ossy Kolmann, er kommt in der Woche zweimal. Er isst sein Rindfleisch oder er isst Hühnerkruspel mit Gemüse. Wenn Herr Kolmann kommt, sagt er: ‚Herr Helmut, wo sind Sie?‘ Damit meint er, welche Tische von mir betreut werden. Ich sage ihm dies dann. Er ist schon alt jetzt."

Herr Helmut Waggerl schätzt seine noble Gäste, aber auch sie ihn.

Probleme können sich ergeben, wenn Gäste den Eindruck machen, von niederem sozialen Rang zu sein, tatsächlich aber eher zu den noblen und reichen Leuten gehören.

Über Irrtümer bei der Einschätzung von hochachtbaren Gästen erzählte mir Herr Daniel, der studierte Tiroler Kellner, dies: „Die Oberflächlichkeit in der Gastronomie ist oft schlimm. Wir haben einen Gast gehabt im Hotel, der wie der letzte Sandler (Pennbruder, Anm.) dahergekommen ist, seine Schuhe waren dreckig. Ich war gerade beim Aufdecken, kommt dieser Mann herein. Wie ein Wanderer, aber ganz schlimm angezogen. Die Rezeptionistin sagte zu ihm: ,Entschuldigung, sind Sie hier am richtigen Ort?' Wie ich das gehört habe, habe ich mir gedacht, da macht sie nun einen Fehler. Dieser Verdacht wurde dann auch bestätigt, denn dieser Mann war ein reicher Bauer, dem haben alle Gründe in der Umgebung des Hotels gehört, auf denen die Lifte stehen. Der hat wahrscheinlich mehr Geld als alle anderen hier. Der hat sich darüber aufgeregt, dass er hier so behandelt wird. Das ist eine lustige Geschichte. Bevor er sich aufgeregt hat, hat er zu der Rezeptionistin gesagt: ,Genügt das!?' und legte eine Platin- American Express-Karte hin. Der guten Rezeptionistin ist das Ladl heruntergefallen (war entsetzt, Anm.). Manche Leute werden oft unterschätzt. Mir passiert es auch hier und da, wenn ich mir denke, was macht denn der da? Das ist eine optische Klassifizierung, die darf ich nie machen. Ich habe vor Kurzem einen Gast gehabt, einen Bayern, der hat ausgeschaut wie der Rübezahl. Er hatte einen riesengroßen Bart, ein Holzhackerhemd hatte er an. Er ist in die Gaststube gekommen, er hat sich hingehockt und eine Karte genommen. Er war ein freundlicher Mensch, ich bin auch freundlich auf ihn zugegangen. Er hatte eine sehr tiefe Stimme. Er bestellt sich ein Supperl, ein Wiener Schnitzel und trinkt zwei halbe Bier dazu. Beim Zahlen gibt er mir eine ganz besondere Kreditkarte. Ich kenne mich mit Kreditkarten recht gut aus. Ich habe mich damit etwas befasst. Jemand mit einer solchen Kreditkarte hat ein Jahreseinkommen mit über 100.000 Euro. Das ist nicht so schlecht. Das war ein interessanter Herr. Es ist immer schön, so etwas zu sehen. Man kann sich in Menschen sehr irren.

Es gibt aber auch viele Bluffer, die nehmen einen Kredit auf, damit sie dann wichtig mit einem Mercedes kommen können. Das ist ganz lustig zu beobachten, wenn die Leute mit einem Mercedes von einer Leihfirma, den erkennt man an der Nummerntafel, ankommen. Sie nehmen einen Kredit, dass sie das beste Hotel nehmen können. Aber an diesem einen Tag lassen sie alles knallen und hauen auf den Tisch. Solche Fälle gibt es genug. Bei solchen Angebern gehe ich auf totale und höfliche Distanz. Ich rede sie mit ausgewählten Worten an. Ich gebe mich ein bisserl hochgestochen."

Herr Daniel verweist also auf die Tatsache, dass es schwierig ist, Menschen nach Äußerlichkeiten einzuordnen. Noble Leute können durchaus in einem Aufzug auftreten, der zu Irrtümern Anlass gibt.

Ein Meister im Umgang mit noblen Leuten ist Herr Erich, der Oberkellner vom Café Landtmann. Dieser liebenswürdige Herr behandelt jedoch alle Gäste wie Könige, besonders glänzt sein Charme gegenüber Damen und gegenüber Leuten, die prominent zu sein scheinen. Er meint: „Der Gast gehört zur Familie. Ich habe gelernt im ‚Coq d'or‘. Es war hinter dem ‚Sacher‘. Das war die beste Hütte. Dort waren die Prominenten, wie der Curd Jürgens. Ich habe normal drei Jahre Lehrzeit. Nachher war ich ein bisserl strawanzen, im Untergrund in ein paar Lokalen, dann bin ich hierher ins ‚Landtmann‘.

Gegenüber den Gästen braucht man einen guten Schmäh, überhaupt, wenn man es mit prominenten Gästen zu tun hat. Jeder Kellner hat seine eigenen Tricks, seinen angehörigen Schmäh, mit den Gästen umzugehen. Von dem lebt der Kellner ja."

23. Zeichen- und Geheimsprachen (O-Sprache und Rotwelsch) früherer und heutiger Kellner

Auch Kellner haben mitunter Sprachen entwickelt, um Informationen, die andere nicht verstehen sollten, weiterzugeben. Bereits aus dem Jahre 1714 wird, wie ich etwas weiter unten erzählen werde, von einer Kellnersprache in Wien berichtet. Allerdings bezieht sich diese Geheimsprache auf Kellner, die einen eher schlechten Ruf hatten. Ihre Sprache, die der Musikantensprache ähnlich ist, auf die auch hier einzugehen ist, enthält Wörter aus dem Rotwelsch, der Sprache des fahrenden Volkes, und aus dem Jiddischen. Zu diesen Geheimsprachen gehören auch Zeichensprachen, die Kellner erfunden haben oder jeweils neu erfinden.

Über eine solche Zeichensprache erzählte mir Frau Wimmer, deren Onkel Oberkellner im Café Zentral in Wels gewesen ist. Er hieß Franz Nemecek. Übrigens hat Frau Wimmers Vater dem Onkel den Smoking, den er als Kellner benötigte, geschneidert. Da der Gastraum des Kaffeehauses sehr weitläufig war, kam Herr Nemecek auf eine eigentümliche Zeichensprache. Um die Dame, die am Ende des Saales den Kaffee zubereitete, schnell davon zu informieren, was er wolle, hatte der Ober bestimmte Zeichen erfunden. Einen „kleinen" oder „großen Kaffee" zeigte er mit dem Abstand zwischen Daumen und Zeigefinger an. Wenn es ein „Schwarzer" sein sollte, zeigt er auf sein schwarzes Mascherl. Sollte es ein „Brauner" sein, so zeigte er auf sein Hinterteil.

Von einer Zeichensprache im „Schweizerhaus" im Wiener Prater erzählte mir auch der Kellner Herr Gerhard. Mit seinem Kollegen Gerd, mit dem er dort zusammenarbeitete, verständigte er sich ebenso mit Zeichen. Wenn Herr Gerhard zum Beispiel bei der Bierschank im

Garten des „Schweizerhauses" stand und neue Gäste sich an einen der Tische setzten, für die er und sein Kollege Gerd zuständig waren, so deutete dieser ihm mit den Fingern den Wunsch der Gäste. Zeigte er ihm drei Finger, so wusste Gerhard, dass drei Krügerln Bier zu bringen sind. Auch für das Seidl Bier gab es ein Zeichen. Auf diese Weise konnte Gerd ihm schnell deuten, was zu servieren ist. Herr Gerhard meint dazu: „Der Gast hat gar nicht gewusst, wie ihm geschieht, er war überrascht, dass das Bier schon da ist. Wenn jemand vom Nachbartisch aus das sieht, wundert er sich. Diese Zeichensprache haben wir zwei im Lauf der Jahre erfunden."

Durch Zeichensprache weisen Kellner ihre Kollegen auch auf die Nummern von Tischen hin. Oder auch durch bloße Blicke können Kellner die Kollegen auf üble oder knausernde Gäste aufmerksam machen.

Interessant ist, dass es in Wien so etwas wie eine Kellnersprache gab, die große Ähnlichkeiten mit der alten Musikantensprache hatte. Ich sprach darüber mit Herrn Kierlinger aus Nußdorf, wo er mit seiner Familie einen Heurigen betreibt. Herr Kierlinger erzählt dazu: „Früher haben sich Kellner miteinander so unterhalten, dass der Gast sie nicht verstanden hat. Dabei haben sie die erste Silbe nach hinten gegeben und vorne ein O angehängt. Zum Beispiel haben sie für ‚blöder Trottel' ‚Otteltro oderblö' gesagt. Wir haben Kellner gehabt, die haben perfekt diese Sprache gesprochen. Auch mein Onkel konnte diese Sprache perfekt. Jeder Kellner hat damals diese Kellnersprache gekonnt. Brille wird heißen OlleBri und Sessel Osselse." Über diese Sprache schrieb ich eine Kolumne in der „Kronenzeitung". Darauf erhielt ich von dem freundlichen Herrn Dr. Helmut Kernbichler einen Brief, in dem dieser mich kritisierte und meinte, dass „blöder Trottel" in der echten alten Kellnersprache eigentlich „Odable Ottltre" heiße. Dazu schreibt er: „Wir haben die Sprache nach dem Krieg (ich Jahrgang 38) gesprochen. Das haben die Russen nicht verstanden." Er übersetzte diesen

Satz gleich in die „O-Sprache": „Orwe obnhe ode ochspre ochne omde Orgkre (ochne Orjeongge 38) ogeochngspre. Osde obnhe ode Ossenre otne oveondngste."

Bei dieser Sprache wandert bei den einzelnen Wörtern die erste Silbe zurück und vorne kommt ein „o" hin, wobei die Selbstlaute durch ein „e" ersetzt werden. Es handelt sich hier also um eine komplizierte Sprache, die nicht so ohne weiteres zu erlernen ist.

Sehr behilflich war mir bei der Erkundung dieser Sprache Herr Gerhard Tötschinger, dem ich hier sehr danken möchte und der mir ein interessantes Buch schenkte. Dieses Buch wurde verfasst von Frau Christina Zurbrügg und trägt den geheimnisvollen, aus der Musikanten- und Kellnersprache stammenden Titel „Orwuse on Oanwe" (Servus in Wean). Der Untertitel des Buches ist „Dudlerinnen in Wien", es ist 1996 in Wien erschienen. Dieses Buch handelt von drei Wienerliedsängerinnen, die es als so genannte Dudlerinnen, also Jodlerinnen, zu einiger Berühmtheit gebracht haben. Eine von ihnen ist Trude Mally aus Ottakring. Auf Seite 123 erzählt sie über die alte Sprache der Musikanten und Kellner. Diese Sprache hätten, wie Frau Mally meint, die Musikanten und Kellner gesprochen, um von den Gästen nicht verstanden zu werden. Das Prinzip dieser Sprache, wie sie Frau Mally noch gesprochen hat, ist das der geschilderten O-Sprache, allerdings werden bei ihr nicht alle Wörter eines Satzes in diese Sprache „verdreht". Zum Beispiel: „Er ogtse, er ist a Otteltre, osthe ochtre, das ist ein Ottltre". Das heißt soviel wie: „Er ist ein Trottel, hast recht, das ist ein Trottel". Es werden demnach nur die wesentlichen Wörter, wie „reden", „recht" und „Trottel" in dieser O-Sprache gesprochen.

Auch Herr Albert Lirsch schrieb mir zur Kellnersprache. In seinem Brief hielt er fest, dass die Kellnersprache mit der Musikantensprache identisch sei. Ich beschäftigte mich darauf auch mit der Musikantensprache. Dabei sah ich, dass diese Sprache eng mit dem Rotwelsch, der Sprache des alten fahrenden Volkes verwandt ist, aber auch Elemente

der genannten O-Sprache enthält. Ich besitze vier auf der Maschine be-
schriebene Seiten mit einem Vokabular der Musikantensprache, der sogenannten „Fezadewarei", aus dem Jahre 1993. Als Autor ist ein Johann
Salomon – oder ähnlich, ich kann die Unterschrift nicht lesen – genannt. Beispielhaft sollen hier ein paar Wörter festgehalten werden:

Angschwächt (betrunken), dewan (reden), Skoffo (Kaffee), Ealz-
schno (Schnitzel), Feza (Musikant), Greasteigerling (Jäger), Gröbling
(Blechbass), Gurgler (Hornist), Huslafeza (Kapellmeister), Klingerfeza
(Flügelhornist), Koberer – Koberin (Wirt–Wirtin), Onakö (Kellner),
Luftmischer (Kapellmeister), Schludern oder Sauzechn (Klarinette),
Schmettara (Trompeter), Spengler (Polizist), Schwächer (Trinker),
stroma (gehen), Pumpera (Trommel).

Bei meiner Beschäftigung mit dieser Musikanten- bzw. Kellnersprache fiel mir auch ein Aufsatz in der Zeitschrift „Der Vierzeiler" (2,
2000) von Herbert Krienzer auf. Der Aufsatz ist übertitelt mit „Irlas
Koarl is quant!" (Der Wein ist gut!) Der Autor Krienzer bezieht sich
dabei auf den verstorbenen Heimatliedforscher Günther Meißl, der
ihm von einer Tanzmusikkapelle in der Gegend der Leiser Berge erzählte, die bis vor circa dreißig Jahren diese Musikantensprache, die
„Dewarei", noch sprach. In dem Vokabular, das Krienzer bringt, sind
diese Wörter, sie ähneln den oben genannten, nicht uninteressant:

Dewan (reden), Dewarei (Geheimsprache der Musikanten), Hus-
ler (Kapellmeister), Koarl (Wein), Kuttnpforzer (Pfarrer), Oberpani
(Bürgermeister), quant (gut), Tralling (männlicher Geschlechtsteil),
Kowara–Kowarin (Wirt–Wirtin), Fetzer (Musikant).

In der O-Sprache sind diese Wörter festgehalten: Esimo (Musik),
Eterlo (Liter), Exnbo (weiblicher Geschlechtsteil), Ederbro (Bruder).
Das Rezept der letzten Wörter beruht auf einer Vertauschung der
Wortteile, wie z. B. der-bru (von Bruder), wobei vorne ein „e" hinzu-
gefügt wird und hinten statt des Selbstlautes „u" ein „o" angefügt wird,
also: „Ederbro".

Zur Musikantensprache, wie sie im Weinviertel gesprochen wurde, gehören noch diese Sätze und Wörter:

Irlas (der/die/das), Irlas Quanten Fetzer stroman scho on (die guten Musikanten kommen schon), Irlas Mischerl is quant (das Mädchen ist schön), quanten Mischerln (hübsche Mädchen), Irlas Fetzer gneisst an Schwoch (der Musikant hat einen Rausch), Irlas Montsch is quant (das Essen ist gut), onstroman (ankommen), Gröbling (Bassist), Nochehocka (Begleiter), Binkl (Bursch), montschn (essen), Montscherei (das Essen), greana (heiraten), Greanarei (Hochzeit), Schunta (Hinterteil), Hungersengst (Posaune), Schwoch (Rausch), kniffa (raufen), duama (schlafen), Duamastreazn (Schlafzimmer – die Wiener Vagabunden verwenden das Wort „Stranzen" für Quartier), quant (schön/gut), Bratling (Schweinsbraten), schollern (spielen/blasen)(Quelle: http://www.blasmusikforum. at – Österreichs größte Blasmusikcommunity » Blasmusikforum » Aktuelles aus der Welt der Blasmusik » DEWAREI – Musikantensprache).

Über eine Musikantensprache, die mit der Kellnersprache verwandt sein dürfte, wird auch von dem Dorf Kofferen in der Nähe der kleinen Stadt Linnich westlich von Köln in Deutschland berichtet. Kofferen, das auch als Musikantendorf bezeichnet wird, war bekannt für seine Musikkapellen, die bei kirchlichen Festen, Jahrmärkten und auch sonst auftraten. In der Geheimsprache dieser Musikanten finden sich unter anderem diese Wörter, die an das Rotwelsch, der Sprache des fahrenden Volkes erinnern: Achel (Essen), Dorem (Herberge), Fakelei (Büro), Foksem (Gold), Härich (Gaststätte), Kober (Mann), kochem (klug), Lächem (Brot), Pichler (Trompeter) und „Kochem schmusen" (geheim reden) (siehe dazu: Leo Schmitz, Jahrbuch des Kreises Düren, 2000).

Sowohl bei den Wörtern, wie sie im niederösterreichischen Weinviertel als auch in der Nähe von Köln verwendet werden, handelt es sich zum Teil um Wörter, die schon im 16. Jahrhundert im „Liber Vagatorum" genannt werden, wie zum Beispiel „Fetzer mit Klingen" für Leiermann, „stromen" für herumstreifen, „acheln" für essen, Lechem

(Brot) und Fuchs (Gold). Interessant ist das Wort Koberer für Wirt, in diesem dürfte das vulgärlateinische Wort „coponus", der Wirt stecken. Und im Wort „Fetzer" für Musikant ist das lateinische Wort „facere" für machen enthalten (siehe dazu mein Buch „Rotwelsch – die alte Sprache der Dirnen, Diebe und Vagabunden).

Es wird übrigens auch von einer Wiener Kellnersprache aus dem Jahre 1714 berichtet. Es heißt in einem Bericht über diese, dass es etliche Kellner (jedoch nicht alle) gibt, welche ihre Schelmereien dadurch verbergen, dass sie sich der jenischen Sprache, des Rotwelschen, bedienen. In dieser Sprache bedeutet zum Beispiel das Wort „Charles" Wein, „Plempel" Brot und „Flossert" Wasser. Wenn ein Kellner seinen „Buben" fragt, ob der das „Flosset gedesset" hat, so heißt das so viel wie, ob er Wein unter das Wasser gemischt hat. Der Autor dieses Berichts fügt dem hinzu, dass in der Kaiserlichen Residenzstadt Wien die Kellner, die die Gäste betrügen, in der Minderzahl seien, dass der Großteil der Wiener Kellner jedoch galant, fleißig und höflich ist. Aber unter ihnen gibt es eben „Unkraut" (zitiert in: F. Kluge, Rotwelsch, Straßburg 1901, S 175f).

Aber auch in dem Büchlein „Der Spittelberg und seine Lieder" von K. Giglleithner und G. Litschauer aus dem Jahre 1924 auf Seite 41 gibt es einen hübschen Bericht über Kellner und Kellnerinnen, die in den Schenken des Wiener Spittelberges die Gäste betrogen und sich dabei einer Geheimsprache bedient haben. Es heißt da: „Wenn man in eine solche Kneipe hineintrat und nur gewöhnliches Bier begehrte, so erhielt man es durch den Kellner (!) und niemand bekümmerte sich um einen weiter … Verlangte man aber einen Kracher (ein Krug Hornerbier, Anm.), da kam gleich ein Mädchen mit demselben, setzte sich zum Gast, erlaubte sich alle möglichen Scherze und trank mit, und ihre Kameradinnen tranken auch mit. Und am Ende betrug die Zeche mehrere Gulden: es lagen oft mehrere Stöpseln von den Bierkrügen, welche man geleert haben sollte, auf dem Tisch, als wirklich getrunken wurden." Weiter ist zu lesen: „Auch eine eigene Sprache hatte man in diesen Kneipen, deren man sich darum bediente, um nicht von jedermann verstanden (!) zu werden und daher die Gaunerei ungehindert treiben zu können." Als Beispiele für diese Kellnersprache werden diese Wörter genannt:

„Kalfrosch" für Wirt, „Tiefling" für Kellner, „Mischl" für Mädchen, „Galach" für Geistlicher, „Contrafußbais" für Theater, „Henas" für Freundschaft, „kacheln" für reden, „Meschbochum" für Geheimpolizei, „Gwetsch" für öffentliche Polizei und „Klingenfetzer" für Musikant.

Mit der Sprache der alten Musikanten, aber auch der früheren Kellner ist eine alte Geschichte verbunden, die beachtenswert ist. Leider sterben die Kenner der Geheimsprachen aus, aber es gibt sie noch, die etwas von der alten Sprache der Koberer (Wirte), Tieflinge (Kellner) und Klingenfetzer (Musikanten) verstehen.

24. Die Ehre der Kellnerin und des Kellners

Mit Kellnern und Kellnerinnen ist eine aufregende Geschichte verbunden. Die Kellner gehören zur Kultur der Gaststätten, sie sind Vermittler zwischen Küche, Wirt und Gast, sie sind die würdigen Repräsentanten einer Gaststätte. Sie vermögen, wenn sie im Stile von Dirigenten agieren, die Szene des Kaffee- oder Gasthauses zu beherrschen. Zu ihrer Ehre gehören Noblesse, eine vornehme Distanz zum Gast und Gelassenheit. Aber auch Würde gehört zum guten Kellner. Er ist bereit, den Gast mit Charme, Witz und Geduld zu bedienen. Erniedrigungen seiner Person durch unhöfliche Gäste übergeht er. Herr Engelbert meint dazu: „Der Gast ist der König, aber der Kaiser bin ich."

Literatur

Roland Girtler, Methoden der Feldforschung, Böhlau Wien (UTB), 2001

Roland Girtler, Rotwelsch, die alte Sprache der Gauner, Dirnen und Vagabunden, Böhlau Wien 1998

Roland Girtler, Die alte Klosterschule, Böhlau Wien 2000

Roland Girtler, Pfarrerköchinnen, Edle Frauen bei frommen Herren, Böhlau Wien, 2005

Christina Zurbrügg, Orwuse on Oanwe (Servus Wien) – Dudlerinnen in Wien, Wien 1996

Roland Girtler
Pfarrersköchinnen

Edle Frauen bei frommen
Herren

2005. 13,5 x 21 cm.
326 S. Geb.

ISBN 978-3-205-77320-7

Auf allen möglichen Gebieten hat Roland Girtler seine Forschungen durchgeführt. Er forschte bei Wiener Vagabunden, bei Dirnen, bei Bauern, bei Wildschützen, bei Klosterschülern, Landärzten und auch bei feinen Leuten. Nun galt sein Interesse den Pfarrersköchinnen (diese klassische Bezeichnung gefällt ihm besser als „Pfarrhaushälterinnen"). In diesem Buch versucht der Autor, die Buntheit des Lebens der Pfarrersköchinnen wiederzugeben. Dazu gehört der Einsatz für den Pfarrer, die Gemeinschaft, die Freude an der Kirche und vieles mehr. Unter Pfarrersköchinnen finden sich oft auch wagemutige Frauen, sogar eine Fallschirmspringerin und eine Schmugglerin traf Roland Girtler im Zuge seiner Forschungen an. In einem großen Kapitel wird das brisante Thema des Zölibats, der Ehelosigkeit des Priesters, vor allem aus der Sicht der Pfarrersköchinnen beleuchtet. Schließlich gibt es Pfarrersköchinnen, die sich in ihren Dienstherren verliebt haben. Und Pfarrer, die die Pfarrersköchin heirateten. Über Pfarrersköchinnen zu forschen hat also seinen Reiz – wenn es auch heute nicht mehr allzu viele von den klassischen gibt –, passen sie doch gut in die bunte Breite kulturellen Handelns, das das Interesse eines Kulturforschers findet.

WIEN KÖLN WEIMAR

WIESINGERSTRASSE 1, 1010 WIEN, TELEFON (01) 330 24 27-0, FAX 330 24 27 32

Roland Girtler
Der Adler und die
drei Punkte

Die gescheiterte kriminelle

Karriere des ehemaligen

Ganoven Pepi Taschner

2007. 15,5 x 23,5 cm.
328 S. Geb.

ISBN 978-3-205-77610-9

Aus dem Vorwort:

„Ein tätowierter Adler auf der Brust und drei tätowierte
Punkte im Winkel von Daumen und Zeigefinger der rechten
Hand zieren neben anderen Tätowierungen den Mann, von
dem dieses Buch handelt. Diese beiden in Gefängnissen ange-
brachten Tätowierungen haben einen besonderen Symbolcha-
rakter. Der Adler soll dem Träger das Gefühl der Macht verlei-
hen und die drei Punkte drücken das Gebot aus, niemanden zu
verraten, genauer: ich sage nichts, ich höre nichts und ich sehe
nichts. Das Leben, welches hier geschildert werden soll, wie
ich es erfahren und mir erarbeiten konnte, ist ungewöhnlich.
Es ist das Leben eines Unterweltlers, der in einer Antigesell-
schaft, in der Subkultur der Wiener Kriminalität, des verbotenen Glücksspiels und der Gefängnisse lebte."

WIEN KÖLN WEIMAR

Böhlau

WIESINGERSTRASSE 1, 1010 WIEN, TELEFON (01)330 24 27-0, FAX 330 24 27 320

Roland Girtler
Streifzüge
des vagabundierenden
Kulturwissenschafters

2007. 13,5 x 21 cm.
332 S. Geb.
ISBN 978-3-205-77630-7

Nun ist es endlich soweit. Der erste Teil der erfolgreichen Serie „Streifzüge" aus der „Krone bunt" erscheint jetzt auch in Buchform. In den gesammelten Artikeln beschreibt der vagabundierende Kulturwissenschafter Roland Girtler facettenreich, bunt und oft überraschend seine Begegnungen mit kleinen Helden und großen Gaunern - tragisch und komisch, hoffnungslos und zuversichtlich, voll Zweifel und Optimismus. Seine „Streifzüge" führen ihn in den Park ums Eck genauso wie in unbekannte Dörfer. Wenn Roland Girtler durchs Land radelt, über Furten und Pässe, dann sucht er die Natur und die Menschen. Er sucht die Landler, den wirklichen Bauern, das goldene Handwerk, den redlichen Handwerksmann, die Almer und die Senner, den Wilderer, die Wirte und deren zünftige Wirtshäuser, die Klöster und die alte Klosterschule. Seine Erzählungen, eine grandiose Mischung aus Historischem und selbst Erlebtem, zunächst scheinbar ohne inneren Zusammenhang, lassen ein Landschafts-, Gesellschafts- und Sittenbild entstehen. Mit grenzenloser Offenheit nähert er sich den Menschen, mit entwaffnender Zuneigung und endlosem Wissensdurst. Der unkonventionelle Wissenschafter zeigt den Menschen sein wohlwollendes Interesse und bewegt sie ohne falsche Anbiederung zum offenen Erzählen. Er schlüpft in ihre kleine Welt, ohne jemals arglistig vorzutäuschen, einer von ihnen zu sein.

WIESINGERSTRASSE I, IOIO WIEN, TELEFON (OI) 330 24 27-0, FAX 330 24 27 32

Roland Girtler
Ein Lesebuch

2006. 13,5 x 21 cm.
307 S. Geb.

ISBN 978-3-205-77492-1

Zum 65. Geburtstag von Roland Girtler versammelt dieses Lesebuch das Beste und Schönste aus seinem Werk. Ein Leckerbissen für Fans, Wiederentdecker und Neueinsteiger.

„Wenn Roland Girtler durchs Land radelt, über Furten und Pässe, dann sucht er die Natur und die Menschen, und was er in ihnen und hinter ihnen entdeckt, erforscht: die Landler, die Bauern, den wirklichen Bauern, das goldene Handwerk, den redlichen Handwerksmann, die Almer und die Senner, den Wilderer, die Wirte und deren zünftige Wirtshäuser, die Klöster und die alte Klosterschul'. Girtler ist so einer, der auszog, das Fürchten zu lernen."

Heidi Pataki, Die Presse

WIESINGERSTRASSE 1, 1010 WIEN, TELEFON (01) 330 24 27-0, FAX 330 24 27 32

WIEN KÖLN WEIMAR Böhlau